素养导航的广博阅读教育

——国际阅读素养视野下的广博阅读教育的行动研究

主　　编　吴惠萍

副 主 编　黄月娟

研究指导　王钰城

文汇出版社

序

　　上海市泗塘中学的专著《素养导航的广博阅读教育》即将出版,这是2015年宝山区教育科研重点课题《国际阅读素养视野下的广博阅读教育的行动研究》的研究成果。现约请我作序,我深感高兴。我也曾是泗塘中学一员,看到这厚重的书稿,就可以想象到泗塘中学的师生们为此付出了多少辛劳。在阅读了这本专著之后,我更是为理论阐述之精致、实践研究之深入而感到欣慰。这足以从一个角度反映了泗塘中学近年来在学校教育改革与发展上的积极探索,及追求高品位、高质量的办学境界。

　　世界教育主流都把阅读素养作为核心素养、重要内容,它是塑造"有文化教养的健全公民"形象的精神支柱。无论是个人发展还是民族进步,都与阅读素养有着紧密联系,国际公认的基础教育阶段学生的基础科学文化素养中,阅读素养处于首要位置,是学生终身学习的基础。国际教育界普遍认同"为了学习而阅读,而不是为了阅读而学习",也强调"阅读素养是学生在学习的初期阶段所应具备的重要能力之一,是学校各门学科学习的基础……"。以养成思想力、表达力和创造力为目标的新阅读是一场意义深远的阅读教育的革命,这种阅读教育的革命对于拥有丰富图书资源和人力资源的中国而言,将会获得不可估量的文化精神力量。

　　泗塘中学把握当前素养教育的主流,在学校的主渠道坚持开展以促进学生素养发展为目标的广博阅读教育,这是难能可贵的。学校站得高,不是让学生"为了应试而阅读",而是把阅读作为汲取与创造知识的重要生活方式,学校办学战略是培养适应社会发展具有核心素养的一代人;学校做得实,不仅把阅读作为语文学科教学活动的一部分,而且把阅读融合在各门学科教学活动中,并从学科教学延伸到生活德育、艺术教育等各项活动之中,实现了真正意义上的广博阅读教育。

　　近三年来,学校在广博阅读教育这个极富教育价值的领域进行了不

懈的耕耘，积极探索如何以素养培养来引领广博阅读教育，在广博阅读教育中发展学生素养。在实践研究中，泗塘中学的师生坚持实践和理论相结合，坚持领导和教师相结合，坚持教师和学生相结合。从教育实际出发，以科学的态度开展教育改革，把教师的教学实践上升到理性认识，以实践支撑理论，凸显了以促进学生素养发展为目标的广博阅读教育的办学特色。学校倡导以"阅读文本、阅读生活、阅历人生"为导向，从社会与处世、道德与做人、科技与创新、艺术与审美四方面，从教学(包括七门不同学科中实施广博阅读)与德育(生活阅读：阅读大自然、阅读社会、阅读历史等)两个板块开展广博阅读教育，系统地形成了广博阅读教育操作体系。这种具有校本情境下的教育研究，对于学校、对于师生都具有重要的发展意义。

泗塘中学的领导、教师在面对当前教育发展任务艰巨的情况下，不畏艰难而自找"麻烦"，自压重担，找准学校发展的方向，敢于突破，围绕学校日常工作中的热点、难点问题进行探索，获得解决问题的方法与途径，这是一种值得倡导的"真科研"的态度。教育科研在促进学校的发展、打造学校办学品牌、提升学校办学品质、培养教师队伍上有着不可替代的作用。作为基层学校领导与教师开展的教育研究，并不是要解决艰深的理论问题，也不奢求对教育作根本性变革，它重在推进学校教育转变与发展，重在产生办学的实效。我们必须改变教育口号响而不落地的困境，积极探寻教育与科研相整合的有效机制建设之路，使校本教育与科研、与教师的发展紧密结合，促进学校办学目标得以持续、健康地实现。泗塘中学的领导与师生们是这样想的，也是这样实践着的，今天他们用成果交出了一份答案，而更重要的答案是办学成效与学校发展。

《素养导航的广博阅读教育》这本专著所提出的一些观点与做法对学校、对教师会有一定的启发与借鉴作用。让我们共同努力，用人文精神与科学精神灌浇学生发展的土壤，营造学生发展的良好教育生态，让阳光洒满学生成长的大地，让学生的精神世界在广博阅读中不断得到升华。

2017 年春

目　　录

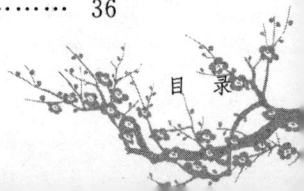

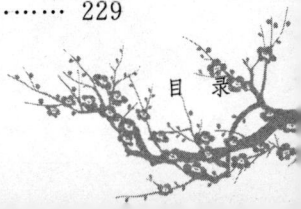

第一章 找准学生核心素养培养的切入口

第一节 国际视野下的阅读素养的凸显

一、阅读素养的国际视野

阅读素养是一个国家社会和经济发展的根本。国民的精神力量对于一个国家的软实力和最终的竞争力都起着关键的作用。无论是民族进步还是个人发展,都与阅读素养有着紧密联系。精神力量的获取和培养,则需要通过阅读。培养有素养的社会成员,能够提升社会的整体素质水平,增强国家的综合实力。国际阅读素养进展研究(PIRLS)认为,"阅读素养是学生从小学开始就应该掌握的最重要的能力"。

我国关注阅读素养主要是 2009 年上海参与 PISA 项目以后,突破了对阅读的传统理解与实践。从国际上对阅读素养具有重要地位的 PISA 等一些项目来考量阅读素养具有重要教育意义。

(一)阅读素养的关键能力的认识

经济合作与发展组织(OECD)为迎接知识社会的到来,确定了把欧洲建设成"世界上最富竞争活力的知识经济体,并实现经济可持续发展"的战略目标。为此,需从适应知识经济社会要求出发,对欧盟教育与培训体制进行改革。1997 年至 2002 年 OECD 实施了名为"能力的界定与遴选:理论框架与概念基础(DeSeCo)"的大规模跨国研究计划。"DeSeCo 认为必须基于终身学习的动态模型来设计评价指标。这是因为中小学教育并不能提供人生发展所必需的全部能力:能力在人的一

生中不断发展和改变,随着年龄的增长个人可能获取或失去部分能力;由于技术进步和社会结构与经济结构的转变,个人的要求在整个一生中是会不断变化的;能力的发展不会在青少年时期结束,而是会在成人阶段继续完善。因此,成功地适应迅速变化的世界所必须的新的知识和技能,需要终身学习才能满足;学生不可能在学校里学到将来所需的每一种知识和技能;学校的功能在于使学生具备终身学习的能力。"(方红峰:国际学生评估项目研究(PISA)理论介绍 为生存而学习——国际学生评价计划(PISA)简介[M],2009.2,P5)DeSeCo 将成功地适应迅速变化世界所必需的、中小学能给予初步培养的知识和技能称作关键能力,并将关键能力定义为:个人实现自我、终身发展、融入主流社会和充分就业所必需的知识、技能及态度之集合,它们是可迁移的并且发挥着多样化的功能。在义务教育结束时学习者应该具备这些基本的关键能力,并且在后续的终身学习中继续发挥其基础性作用。

国际学生评价项目 PISA 是研究如何通过恰当的标准来评价学习者在义务教育结束时是否具备了上述的关键能力。OECD 从 2000 年开始进行国际学生评价项目(PISA),目的是通过一套能够测量教育结果的国际教育质量指标和对各国学生进行抽样测试所取得的结果,来描述各个国家的教育质量(关键能力)水平。

在义务教育结束时学习者应该具备那些基本的关键能力,并且在后续的终身学习中继续发挥其基础性作用。DeSeCo 的关键能力与学校课程之间并非是一一对应的。以学校课程的纬度可以把关键能力分为两大类:一是课程范围内的能力。例如,与他人交往的能力、基础的科学/数学技能、电脑与表达能力、个体角色定位的能力;二是跨学科能力。例如,元认知能力、个人内在能力、人际交往能力、个人职位能力。正因为这个原因,PISA 评价的重点并不在于检验学生是否很好地掌握了某一具体的学校课程,而主要是评价学生上述学科所涉及的关键能力,即是否准备好去应对未来的挑战,他们是否具有有效地分析、推理与交流自己的思想观点及终身学习的能力。2013 年新增的问题解决能力的测试,则更体现了 PISA 强调关键能力以及跨学科的性质。

PISA 的评价内容和评价框架都是基于"素养"(Literacy)这一概念提出的。其将"素养"定义为:学生运用所学知识和技能,有效进行分析、推论、交流,在各种情景中解决和解释问题的能力。由于主要是关注学生从已学到的知识推断(extrapolate)新知识的能力或将知识应用于新情境(novel settings)的能力,因此,PISA有三个明显的特征是:一是情景,强调真实的社会生活或生产活动的情景;二是运用,强调运用已学到的知识进行解释或解决问题;三是思维,强调进行有效分析、推论、交流等思维能力。(方红峰:国际学生评估项目研究(PISA)理论介绍 为生存而学习——国际学生评价计划(PISA)简介,2009.2,P9)国际学生评估项目中国上海项目组认为"素养指的是学生在主要学科领域应用知识和技能的能力,以及在不同情境中提出、解决和解释问题时有效地分析、推理和交流的能力"。(国际学生评估项目组中国上海项目组:质量与公平 上海2009年国际学生评估项目(PISA)结果概要,上海教育出版社,2010.12,P2)

(二)国际性阅读素养评价的视角

从阅读素养提出的国际视野上考量,成功地适应迅速变化的世界所必需的阅读素养,是人终身发展的关键能力。学生不可能在学校里学到将来所需的每一种知识和技能,阅读素养正是关键能力,也是其他关键能力的基础。我们可以依据"素养"的最新研究成果,确认"阅读素养"的具体内容。

为了推进阅读素养的培养,国际上一些重要的教育机构致力于研究阅读素养评价的研究与实施。国际性的阅读能力评价项目,都有其自身的框架结构与特点,有很多的思想和做法是值得我国的阅读素养评价借鉴的,同时,一些问题也可以引发我们继续探索。对于国际性阅读评价项目的借鉴和思考,不仅让我们看到国际阅读评价的趋势,也可以使我们阅读教育的思路更加开阔。

1."PISA"的视角

国际学生评价项目(PISA)聚焦于年轻人运用知识与技能迎接现实生活挑战能力。这一取向反映了学校教育目标和课程目标本身的变化,即越来越多地关注学生能运用他们在学校里学到的内容做什么,而不是单单看他们是否掌握了特定的课程内容。PISA试图通过对15岁学生关键能力的测评来回答以下这些问题:学生们准备好迎接未来的挑战了吗?他们能不能有效地分析、推理并交流自己的想法?作为对经济和社会有价值的成员,他们是否找到了能够终生追求的兴趣?这

意味着 PISA 所强调的是完成与现实生活相关的任务的能力,对关键概念的整体理解,而不是把评估局限在对待特定学科知识的理解上。PISA 还强调对终身学习的相关性(relevance,即有用性)素养的获得是个终身过程,不能要求 15 岁的学生学会所有将来有用的能力,但是要为未来继续学习和学以致用做好准备。PISA 要求学生报告自己的学习动机、自我信念和学习策略。PISA 关注的是"为了学习而阅读,而不是为了阅读而学习"。

2. "PIRLS"的视角

国际阅读素养进展研究项目(Progress in International Reading Literacy Study,简称 PIRLS),它是国际教育成就评价协会 IEA 的研究项目之一。该项目计划每五年进行一次全球范围的 PIRLS 阅读素养评价,以此来监测儿童阅读能力的未来发展。

PIRLS2006 对"阅读素养"又定义为:理解和运用社会需要的或个人认为有价值的书面语言形式的能力,年轻的阅读者能够从各种文章中建构意义,他们通过阅读来进行学习、参与学校中和日常生活中的阅读者群体,并进行娱乐。具体而言,阅读素养包括学生理解并运用书写语言的能力;从各式各样的文章中建构意义;从阅读中学习;参与学校及生活中阅读小组的活动;由阅读获得乐趣。(李余仙　王晶莹编译:国际阅读素养进展研究项目概述,《世界教育信息》2011.11,P2)

PIRLS 的阅读理解测验主要是用故事体与说明文两种文体的阅读材料来测评阅读理解过程。阅读过程包括"直接理解过程"和"解释理解过程"两部分。"直接理解过程"又分为提取信息和推论分析,"解释理解过程"则可分为解释整合和比较评估。解释整合,即读者需要运用自己的知识去理解与建构文章中的细节及更完整的意思,关注解释文中信息在现实场景中的应用。比较评估,即读者需批判性思考文章中的信息,包括评判文章的完整性或阐明、澄清文中的信息以及找出作者的立场。成熟的读者在阅读过程中都会自动地进行"提取信息"和"推论分析",而在"解释整合"和"比较评估"上则需要读者提取既有知识,建构自己对文章的深层理解,以及跳脱文章进行批判。

PIRLS 强调追求生活中的阅读和测试情境中的阅读的内在一致性。其反复推敲"阅读"的内涵、精心构建测评的理念框架,都是为了准确和深刻地把握"真实"的阅读情境、阅读过程,其目标和效果是学生在测试情境中"遇到"的阅读与真实生活中"遇到"的阅读保持内在的一致性：显性层面，学生在测试情境中读到的文本类型和日常生活中读到的文本类型有内在一致性；隐性层面，测试情境中直面文本时潜在的阅读动机、认知过程和日常阅读中的阅读目的、认知过程有内在一致性。这种一致性是保证和促进考、教、学形成良性互动的重要基础。我们一直为"应试"压力所累，除了制度因素，缺乏测评理念、技术层面的保障也是改革困难重重的原因，如研究者没有处理好"生活中的语文"和"测评情境中的语文"两者间的关系。（叶丽新：国际阅读《测评框架/说明》的特征和启示，课程与教学，2013.2，P34）

3. "NAEP"的视角

全美教育进展评价（The National Assessment of Educational Progress，简称 NAEP）是美国唯一的一项全国性基础教育质量评价体系。它由美国国会授权、教育部负责实施，定期评价四年级、八年级和十二年级学生在阅读、数学、科学等科目的学业成就水平，定期报告基础教育质量的进展情况。阅读能力的评价就是 NAEP 其中的一个重要方面。

NAEP 认为，阅读是一个积极且复杂的过程，涉及理解书面文章、形成并理解含义，根据文章类型、目的与情景，恰当使用含义。NAEP2009 阅读评定内容包括文学型文本（小说、纪实文学、诗歌等）和信息型文本（杂志、报纸、论文等）两大类，其中重点考查学生对于词汇的理解，并主要考查学生三个方面的能力，分别是查找/回忆、整合/解释和批判/评价等能力。整合/解释是指读者把从文本中获取的新信息与原有知识进行整合，利用抽象思维进行比较和对照，从而形成新的理解。这个过程对阅读来说是至关重要的，被看成是读者真正驾驭离散信息，通过信息加工和处理形成全新认识的过程。（张珍、蔡敏：美国国家教育进展评定（NAEP）2009 阅读评定及其启示，世界教育信息，2010.01，P45）

我们必须重视对中小学阅读能力的评定，推动对中小学生阅读素养的跟踪质量培养。阅读能力是学习的基础，是保证学生学习成功的重要条件，是中小学生语文素养的重要组成部分，同时也是学生进行终身学习、未来工作的重要技能。现有的阅读测评主要是针对升学考试的阅读测试，这难以作为阅读能力评定的有效依据。因此，我们要把对

阅读能力培养与评定的研究作为当前的重要任务。"我们应该借鉴NAEP以能力为核心的评价，依据社会对人才发展的需求，弄清楚未来社会发展需要人们具有什么样的阅读能力，并在此基础上，对阅读能力进行分类。"当前，我国阅读能力评价所采用的文本大多是课程标准规定的文本类型，以文学性的文章居多。但是在实际的工作和生活中，学生遇到的不仅仅有文学性的文章，更多的是应用性的文章。有学者指出，"详细地对不同类型的文本进行梳理，针对汉语表达的特点，将文本进行详细地分类，并对不同类型的文本的典型要素进行分析，这是开展阅读评价的核心工作，也是一项基础性工作。"（何光峰：美国NAEP阅读能力评价框架之评价与借鉴，学校管理与发展，2012.4，P16）

二、国际阅读素养培养的经验借鉴

国际关于阅读素养的定义与内涵都表明，学校不能只是为了教学生阅读而阅读，而是为了"学生应用阅读知识和技能解决实际问题和学习新知识"，强调是一种能力。

国际阅读素养进展研究（PIRLS）认为，"阅读素养是学生从小学开始就应该掌握的最重要的能力"。在PIRLS的阅读素养评价中，阅读能力已经不再被局限于学科范围内，单纯地作为一种特定的学科能力，而是将阅读与生活相联系，将阅读融入现实生活的各个层面：娱乐、学习、工作等。这一精神具体体现为将阅读与真实的情境相联系、与阅读活动的特定目的相联系。

国际学生评估项目（PISA）强调"阅读素养是阅读者为了达成个人目标、积累知识、开发个人潜力、参与社会等目的，理解、利用、反思和使用书面文章的能力"。

全美教育进展评价（NAEP）作为美国唯一一项全国性的基础教育质量评价体系，2009阅读评定内容包括文学型文本（小说、纪实文学、诗歌等）和信息型文本（杂志、报纸、论文等）两大类，其中重点考查学生对于词汇的理解，并主要考查学生三个方面的能力，分别是查找/回忆、整合/解释和批判/评价等能力。

综上所述，我们不难发现，以上三项评价有着几乎一致的关键要素和内容体系。他们都高度关注"阅读素养"的内涵发展；重视阅读素养测评的理念框架,即测评过程中需要考虑的基本维度和每个维度的所指和类型:阅读的目的;阅读的情境/环境;文本;认知目标/过程;不同类型文本的阅读的要素。这有利于学生阅读素养发展的阅读教育的科学规范地实施。

阅读素养的发展并不局限于知识和技能的发展,也涉及动机、态度和行为。参与度和有效的学习策略不仅是影响阅读表现水平的关键因素,而且它们本身就是重要的教育结果,它们不仅会影响学生青少年时期的生活质量,还会影响他们进一步受教育的决定,以及他们抓住就业机会的能力。

三、阅读素养:为核心素养发展奠基

阅读素养是核心素养的重要组成部分。核心素养是作为客体侧面的最具价值的教育内容与作为主体侧面的学习者关键能力的统一体而表现出来的。阅读素养正体现了核心素养的这个重要特征。没有阅读素养的人难以想象,不具备阅读素养的核心素养是虚假的。

自 1997 年以来,国际经济合作与发展组织(OECD)、联合国教科文组织(UNESCO)、欧盟(EU)等国际组织先后开展关于核心素养的研究。美国、英国、法国、德国、芬兰、日本等也积极开发核心素养框架。

OECD 的"素养的界定与遴选:理论和概念基础"项目,确定了三个维度九项素养。(1) 能互动地使用工具,包括三项素养:互动地使用语言、符号和文本;互动地使用知识和信息;互动地使用(新)技术。(2) 能在异质群体中进行互动,包括三项素养:了解所处的外部环境,预料自己的行动后果,能在复杂的大环境中确定自己的具体行动;形成并执行个人计划或生活规划;知道自己的权利和义务,能保护及维护权利、利益,也知道自己的局限与不足。(3) 能自律自主地行动,包括三项素养:与他人建立良好的关系;团队合作;管理与解决冲突。(OECD. Definition and Selection of Competencies (DeSeCo): Theoretical and Conceptual Foundations Strategy Paper [EB/ OL]. http:// www.oecd.org/ education/ skills-beyond-school/ Definitionandselectionofc ompetenciesdeseco. htm.)该框架认为核心素养重在能使用语言工具,包括阅读与表达。这个框架对许多国家和地区开发的核心素养框架产生了重要影响。

2006 年 12 月,EU 通过了关于核心素养的建议案,核心素养包括母语、外语、数学与科学技术素养、信息素养、学习能力、公民与社会素养、创业精神以及艺术素养共计八个领域,每个领域均由知识、技能和态度三个维度构成。这些核心素养作为统领欧盟教育和培训系统的总体目标体系,其核心理念是使全体欧盟公民具备终身学习能力,从而在全球化浪潮和知识经济的挑战中能够实现个人成功与社会经济发展的理想。

2007 年美国的《"21 世纪素养"框架》以核心学科为载体,确立了三项技能领域,每项技能领域下包含若干素养要求。(1) 学习与创新技能。包括批判性思维和问题解决能力、创造性和创新能力、交流与合作能力。(2) 信息、媒体与技术技能。包括信息素养、媒体素养、信息交流和科技素养。(3) 生活与职业技能。包括灵活性和适应性、主动性和自我指导、社会和跨文化技能、工作效率和胜任工作的能力、领导能力和责任能力。(张义兵.美国的"21 世纪技能"内涵解读——兼析对我国基础教育改革的启示[J].比较教育研究,2012,(5).)美国的学生核心素养框架明显突出了语言信息的交流与运用。

2011 年经合组织报告得出一个具有重要政策内涵的结论:真正影响经济及社会进步的是学习结果的质量,而不是现在各国普遍采用的"教育年限"这一指标。经合组织还特别强调阅读素养是所有学生教育及在今后的工作、生活中能够成功所需的一项核心技能。(商发明:全球十大教育发展新理念:阅读素养成核心技能,北京日报 2014 - 10 - 16)其使用对义务教育末期学生(15 岁学生)"素养"的测评来评估基础教育阶段学习结果的质量。"素养"这一概念是经合组织的独创,"素养"不是知识,也不是技能,而是个人获取或应用知识和技能的能力,以及兴趣、动机、学习策略等。同时,经合组织用"精熟度水平"来表示阅读的测试成绩,即学生在阅读方面达到的素养水平。达到六级水平的学生具有细致的分析能力和高水平的综合能力,具备未来知识经济决策所需的最高端阅读能力。达到五级水平的学生可以被看作是未来潜在的世界级知识工人。低于二级水平的学生被认为没有掌握适应未来社会所需的最基本的阅读能力。

这些国际上对学生阅读素养的测评框架充分表明了阅读素养是什么以及为什么作为核心素养的要素的阐述。世界教育主流都把阅读素养作为核心素养重要内容。核心素养不是先天遗传,而是经过后天教育习得的。核心素养也不是各门学科知识的总和,它是支撑"有文化教养的健全公民"形象的心智修炼或精神支柱。决定这种核心素养形成的根本要素,在于个体的学习,正确的学习观念与学习方式。阅读是为了学习,阅读素养其本质是学习,是为了学习,通过学习学会阅读,通过阅读学会做人做事。阅读素养是学会学习的基础。

四、阅读素养:学生"学会学习"的基础

阅读是人类社会生活的一项重要活动,是人类汲取知识的重要手段和认知世界的重要途径,是从书面材料中获取信息并影响读者的过程,是培养学生独立自主地选择、获取、运用知识和发展能力的有效方式。3R 是阅读(Read)、写作(Write)、算术(Arithmetic)的简称,是国际公认的基础教育阶段学生的基础科学文化素质。各国教育家们一致认为,读、写、算能力是基础教育应当着重培养的基本能力,读、写、算基本三会是基础教育的基本要求。谁抓住了 3R,谁就抓住了基础教育的质量,而阅读是 3R 的首位。

阅读素养是学会学习的关键,是终身学习的基础。阅读素养强调的阅读能力、阅读的内在动力以及阅读策略,具有终身学习的导向。1996 年,联合国教科文组织 21 世纪委员会发布德洛尔报告《学习:内在的财富》,提出了"四个学会",其中之一就是学会学习(Learning to how to learn)。报告认为:教育仅从数量上去满足那种无止境的"知识和技能"需求,既不可能也不合适。正如埃德加·富尔在《学会生存》一书中指出的,"未来的文盲不再是目不识丁的人,而是没有学会学习的人。"学会学习意味着在学习方式上,由知识性的记诵学习转变为智慧式的、创新性的学习;在教育目标上,由单纯的学习知识转变为启迪智慧,让教育真正成为学生享受幸福生活的过程。从传统的以教师"教"为主过渡到现代的以学生"学"为主——标志着教育发展史上教学重心的根本转变。处于信息化时代的今天,必须转变落后的填鸭式的教学,教育必须引导学生"学会学习"。

正如美国著名未来学家约奈比斯特断言:"在不断变动的世界上,没有一门或一套课程可以供可见的未来使用或可供终生受用,现在需

要的最重要的技能是学会如何学习。"怎样才算学会学习呢？一言以蔽之，在学习方式上，由知识性的记诵学习转变为智慧式的、创新性的学习；在教育目标上，由单纯的学习知识转变为启迪智慧，让教育真正成为学生享受幸福生活的过程。

阅读是一种基本的智力技能，也是取得学习成功的先决条件。苏霍姆林斯基在阐述阅读与学习能力关系时指出，"30 年的经验使我深信，学生的智力发展取决于良好的阅读能力"。他从心理学的视角分析，谁不善于阅读，他就不善于思考。（王晓燕：科学导报·教育论坛，2013 年第 2 期）对于具体学生个体而言，阅读素养强的学生其整体发展基础较为坚实。相反，学习困难很多表现在阅读能力上，"阅读正是达到顺利学习的最重要的补救手段。"阅读是对"学习困难的"学生进行智育的重要手段。（苏霍姆林斯基：给教师的建议，教育科学出版社，1984年，阅读应当跟学习紧密地联系起来。阅读、阅读、再阅读，——正是这一点在"学习困难的"学生的脑力劳动中起着决定性的作用。）

联合国教科文组织 21 世纪委员会发布德洛尔报告《学习：内在的财富》，提出了学习"四大支柱"问题，全面阐述了国际社会对人类未来和学习问题的理解，成为国际社会的一份学习宣言。"四个学会"之一就是学会求知（Learning to know）、学会学习（Learning to how to learn）。报告认为：教育仅从数量上去满足那种无止境的"知识和技能"需求，既不可能也不合适。因为，新世纪将为信息的流通、储存和传播带来前所未有的手段，教育的功能是：培养人具有适应变革的能力，使之在自己的一生中能够抓住和利用各种机会，去更新深化和进一步充实最初获得的知识。

联合国教科文组织教育规划研究所负责人库姆斯提出的这一论断标志着教育发展史上教学重心的根本转变——从传统的以教师"教"为主过渡到现代的以学生"学"为主。但是，处于信息化时代的今天，科学技术日新月异，落后的填鸭式的、反复记诵式的学习仍占据优势地位，这远远不能适应现代社会的飞速发展。为了跟上时代步伐，教育必须引导学生"学会学习"。学会学习不仅是以弄懂书本知识、考试中得高分为主要目的。

阅读是人类智慧的结晶、经验的汇集、文化的积淀、历史的传承。阅读，无论是对于一个人、一个组织，还是对于一个民族、一个国家，其重要性都是不言而喻的,它直接决定一个人的修养和境界,关系一个民族的素质和力量,影响一个国家的前途和命运。实践表明,崇尚阅读、热爱学习是提高自身素养的一个最直接、最有效的方法,也是胜任自身工作的内在要求和必由之路。阅读本质是学习,是学会学习必然之道。古语说:"玉不琢不成器,人不学不知道。"人的一生只充一次电的时代已经过去,阅读学习不仅仅局限于求学阶段,阅读学习贯穿人生的全过程,只要生存,就应该不断地阅读学习,唯有此,才有立足之本,才有充裕的精神和物质生活。"修德忘名、读书深心",阅读使人明理明德、明荣知耻,阅读的过程实质上也是修炼道德、陶冶情操的过程。不加强阅读学习,知识就会老化,思想就会僵化,能力就会退化,就无法做好工作。只有爱阅读善阅读,才能够开阔眼界、增长才干,才能够治心养性、提升境界,赋予我们一个宁静的心态、理智的头脑以及开放的胸怀。

阅读素养的提升是学会学习的重要路径。"学会学习"是对以书本知识为中心的教育观的摒弃与根本转变。学会阅读本身也是一种学习,强调阅读作为获取知识的一种"探究的活动"。无论新知识的获得,还是现成知识的掌握,都离不开人的积极参与,离不开主体阅读活动。学生学会阅读过程就是一个学会学习的过程,实质上是一个探究的过程、选择的过程、创造的过程。

第二节　国际先进教育思想的借鉴与发展

一、哈佛大学"广博教育"的借鉴

(一)广博阅读教育提出的溯源

本课题提出的"广博阅读教育"起源于"广博教育"。广博教育为美国哈佛大学倡导。2002 年北京大学韩敏中教授作的报告《广博教育:哈佛大学核心课程给人们带来启发》中,指出哈佛大学的"核心课程":"The philosophy of the corecurriculum rests on the conviction that every Harvard graduate should be broadly educated as well as trained

in aparticular academic specialty or concentration."（韩敏中：广博教育：哈佛大学核心课程给人们带来启发［EB／OL］，新华网，2002.1.27）这段话强调了"哈佛大学核心课程的哲学在于认为哈佛毕业生必须受过广博的教育，而不仅是训练……"美国哈佛大学的每一个毕业生都应该受到广博教育（education）而不仅是专业训练（training），并通过"核心课程"来确保。这就是哈佛大学的广博教育。

哈佛大学提倡每一个学生都应该受到"广博教育"，鼓励本科生接受广博的教育，同时鼓励他们深入研究 1—2 个学科。专业教育不仅使学生掌握某个领域的知识，而且教给学生更多的方法，让他们借此追求在思想上更成熟地发展。哈佛大学的本科生集中在哈佛文理学院的哈佛学院，本科生课程大致为三部分：普通教育课程（即核心课程）、专业课程和选修课程。哈佛课程中被认为是不可或缺的领域主要有六大领域：第一就是外国文化。其中有国别的或者是地区的文明、宗教、神话、政治经济制度以及社会变迁等，其中还分用英语和外语上课阅读的三种课程。第二是历史研究。包括分国别、地区或者国际性的研究，其中包括"医学与社会"这样的话题。第三领域是文学艺术。第四个领域叫作"moralreasoning"（道德权衡）。第五点就是科学（science），分成两类，一类就是我们所说的"硬性科学"，即以数学为基础的一些学科，另一类就是 20 世纪逐渐确立自己地位的生命科学（lifescience）。最后还有一类，就是社会分析。各领域再细分若干亚领域，共有 11 个亚领域，每个亚领域开设几十门课程，学生从中选修。不仅使学生掌握某个领域的知识，而且教给学生更多的方法，让他们借此追求在思想上更成熟地发展。"为此目标，学生需要某些知识，教师有责任引导学生成为有教养的人所必备的学识、智能以及思辨方法。"（韩敏中：广博教育：哈佛大学核心课程给人们带来启发［EB／OL］，新华网，2002.1.27）哈佛大学的广博教育核心课程是要向学生显示在这些领域里，有什么样的知识以及什么样的方法，分析探讨一个问题有什么不同的方法，各种方法如何被人应用，各有什么价值。每个领域内的科目多少并不完全相同，但其设计思考的重点是一致的。哈佛大学核心课程是依据下列考虑而设立的："核心课程"不是要学生在知识的广度上精熟古典名著，不是要在某一特别的知识科学方面作精深的钻研，不是仅对某些问题作数量调查测量，它是要用教师认为大学教育不可或缺的六个领域的知识，来引导学生寻求获取知识的途径。核心课程的目的是让学生看到在这些领域内有何种类型的知识以及何种探索知识的形式,不同的分析方法如何获得、如何运用,它们的价值又何在。

从哈佛大学的广博教育的教育目的、教育内容与教育方式来看,是值得我国教育界认真思考的。任何教育都不是为了培养孤陋寡闻的井底之蛙的书呆子,而是为了培养视野宽广、学识渊博、心灵高尚的下一代。我们不能把阅读仅仅看作是一种技能,忽视其教育的精神与蕴含。因此,"广博教育"为我们的"广博阅读教育"提供了教育思想基础。

(二)广博阅读教育与通识教育、博雅教育

"广博阅读教育"的教育思想所借鉴的"广博教育"其有着独特的教育价值取向与实施内容等,形成了一整套操作体系。为了有利于把握"广博阅读教育",我们对通识教育、博雅教育作了文献研究。

1. 关于通识教育

通识教育是英文"general education""liberal education"的中译,自19世纪初美国博德学院(Bowdoin College)的帕卡德(A.S.parkard)教授第一次将它与大学教育联系起来。20世纪80年代中期,中文"通识教育"一词由台湾学者根据 general education、liberal education 的思想翻译转换而来。翻译借鉴了中国传统文化对于"通"和"识"的解释。在此之前,有人把 general education 译为"一般教育""普通教育""通才教育",将 liberal education 译作"自由教育""博雅教育"等。顾明远主编的《教育大辞典》中对"通识教育"阐述为:"'通才教育'(general Education),为培养知识面较广、兼备多种才能的人才而进行的教育。"至今对通识教育还没有一个公认的、规范性的表述。百度百科的"通识教育"一词的解释:"通识教育是高等教育的组成部分;通识教育是'非专业、非职业性的教育';通识教育是对所有大学生的教育;通识教育是一种大学理念,即整个大学的办学思想;通识教育与自由教育同义,通识教育的实质就是对自由与人文传统的继承。"

2. 关于博雅教育

"博雅教育"即 Liberal Arts。该词在大陆被译为"素质教育",台湾为"通识教育",香港则译得更显古典,叫"博雅教育"。《教育大辞典》对

"普通教育"（general education）的解释"有时与博雅教育（liberal education）混用"。（顾明远：教育大辞典第十二卷，1992.8，P235）"博雅"的拉丁文原意是"适合自由人"，在古希腊所谓的自由人指的是社会及政治上的精英。古希腊倡导博雅教育（Liberal Education），旨在培养具有广博知识和优雅气质的人，让学生摆脱庸俗、唤醒卓异。（百度百科：博雅教育，http：//baike.baidu.com/view/128602.htm？fr＝aladdin）博雅教育的目的不是给学生一种职业训练或专业训练，而是通过几种基本知识和技能，培养一种身心全面发展的理想的人格，或者说发展一种丰富的健康的人性。也有一种观点认为，"博雅教育不主张专业知识的学习，采用的是捆绑式教育，一个学生要应付十多门的课程，教育出来的学生貌似什么都懂，实际上是什么都不精，而且出来工作后在学校学的东西一般都应用不上，加上学得又不精，就造成了知识容易遗忘现象，遗忘后学了的知识等于没有学，造成了教育的浪费。"（韩敏中：广博教育：哈佛大学核心课程给人们带来启发[EB/OL]，新华网，2002.1.27）

3. 广博教育与通识教育、博雅教育

文献资料提示，通识教育、博雅教育在名实论上还有待进一步研究，现在似乎称谓不少，基本上通识教育与博雅教育混用，这是翻译者文字习惯，或者使用者的个人意愿选择。但是我们认为应该关注的是实质，特别是我们可以借鉴什么。

广博教育在哈佛主要借助核心课程实施。北京大学教授韩敏中指出："哈佛的核心课程和一般的通识教育计划不同，'通识教育'就是'general education'。这在中国非常混乱，我看到北大教务部也把这两段话挂在网上，然后他们拿'corecurriculum program'来比赋北京大学现在的公选课和通选课，我认为这是一个很大的认识上的误区，认为哈佛大学有核心课程，我们北大也有。实际上，北大的公选课和通选课顶多算是哈佛的通识教育，因为我自己也开过这种课程，一般同学都不看有关方面的书，上课的时候也无法形成讨论。大家对公选课的期望就是认为它的分数比较好拿，只要上课听讲就很尊重老师了。"在明确指出广博教育与通识教育的不同之后，更进一步阐述了广博教育的精髓，"与一般的通识教育计划不同，它并不是以掌握一套伟大的著作、消化指定数量的信息或是某些实习的知识来确定。而是在教师认为对本科

教育不可或缺的领域内寻求让学生了解获取知识的方法和途径,其目的是让学生看到在这些领域内有何种类型的知识以及何种探索知识的形式,不同的分析方法如何获得、如何运用,它们的价值又何在。"这明确指出广博教育不仅是广博,更是培养学生学会学习,学会创造性地学习。这就是广博教育所站的高度。

(三)"广博阅读教育"的倡导

"广博阅读教育"是通过各学科课程以及生活的各领域的多元化阅读,让学生在阅读中学习,实现广博的教育。

"广博教育"本身就包含了一种相对客观的、不大急功近利的学习态度、对社会高度负责任的、思想互相砥砺交流的要求。(韩敏中:广博教育:哈佛大学核心课程给人们带来启发[EB/OL],新华网,2002.1. 27)广博教育应该让学生养成认识自身和世界的多种视角,赋予学生知识、技能、思维的习惯和生活的基础,使他们能够享受终身学习,并且能够适应环境变化。

美国哈佛大学的广博教育,有值得我们借鉴学习的地方。在对学生的人文精神的培育上,和我们广博阅读教育的价值取向基本一致,尤其是美国哈佛大学的每一个毕业生都应该受到广博教育(education)而不仅是专业训练(training),并通过"核心课程"来确保。我们学校借鉴哈佛大学的广博教育,在学校中倡导广博阅读教育,目的是要培养孩子从有形的东西中看到无形的精神,追求心灵的自由,对音乐、对美的享受,提高学生的精神生活层次,从而提升精神世界。哈佛大学的成功的广博教育值得我们借鉴学习,成为我们广博阅读教育的教育理念的支撑。

走向现代化的中国人不仅要在物质上得到满足,同时更需要获得一种心灵上的开放和人文的发展,在科学的背后的深厚的文化底蕴越来越显得重要。没有文化性思维,我们的教育很难"广博教育年轻一代"。用人类的文化培育年轻一代的心灵,文化性思维需要从小培养,广博阅读教育是实现这个教育目标的有价值选择。

"广博阅读教育"强调培养学生的阅读素养,并且注重在广博的阅读中实现阅读素养的发展。确立"阅读为了学习与生活"的阅读观。我们认为,阅读能力已经不再单纯地作为一种语文学科的能力,而是将阅

读与生活相联系,将阅读融入学生生活的各个层面。这要求阅读不再是单独的课堂行为,必须与真实的情境相联系,教师所关心的将是学生日常生活中切实需要的阅读能力。

我们学校研究实现学生阅读素养发展的载体——广博阅读教育。通过广博的阅读,包括阅读文本、阅历社会人生、欣赏艺术、饱览大自然等,增强学生的学习经历,丰富学生的学习与生活经验,增强学生的阅读素养。我们在实施广博阅读教育时,关注学生的年龄特征。中学生的广博阅读教育应该是少年化的。现实的、理想的、虚拟的这三种精神生活的整合是丰富学生精神世界的关键。中学生的精神世界有其特征,这是他们的年龄特点所决定的,中学生的精神生活不能成人化。我们在开展广博阅读活动时必须以适宜的阅读来丰富学生的精神生活,提升他们的精神世界。

二、广博阅读教育:学生文化性思维凸显

我们学校借鉴哈佛大学的广博教育,实施广博阅读教育,目的是要培养学生从有形的东西中看到无形的精神,追求心灵的自由,对美的崇敬,对真理的向往,提高学生的精神生活层次,从而提升精神世界。

人的精神世界的高度在很大程度取决于其文化性思维。文化意味着文明,也是栽培、养育、耕作,更是教养、陶冶。因此文化既是一种人类发展的状态,也是达到这种状态的手段。这就是我们教育的逻辑出发点,教育就是文化,教育应该充满文化性,从小培养孩子文化性思维的需要。没有文化性思维,我们的教育很难起到广博教育下一代(broadly educating young people)。文化性思维需要从小培养,而广博阅读教育是实现这个目标的有价值选择。

教育需要文化性思维。我们思维方式缺少或者没有文化性思维,那我们这个民族的教育就不可能起到广泛教育年轻一代的作用。有这么一个例子。香港城市大学的张校长在北京向韩敏中教授提出这么个问题,如果到街上去作一个调查,问问一般的社会人群眼中的现代化是什么,回答总是跟物质发展的水平、人民生活等联系在一起的。"为什么我们中国人的回答总是有形的东西呢?为什么我们不要求心灵的自由,对美、对音乐的享受?"回顾我们的近代史,中国自鸦片战争以来逐

渐了解到自己很落后，因此就很着急，要赶紧改革，于是就积极地引进西方的科学、民主，而没有看到他们的民主科学背后的深厚的文化底蕴及社会背景。现在越来越清醒地认识到，培养文化底蕴是更为重要，也更为艰难的任务。要通过文化性的教育，培养学生能透过社会的文化状况，从生活的表象中，认识错综复杂的本质，具有丰富的社会、历史经验，才能更好地认识和服务于社会的进步。培养下一代的文化性思维是十分迫切的任务。我国西汉学者刘向，曾说过"少而好学，如日出之阳；长而好学，如日中之光；老而好学，如炳烛之明"，指出了从小养成终身阅读思维(习惯)的必要性。

2012年北京工业大学出版社出版了一本书，名为《中国人为什么不读书》。有人感叹，"中国人为什么不读书了？在当代，很多中国人除了让自己的儿女好好读书，考上一个好的大学之外，自己是很少读书的，也几乎是不买书的。"2016年4月发布的第十三次全国国民阅读调查数据显示，"2015年我国成年国民对个人阅读数量的评价中，只有1.2%的国民认为自己的阅读数量很多，8.0%的国民认为自己的阅读数量比较多，有37.4%的国民认为自己的阅读数量一般，45.0%的国民认为自己的阅读数量很少或比较少。"我国人群中碎片化阅读十分严重，手机"阅读"的娱乐化倾向十分突出，我们的学生大面积人文精神"缺氧"。我们必须充分认识阅读率下降带来的危机。一个人不阅读，就会从众、被动地接受信息，缺乏分析性，使思维掩息波澜，人生失去色彩；一个民族不阅读，这个民族的文化就会丧失创造性、批判性，萎缩民族自主创新的活力。

文化性思维需要培养，广博阅读教育就是为了更好地培养学生的文化性思维。阅读不仅促进个人成长，而且可以提升一个民族、一个国家和一个城市的发展活力。1995年联合国教科文组织提出了"让世界上每一个角落的每一个人都能读到书"的口号，宣布每年的4月23日为"世界读书日"。阅读作为人类智慧活动，超越时空界限与人类进行无障碍的对话，是人类得以进步的阶梯。通过阅读有利于传承社会文化，同时促进人们的文化性思维。阅读在增强核心素养的基础上，促进人的综合素质的提高，更好地适应时代发展和社会进步的迫切要求。

第三节　探索适合学生核心素养培育的新路径

一、提升学生核心素养有价值的探索

国民素质决定国家竞争力,国民的核心素养决定一个国家的核心竞争力与国际地位。我国教育部在 2014 年颁发的《关于全面深化课程改革落实立德树人根本任务的意见》中,第一次提出"核心素养体系"这个概念。当前,全国中小学普遍开展了核心素养培养的实践。我国也正在根据人的发展与社会发展的要求确定核心素养,突出"关键少数"素养,并将核心素养具体化为针对不同学段学生的具体素养发展的阶段性要求。培育学生的核心素养,需要从课程体系开发、教学方法改进、教师素质提升以及评价改革等方面着手。

国际上自 20 世纪 90 年代以来,国际经济合作与发展组织(OECD)、欧盟(EU)等国际组织及美国、新加坡等国家相继开展学生核心素养框架研究。自 20 世纪 90 年代以来,"核心素养"就成为全球范围内教育政策、教育实践、教育研究领域的重要议题。核心素养成为一个统领各国教育改革的上位概念,引领并拉动课程教材改革、教学方式变革、教师专业发展、教学质量评价等关键教育活动。

核心素养的核心在于突出"关键少数"素养。"核心素养"不是一般性的,而是"核心的素养"。核心素养是适应个人终身发展和社会发展所需要的"必备"品格与"关键"能力,也是学生在 21 世纪最应该学习并具备的那些"最基础"的知识、能力与态度。核心素养是所有学生应具有的最关键、最必要的共同素养。"关键"是指个体在 21 世纪生存、生活、工作最基础的素养。"共同"是指教育,包括课程所面对的某一群体所需要的共同素养。核心素养是通过系统的学习而习得的,是基础的、共同的素养,具有连续性与阶段性,需要从早培育,又指向儿童未来成长与终身可持续发展的素养。阅读素养正是具备了这样的特质,是"关键的少数"的核心素养,而且是关键的关键,核心的内核,没有阅读素养的核心素养是不可想象的。

我们学校组织与实施"国际阅读素养视野下的广博阅读教育的行动研究"，强化学生阅读素养的培养，并以此为抓手对阅读素养这个关键素养进行迁移，推进学生核心素养的整体发展。学生的素养是多元的也是整体的，因此从阅读素养着手，着眼整体素养提高是从部分到整体的实施素质教育的策略。没有具体的素养的提高，全面提升学生素质必然是一句空话。我们实施"国际阅读素养视野下的广博阅读教育"旨在让学生拓展视野，丰富知识、增加阅历，提高悟性，提升品位，健康成长。广博阅读教育着眼于学生的可持续发展与精神层面上的人文关怀，正是努力解决应试教育中的这个弊端，也是当前素质教育中需要探索的课题。

二、创建学校特色的教育实践探索

"学校特色"强调的是教育的回归本真，遵循教育规律，并不是花俏字面上的折腾，更不是奇思怪想。学校特色培育强调的是教育目的回归，促进学校教育回归到教育的普世价值——人的发展上来，回归到教育促进学生可持续发展的轨迹上。

学校特色建设中追求奇特、冷僻，不应该追求"人无我有""一校一品"。学校无权以学校特色强制全体学生学习某些"特色课程"，有违教育伦理。

学校办学有着基本的规律与基本的内容。学校的特色在于创造性地遵循规律培养好学生，在教育基础工作上做得特别好，凸显这个"特"字。学校特色应该是整体上办学水平高，发展基础上的重要教育(教学)领域上的强项，而不是某些为哗众取宠的所谓"特色"。在一些办学非基础性的、对学生终身发展非重要的具体项目上过多投入教育资源，这是学校特色建设上的误区。只有把最基本的教育搞深搞透，促进学生可持续发展，才是学校应有的特色。正是因为不是所有学校，或者很多学校能真正做到应该达到的高质量办学，关注全体学生的健康发展，才显得回归真实的教育目的的可贵，这才是应该追求的特色，与功利主义无关。

优质学校的价值在于以学生发展为学校优质的评价标准上，这必然要关注学生的核心素养的发展，探索实现核心素养发展是优质学校

建设的关键。在学校办学质量的价值取向上必须摒弃片面强化几门"主科"测试分数的"优质"。应试教育现象形成的一种"教育文化",渗透在教育价值观、思维方式、管理制度和行为模式上。实际上"好学校"的标准已经异化,发生了严重的偏离。因而正确把握"优质"的评价标准,需要教育观念转变并切实落实到教育行动中。上海基础教育的内涵发展,正在引领新的教育价值观和评价标准。一所好学校的发展之路在于不追求分数排名,而追求尽可能适应学生发展规律,满足学生的发展需求,促进学生可持续的发展,从校情、学情出发,开展课程教学改革,主动探索提升学校办学水平的有效路径。正如尹后庆先生指出,"我们推出新优质学校,就是要走出依靠分数指标、物质计量、工具价值来判断教育效益的惯性,引导学校和教师关注每一个孩子内心世界的健康成长。"一所好学校应该关注人的发展,关注如何让教育过程更丰富、师生关系更和谐、多样化学习需求更能得到充分满足。关注每一个孩子的身心发展和内心世界,让学生浸润于丰富的课程中,逐渐成长为情感丰富、生命旺盛而富有追求的人。

我校自 20 世纪 90 年代启动校园读书活动以来,至今已有近二十年的历程,在泗塘中学的办学经历中,以读书活动为依托的书香浸润始终是学校的特色。学校传承和深化学校读书活动特色,注重学校读书活动促进教育、教学质量的提升。学校不断拓展读书活动外延,形成文化浸润,以校训"读书启智、读书明理"为表征,弘扬学校优秀传统,构建积极向上、内涵丰厚、特色鲜明的学校文化,提升学校的文化品位,营造优良的人文环境与和谐的发展氛围,促进学校、师生的健康发展。学校近年来提出了"传统与创新同步　内涵与外延并重"的办学思路,探索适合学校实施素质教育的新路径。学校开拓思路,我们致力于深化和发展读书活动,把校园读书活动作为学校文化建设的重要组成部分,努力成为学校教育特色。聚焦内涵,吸纳新措,进一步创新学校的校园读书活动,使之提升到广博阅读教育高度,并扎实地探索实现路径。

借鉴国际上关注学生阅读素养的价值取向,让学生学会阅读、学会学习,也借鉴美国哈佛大学的广博教育(通识教育),使学校办学具有国际视野。美国哈佛大学的广博教育,提出每个哈佛大学的毕业生必须受到广博的教育,要求学生学习"外国文化、历史研究、文学与艺术、道德推理、量化推理、科学、社会分析"七个方面的内容,不仅使学生掌握某个领域的知识，而且教给学生更多的方法，让他们借此追求在思想上更成熟地发展。借鉴哈佛大学的成功的广博教育，我们提出了"国际阅读素养视野下的广博阅读教育的行动研究"的项目。本项目旨在让学生拓展视野，丰富知识、增加阅历，提高悟性，提升品位，健康成长。广博阅读教育着眼于学生的精神层面上的人文关怀，提升学生核心素养，正是创建学校特色中需要探索的课题。

我们学校探索学校特色建设的路径，是基于阅读素养与学校特色建设的内在关系，提出了以"阅读素养与广博阅读教育"作为实现的方式。借助阅读素养的培养促进学生整体发展。我们学校以提升阅读素养的广博阅读教育创建学校特色，遵循的教育最朴素的指向，也是最接近教育本质的价值回归。把创建"新优质学校"的过程成为在基础教育课程改革的大背景下，自觉更新教育观念的过程，把学生在核心素养上的发展作为目标追求。从本质上讲，优质教育和核心素养培养是相互涵括的，核心素养是优质教育的本质体现，优质教育是核心素养培养的条件。我们学校以"阅读素养与广博阅读教育"作为载体，推进学校特色培育，为学生的可持续发展创设基础性的条件。

"国际阅读素养视野下的广博阅读教育的行动研究"项目的价值体现在以下两点：首先是关注学生发展的可持续发展，确立"为了学习而阅读"的观念，关注阅读对人的终身发展的意义，改变了过去单纯以学科分数评价教与学质量的状况。其次，关注适合自己学校办学发展的可行性，在学校已有的经验与实践基础上，进一步以凸显学校特色的教育作用。学校自2009年开始开展"丰富结构的校园读书活动实践研究"，当时在反思学校原有读书活动实践经验的基础上，将校园读书活动放在"二期课改"的大背景下，研究如何构建丰富结构的校园读书活动新样式，促使校园读书活动在培养学生阅读情感、丰富学生阅读知识、提高学生阅读能力、发展学生健康个性等方面发挥更大的作用。并坚持在大教育观念的指导下，将读书活动与探究性学习、选择协商性学习相结合，并和校园文化建设活动相结合，培养学生学会做人、学会学习、学会创造。经过多年努力学校形成了学校读书活动特色，被社会公认。因此学校秉承着"每一所学校都以自己的创造性实践赋予本校鲜活有力的生命价值，不盲目追随所谓的'先行者'，不复制所谓的'精品校'的精神"（木铎：上海新优质学校：办好每一所家门口的学校，基础

教育课程,2012.12)向有内涵的学校教育前行,积极探索在学校"具体情境"下的学校特色创建之路。

本项目强调学校特色发展坚持有一个比较合理的校情研究机制,注意办学传统、学校特色、领导和师资条件、课程校本化基础、生源结构与需求。核心就是要从校情出发,根据现行课程基础、学校的教育活动等,建立起富有学校个性特质的学校创建的新机制;阅读不是强化某些课程,而应该是融合在所有学校课程与社会生活之中,是学校文化的体现,学校办学理念的集中反映。提出"广博阅读教育"是学校培养目标的需要,实现"发现每一个学生天赋,促进每一位学生健康发展"的教育需要与之适应的课程教与学的体系,建构起学校文化,提升学校文化与课程对学生健康成长的干预力和影响力。

我们以提升阅读素养的广博阅读教育,作为学校特色创建的战略举措。广博阅读教育从内容和形式上具有广博、多样、新颖等特征,同时它还包含所有学科及社会活动中的阅读,涉及德育、智育、美育等。广博阅读教育将德育、美育和智育融合在各类阅读中,营造良好的学校文化,学生通过广博的阅读,找到属于自己的阅读天地,在提高阅读能力的同时,学习做人,提升品行。在实践中把握新优质学校的核心:关注每一个孩子的身心发展和内心世界,让学生浸润于丰富的课程中,逐渐成长为情感丰富、生命旺盛而富有追求的人。

第二章 学生现代阅读素养的基本认识

第一节 现代阅读素养的概念

一、阅读素养的概念理解

20世纪末,发达国家已经把竞争舞台转移到教育与文化领域中了。阅读素养已经成为一个国家软实力的关键指标,成为关涉国家和个人竞争力的重要因素。由于国家文化背景与教育背景的差异对阅读素养的界定也不同。

国际阅读素养进展研究(PIRLS)认为,"阅读素养是学生从小学开始就应该掌握的最重要的能力"。[①] PIRLS2001,将"阅读素养"(reading literacy)定义为:理解和运用社会需要的或个人认为有价值的书面语言形式的能力,儿童阅读者能够从各种文章中建构意义,他们通过阅读来进行学习、参与阅读者群体并进行娱乐。认为学生能够从各种文章中建构意义,他们通过阅读来进行学习、参与学校中和日常生活中的阅读者群体、进行娱乐。PIRLS2006对"阅读素养"又做了进一步的描述,定义如下:理解和运用社会需要的或个人认为有价值的书面语言形式的能力,年轻的阅读者能够从各种文章中建构意义,他们通过阅读来进行学习、参与学校中和日常生活中的阅读者群体,并进行娱乐。这一界定对2001年定义的末句进行了改动,突出了学生在学校和日常生活中

---

① 李余仙 王晶莹编译:国际阅读素养进展研究项目概述[J],《世界教育信息》2011.11,P25。

进行阅读的广泛重要性,强调了阅读活动发生的不同情境。

在 PIRLS 的阅读素养评价中,阅读能力已经不再被局限于学科范围内,单纯地作为一种特定的学科能力,而是将阅读与生活相联系,将阅读融入现实生活的各个层面:娱乐、学习、工作等。这一精神具体体现为将阅读与真实的情境相联系、与阅读活动的特定目的相联系。PIRLS 依据其对"阅读素养"的界定,确定了学生阅读的两个目的是为文学体验或娱乐而阅读、为获取和使用信息而阅读。它将学生阅读的心智活动分为关注并提取明确陈述的信息,进行直接推论,解释并整合观点和信息,检视并评价内容、语言和文章的文本成分四部分。它关注可能影响学生阅读能力的具体情境,即家庭、学校和社会,并以此来进行试卷的编制和问卷的设计。

国际学生评估项目(PISA)强调"阅读素养是阅读者为了达成个人目标、积累知识、开发个人潜力、参与社会等目的,理解、利用、反思和使用书面文章的能力"。[1] PISA 对阅读素养的界定为:学生为实现个人目标、发展个人知识和潜能及参与社会活动,而理解、运用和反思书面材料的能力。

全美教育进展评价(NAEP)是美国唯一一项全国性的基础教育质量评价体系。NAEP 认为:在阅读时,读者、文本以及阅读目的三者是互动的,是动态的互相影响的,每一个读者都会将先前的阅读经验,包括对流派的认识,对文章结构、写作技巧的理解等,带到当前的阅读中;读者如何理解文本与文本类型有关,阅读目的影响阅读理解的过程,影响阅读策略、技巧的使用,影响个人已有知识与文本内容相联系的程度。这三者的相互作用形成了三种不同的阅读情境:为获得文学体验而阅读、为获取信息而阅读和为完成任务而阅读。因此,它主要从以下四个方面进行考查:整体感知、形成解释、联系自身、作出评价。

国际关于阅读素养的定义与内涵都表明,学校不能只是为了教学生阅读而阅读,而是为了"学生应用阅读知识和技能解决实际问题和学习新知识",强调是一种能力。阅读素养的发展并不局限于知识和技能的发展,也涉及动机、态度和行为。参与度和有效的学习策略不仅是影

---

① 国际学生评估项目组中国上海项目组:质量与公平　上海 2009 年国际学生评估项目(PISA)结果概要,上海教育出版社[M],2010.12,P6。

响阅读表现水平的关键因素,而且它们本身就是重要的教育结果,它们不仅会影响学生青少年时期的生活质量,还会影响他们进一步受教育的决定,以及他们抓住就业机会的能力。

本课题借鉴国际上主要的对阅读素养的理解,我们认为阅读素养是指学生理解和运用社会需要的或个人认为有价值的多元语言形式的能力,以此从各种媒体的资料中建构意义,解决问题,进行学习、工作和生活的一种特殊素养。

二、现代阅读素养的内涵

阅读素养的内涵十分丰富。本课题经过文献研究以及实践研究的总结,归纳了现代阅读素养的内涵:

(一)阅读素养是极为重要的核心素养

我们认为,核心素养是个体在面对复杂的、不确定性的现实生活情境时,运用所学的知识、观念、思想、方法,解决真实的问题所表现出来的能力与必备品格。我们在实践中认识到核心不是包罗万象的全部的积极品质,应该是最关键、最必要的共同素养。阅读素养正是体现了核心素养要义,阅读素养强调对于阅读而言,教师的教与学生的学不是为了"分数",强调阅读是为了学习,不是为了阅读而阅读。阅读素养是一种学生获得可持续发展的核心素质,体现了以学习能力、实践能力、创新能力为重点的核心素养。当今的教育不应该再是将知识的传授放在首位,而是将"尝试去做"和"能力的发展"放在首位。发展学生的阅读素养,不断促进学生在核心素养上的发展,对学生的终身发展负责。

(二)阅读素养是终身学习的基础

国际关于阅读素养的定义与内涵都表明,学校不能只是为了教学生阅读而阅读,而是为了"学生应用阅读知识和技能解决实际问题和学习新知识"。学习的首要条件是获取信息,然后才能发生学习的后继行为。阅读是信息的获取的必要渠道。埃德加·富尔在《学会生存》一书中指出,"未来的文盲不再是目不识丁的人,而是没有学会学习的人。"只有具备了一定的阅读素养,才可能有条件进行终身学习。

（三）阅读素养是一组阅读能力群

阅读素养有着复杂的能力结构，不是单一的能力、一种单纯的阅读技巧，而是一组复杂的能力群。这体现在阅读素养包含着关于阅读的知识、能力、品格与运用四个要素所包含着词语能力、语意理解能力、语文概括能力、语文推理能力、语文感悟能力等，同时上述每一项能力都有着若干的能力表现，使之可观察、可测量。作为由一组阅读能力群组成的阅读素养的发展就需要整体培养。阅读素养这个概念强调其是一项能力。阅读素养的发展并不局限于知识和技能的发展，也涉及动机、态度和行为。参与度和有效的学习策略不仅是影响阅读表现水平的关键因素，而且它们本身就是重要的教育结果。

我们认为，阅读素养是指个体关于阅读的知识、能力、品质与价值观的总和，是个体从事阅读活动的倾向与阅读经验的表征。阅读素养也是个体通过长时间的阅读训练与实践所形成与积累的。阅读素养是一个整体，由其素养的元素构成，不同的结构呈现不同的素养面貌。阅读素养水平，一般而言（在正态分布范围内）是其元素发展水平的差异，例如，有的学生文学型文本阅读能力强，有的学生信息型文本阅读能力强等。

（四）阅读素养所指向的是一种生活方式

阅读不仅仅是一种行为，还是一种生活方式。阅读是对一种生活方式、人生方式的认同。阅读与不阅读，区别出两种截然不同的生活方式或人生状态。这中间是一道屏障、一道鸿沟，两边是完全不一样的气象。一面草长莺飞，繁花似锦，一面则是荒漠无际的、令人寂寥。中华民族优秀传统是对读书阅读很在意的，于是留下了许多发愤读书的故事，如"萤入疏囊""雪映窗纱""凿壁偷光"，还有"头悬梁，锥刺骨"之类。古人对读书的益处，认识很深刻："读书可以修身养性"，有较高的境界。孜孜不倦，享受阅读的快意，陶醉于人生审美境界。

"今天你读了吗？"应成为一个天天可问的恒常话题。"养心莫若寡欲，至乐无如读书"，只有被书籍滋养从中受益的人才能深味"一本好书一生财富"这句箴言。有一种人他们不阅读，只是因为他们浑浑噩噩，连天下有无阅读这一行为都未放在心上思索。即使书籍堆成山峦立在他们面前,他们也不可能思考一下:阅读是什么? 阅读与人生和生活有何关系? 吸引这些人的只是物质与金钱,再有便是各种各样的娱乐消遣,被低级享受诱惑而不去亲近图书的人,则更是可怜。因为这是一种主动放弃的堕落。不阅读的人,他们的内心因精神缺失会陷入平庸与俗气。阅读与不阅读的人不一样,也表现在气质上。这气质是由连绵不断的阅读潜移默化养成的。阅读,是一种具有美感的生活方式,可以使人们由内而外获得了高雅。

三、阅读素养与核心素养

现代阅读素养培养的重要性就在于它是核心素养的重要内容。

教育部 2014 年印发的《关于全面深化课程改革落实立德树人根本任务的意见》中,第一次提出"核心素养体系"这个概念。当前,核心素养受到广泛的重视,对核心素养的理解很多,众说纷纭。有的学者认为,学生发展核心素养,是指学生应具备的、能够适应终身发展和社会发展需要的必备品格和关键能力。其综合表现为九大素养,具体为社会责任、国家认同、国际理解;人文底蕴、科学精神、审美情趣;身心健康、学会学习、实践创新。也有学者认为,核心素养是作为客体侧面的教育内容与作为主体侧面的学习者关键能力的统一体而表现出来的。也有教育行政官员认为,核心素养具有中国特色,包括了能力、品格。也有学校领导认为,素养是教化的结果,是自身努力、环境影响的结果,由训练和实践而习得的思想、品性、知识、技巧和能力。其中,尤其能促进人生命成长、人生发展,可提升、可进阶的就是核心素养。核心素养主要有以下四大方面:能判断会选择,能理解会反思,能包容会合作,能自律会自主。尽管这些不同的观点说明核心素养还是一个需要深入研究的课题,但是有一个总的倾向就是核心素养不是所有的素养,只是其中最具普适性的、最基础的素养。

在国际教育界对核心素养问题是从关键能力起始。在职业教育中较早地开展了与核心素养有关联的关键能力的研究。1974 年德国梅腾斯(Mertens)提出了"关键能力"这个概念。关键能力的概念基于这样的设想,即存在这样的能力,它们对人生历程的各个方面如职业生涯、个性发展和社会存在起着关键性的作用。由此,梅腾斯提出了在德国

教育界一再被引用的关键能力的定义。关键能力是那些与一定的专业实际技能不直接相关的知识、能力和技能，它更是在各种不同场合和职责情况下作出判断选择的能力；胜任人生生涯中不可预见各种变化的能力。一般地，关键能力可以理解为跨专业的知识技能和能力，它们由于其普遍适用性而不易因科学技术进步而过时或淘汰。（徐朔："关键能力"培养理念在德国的起源和发展，外国教育研究，2006 年第 6 期）梅腾斯在《为在现代化社会中生存所进行的培训》提出作为教育目标的关键能力有以下一些要素：基础能力、职业拓展性要素、信息获取和加工能力、时代关联性要素。重要的是掌握有更高价值的"代表性"专业知识，这种专业知识可以理解和加工其他现行的具体专业知识。它具有基础性、开发性和结构性特征而不易被淘汰。当今的教育不再将知识的传授放在首位，而是将"尝试去做"和"能力的发展"放在首位。关键能力理论现在已成为世界职业教育界的共识。雷茨的"行动能力"观点认为，关键能力理论的中心是人的行动能力，人的行动能力由三方面内容组成，并对应了三个能力范围：事项意义上的行动能力、社会意义上的行动能力、价值意义上的行动能力。

国际教育界对于关键能力也十分关注，有着不少有价值的研究与实践。美国劳工局也在《关于 2000 年的报告》中提出，未来的劳动者要具备包括处理资源、处理人际关系、处理信息、系统地看待事物和运用技术的能力在内的关键能力。日本学者恒吉宏典等主编的《授业研究重要术语基础知识》中的核心素养指"学生在学校教育的学习场所习得的、以人类文化遗产与现代文化为基轴而编制的教育内容，与生存于生活世界的学习者在学习过程中所形成的作为关键能力的内核"。经合组织（OECD）"三种关键能力"（公民关键能力）：自主行动、互动地使用工具、与异质团队互动的能力，并强调每项关键能力内部结构以反思为关联，而且应用关键能力解决问题时，不仅仅是应用知识与技能，还需从道德、公正等方面加以批判。还有欧盟"八大素养"、美国"21 世纪技能"等的不同提法。其他国家与组织的学者对核心素养也有不少论述。

"关键能力"它从一种理想、一个概念，逐渐发展成为一种教育思想和教育模式。国外教育界关于关键能力的思想，对我国实施核心素养教育，具有借鉴意义。文献研究提示我国提出与关注阅读素养主要是从 PISA 项目上海引进以后，突破了对阅读的传统理解与实践。因此从国际上对阅读素养具有重要地位的项目来考量阅读素养具有重要教育意义。

国际上强调"素养指的是学生在主要学科领域应用知识和技能的能力,以及在不同情境中提出、解决和解释问题时有效地分析、推理和交流的能力"。由此,我们可以有了研究核心素养与阅读素养的基点。

我们认为,核心素养是个体在面对复杂的、不确定性的现实生活情境时,运用所学的知识、观念、思想、方法,解决真实的问题所表现出来的能力与必备品格。我们在实践中认识到核心不是包罗万象的全部的积极品质,应该是最关键、最必要的共同素养。因为什么都是核心素养,什么都不是核心素养,不利于在教育实践中培养学生的核心素养。我们认为核心素养是学生在多元学习、解决问题、理解沟通、尊重责任四个方面所具有的知识、能力、品格、运用四个元素的综合体。这是个体在未来面对不确定的情境中所表现出来的真实问题解决能力与必备品格。

阅读素养正是体现了核心素养要义,即个体在知识经济、信息化时代面对复杂的、不确定性的现实生活情境时,运用所学的知识、观念、思想、方法,解决真实的问题所表现出来的关键能力与必备品格。阅读素养教育强调教师的教与学生的学不是为了"分数",强调阅读时为了学习,不是为了阅读而阅读。阅读素养是一种学生获得可持续发展的核心素质,体现了以学习能力、实践能力、创新能力为重点的核心素养。当今的教育不应该再是将知识的传授放在首位,而是将"尝试去做"和"能力的发展"放在首位。发展学生的阅读素养,不断促进学生在核心素养的发展,对学生的终身发展负责。

第二节　现代阅读素养的基本特征

一、现代阅读素养的特征分析

基于"素养"(Literacy)这一概念强调学生运用所学知识和技能,有效进行分析、推论、交流,在各种情景中解决和解释问题的能力。素养主要关注学生从已学到的知识推断(extrapolate)新知识的能力或将知

识应用于新情境(novel settings)的能力,因此,PISA 有三个明显的特征是:一是情境,强调真实的社会生活或生产活动的情景;二是运用,强调运用已学到的知识进行解释或解决问题;三是思维,强调进行有效分析、推论、交流等思维能力。[①] 上海国际学生评估项目中国上海项目组认为"素养指的是学生在主要学科领域应用知识和技能的能力,以及在不同情境中提出、解决和解释问题时有效地分析、推理和交流的能力"。[②]

我们提出阅读素养有四个特征要素:

(一)阅读物的多元

阅读物指的是阅读材料的范围,不仅是文本,而且也指各类非纸质的"文本"。这决定了阅读的客体,即阅读什么。这些"文本"有三个方面:

1. 媒介:文本的材质形式,纸质、数字式(电子文本),物化的以及其他材质,例如一些非物质遗产、博物馆藏品等都是丰富生动的阅读材料。

2. 文本形式:文本的呈现形式,连续文本、非连续文本、混合文本(连续文本与非连续文本结合的)、多重文本(不同来源文本组合的)。阅读文本包括文学型文本(小说、纪实文学、诗歌等)和信息型文本(杂志、报纸、论文等)两大类。

在文本形式中,非连续文本的阅读应该成为改革阅读教学的重要方面。在现实生活中普遍使用费连续文本,特别是在数据时代,承载着大数据的大多是非连续文本。如何阅读,是我们以往阅读教学中所忽视的。因此我们要通过学科阅读加强非连续文本的阅读。

3. 文本类型:文本表述方式的类型,即指信息表达形式,有描述(是什么)、叙述(什么时候)、说明(怎样)、议论(为什么)、指示(提供指导)、记录(交流信息)。

---

① 方红峰:国际学生评估项目研究(PISA)理论介绍 为生存而学习——国际学生评价计划(PISA)简介,2009.2,P9。

② 国际学生评估项目组中国上海项目组:质量与公平 上海 2009 年国际学生评估项目(PISA)结果概要,上海教育出版社,2010.12,P2。

（二）阅读的认知（aspects）

对阅读物的认知是阅读素养的重要特征。这是指读者阅读文本的目的和方法。这决定读者怎样处理文本的认知方法，包括阅读思考策略、阅读方法与目的。阅读认知有三个方面：访问/检索、整合/解释和反思/评价等能力。我们明确地把阅读活动中的认知策略和元认知策略也作为阅读素养的内容。

1. 访问/检索（Access and Retrieve）。这是指读者获取信息。这涉及要检索信息的数量，信息的清晰程度，文本的复杂程度，读者对文本背景熟悉程度等。

2. 整合/解释（Integrate and Interpret）。这是指阅读者解释意义以及从文本中作出推论。这是从文本中获取的新信息与原有知识进行整合，利用抽象思维进行比较和对照，从而形成新的理解。这个过程对阅读来说是至关重要的，被看成是读者真正驾驭离散信息，通过信息加工和处理形成全新认识的过程。[①]

3. 反思/评价（Reflect and Evaluate）。这是指把文本和个人的经验、知识和观点结合起来。这涉及阅读者对办学利用的外部知识的熟悉程度，要求的文本理解水平，要求的反思类型等。

（三）阅读情境的把握（situations）

阅读情境指的是与文本相联系的背景，以及作者撰写文本的用途，即试图表达什么。这包括个人的、公共的、职业的、教育的四种情境。个人情境，满足个体自己兴趣与阅读参与度，与他人交往；公共情境，与广泛的社会联系，获取公共信息；教育情境，把握教育教学创设的阅读环境与条件，获取信息来完成学习任务，获得新知识；职业情境，与工作相联系的，把握完成工作或任务的具体环境。阅读只有发生在具体情境中才有可能获得可靠的信息，获得深刻的感悟。

关注阅读的目的与情境，不同的阅读目的在阅读活动的具体实践中便体现为不同的阅读情境。阅读是一个积极且复杂的过程，涉及理

---

① 张珍、蔡敏：美国国家教育进展评定（NAEP）2009 阅读评定及其启示，世界教育信息，2010.01，P45。

　第二章　学生现代阅读素养的基本认识

解书面文章、形成并理解含义,根据文章类型、目的与情景,恰当使用含义。这强调阅读者通过阅读要做什么。阅读活动的发生有其特定的目的,如为了消遣娱乐而进行阅读、为了文学体验而进行阅读、为了获得信息而进行阅读、为了学习知识而进行阅读、为了完成某件事情而进行阅读。关注学生阅读发生的具体情境,以此将学生阅读活动还原到真实的生活中,关注他们在学校和日常生活中的阅读活动。阅读素养中阅读能力已经不再被局限于学科范围内,单纯地作为一种特定的学科能力,而是将阅读与生活相联系,将阅读融入现实生活的各个层面:娱乐、学习、工作等。这一精神具体体现为将阅读与真实的情境相联系、与阅读活动的特定目的相联系。

(四)阅读信息的运用

阅读素养强调阅读的运用,素养不能运用就不是素养。阅读是一个积极且复杂的过程,涉及理解书面文章、形成并理解含义,根据文章类型、目的与情景,恰当使用含义。阅读只有在应用中才能发挥交际工具作用。阅读作为一种交际能力,它的提高是在语言实践中实现。阅读素养体现在社会语言能力,用语言做事的能力,使用语言的策略。阅读能力是文化交际的基础,是不可忽视的阅读素养基础。

语言是工具。工具越用越熟练,语言也是如此。学生不仅要阅读文学型的作品,而且还应该重视实用的应用文的阅读、非连续文本的阅读,注重阅读的生活语用性。在阅读中学生要学习三大类语言,即自然语言、科学语言、艺术语言。自然语言是日常生活的基础用语;科学语言是分析性的语言,其内容是由逻辑思维抽象的事理,它通向科学地阐述;艺术语言则是描绘性的语言,其内容是由想象思维产生的具体形象,它通向艺术的创造。要多读,多读各种文本,课外多读经典著作、中外文学名著和科学名著,以及优秀的传记和历史著作。

国际学生评估项目(PISA)基于"阅读素养是阅读者为了达成个人目标、积累知识、开发个人潜力、参与社会等目的,理解、利用、反思和使用书面文章的能力"确定阅读素养测试题。在内容上要求学生能够阅读不同体裁的文章,同时还考虑到成人生活的需要,增加以清单、表格、图形和图表等形式表达信息的材料。应用维度要求学生阅读大量不同用途的材料,个人的、公共的、职业的、教育的。

阅读素养的这四个特征要素,我们可以通过一道 PISA 阅读试题(2009)来看这些特征要素:

远程办公

未来的方式

想象一下,如果能在电子高速公路上"远程办公",用计算机或电话完成你所有的工作,那该多好啊!你再也不用把身体挤进拥挤的汽车或火车里,或在上下班的途中浪费大量时间。你要在哪里工作都可以——想想那会开创多少工作机会。

形成中的灾难

缩短上下班交通的时间,减少其中的精力消耗显然是好主意。然后这样的目标应该通过改善公共交通,或确保工作地点位于人们的住所附近来实现。"远程办公"应该是每个人生活方式的一部分,这个雄心勃勃的构想只会令人们越来越专注于自我。我们真的希望自己作为一分子的意识进一步消退吗?

"远程办公"是杰克·尼勒斯于20世纪70年代初期创造的新词,用来形容职员在中心办公室以外的地方(例如在家里)使用计算机工作,并利用电话线将数据及文件传送到中心办公室的情况。

运用上面的《远程办公》一文回答下列问题。
"未来的方式"与"形成中的灾难"之间有什么关系?

A 它们用不同的论据得出相同的一般结论。

B 它们的写作风格相同,但谈论的主题完全不一样。

C 它们表达相同的一般观点,但得出的结论不一样。

D 它们就同一主题发表相反的看法。

上述这道测试题的情境:职业的

文本形式:多重复合

文体类型:议论

认知方面:整合和解释——形成广义的理解

信息运用:参与社会生活

题型:单项选择题

难度：537(3 级)

二、现代阅读素养发展的年龄特征

国际阅读素养的研究关注其发展的阶段，特别是关键阶段。学生的阅读素养有着自身的发展过程与阶段，呈现能力阶段特征。哈佛大学教育学家珍妮·查尔的《Stage of reading development》一书中提出的"五阶段模型"，认为人的一生阅读发展可以分为五个阶段：

1. 开始阅读(或解码)阶段(6—7 岁)

2. 掌握阅读(或流畅阅读)阶段(7—8 岁)

3. 为了学习新知而阅读(9—13 岁)

4. 多重观点阶段(14—18 岁)

5. 构建与批判阶段(大学及大学以后)

在第二阶段前，儿童一般通过听和看获得新知识。但在这个阶段末期，他们在阅读渠道上获得新信息的效率超过任何其他获得新信息的渠道。由于儿童在这个阶段的知识、语法和认知能力是有限的，所以必须限制阅读的复杂性。

第三个阅读发展阶段对于青少年儿童来说尤为重要。该阶段又分为两个水平。第一水平从三年级到六年级水平。这个水平的任务是能阅读不需要或者需要一点专业知识就可以理解的书籍。第二个水平是初中水平，它能使读者更接近一般成人的阅读水平。在这个水平的晚期，学生应该能够阅读报纸、成人通俗小说，以及类似《读者》这样的杂志。完成这两个水平间的转变，需要学生增加他们细致的分析能力，以及对文章中表达的不同观点的精细反应能力。

第二、第三和第四阶段是阅读的重要阶段，在这三个阶段中，阅读者从仔细地确认以前所学的简单阅读技能，到通过阅读获取信息以达到学习的目的，再到分析评价和反思自己所读的内容，它呈现了一个个体从初级阅读者逐渐成为成熟阅读者的蜕变过程。个体阅读发展的阶段提示了，初中阶段是阅读发展的极为重要的阶段，是简单的阅读水平向高级的独立阅读水平发展。因此，我们学校学生阅读素养培养的基本框架遵循学生阅读素养发展年龄阶段的规律。

三、阅读素养发展的影响要素

国际关于阅读素养的研究还有一个重要方向是影响学生阅读素养发展的因素。中小学生的阅读素养如何，不仅仅是学生个人努力的结果，还受到很多其他因素的影响。对国际学生评价项目和国际阅读素养进展研究这几年监测结果的分析，发现监测结果都比较一致，这对于我们培养中小学生的阅读素养具有很好的借鉴意义。这些监测结果总结起来主要有以下几个方面：

（一）学生的影响因子

学生为了兴趣在阅读上花的时间越多、阅读材料类型越丰富、阅读态度越积极，他们就越容易成为一个好的阅读者。在学生的阅读素养培养过程中，不仅要鼓励学生去阅读，爱阅读，增加学生在阅读上所花的时间，还要尽可能地为学生提供类型多样的阅读材料，这些阅读材料应该既涉及文学类和说明议论类的连续文本，也应该涉及那些包含图表、说明书之类的非连续文本。学生对自身阅读情况和阅读水平的感知比较准确，和监测结果一致。上海非连续文本分量表与连续文本分量表成绩差异高达 25 分，在总成绩高于 OECD 平均值的参与国家和地区中，上海在两种文本形式分量表上的成绩差异是最大的，说明上海不同文本形式的课程内容分布可能不均衡。

（二）家庭环境影响因子

家长的阅读习惯和对待阅读的态度会影响孩子的阅读表现。在家中，父母每周花在阅读上的时间越长(国际阅读素养进展研究认为一般每周应该在六个小时以上)，家长对孩子进行阅读的行为越支持，孩子的阅读表现会越好。家庭对孩子阅读除了提供精神上的鼓励之外，还应该在物质上为孩子阅读创造一个良好的环境。国际阅读素养进展研究的研究结果表明，家庭拥有的儿童书籍越多，孩子的阅读表现就越好。父母应该鼓励孩子与自己讨论交流有关文化和社会的问题，这样也可以帮助孩子提高其自身的阅读素养。

学校与家庭之间的交流状况也与孩子的阅读表现有密切的关系。

父母经常与学校保持联系、积极参加学校的各项教育活动,其孩子的阅读表现相对会比较好。

(三)学校环境影响因子

影响学生阅读素养的学校环境因子包括教师的课程教学、教师和学生的关系、各学科融合语文素养的程度等。学校提供的阅读资源丰富程度、学校的安全状况与学生的阅读水平有较大的关系。那些阅读资源比较丰富、校园内外安全状况较好的学校,学生阅读表现会比较好。另外,高阅读水平的学生在阅读课上更愿意选择默读而不是大声朗读。国际阅读素养进展研究的研究结果表明,在众多参与监测的国家中,56%的老师每天会要求大部分四年级学生对着所有学生进行大声朗读。相比之下,学生很少会对着自己大声朗读。有趣的是,那些经常独自默读的学生阅读表现水平更好。

第三节 现代阅读素养结构框架

一、现代阅读素养的核心理念

阅读素养的核心理念:"为了学习而阅读。"

西方一位著名的教育家说：There is no more Learning：Education is now a Strictly "MEMORIZATION" System. 当教育沦落为"死记硬背"的标准化生产线,那么教育就失去其价值。

阅读最大的益处是激发想象力和灵感,而不是记住多少知识。"记忆型教育"扼杀孩子的天性,使孩子失去理解感悟能力、质疑精神。记忆型阅读教育导致的知识权威主义是学生普遍缺乏想象力的原因之一。读书的目的绝不是为了记住多少知识,而是带着自己的思考让自己变得更有思想。在我国常会有人问：你看的书记住了? 死记硬背的学习基因无意识地流淌在这些人的血液中。在现代教育中,人们不会问这样的问题。他们会问：对于这本书有什么看法? 人们期待别人你的观点,不是考量你背下来多少你读过的内容。阅读是为了培养喜欢发问,能用质疑、批判的眼光看世界的学生。

PISA 依据其对"阅读素养"的界定,确定"为了学习而阅读"的四种不同阅读目的、不同的阅读情境,即为了个人应用而阅读,为了公共应用而阅读,为了工作而阅读,为了教育而阅读。并依据这样的阅读目标功能,将理解、运用和反思书面语言的能力划分为五种具体的阅读任务:形成广义的、总体上的理解,获取信息,形成解释,反思和评价文本的内容,反思和评价文本的形式。

我们应该坚持阅读是为了学习与发展,而不是为考试而读书,不是为"阅读"而阅读。坚持阅读成为一种积极的学习方式,改变恶性阅读,把阅读当作填空答题目。

二、现代阅读素养的基本要素

现代阅读素养有三大要素:阅读参与度、阅读认知能力和学习策略。这三个要素是高水平阅读者的基本条件。

(一)阅读参与度

阅读参与度,即阅读的动机和行为特征,包括对阅读的兴趣和喜爱,对所阅读的内容有自主感,对阅读社交活动的参与,以及有经常阅读和阅读多种材料的习惯。阅读参与度是学生参与阅读活动的倾向性,不仅指参与阅读的次数,更指阅读动力(motivation),涉及动机、态度和行为,包括阅读动机、阅读需要、阅读兴趣。阅读动力有具体的阅读行为表现,例如,喜欢阅读,阅读的多样化(diverse)与经常性(frequent)等。阅读参与度可以分为个人阅读参与度(为了兴趣而阅读)与学校阅读参与度(为了学习而阅读)。个人阅读参与度是指出于个人兴趣而参与阅读活动的心理和行为特点,包括喜爱阅读、阅读多样性、网上阅读活动、趣味性阅读时间等。另一个为学校阅读参与度,这是指学生在完成课堂作业和回家作业过程中参与阅读活动的行为特点,包括解释文学文本、运用非连续文本材料、传统文学课阅读活动、运用功能性文本。我们要通过提高阅读的频度与深度,增强学生阅读的参与度。

(二)阅读认知能力

阅读认知这包括访问与检索(查找、选择和收集信息的能力)、整合

和解释(了解文本内在意义的能力)、反思和评价(利用文本以外的知识、观点或价值观的能力)。

阅读素养强调是一种认知能力,阅读认知能力主要表现在查找、选择和收集信息的能力;文本内在意义的能力;利用文本以外的知识、观点或价值观的能力等。它的发展并不局限于知识和技能的发展。阅读能力已经不再被局限于学科范围内,单纯地作为一种特定的学科能力,而是将阅读与生活相联系,将阅读融入现实生活的各个层面:娱乐、学习、工作等。这一精神具体体现为将阅读与真实的情境相联系、与阅读活动的特定目的相联系。

(三) 阅读学习策略

阅读策略是指以一个目标导向的方式阅读文本过程中,运用各种适当的策略的意识与能力。阅读学习策略不仅是影响阅读表现水平的关键因素,而且它们本身就是重要的教育结果,它们不仅会影响学生青少年时期的生活质量,还会影响他们进一步受教育的决定,以及他们抓住就业机会的能力。Guthrie & Wigfieldde 研究表明,那些在学习中能借助恰当的策略的学生,比其他学生更有效,并且学习成绩也更好。阅读策略包括阅读概括策略、阅读理解策略、阅读自我调控策略、记忆策略、精致策略。阅读学习策略主要有两个方面:一是学习策略运用,包括监控策略、记忆策略和精致策略。二是阅读元认知策略,对有效阅读材料的认知水平,包括概括信息的策略、记忆和记住信息的策略。

1. 阅读概括策略

阅读概括策略是学生把握概括策略对文章概括与形成摘要的用处以及运用概括能力的阅读策略。在我们的教学中经常出现"通读文章,划出其中重要句子"这样的教学,却非常忽视学生概括能力的培养。加强学生概括能力的培养是语文课程教学改革必须认真关注的。

2. 阅读理解策略

阅读理解策略是指学生掌握理解、感悟文本意义的阅读策略。阅读策略能帮助学生运用语言释义能力、文章解析能力、文本研读能力等,从而达到对文本的掌握。

3. 阅读自我调控策略

阅读自我调控策略指学生学习对阅读任务与主要概念,以及阅读活动教学自我监控,检测自己阅读目的达成度,采取调整措施的阅读策略。我们的教学在长期以来几乎没有注重培养学生阅读自我监控能力,上海学生的自我调控策略指数显著低于 OECD 平均值。在平时的教学中要加强学生阅读自我调控能力的培养。

4. 阅读记忆策略

阅读记忆策略不是一般的记忆多少内容,而是指能适切运用记忆方法的能力。这个策略在实际教学中很容易被忽视,而代之以记忆。上海学生运用记忆策略显著较低。这个策略的关键是根据文本特点与个体记忆特点,选择最有效的记忆方法。因此在阅读教学中要注重培养的不是记住多少,而是能否适切地运用记忆方法的能力。

5. 阅读精致策略

阅读精致策略是指学生在阅读时能把获取的新信息与以前获得的知识与个人经验联系起来,形成新的学习经历。在这方面,由于我们的教学最终是文本的分析,因此学生运用精致阅读策略水平较高。

三、基于阅读素养发展的学生阅读类型

一般而言阅读具有四项功能:一是为了吸收信息、获取知识而阅读;二是为了审美愉悦、获得情感体验而阅读;三是为了批判评价、砥砺思想而阅读;四是为了应用信息、促进交流而阅读。确实,在现实社会生活中,阅读首先需要理解信息、筛选信息、整合信息、体会情感,这是对信息的吸收。在这基础上,需要对信息进行批判、评价、创新和运用,这是对信息的应用。吸收信息和应用信息在阅读中是相辅相成、互相促进的。这些阅读功能聚焦的是阅读素养的养成。

阅读功能的多样性决定了阅读的类型。现实社会生活中有不同类型的阅读,阅读教学就应该引导学生经历这些不同的阅读,掌握相应的阅读技能。因为,阅读的类型不同,阅读教学的出发点、过程和归宿也不同。阅读教学既需要引导学生理解课文,感悟文本培养语感,还需要指导学生善于获取信息、处理信息和应用信息,提高学生的阅读素养。

可以发展学生阅读素养的阅读有三个类型:

（一）消遣性阅读

消遣性阅读是一种主要以爱好为导向的为的是快捷获取信息或消磨时间进行的阅读,也叫浅阅读,特别是当前大多数的手机阅读。还有言情小说、武侠小说,较多关注的是作品的故事性,阅读追寻的是情节发展,尤其喜欢波澜起伏,以及故事的新鲜感。

（二）学习性阅读

这是一种目的性阅读,是以学习目的驱动而产生的阅读行为,强调阅读的效益。

学校教育中的阅读,一般定位在学习性阅读,学生以阅读学科课程教材等为主进行学习性阅读。学习性阅读是指学生以掌握阅读方法与技巧为目的,并借以获取目标性信息的阅读。学习性阅读借助学习阅读文本,通过不同语言,例如文字语言、符号语言、图像语言等进行阅读学习,从而提升学生的阅读素养。学习性阅读一般指向学科、专业领域,如历史、文化、科技、新闻等。

学习性阅读作为语言的输入,其主要目的是通过阅读,学习文本,把握阅读材料的信息意义,同时掌握基本的阅读方法、阅读策略等,学会阅读。学习性阅读主要是通过对文本的精心选择,通过对阅读方法的指导,促进学生系统掌握阅读的科学方法,有效提高阅读能力,从而养成良好的阅读素养。针对当前学生不会阅读、读不懂文本的现状,学习性阅读尤其必要。

（三）应用性阅读

应用性阅读是集中体现阅读素养养成的阅读类型。美国著名教育心理学家布鲁姆把教育目标划分为认知领域、情感领域、行为领域三大类,其中认知领域又划分为知识、理解、应用、分析、综合、评价六级水平。布鲁姆把"应用"的认知目标解释为"是指学生使用所学知识解决生活问题"。由此可见,应用性阅读是阅读的要义所在。

应用性阅读是阅读者出于履责或者生活的特定需要,采用有具体用途的阅读方式与方法,运用吸收到与已经掌握的信息去解决实际问题,进而创造出新的信息的思维阅读活动。在现实生活中,尤其是在工作中,大多数阅读都是为了满足某些现实的需要、解决某些特定的问题而阅读的。例如,阅读各类文件、规章制度、产品使用说明等,这需要阅读者在阅读时寻找所需信息,理解并归纳信息,并在此基础上进行实际操作;又如,为了研究某一问题而阅读各种资料,这需要读者在阅读时把各种资料中的相关信息联系在一起加以分析、分类,找到合适的方法或规则来解决问题。

当阅读有具体的应用指向,对文本信息的感知和提取就有了方向和价值判断的依据,阅读中的发现所激发的兴趣和完成应用任务的使命感会给信息搜索和信息筛选带来强大的动力。当学生在运用应用性阅读获得信息解决问题后,阅读的兴趣和热情容易被激发,阅读的主动性会极大提高。开展应用性阅读可以促进学生阅读的内驱力,同时也巩固与发展已经具有的阅读能力,发展阅读素养。

应用性阅读教学目标主要关注学生在阅读活动中的参与程度,具体为学生外显的阅读行为和内部的阅读思维过程,培养学生有效地进行语言交际,以及在阅读中表现的情感、合作精神和交际策略。应用性阅读教学不再仅仅是字、词、句、篇的教学,而是更加强调了阅读的实际应用性。这样的阅读方法始终让学生成为课堂的主体,学习过程不再是学习知识点的阅读体验,而是强调为应用而学的过程。简而言之,它要求学生"能"应用所学的阅读能力去解决生活中的实际问题,真正提高学生的阅读应用能力。

第三章 广博阅读教育的
基本认识

第一节 广博阅读教育的界定与内涵

一、广博阅读教育的界定

（一）广博阅读的理解

• "阅读"从汉字学的释义角度来考察，"阅读"中的"阅"可作"看""省视""经历"等解释。

我们把阅读看作一种经验、经历、阅历。只要是能够通过感官感觉到事物，对事物能感知的活动都认为是"阅读"的第一过程。

"读万卷书，行万里路"就是把人生的经历、阅历看作是极为重要的阅读。广博阅读中的阅读泛指书籍阅读、艺术欣赏、人生阅历等多种阅读，突破了对"阅读"的狭隘的理解，有着更宽泛的理解。杜威提出"教育即经验"，认为"教育是以经验为内容，通过经验，为了经验的目的"。正是基于这样的理解，在各学科中都存在着阅读的学习，发展阅读能力，同时通过阅读促进学生各课程学习。

"读"可作"照文字念诵""阅看""宣（外扬）"等解释，在《辞海》中就有"读画"等词语。我们的广博阅读泛指阅读书籍、欣赏艺术、阅读人生等多种阅读，突破了对"阅读"的狭隘的理解。在国际视野中，阅读能力已经不再被局限于学科范围内，单纯地作为一种特定的学科能力，而是将阅读与生活相联系，将阅读融入现实生活的各个层面：学习、工作、生活等。因此，广博阅读教育是必然的。

广博阅读(broad reading),不仅指阅读的专业训练,更重要的是指一种教育。主要表现在阅读内容广博和形式广博。

广博阅读是实现广博阅读教育目标的主要的活动形式。

本课题"广博阅读"中的"阅读"是一个"大阅读"概念,不是狭隘的文本阅读。由于阅读活动在人类社会的各个层面都展现着无穷魅力,历来受到方方面面的关注,诸多学科从不同视角揭示"阅读"的含义。

广博阅读中的阅读泛指书籍阅读、艺术欣赏、人生阅历等多种阅读,突破了对"阅读"的狭隘的理解,有着更宽泛的理解。阅读,或者说阅历,含有"经历"的意义。著名教育家杜威就提出"教育即经验",认为"教育是以经验为内容,通过经验,为了经验的目的"。(注:这里"经验"是"expirience","经历"或"经验"的意思)正是基于这样的理解,在各学科中都存在着阅读的学习,发展阅读能力,同时通过阅读促进学生各课程学习。

(二)广博阅读教育的概念

1. 广博阅读教育提出的溯源

本课题提出的"广博阅读教育"起源于"广博教育"。广博教育为美国哈佛大学倡导。2002 年北京大学韩敏中教授作的报告《广博教育:哈佛大学核心课程给人们带来启发》中,指出哈佛大学的"核心课程": "The philosophy of the corecurriculum rests on the conviction that every Harvard graduate should be broadly educated as well as trained in aparticular academic specialtyorcon centration."[①]这段话强调了"哈佛大学核心课程的哲学在于认为哈佛毕业生必须受过广博的教育,而不仅是训练……"美国哈佛大学的每一个毕业生都应该受到广博教育(education)而不仅是专业训练(training),并通过"核心课程"来确保。这就是哈佛大学的广博教育。

哈佛大学提倡每一个学生都应该受到"广博教育"。哈佛大学鼓励本科生接受广博的教育,同时鼓励他们深入研究 1—2 个学科。专业教育不仅使学生掌握某个领域的知识,而且教给学生更多的方法,让他们借此追求在思想上更成熟地发展。哈佛大学的本科生集中在哈佛文理学院的哈

---

① 韩敏中:广博教育:哈佛大学核心课程给人们带来启发[EB/OL],新华网,2002.1.27。

佛学院,本科生课程大致为三部分:普通教育课程(即核心课程)、专业课程和选修课程。哈佛课程中被认为是不可或缺的领域主要有六大领域:第一就是外国文化,有国别的或者是地区的文明、宗教、神话、政治经济制度以及社会变迁等,其中还分用英语和外语上课阅读的三种课程。第二是历史研究。包括分国别、地区或者国际性的研究,其中包括"医学与社会"这样的话题。第三领域是文学艺术。第四个领域叫作"moralreasoning"(道德权衡)。第五点就是科学(science),分成两类,一类就是我们所说的"硬性科学",即以数学为基础的一些学科,另一类就是20世纪逐渐确立自己地位的生命科学(lifescience)。最后还有一类,就是社会分析。各领域再细分若干亚领域,共有11个亚领域,每个亚领域开设几十门课程,学生从中选修。不仅使学生掌握某个领域的知识,而且教给学生更多的方法,让他们借此追求在思想上更成熟地发展。"为此目标,学生需要某些知识,教师有责任引导学生成为有教养的人所必备的学识、智能以及思辨方法。"哈佛大学的广博教育核心课程是要向学生显示在这些领域里,有什么样的知识以及什么样的方法,分析探讨一个问题有什么不同的方法,各种方法如何被人应用,各有什么价值。每个领域内的科目多少并不完全相同,但其设计思考的重点是一致的。哈佛大学核心课程是依据下列考虑而设立的:"核心课程"不是要学生在知识的广度上精熟古典名著,不是要在某一特别的知识科学方面作精深的钻研,不是仅对某些问题作数量调查测量,它是要用教师认为大学教育不可或缺的六个领域的知识,来引导学生寻求获取知识的途径。核心课程的目的是让学生看到在这些领域内有何种类型的知识以及何种探索知识的形式,不同的分析方法如何获得、如何运用,它们的价值又何在。

从哈佛大学的广博教育的教育目的、教育内容与教育方式来看,是值得我国教育界借鉴的。任何教育不是为了培养孤陋寡闻的井底之蛙的书呆子,而是为了培养视野宽广、学识渊博、心灵高尚的下一代。我们不能把阅读仅仅看作是一种技能,忽视其教育的精神与蕴含,应该从工具性阅读走向文化性思维的阅读。因此,"广博教育"为我们的"广博阅读教育"提供了教育思路。

2. 广博阅读教育的界定

广博阅读教育是指通过构建初中学生新概念的阅读,以掌握为学习与生活而阅读的理念,拓展阅读内容和阅读形式,形成适合学生的主体性生成性的广博阅读的方法,丰富学生精神生活,达到提升初中学生精神世界为目的的一种阅读教育。广博阅读教育是一项素质教育,是德育、智育、体育、美育等全面综合性的教育活动。

广博阅读教育的价值在于其指向核心素养的培养,而且是核心素养的核心,以人的生活与学习,生存与发展为其价值取向,阅读为了人的可持续发展。广博阅读不以考试为动力,以分数为追求为其阅读准则。广博阅读教育追求丰富学生的精神生活,包括情感生活、道德生活和文化生活,提升学生的精神需求。

广博阅读教育是从小培养学生文化性思维为其宗旨。"广博阅读"本身就包含了一种相对客观的、不大急功近利的学习态度,对社会高度负责任的、思想互相砥砺交流的要求。我们要培养孩子从有形的东西中看到无形的精神,追求心灵的自由,对美、对音乐的享受。

培养具有现代精神的学生更需要获得一种心灵上的开放和人文的发展,在科学的背后的深厚的文化底蕴越来越显得重要。没有文化性思维,我们的教育很难起到广博教育下一代(broadly educating young people)作用。广博阅读教育是为了促进与发展学生的文化性思维,充满人性、富有仁爱、践行人道、尊重人权的一代新人。年轻的一代不应该成为"高学历的野蛮人",应该成为有学识、高尚的人。

二、广博阅读教育的内涵

我们所实践的广博阅读教育的内涵:

(一)价值上的广博

广博阅读教育的价值在于满足学生的精神需求与知识能力的发展。广博阅读教育的精神价值包括知识价值、道德价值和审美价值,这三者的统一,就是真善美的统一。据此本课题提出了学生广博阅读教育的目的与内容的精神价值指向:情感、道德和文化。广博阅读教育中价值指向的学生精神世界是有层次的,表现在其精神世界发展比较成熟,达到年龄的发展水平,也就是说促进精神世界在心理年龄、社会年龄和智力年龄上的和谐发展;表现在真善美的层次上,这是个体精神世界在道德的和审美上的发展程度,应该具有独立人格和创新意识;还

表现在文化性层次上,行为方式和生活方式的健康与高雅。精神世界的核心是价值观念,关键是文化、基础是道德,是一个复杂的精神系统。

(二)目的上广博

广博阅读教育不仅指阅读的专业训练,更重要的是指一种教育。阅读是为了学习、生活;"为了学习而阅读,而不是为了阅读而学习。"

(三)内容上的广博

广博阅读的内容广博是指阅读不仅指传统意义上的书籍阅读,而且还包括欣赏艺术、饱览大自然、阅历社会、阅读人生等多种阅读。

(四)形式上的广博

广博阅读形式广博是指阅读的形式应该是多样的,包括传统书刊的文字阅读,也可以是现代技术的多媒体阅读等。通过多种途径手段的阅读,拓展"阅读"的空间和时间。学生们可以在课堂中阅读,可以在各种活动(艺体活动等)中阅读,可以在大自然中阅读,也可以在社会生活中去阅读。

广博阅读教育是一项素质教育,是德育、智育、美育等全面综合性的教育活动。

三、广博阅读教育的基本构架

广博阅读教育是一个完整的阅读教育,不是一种教育活动,更不是碎片化的阅读,也不是一种教育口号。

我校广博阅读教育的框架由六个要素构成:

"教育理念"是核心,对整个广博为特征的阅读教育起着导向作用。确立"阅读为学习,丰富学生精神世界"的广博阅读理念,强调阅读不能局限在语文的应试上,而是为了更好地通过阅读,提高获取有用信息,提升学习能力,并通过广博的阅读丰富学生的精神世界,成为一个精神上高贵的人。

"价值取向"是广博阅读教育的目的——培养学生的阅读素养,也就是与传统阅读的区别。强调"为了学习而阅读,而不是为了阅读而学习",在各学科学习以及生活各个领域中提升学生阅读素养。

"内容指向"即表明阅读的对象。我们提出的阅读突破传统的书本阅读,具有重要的价值。

"形式要点"是指如何阅读。我们强调的阅读是基于阅读素养,不仅是文字的明白,而是要多元对话,这是阅读的要义,并以此转化呈现阅读功能,成为运用与践行获得的知识与智慧的工具。不能运用与践行的阅读教育只能培养书呆子。

"阅读心理"的关注是广博阅读教育的特点。关注阅读者的阅读心理,即阅读素养发展的内在机制,有利于培养学生的阅读素养。

"指导策略"是实现广博阅读的教育的方式。强调"指导"意味着基于阅读的主体性,不能强制,而必须引导。只有成为学生自主的阅读,才能实现阅读的"广博"。

> 教育理念:阅读为学习,丰富学生精神世界
> 价值取向:阅读素养
> 内容指向:阅读文本、阅读生活、阅历人生
> 形式要点:阅读重理解与对话,关键在运用与践行
> 心理过程:阅历、体验、领悟、践行
> 指导策略:兴趣激发策略、需求满足策略、能力提升策略、交流共享策略
> 　　　　　差异对待策略、伦理关注策略、层次提升策略、资源丰富策略

广博阅读教育的上述六个要素有着三个层次结构:

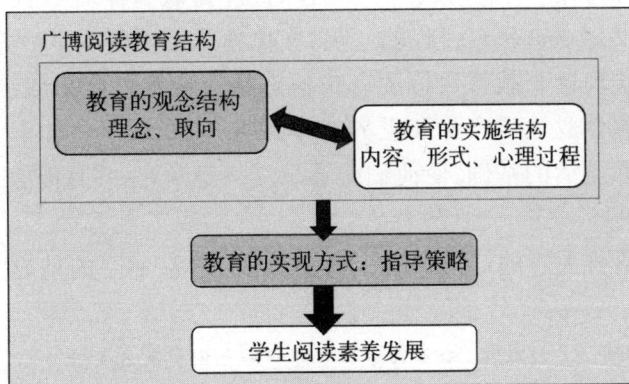

广博阅读教育结构

教育的观念结构
理念、取向

⟷

教育的实施结构
内容、形式、心理过程

教育的实现方式:指导策略

学生阅读素养发展

广博阅读教育的观念会影响其教育实施,并在这两者的交互中建构与实施了广博阅读教育的指导策略,从而达到促进学生阅读素养的发展。

广博阅读的指导策略是阅读教育转化为广博阅读的中介机制。广博阅读教育在实施中教师要善于进行指导,也就是阅读是学生的自主的学习行为,教师是不能包办代替的,指导要到位而不越位,引领不强制。我们的广博阅读教育指导策略有八项:阅读兴趣激发策略、阅读需求满足策略、阅读能力提升策略、阅读交流共享策略、阅读差异对待策略、阅读伦理关注策略、阅读层次提升策略与阅读资源丰富策略。这些指导策略涉及学生阅读的阅读动力、阅读方法、阅读道德、阅读资源等方面。

第二节　广博阅读教育的内容与形式

一、广博阅读教育的主要内容

"广博教育"本身就包含了一种相对客观的、不大急功近利的学习态度,对社会高度负责任的、思想互相砥砺交流的要求。[①] 走向现代化的中国人不仅要在物质上得到满足,同时更需要获得一种心灵上的开放和人文的发展,在科学的背后的深厚的文化底蕴越来越显得重要。没有文化性思维,我们的教育很难起到"广博教育年轻一代"的作用。用人类的文化培育年轻一代的心灵,文化性思维需要从小培养,广博阅读教育是实现这个教育目标的有价值选择。哈佛大学相信,广博教育应该让学生养成认识自身和世界的多种视角,赋予学生知识、技能、思维的习惯和生活的基础,使他们能够享受终身学习,并且能够适应环境变化。

美国哈佛大学的广博教育,有值得我们借鉴学习的地方。在对学

---

① 韩敏中:广博教育:哈佛大学核心课程给人们带来启发[EB/OL],新华网,2002.1.27。

生的人文精神的培育上,和我们广博阅读教育的价值取向基本一致,尤其是美国哈佛大学的每一个毕业生都应该受到广博教育(education)而不仅是专业训练(training),并通过"核心课程"来确保。我们学校借鉴哈佛大学的广博教育,在学校中实施广博阅读教育,目的是要培养孩子从有形的东西中看到无形的精神,追求心灵的自由,对音乐、对美的享受,提高学生的精神生活层次,从而提升精神世界。哈佛大学的成功的广博教育值得我们借鉴学习,成为我们广博阅读教育的教育理念的支撑。

"广博阅读教育"的内容指向——"阅读文本、阅读生活、阅历人生"。这意味着广博阅读教育在内容上有三个层面的阅读:

1. 阅读文本

不仅是语文学科的阅读,而是学校各学科中都要进行阅读教育。透过文本所承载的人类所积累的文化,学习人类的知识、智慧。

2. 阅读生活

阅读世界就是阅读生活,主要是接触现实世界,阅读现实生活。现实的生活中存在着各种关系,有政治关系、经济关系、文化关系、法律关系等。读懂这些关系,正确处理这些关系中的人际关系。

3. 阅历人生

阅历人生就是阅读自己,阅读自己的内心。读懂自己,省悟自己内心。人生,这是一部难以读懂的"天书",只有读懂自己,才能把握自己以及自己与外部的关系,才能获得人生的感悟。

依据"阅读文本、阅读生活、阅历人生"为导向,从四方面内容展开阅读:社会与处世、道德与做人、科技与创新、艺术与审美。从课程教学与德育两个板块着手开展广博阅读教育。广博阅读教育是一种超越传统的阅读,强调阅读从文本走向世界,从文本走向人生,集阅览、阅历的阅读。通过各学科课程以及生活的各领域的多元化阅读,让学生在阅读中学习,在生活中阅读,实现广博的教育,实现人生的精彩。

二、广博阅读教育的主要形式

广博阅读教育的主要方式:"重在理解与对话,关键在运用与践行。"

（一）理解与对话

理解简意为了解、认识、明白。意为顺着脉理或条理进行剖析。说理分析，从道理上了解，有见解。理解能力指从事物或者语言符号中获取正确意义的能力。教育家夸美纽斯指出："读书而不理解，等于不读。"感觉到了的东西，并不一定理解它，只有理解了的东西才更深刻地感知它。

法国思想家、文学家罗曼·罗兰曾指出，"应当细心地观察，为的是理解；应当努力地理解，为的是行动。"理解常以问题解决的方式来进行。对提出的问题所给予的回答，可以表现出理解的不同程度或不同水平。理解的标志之一，是对所理解的对象能用自己的话表达出来，包括对语言材料能加以改组，改变其表达方式。对某事物理解不确切，难以用自己的话表述，或仅能背诵原文，这说明对文句或事物并未有真正的理解。理解的另一标志，是根据对某一事物的理解，能独立完成所需要的动作。如仅能根据他人的指导来完成它，也不能认为有真正的理解。对客体进行实际操作常能帮助理解。在理解的过程中，言语表达和实际动作有时并不一致。良好的理解应是二者的结合。

理解事物时，必然运用过去已有的知识经验，或在已有的知识经验基础上，掌握新的知识经验。过去知识经验的有无或多少，对理解能否顺利地进行，有着重要的影响。理解意味着勤于思考。爱因斯坦说："在所阅读的书本中找出可以把自己引向深处的东西，把其他一切统统抛掉，就是抛掉使头脑负担过重和会把自己诱离要求的一切。"就是说，阅读时要抓住书中的精髓，实现由浅入深的转化。阅读的理解就是取其精华，去其糟粕。阅读需要借助积极的思维活动，弄清事物的意义，把握事物的结构层次，理解事物本质特征和内部联系，需要对阅读材料作整体性的思考。阅读的过程，应该是不断地发现问题，对问题要具有洞察力，只有这样才能更深刻的理解阅读的材料，发展批判性思维，提高阅读素养。

阅读本质上是对话，是读者与文本的对话，进而是对文本所涉及的世界对话。阅读中的"对话"是建立在民主、平等基础上的人、文本和环境激荡起的心灵的共振和呼应。"对话"意味着双向互动，平等交流，其方式是多样的，既可以是有声、有形的交流，也可以是无声、无形的交流,如心理的沟通,心灵的共鸣和感应,思想的碰撞和默契。将师生双方都视作学习的主体,通过互相对话和共同探讨,引发彼此的主动思考、质疑和探究,进而达到阅读目的。

阅读中的对话不局限于学生在知识层面上的发展,不局限于学科本身,它是一种开放式教学,即形式的开放,内容的开放,空间的开放,思维的开放,思想的开放。它追求的是让学生充分发挥其创造性,对历史、文化、社会有理解,有感悟,除学习人类已有的结论外,更要有自己的思考和创造,形成科学的思维方式,发挥个性特点,让学生不断理解世界,理解人生,理解自我。

对话的本质是生命的对话。阅读教育应当是一次次生命的对话,是师生内心情感的真切流露,是彼此个人见解和智慧的展现。阅读中的对话从人性出发,沿着人性的道路,走向人性,从根本上解构了传统的教学。阅读中的对话不仅是广博阅读教育的策略,而且充满了把学生从被动世界中解放出来的情怀,把学生培育成能动的、创造的、富有对话理性和健康心理的现代人。阅读教育中对话的质量就直接关系到师生的教育生命意义。

阅读中的对话是高扬人文精神。长期以来,阅读教学顽固地使用单向专制的灌输,排斥师生对话,这是对阅读理解上的重大偏差。对话哲学的本体是关系。在现代社会里人类的关系集中表现在人性崇尚、人道尊重、人格平等、人权维护。这些人文精神在人们的对话中可以彰显出来。人性、人道、人格、人权只能在教育者和受教育者之间、在所有学校的成员之间的关系中表现出来,也只有通过教育、教学中的和谐对话才能得以实现。对话引导学生和各种对象对话,例如教师把文本介绍给学生,促使学生直接面对文本,跟文本的作者直接"对话"、交流感情。教师努力挖掘文本中所蕴含的精神元素,精心创设问题情境,充分尊重学生的生命体验,唤醒学生的生命体验,更重要的是不断升华学生的生命体验,使文本的价值取向和学生的生命体验达到和谐。

(二)运用与践行

阅读的运用主要指阅读本身的知识、能力、策略的运用。阅读的运用主要依托语言应用能力,这是指在一定情景下正确运用语言知识与技能的能力。语言运用是通过合乎语用规律的语言行为表现,是"在具

体情景下语言的实际使用"。语言运用能力是语言知识、技能、学习策略和情感态度均衡发展的结果。通过阅读,培养学生正确运用语言,规范使用语言,例如正确识字、书写、朗读与聆听等。在阅读中让学生运用理解能力,通过语言释义能力、文章解析能力、文本研读能力等正确地阅读。

通过阅读,发展学生的概括能力,正确抽取、提炼语言材料的某要素,并用简明扼要而带有归纳性的语言把它表达出来的能力,以揭示文本或者事物的本质属性。在阅读中运用文学鉴赏能力提高阅读质量。文学鉴赏是学生阅读文学作品时对作品的感受、分析、评价,是一种高层次的阅读审美认识活动,也是阅读能力的最高表现。在阅读中学生对阅读对象进行感悟,学生读文本,感受语言文字,形成语言经验。学生阅历生活,感悟到其中的事理、道理。在阅读中,悟出所阅之人、事与文本的思想、情感,明道、悟道。

阅读的践行主要指实现阅读目的应用性阅读,即在阅读中获得的知识与能力等的运用。例如医生通过阅读医学专业文献,提高医术。也就是说阅读是为了践行阅读到的知识与技能等。正如华罗庚说:"高中程度的同志可以回想一下过去学过的小学算术、初中代数在脑子里还有那么多吗?没有那么多了。因为我们理解了,会运用了,这就是说书变薄了。"这段话的意思是说,阅读要实现由多而杂到少而精的转化,并转化为践行运用。阅读的践行是检验阅读的质量,也是检验阅读者的阅读素养发展水平。阅读了,什么也没有用,等于白读,失去了阅读的价值。

作为阅读教育的形式——运用与践行,其价值就在于让学生透过阅读中的运用与践行发展在现实的情景中解决问题的能力,把阅读与知识技能学习相结合,并在实际生活中运用,又通过运用与践行所阅读的知识与能力,检验已经获取的阅读成果,或者为实现阅读目的调整阅读。

三、广博阅读教育的主要路径

通过文本阅读、艺术欣赏、社会经历、人生阅历、游览大自然五个主要形式实施广博阅读教育,促进在知识层面上的认知整合、精神层面上的心理沟通、道德层面上的心灵共鸣、思想层面上的思想碰撞。传统的阅读教育主要指文本的阅读,即书籍和报刊。但是我们的广博阅读教育突破文本阅读的局限,拓展到欣赏艺术、阅历人生、游览自然名胜古迹等。不管哪一种阅读形式都应该符合"重在理解与对话,关键在运用与践行"这阅读形式要素,表现出"阅与思"阅读形式的内核,这是区别一般活动和阅读活动的重要标志。

（一）文本阅读

文本阅读主要是指纸质的、电子的等各种文本,有连续文本的阅读,例如文学作品、报刊、学科专业书刊等,也有非连续本文阅读,例如说明书、图表、地图等阅读。

高尔基说过,"书籍是人类进步的阶梯"。书刊的阅读是基本的阅读路径,主要依赖文字传递信息。提供书刊阅读资源是广博阅读的一个关键。一要培养学生上图书馆的习惯,一方面可以在图书馆获取书刊进行阅读,另一方面让学生感受阅读的氛围,激发学生的阅读兴趣。要教学生怎样在图书馆里找到自己需要的书刊,如何按照目录进行检索图书和报刊。二要培养学生上书店购买书籍的生活方式,从小要培养学生喜欢上书店,而不要像一些成年人只知道上服装店消费。三要培养学生书面阅读的方法,让学生养成边阅读边思考的习惯,防止碎片化阅读、浅阅读,过多的娱乐阅读,喜看小道八卦新闻。在开展广博阅读教育中注意引导学生看适宜儿童的经典名著,如《爱的教育》等。经典著作的阅读对学生的成长有着不可替代的作用,特别是文学类与科普类的经典书籍,对在潜移默化中完善人格,培养人文精神与科学精神,形成良好的阅读素养是不可或缺的。正如一句格言说得好,"生活里没有书籍,就好像没有阳光;智慧里没有书籍,就好像鸟儿没有翅膀。"也要注意培养学生善于阅读非连续文本,会看图表、说明书等,以适应现代生活对科学素养的要求。

（二）艺术欣赏

艺术欣赏是一种对人精神品质发展极为重要的阅读。艺术欣赏是人们对艺术作品的"接受"——感知、体验、理解、想象、再创造等综合心理活动,是人们以艺术形象为对象的通过艺术作品获得精神满足和情

感愉悦的审美活动。面临人类中心主义给人类带来了巨大的灾难,让人类情感重新占据统治地位凸显。艺术阅读意义就在于"美是具体可感的事物形象中符合进步人类理想、能使人在观赏中激起生理快感和心理的愉悦情感、有助于从精神心理上促进人类向上发展的属性"。(王世德,《审美学》P265)艺术阅读成为当代我国学生需要加强的一种阅读,以改变当前学生审美素质缺失的需要。一部分中学生由于阅历不深、审美心理不成熟,偏重直观感觉,盲目从众性较严重,疯狂追星迷恋影视偶像。较多学生喜欢直接感官刺激的视听活动,而较少从事需要静心理解、思考的读书活动,或者感悟艺术的内在美和深层美。艺术阅读作为精神层面上的活动,是广博阅读教育的必然形式。

（三）社会经历

社会经历是一种社会性阅读,通过社会接触,才可以获得真实的社会经验。通过经历不同的社会生活,才能知道真正的社会。道听途说的太假,经历社会生活必然要有所闻,有所见,有所践行。阅读社会更注重参与社会生活,积累社会经验。对于中学生而言,社会经历包括学校的社会经历、社区的社会经历与家庭的社会经历。在这三大社会活动的经历中丰富自己的社会经验。让学生学会处世,在社会上跟人交往相处,应该明于事理,做事有一定的准则。关注社会问题,例如"环境与社会"这样的话题,为今后走上社会奠定处世的修养。社会阅读可以让学生更多地接触中国的民族文化,弘扬民族精神,讲民族的骨气、民族的气节,同时在接触世界多元文化中,拓展视角,在全球背景下认识世界,培养国际视野。

（四）人生阅历

人生的阅历,是一种经历。人生阅历是一种走出文本走向人生的阅历。通过阅历人生,反省自己的生活,检点自己的人生,而不只是不负责任的生活过客。只有用自己的步子走出的每一步,才知道坎坷在什么地方。在生活中阅历各种道德两难问题,提高自己的道德判断能力。人世的许多事情,总是在经历过后才懂得。丰富自己的人生经历,才有对人生的感悟。有所经历,才有所阅历;阅历多了,经验就多了,人生更坚强了。在有关道德与做人的阅读活动中,加深学生对道德事件和道德行为的体验,丰富学生的道德情感,促进学生的道德信念的形成。广博阅读教育提供给学生接触中华民族优秀道德传统,先哲圣贤的道德故事,可以丰富学生的精神世界,学会做人,正确处理好人与人的关系,爱好民主与和平,有一颗闪烁人性的纯洁之心。

(五)游览自然

"读万卷书,行万里路"说明了游览自然的必要性。自然界是一个浩瀚的,大到宇宙,小到夸克,无所不包。这个自然界给人类以生命,自然记录了人类和其他生命的进化历程,也记录了宇宙的演变,这是一本永远读不完的天书。这是一本必读的书,而且只有在自然的怀抱里才能感受自然的伟大,自然的恩泽。游览自然已经成为人们终身学习的有效途径。人们往往通过行万里路,去访名山、踏胜水、探古迹、览美景、观奇风、考异俗、求新知。在游览自然中阅读到书本中没有的知识,体验自然的价值、生命的意义。社会人文的游览是一种综合阅读,涉及历史、地理、地质、天文、考古等许多社会人文的和自然科学的知识,是读一部部活的书。游览大自然不仅包括非人为的世界,而且也包括在自然界中存在的人类文化的遗存。

有这么一个例子来说明游览自然的意义:

在一次演讲中,演讲者解释说,在现代世界,只要拿出花费在武器上的巨额资金的一小部分,就可以解决人类所有成员的物资匮乏问题。

演讲完毕后,难免有听众提出这样的问题:"可人类为什么这么愚蠢?"

"因为,"演讲者悲哀、郑重地回答,"人们已经忘记了阅读自然的艺术。"

"怎么阅读自然?给我们举几个例子。"

演讲者沉吟半晌,说道:"鸟儿的歌唱、昆虫的鸣叫是真理的声音,绿草、鲜花是方向的指示。用心聆听、观看它们,都是阅读自然的方式!"

通过游览让学生感知人类的文明,人类的责任,让心灵和自然拥抱,不仅让我们感知自然的恩施,也感到人类的对自然的不义破坏,同时增强学生对保护环境的意识和道德责任。我们的教育不应该是荒漠教育,应该是充满灵性的教育。在自然中陶冶心情,让人充满人性;在

自然中感悟生命,让人尊重人道;在自然中获得理性,让人对天道(自然规律)敬畏。

第三节 广博阅读教育中
阅读素养发展

一、阅读素养发展的心理过程

学生阅读素养的发展有着其自身的心理过程,同时在这个心理过程中学生阅读素养得以发展。把握学生阅读素养发展的基本心理过程,有利于教师透过各类阅读把握阅读素养发展的基本环节。学生阅读素养发展的大致经历——阅历、体验、领悟、践行这四个基本过程。阅历是丰富学生精神生活的基础,体验是阅读的一种精神活动的感受,领悟是阅读成果精神上的提炼,践行是达到精神升华。

(一)阅历

阅历是阅读素养发展的第一步。阅历就是经过参与阅读活动获得的感知与经验。人们认识世界首先需要对客体进行。阅历,首先是参与、经历。通过阅读中的多种感官的阅历活动,获得对事物的感知,然后才可能认知,"见多识广"。

广博阅读教育的特点是不把阅读仅局限在文本的阅读上,而是"大阅读"。我们把阅读看作一种经验、经历、阅历。这样只要是能够通过感官感觉到事物,对事物能感知的活动都认为是"阅读"的第一过程。自古以来从来都提倡不是只有看书才是阅读,中国有名的格言"读万卷书,行万里路"就是把人生的经历、阅历看作是极为重要的阅读。著名教育家杜威就提出"教育即经验",认为"教育是以经验为内容,通过经验,为了经验的目的"。(这里的"经验"experience,是指"经历")

通过广博阅读提高学生的多种感知能力,例如审美感知能力、语言感知能力、理性感知能力、技能感知能力等,这就是多元智论指出的人有多种智能,也就表明人都具有特定的感知能力。广博阅读正是通过丰富的阅历中多种感官的活动,提高各种不同的感知能力。扩大阅历的量和质,让学生长见识,增阅历,让学生多接触自然、社会,多接触书刊、艺术作品。

（二）体验

阅读中的体验是一种精神活动的感受,是阅读素养形成与发展的核心环节。体验,是指由身体性活动与直接经验而产生的感情和意识。体验使学习从认知、理性范畴扩展到情感、人格等领域,从而使阅读过程成为知识增长与身心发展同步的过程。学生在阅读过程中,也在感受文本所指向的人物和事物,带着情感在体验这些事物,形成不同强度的社会性情感,促进学生的社会化发展。没有深刻的体验,一个概念很难转变成一个信念。学生没有深刻体验的阅读,那就是一般的活动,甚至就是娱乐活动。

强调阅读的体验正是基于学生正是通过体验,把知识概念内化,把握事物演变的规律,获得正确的学习的方法,学会学习;也是通过阅读过程的体验,在情感作用下,形成正确的价值观念和态度。强调阅读的体验正是为了转变死读书的方式,改变单向的灌输式说教,组织形式多样的阅读活动,让学生参与阅读并体验学习。

阅读素养发展过程中的体验有亲历性、过程性、自主性三个特点。

阅读体验的亲历性是指阅读者对阅读物的一种情感活动,是对自己在阅读中产生的情绪状态的自我感受。阅读者的亲历对于阅读体验的强度有着直接的影响。阅读体验是产生于阅读过程中的。学生在具体的阅读活动中获得感受与阅读活动相关,阅读过程越有深度,阅读体验会越深刻。阅读体验是阅读者自身的情绪感受,具有很强的个性特征。体验与感觉、知觉直接联系的情感基本性质有关。例如,怀着不同心事,在不同的情境中触景生情所产生的"览物之情"是不同的,"雨霏霏"会使某些人感到"哀思由然",而"春和日丽",会使人"心旷神怡"。这表明体验与个体的境遇和心境相关,并影响阅读中所产生的体验。

（三）领悟

领悟是广博阅读的核心过程。阅读的领悟是区别于其他活动的标志,只有在经过感知、体验后产生领悟的阅读活动,才可以称之为阅读。例如娱乐活动可以有感性的感知和快感,就是为娱乐而娱乐,这就不能说

是阅读。旅游可以是非阅读性的，也可以是阅读性的游览。这两者的区分就在于在旅游中能不能引发文化性思维，形成旅游者的见解或者思想。把阅读过程中的阅历和体验上升到理性的认识，是阅读素养发展的关键，不能让阅读停留在阅的层次上，要让学生通过"阅"达到"读懂"，即明理。阅读中的领悟是对阅历和体验后的经验进行梳理、分析、概括、提炼，然后形成自己的想法、见解，促进自己思想的成熟和发展。

孔子曰："学而不思则罔，思而不学则殆。"阅历、阅读是思的基础，思是阅历、阅读的深化。只阅不思，不加咀嚼，囫囵吞枣，阅而不化，难以吸收，所阅知识无法内化到自己的知识系统中去。只有阅而思之，才能将所学知识融会贯通，举一反三。牛顿阅到了苹果落地并进行了思考发现了万有引力定律，波义尔反复"阅与思"紫罗兰发明了指示剂等，都说明了阅读中领会的重要意义。阅读过程中必须将阅与思有机结合，阅读的过程，实际上就是一个学与思的过程。阅历、阅读是思的基础，思是阅历、阅读的深化。在阅读中进行各种思维，去加工在阅读中获得的材料，并使之成为系统的、有用的知识与经验。

在当今知识大爆炸时代，读仅是为了识记住一堆知识，只靠死记硬背是不可能成为有所作为的阅读，这种阅读是毫无价值的。今天的学生更应该做到，在阅读中有思考，在思考中提出独立的见解，培养自己的独立思考能力和创新能力，来适应时代的要求。广博阅读教育强调"不思考不是阅读"，强化学生的"明理"意识，要求学生从"勤提问、善提问"着手。在阅读中学生不提问或者提不出问题，在一定程度上反映了学生还没有真正进入阅读的状态，只是肤浅地阅读。

（四）践行

广博阅读的践行是阅读效果的体现。践行是阅读素养发展的高水平阶段，因为素养强调运用。阅读不是认识文字符号，识记几篇文章，而是通过阅读发展阅读素养，进而增强核心素养。素养强调的是运用已学到的知识与获得的经验解决问题的能力，所以阅读必须注重其践行。因此，广博阅读不崇尚空谈，重实践、重道德、重科学，这些特点对学生养成实践高于理论、实用高于玄想、务实高于空言等品格有着重要的作用。广博阅读强调躬行，亲身实践，并强调笃行，一心一意实行。古代名著《中庸》有这样的论述，"博学之、审问之、慎思之、明辨之、笃行之"与我们的广博阅读相通,都聚焦在"博学、思考、践行"上。广博阅读中的践行强调阅读领悟了什么,应该积极地去践行,并通过实践,加深领悟。

通过阅读不仅让学生知之,而且要行之。阅读在做人、做事的层面上践行。我国杰出的学者荀子曾提出"见之不若知之,知之不若行之"的著名命题,提倡"学至于行而止"。通过广博阅读引导学生在科学和人文的基础上能积极地有所作为,学以致用。

阅读的践行更关注提升精神世界的层次,高扬人文精神,重人性、讲人道,也是张扬科学精神,讲真理、重方法,达到学以致用,才是广博阅读的终极目标。广博阅读教育提倡聚焦在"博学、思考、践行"上的阅读素养,强调躬行,亲身实践,注重笃行。通过实践来检验自己的阅读成果,所感悟的精神成果是否正确。同时也将广博阅读中自己所认同的人物作为自己行为的楷模,成为自己人生的参照;把自己所崇尚的事件作为自己行动的典范,成为自己追求的目标。

学生阅读素养发展是一个持续不断的过程,在经历了一次"阅历、体验、领悟、践行"这四个基本过程后,还要经历第二次、第三次这样四个基本过程,并继续不断地有着这样的经历,不断发展学生个体的阅读素养。

二、初中学生阅读阶段的提升

(一) 阅读发展的阶段论

国际阅读素养的研究关注其发展的阶段,特别是关键阶段。哈佛大学教育学家珍妮·查尔的《Stage of reading development》一书中提出的"五阶段模型"对阅读的发展阶段予以很好的阐述。她认为,人一生的阅读发展可以分为五个阶段:

○ 第一阶段:开始阅读(或初步解码)阶段(6—7岁,一年级和二年级初)

此阶段主要特征和能达到的能力:孩子通过在看书上印的单词和爸爸妈妈念出来的单词之间来来回回,学习字母的字形和发音之前的联系。他也可以读一些简单的文字材料,含有一些反复出现的比较常

规的词;当遇到一个单音节的词时,他会利用技巧和自己的观察力把这个词读出来。

　　○ 第二阶段:掌握阅读(确认和阅读流畅)阶段(7—8岁,2—3年级)

　　此阶段主要特征和能达到的能力:阅读更流畅了,不再一个词、一个词地读,当发现新的词语时运用解码和猜词的技巧也能读下去。会把更多的注意力放在读的是什么意思上,也能写一些了。

　　○ 第三阶段:为了学习新知而阅读(9—13岁,A段:中间过渡阶段4—6年级,B段:初中,7—9年级)

　　此阶段主要特征和能达到的能力:阅读是用来学到新东西,获得新的想法,获得新的知识,体验新的感受,学习新的态度,通常是在持一种观点的材料中(和下一个阶段比,稍微简单点)。阅读在这个时候就开始成为学习的基本技能了,小学三四年级是一个转折点。

　　○ 第四阶段:多重观点阶段(14—18岁,高中10—12年级)

　　此阶段主要特征和能达到的能力:阅读量、阅读材料的种类、难度都比前一个阶段增长了很多,体现了一种多样化的观点。

　　孩子如何能获得这一阶段相应的能力:广泛的阅读和学习以下这些内容:物理、生物和社会科学和人文学科;经典的和通俗的文学;报纸和杂志;还有对于单词和单词各部分的系统研究。

　　学校老师做的是:教科书、学习参考书以及其他阅读材料的复杂程度越来越高,在学生的课程写作(比如文学、社会、人文学科和技术类的学科的小论文)中都有体现;老师阅读指导的重点更多地放在了提高阅读效率(速度)、词汇的积累、学习技巧和批判性阅读。

　　家长做的是:家里报纸、杂志、字典和参考书等,家长和孩子讨论一定的话题,限制看电视的时间以保证有充裕的时间阅读。

　　○ 第五阶段:构建与批判阶段(大学及大学以后)

　　此阶段主要特征和能达到的能力:阅读是出自自己的需要和目的(专业上的和个人志趣上的);阅读有助于将一个人的知识与别人的知识结合在一起,并创造出新的知识来。它是一种快速而高效的学习方式。

　　学生如何能获得这一阶段相应的能力:广泛阅读难度越来越大的材料,阅读的需求越来越长远,超越了即时的、看了马上就能用的需求。

因为要写论文、通过考试、写散文和其他文体的文章,这些都要求阅读者建立内在的知识体系和观点体系。

（二）阅读阶段提升的条件

阅读阶段论表明学生阅读水平或者说阅读发展阶段不是自然而然就能发生的事,需要通过教师、家长等促进其阅读阶段的提升。表征阅读阶段的阅读能力的发展是一个长线过程。0—6岁,虽然变化最大,但从人的一生来说,大体都属于前阅读阶段有它的任务,7—8岁是初期,真正意义上的发展是中年级;而能让人走远,能通过阅读独立思考的应该是在初中高年级到高中。

在"五阶段模型"中,第二、第三和第四阶段是阅读的关键阶段,在这三个阶段中,学生的阅读从小心地确认以前所学的简单阅读技能,到通过阅读获取信息以达到学习的目的,再到分析评价和反思自己所读的内容,它呈现了一个个体从初级阅读者逐渐成为成熟阅读者的蜕变过程。①

特别是在第三个阅读发展阶段,对于学生来说尤为重要。在第三阶段前,儿童一般通过听和看获得新知识。但在这个阶段末期,他们在阅读渠道上获得新信息的效率超过任何其他获得新信息的渠道。但需要注意的是,由于儿童在这个阶段的知识、语法和认知能力是有限的,所以必须限制阅读的复杂性。第三阶段又分为两个水平。第一水平从三年级到六年级水平。这个水平的任务是能阅读不需要或者需要一点专业知识就可以理解的书籍。第二个水平是初中水平,它能使读者更接近一般成人的阅读水平。在这个水平的晚期,学生应该能够阅读报纸、成人通俗小说,以及类似《读者》这样的杂志。完成这两个水平间的转变,需要学生增加他们细致的分析能力,以及对文章中表达的不同观点的精细反应能力。在这第三阶段学生获得相应的阅读能力:阅读和学习教科书、参考书、大众读物、报纸、杂志,从中汲取新的想法和价值观、生僻的词汇和语法结构;系统学习词汇,通过讨论、回答问题、写作等来回应所有的文章。阅读越来越复杂的小说,与类似的阅读材料。

---

① 温红博、辛涛:阅读素养:孩子面向未来的基础能力[N],《中国教育报》2011年3月17日。

在这阶段,教师要注意指导学生的阅读,文选类阅读书籍和作业书的难度增加;在阅读、学习和完成书面作业时,会用相应科目的教科书、百科全书;会用字典,会做特定主题的词汇表。学校和班级的图书馆对孩子们开放。同时,家长要让学生回家后有安静的时间阅读、写作业还有完成课程项目;从图书馆借书,去博物馆等教育旅行;儿童专用的百科全书、字典,随查随用;限制看电视的时间。

初中阶段是阅读发展的极为重要的阶段,是从简单的阅读水平向高级的独立阅读水平发展,我们对阅读的重要性怎么强调都不为过。阅读学习不仅是学生一个人的事,老师、家长、公共图书馆要形成支持系统。阅读素养的培养不是语文老师一个人的事,各学科都要重视学生的阅读素养的培养,提供丰富的阅读材料,注重阅读方法的指导。教师与家长都应该想想自己,"我的阅读能力发展到什么阶段了?"应该给自己的学生、孩子做个有质量的榜样。

第四章　基于阅读素养的学科广博阅读教育的实施

第一节　学科实施广博阅读的意义

一、学科阅读：广博阅读教育的实施路径

阅读是人类汲取知识的重要手段和认知世界的重要途径,是人们终身学习与发展的最基础的可持续发展能力。"中国人几千年历史传下来的观念,都最看重读书,看重读书人,但还未以不读书,不读书的人为可耻。须知看重读书与以不读书为可耻是两件事。现在急需造就一种舆论,以不读书为耻。"(《陶行知论普及教育》)通过阅读可以从各种材料中获取信息并影响阅读者的过程,是人们独立自主地选择、获取、运用知识和发展能力的有效方式。

学科阅读是广博阅读教育的重要实施路径。学校教育的主渠道是课堂学科学习,学校的基本制度是课程设置,因此基于阅读素养的学科广博阅读教育应该通过学生学科学习中实施。各学科课程的阅读是提高学生阅读素养的基本途径。学生的各门课程学习都依赖阅读,阅读是学习各门课程的基本方式。阅读能力已经不再被局限于学科范围内,单纯地作为一种特定的学科能力,而是将阅读与生活相联系,阅读与真实的情境相联系、与阅读活动的特定目的相联系。阅读能力的强弱直接影响各学科的学习。

阅读是各学科学习的基础。3R 是国际公认的基础教育阶段学生的基础科学文化素质,阅读是 3R 的首位。阅读是培养学生独立自主地选择、获取、运用知识和发展能力的有效方式。阅读是一种基本的智

能。苏霍姆林斯基在阐述阅读与学习能力关系时指出,"30年的经验使我深信,学生的智力发展取决于良好的阅读能力。"

美国著名未来学家约奈比斯特断言:"在不断变动的世界上,没有一门或一套课程可以供可见的未来使用或可供终生受用,现在需要的最重要的技能是学会如何学习。"阅读素养是学生终身学习的基础,终身学习的关键是学会学习。阅读素养强调的阅读能力、阅读的内在动力以及阅读策略,具有终身学习的导向。阅读是一种基本的智力技能,也是取得学习成功的先决条件。

对于具体学生个体而言,阅读素养强的学生其整体发展基础较为坚实。"书籍不仅能造就聪明的头脑,而且能培养出灵巧的双手。"

阅读应当跟学科学习紧密地联系起来。各学科课程的阅读是提高学生阅读素养的基本途径。学生的各门课程学习都依赖阅读,阅读是学习各门课程的基本方式。阅读能力已经不再被局限于学科范围内,单纯地作为一种特定的学科能力,而是将阅读与生活相联系,阅读与真实的情境相联系、与阅读活动的特定目的相联系。阅读能力的强弱直接影响各学科的学习。"谁不善于阅读,他就不善于思维。"

学科学习困难很多表现在阅读能力上,阅读是对"学习困难的"学生进行智育的重要手段。"阅读正是达到顺利学习的最重要的补救手段。""阅读、阅读、再阅读,——正是这一点在'学习困难的'学生的脑力劳动中起着决定性的作用。""请记住:儿童的学习越困难,他在学习中遇到的似乎无法克服的障碍越多,他就应该更多地阅读。阅读能教给他思考,而思考会变成一种激发智力的刺激。"(苏霍姆林斯基)

二、学科阅读:"必须教会少年阅读"

正如苏霍姆林斯基指出的"许多学校的一个最大弊病,正在于精神生活中缺乏书籍"。"青少年精神空虚的原因之一,就是缺乏真正的阅读。"学生精神生活贫乏,会造成孩子精神生活的空虚或危机。预防孩子精神沙漠化的有效方法,从小培养孩子文化性思维的需要,关注学生的精神生活,提升学生精神世界,是学校教育的应有之义。"真正的阅读能够吸引学生的理智和心灵,激起他对世界和对自己的深思,迫使他认识自己和思考自己的未来。没有这样的阅读,一个人就会受到精神空虚的威胁。无论什么都不能取代书籍的作用。"本项目的提出符合我区教育局提出的"用文化的方式发展有灵魂的教育"这一教育理念。"一个人在少年时期和青年早期读过哪些书,书籍对他意味着什么,这一点决定着他的精神丰富性,决定着他对生活目的的认识和体验。这一点也决定着青年人的观点和情感的形成,决定着他对自己义务的态度。"(苏霍姆林斯基)学生阅读意识和能力已超出了语文学科的范围,而成为培养精神世界高尚、精神生活丰富的一代人的问题。

通过广泛的学科阅读转变缺乏关注学生阅读素养,改变学生阅读萎缩,阅读能力不足的现状。"一个民族如果不读书是非常可悲甚至是可怕的。"(作家赵丽宏)香港大学学者指出,"发现大学生的阅读能力低得惊人。原来是他们平时的阅读量一向很少。单就阅读量来说,中国大学生和美国大学生根本不能比。美国一个大学生每周课程要求的阅读量在 500—800 页,而我们这里的大学生每周阅读量可能不到 100 页。为什么读得这么少? 因为都是上大课,听听就行,不要求课后读很多书。"北京广播学院胡正荣教授指出,"中国读者的阅读范围、数量和质量都正随着社会的剧烈变化而改变,阅读范围在萎缩,阅读数量在减少,而阅读质量在下降。"以色列人每年读书超过 60 本,欧美很多国家的国民每人每年读书超过 50 本。中国人目前每人每年读纸质图书4.77本,其中成年人为 6.77 本。

学生浅阅读已成习惯。阅读只是为了应试,而忽略人文关怀,阅读量相当有限,阅读面相当狭窄,大多学生课余基本上无阅读习惯。不少学生热衷于浏览网络,看八卦新闻等,导致浅阅读习惯。浅阅读所追求的是短暂的视觉快感和心理的怡悦。阅读之浅,会让我们当下的文化成为无源之水,无根之木。乐于"浅阅读"意味着什么,应该引起教育工作者的关注。

正如伊里奇《哈佛的教育智慧》中指出,"读书、学习,使人类变得聪明起来;读书、学习,给了人们认识世界,改造世界的巨大动力;读书、学习,熏陶、哺育和影响了人们的思想及理念,使人类朝着更加和谐、文明、理智的方向发展;读书、学习,使人们不断地明辨是非,调整心态,增强智慧,鼓励勇气,激励斗志,抛却陋习,实现了超越和跨越。"

第二节　学科阅读教育的主要原则

我们在开展广博阅读教育中开展学科阅读,归纳了学科广博阅读教育实施的主要原则。

一、主体性原则

广博阅读指向的阅读素养具有个体性,是阅读主体自主建构的。教师只能是引导、促进学生阅读,不能也不可能代替学生阅读。主体性原则更是强调关注学生的精神需求。要把学生培养成为真正的人,必须让他们有自己的精神生活和精神世界,不是读书的机器或奴隶。广博阅读的目的是要让学生拓展视野、丰富知识、增加阅历、提高悟性、提升品位、健康成长。学生通过广博的阅读,找到属于自己的阅读天地,在提高阅读能力的同时,学习做人做事。

二、学科性原则

不同学科的阅读有着自己特定的阅读目标、阅读内容,因此决定了不同学科的阅读有着其特定的阅读方式、方法等。学科阅读的学科特质,也决定了不同学科的阅读能力及其能力表现,阅读的材料也不同。例如数学语言与文学语言不同,因此数学阅读与文学阅读的材料明显不同,而且阅读的思维方式更是不同,它们的阅读培养方式也会有所不同。把握不同学科不同的阅读特点是有效提高学科阅读质量的关键。

三、差异性原则

学科阅读的差异性不仅表现在学科特质所影响的不同学科阅读差异性,这里特指是对不同学科学生个体所表现出来的阅读上的差异。学生学科阅读能力、阅读习惯等会由于个体的生理、心理差异以及阅读经历差异而表现出不同阅读发展水平,表现在个体可能具有不同的学科阅读倾向、不同的阅读能力优势弱势,例如有的学生的语文阅读能力强,有的学生数学阅读能力强。由于不同学生的音乐能力、绘画能力、体育运动能力强弱不同,也会表现出在这些学科的阅读上的差异。对于不同的个体,同一个学科的阅读能力还有发展时间上的差异,即快与慢、早与晚之分。每个学生显示出不同的学科阅读能力上的差异,呈现出不同个体、不同年龄、不同层次的阅读差异性。

四、融合性原则

学科阅读的融合性强调非语言类学科的阅读更应该是融于整个学科教与学之中,而不能为阅读而阅读,忽视了其学科内容,变成阅读教学。同时在语言类学科的教学中,不能忽视语言教学的基本任务,而把阅读教学变成其他学科教学。学科阅读既要关注阅读的目的,掌握学科知识与能力等三维目标,也要关注阅读作为手段,不断提高学生的阅读能力、掌握阅读方法,培养良好的阅读习惯等。融合性强调学科阅读要关注阅读目的与手段的融合。学科阅读要关注在以连续文本为主的学科中进行非连续文本的阅读,在非连续文本为主的学科中要注意连续文本的阅读。

五、能力性原则

学科阅读不仅仅是为了阅读而阅读,而应该注重培养学生学科阅读能力,这是学生学会学习的重要组成部分。学生的阅读能力可以分为两大类型:一般阅读能力、特殊阅读能力。学科阅读能力属于特殊阅读能力。感知能力是阅读获取信息的基本能力,但是不同的学科的感知能力又有所不同,例如审美感知能力、语言感知能力、理性感知能力、技能感知能力等,这些特定的感知能力影响着不同的学科阅读。广博阅读正是通过丰富的阅读中多种感官的活动,提高各种不同的感知能力。

能力性原则强调学科阅读能力转化性,表明学科阅读潜力是可以转化的,通过学生广博阅读使学生有可能达到的能力水平转化成达到的水平。这种"可能性"向现实的转化是学科阅读能力与其他心理因素

以最佳方式结合而产生的结果。

六、丰富性原则

学科阅读的丰富性原则强调学科阅读内容从整体上来看,应该包括社会与处世、道德与做人、科技与创新、艺术与审美,体现阅读的广博思想。从具体的学科的阅读内容来看也应该是多方面的,例如美术阅读,不仅要观赏国画,也应该多观赏油画、水粉画,以及其他美术作品(雕塑、木刻等)。同时阅读的丰富性也强调阅读的形式多样性,例如文学作品的阅读,不仅仅是阅读文字作品,也可以阅读文字作品改编的电视剧、歌剧、舞剧,还应该阅读对该作品的评论等。通过阅读内容与形式的丰富性可以充分提升学生阅读素养。

第三节　学科广博阅读的实施要点

我们在开展学科广博阅读过程中逐步归纳出四个在操作时要关注的问题:把握阅读材料、激发阅读兴趣、增强阅读能力、交流阅读经验。这四个操作要点是互相关联,互相促进的。把握阅读材料是提供广博阅读的条件,激发阅读兴趣是启动广博阅读的起点,是学生阅读的内趋力。提升阅读能力是广博阅读的能力保障。交流阅读经验是增值阅读成效的必不可少的环节。

一、把握阅读材料

把握阅读材料(对象)的类型与特点为广博阅读提供必要的载体。广博阅读所涉及的学科阅读对象不局限于文本的、影视的,在"大阅读"中更多地涉及特定的场景等所提供的阅读。

阅读材料从阅读目的分大致有以下四类:

1. 为了获得文学体验的材料(Reading for literary experience),主要包括小说、诗歌、戏剧、传记、神话、民间故事、美术作品等。学生通过阅读文学作品可以形成个人体验。

2. 为了获得信息的材料(Reading for information)，主要包括说明文、论文、研究报告、演说材料等。学生可以通过阅读获取信息和知识。

3. 为了完成某项任务的材料(Reading to perform a task)，主要包括多种时刻表、使用说明书、修理说明书、游戏说明书、教室守则、征税表格、地图等阅读材料。学生可以通过阅读获取程序性知识。

4. 为了获得特定经验的场合(reading for special experience)，主要包括名胜古迹、自然风光、运动场合、社会活动场合等。

学科阅读材料从获取信息的载体角度也可以分为以下三类：

1. 学科教材。这是学科课程所提供的教材。

2. 学科读物。这包括各学科的读物,例如科幻作品、科学家传记、科普作品、文学作品、文学评论文章、艺术作品。

3. 学科活动。从大阅读概念出发,学生参与的各类活动,例如艺术演出、体育赛事、游览、社会考察等。在这些活动中的阅历使学生获得有用的信息。

二、激发阅读兴趣

激发阅读兴趣是阅读驱动的条件。在广博阅读中,兴趣是阅读的前提。阅读兴趣是学生阅读动机中最活跃、最现实并带有强烈情感色彩的因素,是推动学生阅读最实际的内部动力。爱因斯坦说过："兴趣和爱好是最好的老师。"瑞士教育学家皮亚杰也说过："所有智力方面的工作都依赖于兴趣。"心理学研究认为,浓厚的兴趣可使大脑、各种感官处于最活跃状态,以最佳地接受信息;能促使学生自觉地集中注意力,全神贯注于学习活动;能使学生在繁重刻苦的学习过程中,抑制疲劳,产生愉悦的体验。"成功的教学所需要的不是强制,而是激发学生的兴趣。"(托尔斯泰语)在广博阅读中,教师应着意创设各种有效情境,激发学生的阅读兴趣,充分调动学生的积极性、主动性,使学生觉得阅读有趣,主动参与到阅读中来。

阅读兴趣指与一定情感相联系的、爱好阅读的认识倾向。阅读兴趣是个体认识需要的一种情绪表现,受个性心理和社会因素的影响,有直接与间接之分。直接阅读兴趣(direct reading interest)产生于阅读过程中,受书刊等阅读内容新颖、适用等因素的制约。间接阅读兴趣

(indirect reading interest)与阅读自觉性相联系,基于阅读的价值认识,如有利于学习、人生发展等。因此,针对小学生我们应该首先关注直接阅读兴趣的培养,并逐步培养学生的间接阅读兴趣。

在广博阅读教育中要关注阅读的情境兴趣向阅读个体兴趣发展。阅读的情境兴趣是指阅读者既无稳定阅读方向,又无阅读内容的心理倾向和行为特征。其在阅读过程中形成快,消失也快,具有短期、迷恋、分散、多变的特征。阅读的个体兴趣是指阅读者为满足心理需要,把阅读倾向持久地稳定在既定的阅读方向和固定的阅读内容上。个体阅读兴趣是个性心理的意志活动过程的一种表现,可以反映出个人专长爱好与理想等之间的内在联系。广博阅读教育既关注个体阅读兴趣,也关注情境阅读兴趣,不过分强求阅读的方向和固定的阅读内容,而是着眼于阅读本身的兴趣稳定性上,即培养学生持久的阅读兴趣,热爱阅读。

开展广博阅读要激发学生的阅读兴趣,要关注阅读形式多样性,避免单调感,采用学生喜闻乐见的阅读形式开展广博阅读。阅读的难易度要适中。苏联教育家赞可夫说过:"要以知识本身吸引学生学习,使学生感到认识新事物的乐趣,体验克服学习中困难的喜悦。"阅读中要让学生体验阅读的成功,体验阅读的喜悦,并逐步培育起个体阅读兴趣。

三、增强阅读能力

阅读能力是提升阅读素养的关键。阅读能力(reading ability)是指顺利完成阅读活动时的持久而稳定的心理特征。阅读能力包括检索阅读内容、把握阅读方法、理解阅读内容等技能。阅读能力是一种对事物和人物的感知和思考的能力,可以表现在各个领域和各类阅读中,例如文本阅读、人生阅历等方面的阅读上。阅读能力主要有认读能力(文本性认读能力、活动性认读能力)、理解能力(即阅读的悟意明理能力)、评价能力(这是指对阅读内容与形式进行全面评价和深入品评的一种能力)。

素养应该以能力为本。素养这个概念,是对知识这个概念的扩展。知识要能力化,观念也强调观念能力。学科阅读要关注学生阅读能力,要为了阅读、通过阅读、在阅读中提高阅读能力。阅读能力可以细化为具体的阅读能力，其主要表现为以下能力：

1. 阅读信息能力：是指从阅读材料中提取对自己有用的信息，有可能是原句，也有可能是同义信息，找出重要的细节，发现故事的基本组成要素，如人物、时间、地点等。

2. 阅读概括能力（Forming A General Understanding）：是指对阅读材料的主题和主要内容进行整体理解和把握的能力。例如，概括段落大意、总结文章的中心思想等。对获取的离散信息，通过信息加工和处理形成系统的理解。

3. 阅读分析能力（Developing Interpretation）：是指对阅读材料内容的细节进行解释的能力。把从文本中获取的新信息与原有知识进行整合，利用抽象思维进行比较和对照，从而形成自己的解释。例如，解释一个词的含义，诠释一个隐含的信息或阐释某个故事体现的思想等。

4. 阅读关联能力（Making Reader/Text Connections）：是指学生思考阅读材料深层意义的能力，能否把自己的生活与文本的意义进行联系、能否用阅读材料中的一些思想观点解决生活中的问题。

5. 阅读评价能力（Examining Content and Structure）：是指对阅读材料的结构或者观点进行评价的能力，包括评价阅读材料的主题、内容、结构和形式的适切性。从关注文本自身，了解作者的观点和意图，转向学生自己对阅读材料评赏。

阅读能力的发展路径不能强求一致。阅读能力的个体性很强，这是由于阅读的各种技能是个体对文本或者活动的心理感触，也是个性化很强的心理活动。阅读结果的差异性体现了学生阅读能力的差异性和自主性。阅读能力的个性化表现在选择不同的阅读方式的倾向上。选择不同的理解性阅读、鉴赏性阅读还是评论性阅读这是个体阅读能力的表现，涉及阅读策略，表现出了学生的阅读素养。

四、交流阅读经验

交流阅读经验是增值阅读成效的必不可少的环节。阅读交流共享促进阅读效果增强。没有阅读的交流，不是完整的阅读过程。阅读交流共享是一种心灵活动，阅读需要阅读参与者心灵的呼应，在交流中思

想的碰撞和感情的融合。阅读是阅读者思想的锤炼,感情的涌动,心灵的映照,也就是生命的交互。广博阅读是动态的,要在双向或者多向交互中实现阅读。广博阅读不能只是单向的认读,而应该是阅读信息输入和阅读信息输出的双向互动,更主要的是实现学生间、学生和教师间的阅读交流。

学生在阅读自悟的基础上展开交流对话,展开思想的碰撞、问题的探究,促进自己思想的成熟和丰富。学生通过阅读感悟获得的认识经个人化而真正变成个体的世界,在学生的心灵与人生中留下有意义的痕迹,才能实现其精神建构和个性形成。

阅读的交流共享是一种需要开放的心态的心灵活动,需要宽松的阅读氛围。压抑的阅读环境是不可能出现有独立见解的阅读活动的。良好的师生关系是阅读的心理环境条件。融洽的师生关系有利于促进学生的阅读思悟活动。教师以和蔼的态度与亲切的语言启发、引导、点拨学生,鼓励学生积极思考,大胆发表自己的意见,认真聆听学生的发言,尊重与教师自己不一样的见解。在民主、温暖、和谐的气氛中保护学生的自尊心和发言的积极性,营造成师生、生生间的真诚、理解的愉悦气氛,为学生主体意识的增强、思维的活跃、潜能的开发提供了可能。广博阅读教育强调学生应该相互敞开和接纳,承认和包容,在阅读中进行交流,思想的碰撞,问题的探究,促进自己思想的成熟和丰富。

第五章　基于阅读素养的广博
阅读分学科实施

　　学科阅读是广博阅读的主渠道。学科阅读涉及众多的学科,具有阅读面广的特点。同时依托学科学习,较容易开展。学科阅读不同于学科教学,不是严格按照教材内容按照一定的教学进度实施的。

　　学科阅读一般有三种情况:第一种是在学科教学中运用阅读实现教与学的目的。第二种是学科学习的延伸。学生在学科学习的基础上进一步拓展学科知识面或者学习的深度,但是这类学科阅读不能搞成学科教学,布置学生一定量的作业,进行考试测验。第三种是不按照教学进度规定的内容,而是根据自己对某学科的兴趣,自己选择的学科内容阅读。

　　学科阅读的重点应该放在学科文化上,而不是学科的知识点。学科文化是我们学科教学的薄弱之处。我们通过学科阅读首先让学生理解某学科的价值,例如数学应该通过阅读让学生知道大众化数学以及数字化生存,还应该通过数学阅读让学生知道数学家,例如高斯、祖冲之等的故事以及他们的品质和精神。

　　学科阅读还要根据不同的学科采取不同的阅读方法:语文学科的阅读应该多摘录、多写作;外语学科的阅读应该着眼于跨文化交际能力的提高;生命学科的阅读在于践行,养成良好的生活方式。

第一节　语言学科的广博阅读教育的实施

一、语言学科广博阅读教育实施要点

　　语言学科阅读主要指语文学科、英语学科的阅读。语言学科是工

具学科,语言既是学习的工具,也是交际的工具,同时又具有人文性,是人类人化的载体。

语言学科是学生阅读素养发展的主渠道,在实施广博阅读教育时要注意以下五点:

1. 遵循语言学科规律开展阅读教学

各种语言有着共同规律。语文阅读、英语阅读教学都要关注语量、语感、语境、语用,以及语言学习规律。要从语言规律上提高阅读教学质量,而不能停留在泛化的口号上,例如"以人为本"必须深化到"学生语言学习的规律"上。

2. 关注词汇量、阅读量与记诵量

语言学科的阅读应该按照课程标准达到一定的词汇量、阅读量与记诵量,有良好的阅读素养,达到在生活、学习中能较为熟练地运用目标语言。

3. 关注语言学科阅读的三个层次

语言学科阅读有三个层次:一是读通语段、语篇,二是理解作者所表达的意思,三是读者对所阅读材料的评析鉴赏。

4. 实施"三个提供"

促进学生阅读素养的提高需要改进教学,应该为学生提供更多更好的阅读学习的条件与环境。第一个提供是更多地为学生"提供资源",即:扩充学习内容,加强信息交流,指导学习路径;第二个是"提供机会",即:调整师生语言活动的总量,创设各种语言环境,加强课外阅读活动,鼓励学生参与多样化的语言实践活动;第三个是"提供帮助",即:优化指导策略,提高阅读指导个别化的程度,针对不同学生的不同学科指导阅读。

二、语文学科的广博阅读教育实施

语言学科的阅读旨在促进学生语言积累,增加文化积淀,发展语言能力。学生应该通过阅读积累一定量的语言材料,特别是优秀文化作品,掌握语言运用规范,使语言积累转化为语言能力。学生应该通过阅读增加文化积淀,充实文化底蕴,培养审美意识、审美情趣和审美能力,提高文学鉴赏能力。通过阅读提高学习获取与处理能力,以及交际能力,英语尤其要注重培养学生的跨文化交际能力。

　　语文学科是学生阅读素养发展的主渠道,关注阅读素养的提升。教师的阅读教学要突破学业分数观,真正确立阅读素养观。要突破传统的阅读理解与教学内容,要从现代国际阅读素养观念出发建立阅读教学框架,确立阅读的实现个人目标、增长知识、发展潜能、有效地参与生活的"理解、运用、反思和参与"的理念,注重从阅读的情境背景、文本形式、文体类型、认知与认知策略、参与度方面评价阅读水平。

　　根据语文教研组的情况,首先,语文学科着重研究"语文教学中学生阅读认知能力的培养"。这是针对当前语文阅读教学中,注重文本内容的学习,而忽视文本所蕴含或指向的阅读认知能力的培养。因此确定以下两个方面,第一方面主要是结合平时的阅读教学,更突出三个能力的培养。第二方面是提高学生阅读素养上更进一步,关注认知策略的发展。

　　第一方面:把握阅读认知能力的具体表现

　　1. 访问和检索信息的能力(相当于读通语段、语篇)

　　2. 整合和解释阅读材料的能力(相当于理解作者所表达的意思)

　　3. 反思和评价阅读材料的能力(相当于读者对所阅读材料的评析鉴赏)

　　第二方面:语文阅读认知策略的发展

　　1. **学习阅读认知策略运用:**

　　○ 监控策略。运用监控策略确保学生达到自己的学习目标,包括在学习时检查已经学过了什么,哪些还需要进一步学习,使自己的学习适应任务的需要。

　　○ 记忆策略。运用记忆策略,指逐字再现记忆中存储的知识,不需要或只需要很少的进一步加工过程。

　　○ 精致策略。运用精致策略把新材料和先前的学习联系起来。通过探索在其他情境中学习的知识如何与新材料联系起来,学生获得了比简单记忆更深入的理解。

　　2. **阅读元认知策略(对有效阅读材料的认知水平)**

　　○ 概括信息的策略,指的是学生在多大程度上了解哪些策略对概括信息或给文章写摘要最有用。

○理解和记住信息的策略,指的是学生在多大程度上了解哪些策略对理解和记住一篇文章的内容最有用。

其次,研究"语文非连续文本阅读的训练"。

这是当前语文阅读课程教学中的薄弱环节,也是今后语文测试的方向。

"语文非连续文本阅读的训练"的实践研究步骤:

1. 学习 PISS 测试中的非连续文本的试题,明确什么是非连续文本,非连续文本的类型,确定重点类型。

2. 梳理教材中的非连续文本,反思教学,开展教学实践。

3. 结合课程教学适度补充重点类型非连续文本教学内容以及开展其阅读教学。(因教材中非连续文本很少)

4. 按照非连续文本类型进行阅读教学总结。

三、英语学科的广博阅读教育实施

英语阅读的主要方式是学习性阅读。作为语言的输入,其主要目的是通过阅读学习目标语,巩固词语、积累语感。这对英语的学习者来说是非常重要的。学习英语不仅是为了学习或者考试,而是为了生活,也就是生存发展,因此应用性阅读对初中阶段的学生来说必须重视。但是教学中基本忽略了指导学生怎样应用阅读所获得的信息来解决生活中的实际问题。学生看不懂英语地图、简单的说明书等,无法运用已经学过的英语去解决生活问题。

学生经受了多年基本局限于理解信息和吸收信息的阅读教学,一直缺乏应用性阅读的指导。无运用的阅读实际上就是无目的的阅读活动。这是阅读教学死气沉沉、缺乏活力、效率低下的一个重要原因。阅读教学必须改变以往只注重吸收信息、忽视应用阅读所获得信息的阅读方式,大力提倡应用性阅读,培养学生阅读应用能力。同时在阅读教学过程中,部分教师注重词汇、句型,而忽视语篇的阅读教学;注重阅读结果的正确性,而忽视对学生在阅读过程中的指导。随之,学生也只注重阅读的结果,忽视对阅读材料的真正理解。长此以往,学生的阅读效率就会下降,将会直接影响学生对完整语篇的感知和理解,使其阅读能力不能得到系统、完整地发展。

依据阅读素养培养的要求,英语学科着重研究"应用性阅读与学习性阅读整合,提高学生阅读素养"。研究以学习为基础,创设应用情境,指导应用策略,增强学生运用英语意识,提高英语阅读素养。

学生以学习性阅读为基础,以应用性阅读为发展,两者整合实现真正学英语用英语。文字材料是外语学习赖以进行的基础。没有阅读,缺乏语言输入的源泉;没有阅读,缺乏获得语感的源泉;没有阅读,缺乏语言运用的源泉。随着学习性阅读的阅读量的不断加大,学生积累语言越丰富。应用性阅读是阅读者出于某种需要、有具体用途的阅读,学生在阅读中使用吸收到的信息去解决实际问题。在现实生活中,尤其是在工作中,大多数阅读都是为了满足某些现实的需要、解决某些特定的问题而阅读的。例如,阅读各类文件、规章制度、产品使用说明等,这需要读者在阅读时寻找所需信息,理解并归纳信息,并在此基础上进行实际操作;又如,为了研究某一问题而阅读各种资料,这需要学生在阅读时把各种资料中的相关信息联系在一起加以分析、分类,找到合适的方法或规则来解决问题。本项研究旨在使学生的阅读兴趣从纯语言学习性阅读逐渐发展到语言应用性阅读。应用性阅读与学习性阅读整合,才能提高学生英语阅读素养。

我们分三项推进:

（一）第一要项为"优化英语学习性阅读,以教材为基础,把握阅读方法"

英语阅读应该按照课程标准达到一定的词汇量、阅读量与记诵量,有良好的阅读素养,达到在生活、学习中能较为熟练地运用目标语言。

1. 粗读（Skimming）

理解大意,学生快速阅读全文,理清文章脉络,明确文章的主题思想,旨在培养学生的快速阅读技巧,在阅读量中提高语言复现率。

2. 精读（Intensive Reading）

详细理解全文、重点和疑点检查,抓细节、找主题句等。按具体要求去读,并检查是否正确理解词句意义以及语篇的主题。让学生在理解和记忆的基础上进行阅读练习,培养学生运用语言的能力。

3. 熟读（Proficient Reading）

在多次阅读中获得新体验，获得相应的语感。教师应该引导学生观察和提取与主题密切相关的具体事实和信息。反复阅读、独立思考。研读力求从所读内容中受到启发，获得语言感悟，能对课文所提供的语言材料迁移到生活中，为学生应用性阅读奠定基础。

这项研究要求教师结合现在的英语阅读教学，有意识地按照这三个层次阅读进行阅读教学。研究成果表达形式是经验总结文章。

（二）第二要项为"语篇拓展，丰富阅读积累，提高阅读能力"

美国外语教学专家 Winston Brembeck 说："采用只教语言不教文化的教学法，只能培养出语言流利的大傻瓜。"在阅读教学中必须重视跨文化，提高学生对中西文化差异的敏感性和适应性，培养学生的跨文化交际意识和能力。

阅读的拓展必须基于课本材料和学生的生活实际，这样的拓展才是有效的，才能够在日常的学习和生活中为学生所运用。新课标指出："要提高学生阅读能力，单纯依靠书本是不够的，必须有计划、有目的地提供给学生一定量的英语读物。"

英语阅读教学时教师要在内容难度合适的情况下，较大量地增加学生英语阅读量。阅读难度应该适中，符合学生的英语实际水平和年龄特征，兼顾知识性和趣味性。选择阅读材料的两个原则：

1. 合适性（suitability）。合适程度指阅读材料的难易程度（如词汇量、语法的基础性等）是否符合学生现实英语水平。材料是否符合学生的阅读需求，是否适合课堂教学的需要。

2. 丰富性（enrich）

丰富性指阅读材料要多样性，不能只局限于生活故事或者文学性材料，要扩展阅读内容，例如科普文章、时事新闻、文化活动、生活常识等；文体也要多样，例如新闻报道、文化评论等，也可以有声阅读材料，如英语儿歌、歌曲、英语短剧。

英语阅读材料的形式很多，各有各的作用。教师应该根据学生的可接受性，针对不同的年龄特点和英语基础，选择适当的阅读材料。在拓展学生英语阅读中着重培养学生的英语阅读能力。这一点在研究实践中要细化：英语阅读能力的具体表现是什么。研究成果的表达形式是发展学生阅读能力(表现)的方法案例。

（三）第三要项为"以任务驱动，强化学生应用性阅读，提升英语阅读素养"

根据国际阅读素养的定义与英语工具性的本质，英语阅读的重要任务之一是阅读的应用性，学生能够阅读生活中的文字、表格等材料。从英语的考核看这也是英语测试的方向。

这项研究由于课本中较少，因此要通过教学中补充相关阅读材料强化这方面的教学。主要解决两个问题：

1. 编写校本课程《英语应用性阅读》。起初只是各年级每学期提供适度的英语应用性阅读的材料，例如简易的电气说明书、英语地图、英语通知、地铁上的提示语、商品的标签、购物的清单、国外网上购物交易单等。然后按照年级统整，形成一本教材。边教学边积累。

2. 探索初中英语应用性阅读的教法。由于英语应用性阅读会涉及不少非连续文本，其英语的语言，相对于生活性、文学性语言有其特点，例如以词表意、语法结构不完整等。因此如何指导学生应用性阅读的教法要很好研究，例如利用文本中的信息来完成表格，画出文中所描述的内容，信息与图片配对等。应用性阅读的教学策略，有以下参考：

  ○ 激活背景知识策略(Active prior knowledge)
  ○ 拓展词汇多义策略(Cultivate vocabulary)
  ○ 阅读技巧方法策略(Method for comprehension)
  ○ 阅读速度精度策略(Increase reading rate)
  ○ 验证阅读策略(Verify reading strategies)
  ○ 评估学习效果策略(Evaluate reading progress)

应用性阅读涉及学生为了学习或者解决自己在探究的某课题、问题，需要搜索、获取某些英语信息，并进行阅读。这种阅读不是为了学习英语语言本身，而是为了获取学习、工作、生活所需要的信息，这才是真正意义上的应用性阅读，因此教师要引导学生运用英语阅读的意识。

四、语言学科实施广博阅读教育的课例

● **语文学科课例**

课例 1

《吕氏春秋》二则
——"在文言文教学中对学生检索与访问
信息的能力的培养"的教学设计

一、教学分析

（一）教材分析

《吕氏春秋》二则是选自初中语文六年级第二学期的寓言故事，属于学生的必修课文。本单元的主要教学任务是在熟读和理解寓言的基础上，体会寓言的深刻含义。初中起始年级古文阅读的主要目的是培养学生对重要实词：引、任、涉、坠、契、求、行；虚词：于、而、其，能够理解词语在具体语境中的含义，同时能够理解《吕氏春秋》的现实意义与历史意义。通过本课的学习，让学生掌握阅读文言文的两个层面：

第一个层面就是语言认知层面。让学生体会到经典文言文文字的精炼与典雅。为了培养学生具有初步阅读文言文的能力，我试图运用字典检索的方法，让他们领悟到文言词汇的筛选的基本原则，如根据词语所在的语境进行筛选；筛选后要带入原文看看是否通顺。

第二个层面就是领悟文言文的文化内涵。阅读文言文疏通字词是基础，能够在此基础上领悟文本的文化内涵才是阅读的真正目的。在此环节，教会学生利用网络检索背景信息以及筛选文本信息，就显得尤为重要。

（二）学情分析

六年级的学生对于文言文的学习还处于起步阶段，学过一些文言文，但积累不够，同时学生们没有掌握自主阅读文言文的方法，所以单独的理解一篇课文还存在困难，所以存在不喜欢学文言文的情绪。为了能让学生们有兴趣学习古文，在授课前我布置了预习任务，利用网络或者图书馆资源检索关于吕不韦和《吕氏春秋》的相关内容，为顺利理解文本的文化内涵作铺垫。在课堂上我以学生为主,教会他们利用工具书和旧有知识疏通文本,同时注重开拓学生的思维空间,让他们了解文字的来龙去脉,知其然然后知其所以然。为了激发学生的学习兴趣,我主要以教师的导,学生的学为教学主线,以学生质疑来营造一种教师和学生互动的学习氛围,逐步深入,让学生在学习中解惑,积累。从而解决学生学习古文的困难,引导学生主动地探究学法,快乐轻松地学习古文。

二、教学目标

1. 通过朗读、借助书下注释和检索字典信息,掌握基本实词:引、任、涉、坠、契、求、行;虚词:于、而、其,并能疏通文本大意。

2. 通过检索文本信息,理解寓言故事的寓意,理解要用变化发展的眼光看问题。

3. 在明确利用网络手段检索背景资料的方法的前提下,交流课前背景资料的检索信息,最后理解其历史意义。

三、教学思路

本节课重在培养学生的信息检索与访问能力。基于此要求,我试图通过教会学生检索字典的方法来疏通文本,即教学的第一环节——读通文言文;通过检索文本信息的方法理解文本的基本内涵,即教学的第二环节——读懂文言文;通过检索背景资料的方法理解文本的文化内涵,这是对于文本更高层次的"读懂"。三个环节层层推进,结构整个教学流程。

四、教学过程

导入

今天,我们要讲一篇寓言故事——《刻舟求剑》。这个故事来源于《吕氏春秋·察今》篇。还有一则寓言故事也是出自该篇目,你记得是哪一篇吗? 谁愿意为大家讲一讲"引婴投江"的故事呢? 你愿意与大家分享你阅读这个故事后的体会么?

(让学生们复习旧有知识,激发学生表现的欲望,调动他们参与到课堂讨论(教学)的积极性,为文言文的学习做好铺垫,同时要让学生对两篇寓言故事有关联意识。)

作业一:读准文言文

读准文言文

1. 现在咱们来展示自学成果,你能把字音读准、把停顿处理好吗?

2. 老师也想展示下朗读水平,你们愿意和老师一比高下吗?

3. 你觉得老师的朗读与刚才那位同学的朗读区别在哪儿？刚才的那位同学把句子内部的停顿读出了"标点符号"的味道。正确的断句是读懂文言文的第一步，请同学们试着在朗读中体会文言文的魅力。

4. 你愿意再次和大家交流你的阅读技巧吗？谁愿意再试一试？

5. 让我们共同阅读这个小故事吧，请大家齐声朗读。

（文言文在现代社会已经失去了具体的使用语境，其应用能力的消退无形中拉开了学生与文言文的距离。利用多种方法阅读，调动孩子们阅读的积极性，这对于文本的理解无疑会起到关键性的作用。）

作业二：读通文言文

感悟文言文的魅力

1.《刻舟求剑》这个故事大家都听说过吗？你能绘声绘色地为大家讲讲这个故事吗？

2. 刚才这位同学讲得很好。大家请翻开课文，看看作者运用了多少文字把这个故事呈现给大家的？看来文言文确实有它独特的魅力，简洁而凝练。所以啊，学习文言文，我们应该细细品味、慢慢咀摸、深入体验，才能体会到这文字背后的博大精深的文化。

1. 出示"遽"字。

① 请翻开古汉语词典查找到"遽"字，看看你有没有发现。看这个字的第一个解释，为什么这个字解释为"古代送信的快车或快马"呢？

② 用象形字的方法，为同学们解释这个字。原来这个字的本意是与速度和快有关。

③《引婴投江》中的"遽"解释为什么呢？应该对应字典的哪一项？你是如何筛选的？利用字典选择词语的基本方法：根据句子的具体情境、联系上下文进行筛选；同时要保证句子的通顺。

2. 出示"求"字

① 现在我们来检验一下，看看你是否学会了运用字典。"从其所契者入水求之"的"求"的意思是什么？你能运用字典找到正确的解释么？

② 这两个句子中的"求"，你能替它们运用你手中的字典，找到准确的义项吗？你愿意和大家分享你的查找方法吗？

3. 出示"于"字

① 这两个句子中的"于"，你还记得是怎么解释的么？"贫者语于富者曰""有过于江上者"，分别对应了字典上哪个解释呢？

② 那么《刻舟求剑》的"于"又怎么解释呢？你在字典中找到了吗？对应字典上的哪个解释？

③ 同样是"于"字，并且词性都一样，然而翻译却不同。这就说明了，我们在筛选字词义项的时候需要遵循的基本原则是要根据词语所在的具体语境进行判断。

4. 译一译

请按照老师提示的方法，试着疏通文本，将你不能解决的问题，做好标记，我们一会儿来交流，讨论解决的方案。

出示：

① 借助书下注解；

② 用学过的知识进行迁移，注明出自的语篇；

③ 如遇到陌生的字词，借用手中的字典，思考如何进行分析与筛选，解出其中的含义。

（本节课的重点是教会学生检索信息的方法，而字典信息的检索对于学生们疏通文言文无疑是最为重要也最为直接的方法。通过此教学环节明确字典检索的方法：第一要根据字词所在的具体语境进行筛选；第二在筛选后要代入原文，看看语句是否通顺。同时，读文言文，就是要读出文字背后的文化内涵。要读出文化内涵就要从文字的基本义入手，然后结合语境探究其引申义、比喻义，直至领悟到它的文化意义。这是一个循序渐进的过程，在教会学生检索字典信息的同时，让学生感悟古典文化的博大精深的文化意义，才是文言文教学真正目的。）

作业三：读懂文言文

1. 议一议：

请同学们评价一下楚人刻舟求剑的做法。为什么刻舟求剑就不行？楚人错在什么地方？试着从课文中找到依据。

2. 理解寓意：

① 怎样才能找到剑？请同学们给楚人设计一个找剑的方案。

② 老师改编《刻舟求剑》为《停舟求剑》。请同学们从文本中找到依据，为什么"停舟求剑"也不行？

出示： 《停舟求剑》

楚人有涉江者，其剑自舟中坠于水，江流湍急，剑入水而去。楚人大呼停舟。舟止，从其所坠入水求之。剑已去矣，而舟不去，求剑若此，

不亦惑乎?

③ "刻舟求剑"的不合理性在于没有认识到"舟行剑不行";"停舟求剑"的不科学性在于没有认识到"剑去舟不去"。这两种方法之所以找不到剑,原因在于没有认识到找剑过程中的变化的量。

④ 分析到此,你明白《刻舟求剑》的寓意了吗?情况变化了,解决问题的手段方法也应随之发生——变化,否则就会失败。

3. 理解深层内涵:

① 我们知道《吕氏春秋》是杂家的代表性著作,它是吕不韦组织三千门客编撰而成的。那么你了解吕不韦吗?为什么他要召集这么多人来写这本书呢?他的目的难道就是要告诉我们要用发展变化的眼光看问题吗?(学生交流吕不韦的基本生平)

② 原来吕不韦是卫国的大商人,后来变成了秦国的丞相。丞相乃一人之下万人之上,他要为国家和社稷出谋划策,所以《吕氏春秋》的存在有其特殊的政治意义。

③《吕氏春秋》的写作目的又是什么?谁愿意分享你的检索成果?

④ 在刚才读的这么一大段叙述中,你能快速地找到能回答这个问题的答案吗?

⑤ 所以,在今后的检索中,你应该紧紧扣住老师所提问题,尽量将关键词细化,这样你找到的信息就会更加准确。比如说,你在找《吕氏春秋》的写作目的时,你键入这些关键词,所有关于《吕氏春秋》的内容都会呈现。你要如何筛选呢?那就要检索与筛选到能够直接回答这个问题的那一部分。(根据学生回答的内容,一一进行甄别,并明确答案。)

⑥ 那么《吕氏春秋·察今》篇的写作目的又是什么呢?你能否在你检索的信息中筛选出准确信息,看看哪些语句可以直接回答这个问题?

总结:原来《察今》篇通过三则寓言故事来告诉统治者"变"的道理,时代变了,相关的法令、制度也应随之发生变化。

(培养学生们的信息处理能力。在文言文教学中,信息的检索与访问能力显得尤为重要。利用现代信息技术进行自主学习,已经成为现代教育的一种常态,那么在此过程中,我们应教会学生获取、分析、加工和利用信息的方法。通过此环节的设计,让学生亲自体验到检索的魅力与自学的快乐,同时也教会他们筛选信息的方法。可以利用细化检索关键词、权威网站的推荐,或者直接代入,看看搜索内容是否能回答相关问题等方法,教会他们甄别出有效信息,让他们从大量的信息中能够自主地进行检索与访问。)

课堂小结

通过今天的这堂课,你在文言文学习上有什么收获吗? 怎样才能读通一篇文言文? 怎样才能读懂一篇文言文呢? (PPT 显示)

怎样才能读通一篇文言文呢?

1.在运用字典筛选字词义项时要根据句子的具体情境

2.在知识迁移时也要注意语意的通顺

3.阅读文言文时要了解文章的写作背景

作业布置

1.抄写文中重要字词的注解,完成两则寓言的翻译。

2.《吕氏春秋·察今》篇还有另外一则寓言故事《循表夜涉》,运用今天的学习文言文的方法,完成这则故事的翻译。

板书设计:

《刻舟求剑》

变 { 刻舟求剑:舟行,剑不行　(船的位置发生了变化)
停舟求剑:剑去,舟不去　(剑的位置发生了变化)

五、教学反思:

文言文教学应紧紧抓住"言"和"文"两个方面,即文字与文化层面。本课意在培养学生在文言文阅读中的信息检索与筛选能力,因此围绕着文言文的两个层面,我将教学分为三个主要环节:

第一,文言文的语言认知层面是理解文本文化内涵的基础。教学的第一个环节,教会学生利用字典进行文言词义的检索与筛选,具体的方法是要根据文本的具体情境,辨别"一词多义"词语的具体含义。例如,在讲授虚词"于"的时候,我先列举已经学过的两个例句"贫者语于富者""有过于江上者",让学生去寻找字典上相对应的义项,让他们明白什么是所谓的意境,然后再去理解"其剑自身中坠于水"这一语句中"于"的解释。教会学生字典信息的筛选让他们能够自主理解文本大意,这样既教会了学生学习文言文的方法,同时又能调动学生学习的积极性,使文言字词的落实不再是老师"耳提面命"的单方面灌输,由被动学习转为主动探究。学生们在利用字典进行字意筛选时,能够联系文本的语言环境正确筛选出字、词的义项。

第二，文言文的阅读是由表及里的过程，"表"即文字，"里"则是文章的思想内容及文化内涵。教学的第二个环节，就是在梳理文章字面意思的前提下，进一步通过筛选文本信息的方法，达到对于文章思想内容的理解。在这一环节中，我意在利用原因体，通过问题设计引领学生把握文本的思想内容。主要问题有两个，一个是"你来评价一下'刻舟求剑'的不科学性，从文中找依据"。第二个是"你来评一下'停舟求剑'的不合理性，从改编的文本中找依据"。通过这两个问题，学生不仅能准确地筛选出文中的关键性语句，同时对于寓言的思想内容的理解也是顺理成章的，他们很容易就归纳出了文章的主旨"变"。对于文章的理解不能仅停留在表层上。学生在此教学环节中，学会了解读文本的基本方法，即理解是在阅读文本的基础上进行的，要通过圈划关键词句把握文章思想内容。

第三，为了让学生对文本主题有更为丰富、深刻的理解，本节课的第三个环节设计为利用网络或图书馆资源，检索与筛选作品的背景资料。具体的检索要求为：请你检索与筛选《吕氏春秋》的写作目的及《察今》篇的写作目的。通过此环节的设计，让学生亲自体验到检索的魅力与自学的快乐，同时也教会他们筛选信息的方法，可以利用细化检索关键词、权威网站的推荐，或者直接代入，看看搜索内容是否能回答相关问题等方法，教会他们甄别出有效信息，让他们从大量的信息中能够自主地进行检索与访问。在此环节，由于时间紧张，对于学生的检索结果追问不够，所以方法的指导上有所欠缺，学生们尚未掌握筛选整合大量有效信息的方法。在以后的教学中逐渐将筛选信息的方法教给学生，让他们真正地爱上文言文，爱上自读文言文。

（宁建宇）

课例 2

走一步，再走一步
——"基于记叙类文本中抓关键词句
整合、解释的策略"教学案例

一、教学分析

（一）教材分析

教材为七年级上第一单元第 3 课《走一步，再走一步》。关键词"啜泣"一词,在文中能起到整合文本信息、理清文章脉络的作用。"啜泣"一词在文中出现了两次,分别表达了文章的两个部分:"遇险"和"脱险"时的心情。抓住文中动作和心理描写的关键词,解释人物的情感和性格。抓住关键词"啜泣"深入解读两次之间的内在关系,明确这两声啜泣见证了我的成长,"我"从一个"胆小鬼"蜕变为一个"勇敢者",完成了我这一华丽的转身;第一次啜泣对第二次的陪衬、铺垫作用。"我"成功的秘诀在于父亲指引我"走一步,再走一步",理解文中议论性的语句,明白作者的写作意图。

(二) 学情分析

初一学生正处于自我独立意识萌发时期,是阅读认知训练开展的黄金时期。因此一进入中学阶段,就循序渐进地进行有效地阅读元认知监控训练,拓展学生认知体验,加强学生的元认知阅读能力。

初一学生对于语文阅读认知中认读不是难点,他们读完本文能够把握文章的大部分信息,但是对于信息的检索、筛选、概括有待于提高,所以在教学中教师有意识地板书、对学生筛选概括能力的评价,有利于提高学生更高层次的阅读认知能力。学生通过阅读交流抓核心词提高整合文本信息的能力,在解读文本中分析关键词句的含义和作用,提高解读文本的能力。

期中考试作文题目"战胜自我"。学生在练笔过程中,不能很好地运用心理描写和动作描写来反映自己是如何战胜自我的转变过程。本文在作文训练中也是一篇典型的范例。

二、教学目标

1. 抓住文中关键词"啜泣"梳理文本脉络,提高学生整合信息的能力。

2. 抓住描写和议论性的关键词、句,研读人物心理情感的转变过程,理解"走一步,再走一步"的含义,提高学生解释文本的能力。

三、教学思路

本节课重在于培养学生阅读整合、解释阅读信息的能力。通过整合提炼出关键词"啜泣"来总领整个教学流程,学生在解释这两个关键词的过程中筛选、提炼、分析、交流文中的信息,解读文本语言的内涵。

四、教学过程

作业一：概括文意，整合关键词"啜泣"。

一曲《蜗牛》唱出了当年一个美国小男孩的心声："我要一步一步往上爬，在最高点乘着叶片往前飞，小小的天，流过的泪和汗，总有一天我有属于我的天。"当年那个流过汗和泪的美国小男孩叫莫顿·亨特，他凭着"一步一步往上爬"的蜗牛精神，走出了属于自己的一片天。今天，老师就带着同学们一起走进莫顿·亨特，去体验他的"走一步，再走一步"的蜗牛历程，去分享他的"走一步，再走一步"的人生智慧。

（音乐导入，学生进入情境，抢占阅读兴趣的制高点。）

整体感知，抓住关键词整合文本信息。

1. 听课文录音一遍概括这件事的主要内容。

师生交流：我爬悬崖，爬到石架上上不来下不去；后来在父亲的指导下，我脱险了，明白了走一步再走一步的道理。

2. 在遇险后，我的表现是什么？在脱险后我的表现是什么？

学生在各抒己见后教师筛选出两个关键词板书"啜泣"。

3. 那么两次"啜泣"情感有什么区别呢？二者之间有什么关系？

（带领学生整体感知文本，以关键词"啜泣"整合文本信息，学会在阅读中抓关键词，获取整体意义的阅读方法，是教学目标 1 推进的第一步。）

作业二：读课文第 7—15 节，解读描写语句中的关键词语，揣摩人物心理情感。

"啜泣"入手，赏析文中动作描写和心理描写，领会人物情感。

文中"啜泣"一词出现了几次，找出相应语句，读一读。

"我听到有人啜泣，正纳罕那是谁？结果发现是我自己。"

1. 这句话似乎不合常理，哪里不合常理？

自己哭自己却不知道，极度的恐惧，害怕到极点，意志崩溃，才会产生幻觉的心理状态。

2. 读课文第 7—15 节，寻找我恐惧的原因。圈划反映"我"恐惧的词语来。

动作描写："全身颤抖""冷汗直冒""软弱地哀求"；心理描写："心在瘦骨嶙峋的胸腔里面卜卜乱跳""吓得几乎要晕倒"等。

3. 在阅读中我们学会了什么方法？

师生交流：抓动作描写、心理描写的关键词，分析人物情感，揣摩人物形象和性格特征。

（解读"我"心理和动作描写的词语理解人物最初的性格的特征：胆小懦弱。为后面人物的转变作铺垫。培养学生在阅读中筛选信息，解释关键词的能力。）

作业三：读课文第16—22节，抓住心理描写的关键词语，领会我的转变过程。

"我先是啜泣了一会，然后，我产生了一种巨大的成就感。"

1. 这句话看似矛盾，矛盾在哪里？

自己安全着地了，成功了，却哭了。

2. 用成语来说叫什么？

喜极而泣。人在欣喜到一定程度的时候，会用哭泣来表达。脱险后"我"欣喜到了极点。

3. 这一"啜泣"除了高兴，有没有害怕？用成语叫什么？

心有余悸。事后想想也害怕，这叫后怕——历险后的余悸。

4. 读课文第16—22节，我的心理经历了怎样的变化过程？从文中找出相应语句回答。

孩子在父亲的指点下，终于征服悬崖的过程中，作者详写了"我"的心理变化：最初是毫无信心（"我下不来……我会摔死的"），读成"我不下去"体会与原句表达效果的不同；继而是信心萌发（"这似乎是能办得到的"），试着把"似乎"去掉，读读体会有何不同。随后是"信心大增……我能办得到的"，读读重音应该放在哪里？

5. 体会这些微妙的心理变化，用不同的语调和表情把它们表现出来。（学生自由有感情地朗读，个别学生范读。）

6. 在阅读中我们学会了什么方法？

师生交流：抓住关键词（"啜泣"）从不同角度（情感）分解的方法；对关键词进行替换分析其准确性的方法；删除关键词体会人物情感的方法；关键字词读重音领会人物心情的方法。

（精细朗读分析心理转变的词语，理解人物成长的心路历程，指导学生课外精透阅读的方法。培养学生解读关键词的能力，筛选提炼信息的能力；在阅读中品味人物细腻的心理情感，完成教学目标2）

作业四：揣摩动作描写的关键词，体会人物信心萌发的过程。

1."我"的什么动作让"我"有了信心，找出文中语句。

"我小心翼翼地伸出左脚去探那块岩石，而且踩到了它。我顿时有了信心"

"探"字表示了我小心翼翼地探索，"站"字则是很平常，一点也不怕。"探"字说明"我"没有把握站在那块岩石上，是摸索着比较小心费力地去接触那块岩石。"踩"说明"我"轻松地毫不费力地接触那块岩石。在父亲的指引下，"我小心翼翼地伸出左脚去探那块岩石，而且踩到了它"。走了一步，于是"我"有了信心，再走一步，于是"我"信心大增，最后"我"就这样在父亲的指导下，一步一步成功地退下了悬崖。

（师生在对动词的揣摩的过程中，反复演示动作领会动词使用的准确性，细化解释标题"走一步，再走一步"的含义，培养学生在阅读中分解关键词的能力，同时也是推进教学目标2的完成。）

2.这一声"啜泣"除了"脱险的欣喜、心有余悸"，还包含了什么？

对父亲的感激。我终于凭借着自己的力量战胜了看似无法战胜的困难后激起的巨大成就感。齐读语句体会啜泣的丰富内涵。

作业五：整合深入理解两次"啜泣"之间的内在关联，探究文章主旨。

师生讨论交流：

1.这两声啜泣见证了我的成长，"我"从一个"胆小鬼"蜕变为一个"勇敢者"，我这一华丽转身的秘诀是父亲指引"我""走一步，再走一步"。

2.文章的核心部分是我产生转变的过程，"我"在尝试中明白了"走一步，再走一步"的哲理，所以第一次的"啜泣"是为第二次的"啜泣"作铺垫，是衬托的关系。

探究疑难语句，明确主旨

如何理解"走一步，再走一步"？对我的人生有什么启示？齐读语句。

"不要想着远在下面的岩石，而要着眼于那最初的小小一步，走了这一步之后再走下一步，直到抵达我要到的地方为止。"这也就是告诉读者，在困难面前不应该畏难却步，而要冷静地分析困难，化整为零，把大困难化解成一个个的小困难，要就近起步，由易入手，循序渐进，坚持到底，一步一步战胜了小困难，最后就战胜了巨大的困难。

（整合探究两次"啜泣"之间的内在关联，理解阅读文章中富有哲理性的语句,培养学生在阅读中发散思维的能力和探究疑难的意识,明确作者的写作意图;联系自己的生活经验,思考交流自己的心得,达到提高学生解释文本能力的目的。教学目标1、2)

课堂小结

学完本课大家谈谈自己有什么收获?

1. 阅读文章注意抓关键词,整合文本信息;筛选文中的关键词,解释文本内容。

2. 精透阅读文章,解释文本,可以从文中的描写入手抓关键词,去理解人物的情感和性格;可以抓住文中抒情、议论性的关键句,去理解作者的写作意图。

3. 整体阅读文章,先要理清文章的脉络,抓住文中的关键词能够总领全文,进而分析文章的内在逻辑关联。

五、教学反思

抓住关键词整合文本信息解释文本内容

"提领而顿,百毛皆顺"是阅读教学中努力追求的境界,抓住关键词引导学生诵读品味,使感悟逐渐深刻,是一种有效地教学策略。所谓关键词就是体现一篇文章中心意思的词语,它处于牵一发而动全身的重要地位。本节课意在以关键词为抓手,对文本中的零碎的知识信息进行系统的梳理理清文脉,从而达到整合文本信息的目的;解释文本可以从关键词句出发接受信息,理解文本体验感悟获得审美情趣。

(一)抓准关键词理清文章脉络,是整体阅读的方法

本节课中抓住出现频率多的字,反复玩味。这些字是文章的亮点,仔细研究它们,给课堂带来灵气,给学生留下深刻的印象。文本中"啜泣"一词出现了两次,并且有机地将文章分成两个关键的环节。课堂上我带领学生交流明确以关键词"啜泣"为突破口,将文章分为"我"爬悬崖遇险与一步一步走下悬崖脱险两个部分。进而分析两次"啜泣"的原因和情感,引领整个教学流程。在概括文章情节的过程中,提高学生整合文本信息的能力。

(二)抓关键词理清文章的内在关系,深入阅读的方法

探究关键词之间的内在关联,引导学生向纵深方向理清文脉,明确作者的写作意图,是整体深入阅读的又一途径。如何理解两次"啜泣"之间的内在关联?明确两次"啜泣"之间是衬托关系,即第一次的胆小、

怯懦是为第二次的勇敢、自强作铺垫的关系,文章突出了"我"在父亲的指导下,克服懦弱战胜自我,明白化整为零的生活智慧。关于二者之间的内在的逻辑关联,是基于整个文本的框架结构上的理解,需要在阅读中指导学生去理解透彻。

(三)抓关键词句细读感悟,是精透阅读的方法

抓住描写和议论性的词句细致阅读,引导学生去分析、想象、体验、感悟,从而解释文本内容、感悟人物情感。在解释文本分析两次"啜泣"的过程中,第一次的"啜泣"解释为恐惧、绝望、委屈的哭泣,分解出动作描写的关键词"颤抖""哀求""伏"等,分解出的心理描写的关键词"卜卜乱跳""心惊肉跳""吓"等;第二次"啜泣"解释为"我"的喜极而泣、心有余悸、自豪、感激的泪水,分解出的心理变化有"毫无信心"——"信心萌发"——"信心大增",分解出的动作变化是"伸""探""踩"等。通过对一系列关键词的解读从而呈现出"我"是如何从一个"胆小鬼"蜕变成一名"勇敢者"的心路历程。培养学生在阅读中筛选信息,解释关键词的能力。理解阅读文章中富有哲理性的语句,抓住文中最后一段富有哲理性的语句,培养学生在阅读中发散思维的能力和探究疑难的意识,明确作者的写作意图;联系自己的生活经验,思考交流自己的心得,达到提高学生解释文本的能力。

抓住关键词句,整合文章信息,汲取文中精华,解释文本内容情感,是语文教师阅读文章或者课文的一种特别的方法。梳理字词并不像我们平时上课那样,挑选若干字词进行教学就行了。其中的操作过程,需要教师经过提取、组合、分类、发现、命名等若干步骤,有时还需要进行综述,需要细致地研读文本。

(程　霞)

课例 3

婉约词人李清照之《如梦令》《声声慢》
——"基于初中生阅读评价赏析能力培养的策略研究"教学案例

一、教学分析

(一)教材分析

《如梦令》是李清照的一首追忆词。词中她回忆起少时游玩的情

形,那些场景在她的脑海中一再出现,对那些生活的怀念之情与日俱增,使得作者感到诗兴大发,于是写下了这首流传千古的小令。(注:《如梦令》的教学于前一课时完成,兼有意象的复习《天净沙·秋思》,为本课时的学习做准备。)

《声声慢》是清照后期词的代表作,是词人熔铸亡国之恨、丧夫之痛、流离之苦、怀乡之思、寡居之凄写成的。因词人生活的变化,词的风格已由前期的清新明快发展为哀婉凄凉、忧愤深沉。作者这种深沉的情感一方面是借助直接抒情的字句,另一方面通过具有特定属性的意象营造富于深蕴的意境,加之创造性的连用叠词等来渲染和传达的。

之所以选用这两首词,是因为它们分别是李清照前期和后期词的代表作。两首词的风格截然不同,可以结合作者的生平经历、了解作品相关背景,进而理解和分析作品;《如梦令》的词眼是"醉",是作者醉于酒,更是醉于山水之间,《声声慢》的词眼是"愁",词人借助于一系列意象及恰当的表现手法来表现词眼。

(二)学情分析

1. 作为初三学生,虽了解一定的诗词鉴赏知识,但在实践中往往不能很好地运用这些知识,准确把握诗歌的情感。如关注词眼把握词中意象,体会重要语句的丰富含义,掌握基本的诗词鉴赏方法,这些对学生来说就有一定的难度,需要教师予以一定的方法指导。

2. 与长于用典的辛词相比,清照词擅用口语、铺叙日常生活,这更容易被学生理解、接受。清词备受学生喜爱,学生鉴赏的积极性会很高。

二、教学目标

1. 联系作者的生平经历,感受两首词中表达的不同情感。

2. 通过关注词眼、把握词中意象的学习,学生能体会重要语句的丰富含义,掌握基本的诗词鉴赏方法。

三、教学思路

1. 新课标提出鉴赏古典诗词要从如下方面进行:在了解作品相关背景的基础上分析和理解作品,感受形象,品味语言,领悟作品的丰富内涵,要有自己的情感体验和独到的思考;了解诗词的表现手法,体会其艺术表现力;培养积极的鉴赏态度,注重审美体验,在诗歌的鉴赏中

陶冶情操,提高修养。本节课努力去以上述要求为指导设计。

2. 结合子课题"基于初中生阅读评价赏析能力培养的策略研究"的相关要求,侧重于两个点:结合作者的生平经历、了解作品相关背景,进而理解和分析作品;关注词眼把握词中意象,体会重要语句的丰富含义,掌握基本的诗词鉴赏方法。

四、教学过程

(一)导入设计:(多媒体出示李清照画像及其词园对联,请同学猜是谁?)

词采秀千秋,看风雅流传,才情自古无男女;

生年交两宋,究悲欢转换,命运从来系国家。

没错,她就是易安居士李清照。在古代男权社会,她却凭自己的才情在南宋词坛竖起一面鲜明的旗帜。

(二)知人论世——畅所欲言话清照

1. 学生自由发言。(课前准备任务查阅李清照相关资料)

2. 教师总结补充(幻灯片出示):

李清照,号易安居士,南宋婉约词派的代表。其词被称为易安体。李清照自幼受过很好的教育,多才多艺,能诗词,善书画。18岁嫁与宰相赵挺之子金石考据专家赵明诚,夫妻共同致力于书画金石的搜集整理,诗词唱和,生活美满。

后期:宋朝南迁,清照逃往南方,不久,赵明诚染病身亡。她变为流落无依、形影相吊的寡妇。她四处流亡,曾被人诬陷通敌。再后来,赵明诚生前搜集的金石古玩大部分丢失,她的境况也变得越来越艰难。在孤独困苦中走完人生的最后路程。

之前我们学过李清照的《如梦令·常记溪亭日暮》,回忆一下这首词主要是写她哪段生活时期的事情?

(三)以声传情——听、读初步感受词中情感

1. 学生自由朗读《声声慢》。(要求根据预习时对这首词的理解读出感情来)

2. 师播放范读录音营造氛围,进入意境,感受音韵美。

3. 通过听、读,你所感受到的这首词的情感基调是怎样的? 与《如梦令》有何不同? 与词人的生活经历又有何密切联系?

前期词以抒发对爱情的追求和对自然的热爱为主。

后期词反映战乱痛苦生活，感时伤怀，怀旧思乡，表现流离之苦、悼亡之悲、故国之思和亡国之痛，哀婉凄凉。

（四）整体把握——关注词眼把握词中意象

1. 之前在《如梦令》学习中，我们结合词眼"醉"把握作品的意象，请问《声声慢》的词眼是什么？诗人又是怎样表现的呢？

师引导：诗词中有诗眼、词眼之说。"眼"，传神之所。"词眼"就是最能传达词人内心情感的字词。以形容词、动词居多，如宋祁的"红杏枝头春意闹"的"闹"。

2. 生自由回答，师归纳明确：词眼："愁"，词人借助于一系列意象及恰当的表现手法来表现词眼的。

诗人创作诗歌作品，要借助一定的形象。这些写入作品的形象就是意象的"象"。但由于它们是经过诗人的挑选和判定而写入的，所以已经附着了诗人的主观认识和情感（即"意"），因而这些形象便不再是现实中的普通形象了，故称为"意象"。

【预设问题】哪些意象？

意象：酒、风、雁、花、梧桐、雨（淡）酒、（急）风、（过）雁、（满地）黄花、梧桐、（点点滴滴）的细雨

3. 带着体味，学生再次有感情地读全词。

（五）佳句鉴赏——个性品情

"一千个读者就有一千个哈姆雷特。"诗歌注重个性化阅读，鉴赏佳句，融入意境，体味情感。

1. 学生再读全词，选择自己喜欢的词句佳句，并选择一角度加以鉴赏。

建议：A 可以选择含意象的词句，赏析时结合意象的特点品味；

B 思考后，形成简单的书面批注。

2. 小组内自由讨论交流，互相推荐、自由回答。

师范例："雁过也，正伤心，却是旧时相识。"

【具体设计】引导学生把握"雁"的特定内涵。

1. 北雁南飞，点明时间"秋"，雁声凄切。——悲凉之感（思秋）

2. 雁是旧时相识，如今大雁依旧而丈夫却不在人世，所以看到大雁睹物思人，不禁伤心。——亡夫之痛（思人）

3. 北雁南飞，词人也是从北方流落南方。——国破家亡之苦（思

乡、思国）

短短一句词中，有思秋之悲，有亡夫之痛，更有国破家亡之苦，让人读来为之动容。

学生交流：

生1："梧桐更兼细雨，到黄昏点点滴滴"——"半死梧桐清霜后，头白鸳鸯失伴飞"细雨蒙蒙，如作者的愁一样，愁得是家国败落，夫死飘零，任凭雨打风吹。到黄昏，雨依旧在窗外下着，恍若不曾停过，打湿的是作者凋零的心。

生2："三杯两盏淡酒"——几杯淡酒，都是愁思满腹，词人欲借酒浇愁愁更愁，酒，味淡，终究是暖不了渐冷的心情，更不用说在这晚风急骤、国破家亡、流离失所之时，词人的愁难解。

生3："满地黄花堆积，憔悴损，如今有谁堪摘?"满地黄花，花期已过，亦即花的最美好的时节已过。正如词人已经青春不在，历经沧桑困苦而憔悴不已，早已不是当年青春如花之时，而深爱的丈夫也已经过世，便再也无人与她一起度过欢乐的时光。

（六）共同总结——积累方法

如何准确把握诗词的情感，鉴赏古典诗词？

1. 走进作者，知人论世。联系作者经历背景，进而理解和分析作品。

2. 寻找词眼，整体把握。抓能直接抒情的句子、能直接表现情感的词。

3. 捕捉意象，关注特点。作者往往借助意象、营造意境、传达情感。

4. 明确技巧，品味效果。表现手法和技巧多种多样，恰当的技巧对表情达意起到重要的作用。所以要注意技巧的鉴赏。此词采用借景抒情，情景交融的艺术手法。纵观全篇，"乍暖还寒"的天气，晚来的急风，南去的大雁，满地的菊花，梧桐细雨，句句写的都是冷冷清清的秋景，而句句反映的都是孤独凄凉的境况。借景抒情，情景交融，抒情委婉，含蓄韵致。

（七）课堂小结——回味无穷

细雨滴梧桐、黄花堆满地、雁叫声声思，所有的景象在词人的笔下都具有浓郁的愁情，可以说一枝一叶总关情。《声声慢》运用借景抒情、情景交融的艺术手法，以明白如话的语言风格和错落和谐的韵律，营造了一种化不开、驱不散的孤独失落氛围,读着它,我们似乎听得见阶前滴雨,长天孤雁,看得见梧桐落叶,黄昏孤灯。

（八）拓展训练——学以致用

婚后,这对恩爱的夫妻也不得不面临短暂的分离,赵明诚到外地任职。重阳佳节这天,思念情郎的李清照鸿雁传书,将所作的《醉花阴》一阕寄给夫君。结合本节课所学的鉴赏古典诗词的方法品读《醉花阴》。

五、教学反思

（一）集中梳理意象,着眼全篇,整体感知

考虑到本节课授课所选的是诗词,在指导诗词的阅读上还是与其他文体有不同之处的。鉴于教材特点,我将阅读方法指导放在"关注词眼把握词中意象,进而把握重要句子的含义理解诗词的主旨"上。本文的词眼还是比较容易找到的。在把握意象上,我与学生一起,进行了比较深入地学习,熟悉掌握意象的色彩,对于我们鉴赏理解诗词能起到事半功倍的效果。在本节课的学习中,学生在课堂练习中对（淡）酒、（急）风、（过）雁、（满地）黄花、梧桐、（点点滴滴）的细雨这些意象进行了理解和分析,这对他们理解诗词的主旨是很有帮助的。

（二）关注词中实像,透视虚像,虚实结合

古诗词的艺术魅力在于"状难写之景如在眼前,含不尽之意见于言外"。"眼前"的实像需与"言外"的虚像结合。本首词句句写的都是冷冷清清的秋景,而句句反映的都是孤独凄凉的境况,透过词中的实像处处要揣摩其言外之意,这里就需要结合作者的生平经历,了解作品相关背景。我在课前让学生做了这样一些课前准备工作,看来还是非常有必要的,否则光从看这些实像很难做到透视虚像,虚实结合。

纵观一节课,有一点我觉得自己在课前应该还有些渗透,那就是:熟悉一些意象的传统意义。如果能了解一些意象的传统色彩,那对我们鉴赏理解诗词起到事半功倍的作用,如梧桐象征凄凉、凄苦和悲伤;鸿雁每年秋季南迁,象征思乡怀亲之情和羁旅伤感;莲与"怜"同音,借以表达爱情。古人有折柳送别的习俗,因此"折柳"一词中往往寓含着惜别怀远之意。这些内容如果在平时诗词教学中能有所渗透,相信对本节课的教学会有很大的帮助。

鉴赏诗词把握意象,"阅读"是第一步,只有在阅读的基础上去"体味"创作感情,才能抓住诗词的灵魂。联系作者写作的背景和生平等因

素,透过意象的外在而去寻找作者所寄寓其中的内涵,就能身临其境领会到鉴赏的情趣。

（王婷婷）

课例 4

苏轼之《记承天夜游》
——关于"基于初中生阅读评价赏析能力
培养的策略研究"之教学案例

一、教学分析

【教材分析】

被贬黄州的苏轼在宋元丰六年写下的《记承天夜游》,是表达即兴偶感的名作,被林语堂先生誉为"他笔下最精的作品"之一。其中写景的美句"庭下如积水空明,水中藻、荇交横,盖竹柏影也"是人们喜爱的千古名句。

本课主要写景句"庭下如积水空明,水中藻、荇交横,盖竹柏影也"是比喻句,这是培养学生阅读分析能力的一个点;两个反问句"何夜无月？何处无竹柏？"叩问天下人,发人深省的句式表达是引导学生阅读分析的关键点;"闲人"一词是理解作者豁达乐观情怀的关键词,更是培养学生阅读关联能力的重要突破口。除此之外,按照表达方式和表现内容进行段落"变形"是评价阅读材料内容、结构和形式适切性的重要途径,也是培养阅读评价能力的有效手段。

【学情分析】

以往文言文学习,学生较多停留在字词解释和句意疏通上,即使涉及文章内容也只是在表面徘徊。学生常常只关注"写了什么内容",却忽略了"作者如何去写",文章的思想内容更多是被动接受,很少有独到的感悟。因而初三学生的文本疏通能力很强,但从作者淡忧恬静的情感、叙议结合的表现手法、层层深入的行文结构等方面鉴赏评价较为困难,因此在教学中应重点关注。

二、教学目标

1. 通过字、词、句的品析体会文章蕴含的丰富情感,培养阅读分析能力和阅读关联能力。

2. 通过文章的段落变化体会文章的结构之美,培养阅读评价能力。

三、设计思路

1.《上海市初级中学语文学科教学基本要求(试用本)》一书中要求:语文阅读重在引导学生在整体感知文章内容的基础上,品味语言,探究思路,体验感受作品的思想感情和语言中蕴含的丰富文化内涵,并在学习过程中逐步培养问题意识,形成自己的见解。本课通过对文本如何分段一问的设计,初探文本的行文思路;通过品词析句,在词句中读懂读透文本,读懂作者,从而走进作者的心灵深处。在学生的自读自评自悟中,教师适时点拨学生浸润文本,含英咀华,使学生在品评体味的同时,学习积累语言和行文结构的布局。

2.子课题"基于初中生阅读评价赏析能力培养的策略研究"的相关要求,在读懂读透文本的基础上,理解作者的情感,培养学生欣赏评价能力,主要侧重两个点:字斟句酌地推敲把握文章传递的情怀;通过对文本内容的梳理,进而欣赏作品的结构章法,领悟作品的艺术魅力。让学生在主动积极的思维和情感活动中,加深理解和体验,有所感悟和思考,受到情感熏陶,获得思想启迪,享受审美乐趣。

四、教学过程

(一)以著名学者的评价导入,激发研究兴趣

有一种画轴,且细且长,静静垂于厅堂之侧。她不与那些巨幅大作比气势、争地位,却以自己特有的淡雅、高洁,惹人喜爱。在我国古典文学宝库中,就垂着这样两幅精品,这就是宋苏轼《记承天夜游》和明张岱的《湖心亭看雪》。

——梁衡:《秋月冬雪两轴画》

师:梁衡这段评价的关键词是哪些?

生:淡雅、高洁、精品。

师:淡雅、高洁表现在哪些内容上?精品"精"在何处呢?让我们一起学习他写于黄州的小品文《记承天夜游》。

本节课为鉴赏评价课,以名家的评价导入,奠定了整堂课的教学风格与基调,激发了学生直接阅读的兴趣。在名家的评价中抓关键词,进而质疑,激发了学生探究学习的热情,促进了学生"为何如是评价"的思考,是驱动阅读的有力保证。

(二)字词随文潜入,情感润物无声

生互读互析互评。

范例：月色入户

1）月色入户（朗读）

2）意为"月光照进了窗户"

3）句中"入"字是"照进"之意，拟人手法，似轻轻悄悄潜入般邀请亲近，让人倍感亲切，睡意全消。

明确：评价语句的第一步是朗读原句，第二步是翻译原句，第三步是赏析原句，范例是从修辞手法的角度赏析，也可以从其他角度赏析。

教师引导鉴赏、评价词句的过程：朗读——翻译——悟情，这种方法紧紧围绕评价文言文的目标，与教学目标1相匹配。简洁有力的阅读方法是学生循序渐进地参与阅读、体验阅读，从而梳理、分析、概括、提炼阅读材料，形成自己想法、见解的基础。

点评：元丰六年十月十二日夜："十月"已是初冬时节。"十二日"离十五日只剩三天，明月将圆之际。"夜"交代具体时间，点题，为写月铺垫。

解衣欲睡："无丝竹之乱耳，无案牍之劳形"，东坡入夜即解衣欲睡，显然是个闲人，闲散无聊。

月色入户：拟人。值此"门庭冷落车马稀"之际，月色不请自来，很有亲近感，令他惊奇并睡意全无。

欣然起行：前后两句看似顺接，实乃因果关系，并非所有见到明月入户的人，都会欣然，恐怕熟视无睹的淡然麻木者居多。

念无与为乐者：若有良辰美景赏心乐事，便欲与人共享。人同此心，心同此文，古今一也，人与我同尔！但此处更可见作者之孤独。

遂至承天寺寻张怀民：由"念"而"遂"，看来心中可以同乐者，唯有张怀民，"寻"有急切之意，比"访"更带感情。

怀民亦未寝："亦"字可见怀民与苏轼不谋而合，恰好"同是天涯沦落人"。

相与步于中庭："步"可见速度较慢，有闲有友，有步方有赏。

引导性问题：1.为何如此郑重其事的详写时间？

2.为何"欣然起行"之际，"至承天寺寻张怀民"？

重点赏析：庭下如积水空明，水中藻、荇交横，盖竹柏影也。

庭下如积水空明：比喻，庭下的月光清澈透明。"空明"二字更显其品格清高超逸。

水中藻、荇交横，盖竹柏影也：以"藻荇"喻"竹柏"，以"月影"写"月光"，竹柏，岁寒三友之属，苏轼曾在诗中有云："宁可食无肉，不可居无竹。无肉令人瘦，无竹令人俗。"他亦敬柏树的坚贞高洁。此句写景，想象奇特，比喻新奇，虚实相生，动静结合。

引导性问题：月下庭院中的景物颇多，为何独独选了疏影横斜的竹柏描写？

师生共同总结：可以从修辞、关键词、句子关系等角度赏析评价古文。

国学大师王国维说："一切景语皆情语。"以上教学环节是为了让学生掌握在"悟情"环节可以从这些角度赏析评价文言文，通过交流共享，碰撞思想，融合情感，在学生间、学生与教师间的多向交互中实现阅读。师生共同总结从修辞、关键词、句子关系等角度赏析评价文言文，是教师引领学生从感性理解到理性认知，更有利于学生日后运用这些方法阅读文言文，提升学生的阅读分析能力。

何夜无月？何处无竹柏？

引导性问题：这两问在问谁？夜夜有月，处处有竹柏，为何千百年来人们都没有看到这样美好的景致呢？

问自己，更问天下人。追名逐利者趋炎附势、奔走钻营，陷入那茫茫宦海而难以自拔，无暇领略这清虚冷月的仙境。两个反问句表现了作者安闲自适的心境，也流露了自己不能为朝廷尽忠的抱怨。

关于"闲人"的理解：无事可做的清闲人。（字面意思）

具有闲情雅致的人。（结合"月色入户，欣然起行"一句）

被贬黄州郁郁不得志的悲凉、无奈、压抑（结合写作背景）

处逆境而无悲戚之容貌，尚能自我解嘲，可见其豁达、乐观（由灵动柔美之月色感知）

对两个反问句的追问和句式探讨为理解"闲人"一词作了很好的铺垫。知人论世，联系写作背景理解"闲人"一词的含义，整合已学过的文言文《陋室铭》与《醉翁亭记》，引导学生利用文本外的信息与文本的意义进行联系，以更开阔的眼界审视文本，从而对苏轼表现的情怀理解更深刻、更全面，用阅读材料中的思想观点解决生活中的问题，进一步培养学生的阅读关联能力和阅读评价能力。

（三）梳理文章思路，体会结构之美

《记承天夜游》仅 84 个字，记叙了在月光皎洁的晚上，作者约张怀民在承天寺夜游的情景。文中创造了一个清幽宁静的艺术境界，传达了作者复杂微妙的心境。本教材上的文章是一段到底，它能分成几个部分呢？依据是什么？可结合表达方式和表现内容思考。

1. 元丰六年十月十二日夜，解衣欲睡，月色入户，欣然起行。念无与为乐者，遂至承天寺寻张怀民。怀民亦未寝，相与步于中庭。庭下如积水空明，水中藻、荇交横，盖竹柏影也。（记叙、描写）

何夜无月？何处无竹柏？但少闲人如吾两人者耳。（议论、抒情）

原因：叙议结合，先叙月下寻伴赏月，后议从古至今无人赏月之因，符合读者的阅读习惯与人的认知规律。

2. 元丰六年十月十二日夜，解衣欲睡，月色入户，欣然起行。念无与为乐者，遂至承天寺寻张怀民。怀民亦未寝，相与步于中庭。（记叙）

庭下如积水空明，水中藻、荇交横，盖竹柏影也。（描写）

何夜无月？何处无竹柏？但少闲人如吾两人者耳。（抒情）

原因：由"月色入户"的欢欣喜悦，到"念无与为乐者"的低沉失落，再到"庭下如积水空明"的兴奋惬意，表达方式井然有序，文章结构之美显现。

3. 元丰六年十月十二日夜，解衣欲睡，月色入户，欣然起行。（起）

念无与为乐者，遂至承天寺寻张怀民。怀民亦未寝，相与步于中庭。（承）

庭下如积水空明，水中藻、荇交横，盖竹柏影也。（转）

何夜无月？何处无竹柏？但少闲人如吾两人者耳。（合）

原因：起，写出事件的背景；承，写出寻友的情景；转，写出了美丽的月影；合，写出了非同一般的心境。由"月色入户"到"月下寻友"到"月影清丽"到"月夜偶感"，情思荡漾，一气呵成。（古诗文写作结构章法："起"是起因，文章的开头；"承"是事件的过程；"转"是事件结果的转折；"合"是对该事件的议论，是结尾。）

段落变形，其实质就是分段分层，因许多文言文一段到底的缘故，段落变形可以成为梳理行文思路，探寻文本脉络的有效手段。对阅读材料的结构进行评价，本课以表达方式和表现内容这两个为依据，段落层次也会呈现出相应的变化，利用抽象思维进行比较和对照，学生能逐渐掌握文言文的整体结构特色:文脉清晰,情思荡漾,思路明朗,层层推进,阅读分析能力和阅读评价能力得到了进一步的锻炼。

(四)首尾呼应,感受人性之美

师:早前我们学习了《饮湖上初晴后雨》,还记得是苏轼什么时候写的什么内容的诗歌吗?

生:苏轼任杭州通判期间写的西湖先晴后雨的美景。

师:那么本文在学习时提到了是苏轼什么时候写的什么内容文章?

生:是苏轼被贬黄州时夜游承天寺看到的月色美景。

师:通过这一诗一文,你看到了什么?

生:苏轼仕途顺利和受阻时都能感受到美。

师:因为心中有美,妙笔才能生花,而在这一朵朵花中,我们看到一个文人坦荡豁达的心胸,随遇而安的心态。常说"文如其人",这份人格的魅力或许就是文风"清雅高洁"的源泉吧!

教学伊始,以名家的评价导入,学生对评价的认识仅仅局限于文本本身;教学尾声,以评价收束,不仅为了课上的"首尾呼应",更因为通过联系写作背景、整合其他文本信息,学生对评价的认识不仅仅局限于文本本身,此时再看"清雅高洁"二词,就不单单是文本内容与文风的体现了,而是对苏轼的为人处世有了更深层的理解与认识,促使学生由体验、领悟阅读材料,转向践行阅读材料的观点。

(五)作业布置

1. 通过合理的想象和联想,写写苏轼夜游承天寺时的心理活动。

2. 赏析苏轼词《赤壁怀古》。

【板书设计】

闲人 → { 贬官无权之闲(淡忧) / 赏月惬意之闲(欣喜) } { 豁达 / 乐观 } ☺

五、教学反思

(一)关注学生阅读的评价教学,从字、词、句的品析中体会情感美

考虑到文言文言简意赅的特点,本课利用大部分时间引领学生品词析句,旨在培养反思和评价阅读材料的能力,即学生对所阅读材料的

评价鉴赏。例如,"月色入户,欣然起行"两句的因果关系中透露出作者对生活的热爱,"相与步于中庭"一句中"步"字透露出悠闲自在的心境,以及联系背景后对"闲人"一词的多层次解读,基本能水到渠成地感知作者淡看失意的洒脱旷达。其中,尤为值得一提的是对"竹柏"的探讨,因其四季常青的特点,古往今来,吟诵者颇多,成为志趣高雅的象征。有学生认为,这一景物是作者的有意选择,是其品格清高超逸的象征。按照先朗读再翻译,后分析感悟的步骤,学生先进行理解大意的粗读,再抓细节进行精读,后用自己的经验进行深读。在读通读懂原文的基础上,在看似平淡的字词中,字斟句酌地体会文章蕴含的丰富而深厚的情感,可谓字字入情,词词显志。

(二) 关注学生的评价鉴赏活动,从原文段落的"变形"中体会结构美

如果说品词析句式的阅读更多着眼于局部,那么全文的段落变形就更多地着眼于全局——探寻文本脉络,感受情感推进。这一环节的设置从关注文本自身,了解作者的观点和意图,转向学生对阅读材料的评赏。从表达方式的不同入手,学生将本文划分成三部分,即先记叙,再描写,后抒情;从表达内容的不同入手,学生将本文划分成四个部分,即月夜起行、寻伴夜游、庭下月色和月下感叹;从写作手法的特点入手,学生将本文划分为两个部分,即叙议结合,先叙后议。按照不同的划分标准,学生可以将本文划分成不同的层次,呈现了学生们多元化的理解和阅读。由此看来,段落变形可以成为整体性评价赏析文言文的一种方法,既兼顾了文本本身内容的联系,从整体角度体会文本的结构美,又能培养学生思考阅读材料深层意义的能力和对材料结构过程进行评价的能力。

(三) 关注学生阅读的基本过程,首尾呼应体会人性美

"教学导入"常被视为一个可有可无的环节,而"课堂小结"又常被认为除了归纳总结,别无他用。然而,本节课的"导入"和"小结"的设计,通过阅读过程的体验,在情感作用下形成正确的价值观念和态度。考虑到本节课的课型为"阅读评价赏析"的研究课,在导入中呈现文艺评论家梁衡对本文的评价,当然会激起学生研究"评价为何如此之高"的兴趣。更为重要的是,梁衡对本文"淡雅高洁"的评价,引发了学生"因为什么而淡雅? 因为什么而高洁?"的探讨,从而有针对性地赏析评

价有关"淡雅高洁"的具体内容。另外,"小结"时通过归纳总结一诗一文的共同点,使学生感受到无论顺境、逆境,苏轼心中都有"美";通过整合课内外信息,领悟"高洁淡雅"不单体现在文本内容上,更多是作者人性光辉的折射。从"导入"到"小结",教师把阅读过程中的阅历和体验上升到理性认识,让学生通过"阅读"达到明理,丰富学生的精神世界,提升精神世界的层次。

总而言之,"导入"环节激发了学生的阅读兴趣,是阅读驱动的条件;"品词析句"环节交流共享阅读经验,是增强阅读效果的驱动力;"段落'变形'"与"小结"环节提升了阅读能力,是提高阅读素养的保障。这些环节的设置体现了广博阅读"为了学习而阅读,而不是为了阅读而学习"的理念,是语文文言文教学中培养学生阅读认知能力的有益尝试。

（张智云）

课例 5

豪放词人辛弃疾之《破阵子》《丑奴儿》
——"基于初中生阅读评价赏析能力培养的策略研究"研究课

一、教学分析

（一）教材分析

《破阵子·为陈同甫赋壮词以寄之》是南宋词人辛弃疾的作品。此词通过对作者早年抗金部队豪壮的阵容和气概以及自己沙场生涯的追忆,表达了作者杀敌报国、收复失地的理想,抒发了壮志难酬、英雄迟暮的悲愤心情;通过创造雄奇的意境,生动地描绘出一位披肝沥胆、忠一不二、勇往直前的将军形象。全词在结构上打破成规,前九句为一意,末一句另为一意,以末一句否定前九句,前九句写得酣恣淋漓,正为加重末五字失望之情,这种艺术手法体现了辛词的豪放风格和独创精神。

《丑奴儿·书博山道中壁》是南宋词人辛弃疾被弹劾去职、闲居带湖时所作的一首词。此词通篇言愁,上片描绘出少年涉世未深却故作深沉的情态,下片写出满腹愁苦却无处倾诉的抑郁,通过"少年"时与"而今"的对比,表达了作者受压抑、遭排挤、报国无门的痛苦之情。全词突出地渲染了一个"愁"字,以此作为贯串全篇的线索,构思精巧,感情真率而又委婉,言浅意深,令人回味无穷。

课文选录的这两首词，是辛弃疾的代表作，表现了词人壮志难酬的无奈和矢志不渝的爱国情怀，也体现了稼轩词豪放的独特词风，要引导学生通过多种形式反复诵读，直观感受词人的壮志难酬的无奈和矢志不渝的爱国情怀。并引导学生联系作者的生平经历，理解两首词的含义，品味词的深远意境，进一步体会词所表达的思想感情。同时，辛词富有表现力的语言也是值得学习揣摩的重难点内容，看似简单的词句组合，其实颇具匠心。引导学生从"炼字"的角度来体会古诗词的用词之妙，有助于提高学生的阅读评价赏析能力。

（二）学情分析

中学生正处于各种情感迅速发展的阶段，他们开始关注自然、反思生活、感悟人生，这是学习本课的良好条件。但由于社会历史背景的遥远，使得词中所描述的景与情和学生之间产生一定的距离，尤其是对于八年级的学生来说难度会更大一些。因此课前掌握与了解词人的生平与写作背景就十分重要；而在课堂教学过程中，通过诵读法，充分调动学生的能动性，引导学生通过多种形式的朗诵来直观的感受作者的情感，也更容易被八年级的学生所接受。有关"炼字"的教学内容，则主要利用同学丰富的想象力，通过想象的画面来理解词意，感受词句的表现力，有助于学生体会词人的思想感情。"作家作品""诵读感悟""炼字"三个方面的学习相辅相成，点面结合，直观感受与理性分析相结合，有助于提高学生对古诗词的评价与鉴赏能力。

二、教学目标

1. 通过多种形式反复诵读，并联系作者的生平经历，理解两首词的含义，感受词人的壮志难酬的无奈和矢志不渝的爱国情怀。

2. 从"炼字"的角度，引导学生揣摩重点词语，体会古诗词语言的表现力，掌握基本的诗词鉴赏方法。

三、教学思路

新课标关于初中生古诗词阅读鉴赏的要求有如下方面：能把握作品的主要内容和作者的基本思想，有自己的体验和感受；能了解著名作家的生活背景、创作特点及相关的文化常识。具有初步的鉴别能力和评价能力。在加深对中华民族优秀传统文化的了解的同时，吸收语言精华，提高书面语表达能力。基于新课标的以上要求，并结合子课题"基于初中生阅读评价赏析能力培养的策略研究"的相关要求，本课的教学思路侧重于两个点：一、诵读的直观感受与作者的生平经历、作品背景等相关内容的理性分析相结合，通过多种形式的反复诵读，加深对作品的直观感受，再结合对作家作品的深入分析，进而理解和分析作品；二、揣摩古诗词中的重点词句，抓住作品中有表现力的动词、形容词等关键词语，运用替换法、想象法、提问法等方法，引导学生体会它们的丰富含义和表现力，掌握基本的诗词鉴赏方法。

四、教学过程

（一）导入设计（老师充满激情导入，引导学生感受词人非凡成就和悲剧的人生）

在宋代的词坛上，如果要说文武全才，那你一定会想到他。他是一位文采斐然、成就卓越的词人，他的词以豪放为主，无处不充满着强烈的爱国主义思想和战斗精神，在文学史上产生了巨大影响，后世每当国家、民族危急之时，不少作家从他的词作中汲取精神上的鼓舞力量。同时，他还是一位战功赫赫的将军；他一生主张抗金，出生在沦陷区的他，在年轻时就加入了抗金队伍，曾经带领50人闯入敌营生擒叛徒，被南宋朝廷赏识。本以为从此可以挥师北上，驰骋疆场，报效祖国。但是，懦弱的南宋朝廷粉碎了他的报国梦，斩断了他的回乡路……

他就是——辛弃疾！（幻灯片出示辛弃疾画像）

（二）整体感知——结合作者生平，理解词作内容和作者情感

1. 走近作家——了解感受辛弃疾的悲剧人生

（1）第一组代表发言，讲解本组课前预习过程中查阅到的辛弃疾相关资料以及《破阵子》写作背景。

（2）其他同学和老师补充总结（幻灯片出示）

（3）了解辛弃疾的一生后，你的感想如何？学生自由发言。

2. 诵读经典——整体感知辛词的慷慨沉郁

（1）老师播《破阵子》范读录音，引领学生进入情境，感受辛词宏大和沉郁。

（2）学生分组练习朗读《破阵子》，形式自定，准备小组朗诵比赛。要求朗诵形式和音调要与词作内容和感情基调一致，形式新颖，并说明本组编排的理由。

（3）小组分别进行朗诵展示，并说明在诵读过程中感受到的词作感情基调，以及本组采取了怎样的方式来表现作者的情感。

（4）老师对各组的朗诵展示进行点评，重点点评各组在朗读语调、节奏、重音等方面的处理，并以此引导学生理解本词的内容和情感。

明确：本词主要内容是对作者梦境的描写，实际上是对早年抗金部队豪壮的阵容和气概以及自己沙场生涯的追忆，表达了作者杀敌报国、收复失地的理想，抒发了壮志难酬、英雄迟暮的悲愤心情。

（5）全体男生朗诵《破阵子》，要求既能读出词中驰骋沙场的雄壮豪放，也能读出梦境破灭的悲壮叹惋。

说明：本环节完成对《破阵子》的内容理解和情感感知。知其人才能品其文，而对诗词的品析又少不了朗诵一环，因此，把对作者生平的理性认知和古诗词朗诵的感性领悟联系起来，更有助于学生理解本词的内容，感知作者的情感。

（三）深入探究——咬文嚼字，品味赏析辛词的用词之妙

1. 古人写诗看重"炼字"，自古有"吟安一个字，拈断数茎须"之说，更有诗人贾岛"推敲"的美谈。在辛词的世界里，我们同样能感受到"炼字"之美，用词之妙。

2. 小组讨论：细读全词，说说哪几个字特别能激发你的想象？组内交流个人的感受，说说自己从哪个词语中读出了一个画面，感受到了作者怎样的思想感情。各小组确定三个本组认为最有表现力的词语，准备班级交流。

3. 班级交流：各组把本组找到的三个词语写在黑板上，找出全班公认的最有表现力的词语进行分析，说说本组对这个词语的感悟。

4. 教师总结：引导学生找出词中那些特别的字，关注重点词语的表现力，并注意诗歌中富有表现力的词语往往是动词、形容词，如本文中的以下词语：

（1）"看"（动词）：为什么要看剑？为什么只能"看"？

明确：喝醉之后反而更加不能忘记自己的理想。拿出昔日的长剑，它已无用武之地，只能无奈的看着它，抚摸它，感叹自己无处容纳的爱国热情。

（2）"翻"（动词）："翻"是演奏的意思，但能不能改成"奏"字？

明确：虽然同样是演奏的意思，但是"翻"能给人十指翻飞的画面感，传神地表现出军队备战紧张的气氛。

（3）"惊"（动词）：通过这个字，你能想象出一个怎样的战场？

明确:"惊"的意思是弓弦的震动声音使人心惊胆战,不难想象战场上惊心动魄的厮杀场面,更突出塑造了一位驰骋沙场、奋勇杀敌的抗金英雄形象。

(4)"醉"(形容词):为什么会喝醉?

明确:结合作者的生平经历,我们都知道,辛弃疾的醉,是借酒消愁。长期的抑郁不得志,报国壮志难酬,让他只能借喝酒来麻醉自己,但是,即使是喝醉了,他内心的愁闷仍然是无法排遣的。

(5)"秋"(形容词):"秋",在这里仅仅交代了阅兵的季节吗? 换成其他季节可以吗?

明确:"秋"字既点明了季节,也为战士们出征增添了肃杀的气氛。换成其他季节则不能营造出这样的意境。

(6)"可怜"(形容词):"可怜"的意思是"可惜",可惜的是什么呢?

明确:可惜的是一切都只是梦境,所有的希望和理想,在梦醒之后都只是泡影。可惜的是空有一腔报国热情,空有一身杀敌本领,却离抗金前线越来越远,离梦想越来越远。

说明:"炼字",向来是诗歌鉴赏中的难点,但又是一个很好的切入点。学生在此之前还没有接触过这一概念,但是对重点词句的揣摩训练是一直有的。本环节的设置目的在于让学生通过小组讨论、班级交流、教师引导,对"炼字"这一概念有一个明确的认识,并初步掌握通过揣摩重点词语的表现力角度来鉴赏诗歌的方法。

积累总结——总结诗歌鉴赏的基本方法并学以致用:

1.老师带领学生回顾《破阵子》的学习,提问:你觉得在本节课的学习过程中,哪些学习步骤对你理解这首词起到了很大的作用?

2.学生自由回答,并由此总结出古典诗词的基本鉴赏方法

(1)了解作家生平经历、个性特点、创作风格等,帮助理解诗歌内容和情感。

(2)反复诵读诗歌,发挥想象,直观感受作者通过诗歌传达出的情感。

(3)抓住重点词语,分析其表现力,进一步理解作品的思想内容和感情。

说明:这堂课的教学目标很明确,就是通过辛词两首的学习,从背景分析、朗读感悟、字斟句酌三个方面初步培养起学生的古诗词鉴赏能

力。本环节的设置是在前两个环节的基础之上,引导学生总结方法,认识到在古诗词的学习当中,对作者的了解,对诗词的朗诵,对字词的鉴赏是缺一不可的。

(四)阅读迁移

运用同样的方法,从作家作品、朗诵感悟、字斟句酌三个角度自学《丑奴儿》,任选其中一个角度,写一段鉴赏文字,不少于 150 字。

五、教学反思

(一)全面关注学生阅读认知能力的培养

在课前预习中,要求学生通过各种途径查找、选择、收集与本课有关的资料,鼓励学生独立思考,从辛弃疾的人生经历、他所处的时代背景、这两首词的写作背景几个方面进行资料的收集和综合。学生对作家生平是比较感兴趣的,时代的背景、作家的经历、写作的背景,就像一部电影呈现在学生面前。学生了解辛弃疾的理想、性格、经历,对品读其作品帮助很大。通过这样的方式,学生访问与检索的能力得以提升。

在课堂教学过程中,引导学生在反复的吟诵中感知《破阵子》的内容和情感,有感情的朗诵,加深了学生对作者情感的理解和把握。再结合预习过程中查询到的相关资料、课文中的词解注释等,理解文本内在意义,品析关键词语的表现力。"炼字",向来是诗歌鉴赏中的难点,但又是一个很好的切入点。学生在此之前还没有接触过这一概念,但是对重点词句的揣摩训练是一直有的。因此,通过老师的引导和组员之间的讨论,他们准确地找出了最具表现力的字眼。学生也通过这次的训练,对"炼字"这一概念有了明确的认识,并初步掌握了通过揣摩重点词语的表现力角度来鉴赏诗歌的方法,由此提高了学生整合与解释的能力。

在课后延伸的设计上,要求学生利用课堂上学习到的鉴赏方法,利用文本以外的知识,结合自身对历史和生活的认识,从作家作品、朗诵感悟、字斟句酌三个角度完成对《丑奴儿》的自主学习和鉴赏评价。意在提高学生的反思和评价能力。

(二)最大程度激发学生的阅读兴趣,提高学生的阅读参与度

对于初中生来说,古诗词的鉴赏是比较枯燥的,如果没有多样性的阅读内容和阅读形式,很难激发起学生的阅读兴趣。即使形式上要求全员参与,也不能提高学生的阅读自主感。因此,本课在设计之初即着

意提高阅读参与度。

如果古诗词的学习仅仅停留在词句理解的层面,是很难激发起学生的阅读兴趣的。针对这一情况,要求学生在预习中收集、阅读本课相关历史资料。对学生来说,这就像是读故事,时代的背景、作家的经历、写作的背景,就像一部电影呈现在学生面前。创设情境,激发学生的阅读兴趣,充分调动学生的积极性、主动性,使学生觉得阅读有趣,主动参与到阅读中来。

朗诵对于诗词学习是必须而重要的环节,但学生往往因为羞于开口或缺乏经验而不愿意朗诵。本节课采用小组朗诵比赛的形式,以组为单位进行竞赛和点评,这一设计符合初中学生的年龄特征,消除了学生的顾虑,极大程度地提高了学生阅读参与度。

没有阅读的交流,不是完整的阅读过程。本节课设计了多次的阅读交流活动,一是组内成员在朗诵过程中的交流合作,二是班级层面上关于朗诵感悟的交流和关键词语表现力的分析。在这样的阅读交流活动中,学生在阅读自悟的基础上展开交流对话,展开思想的碰撞,问题的探究,促进自己思想的成熟和丰富。

课后的阅读延伸,要求运用同样的方法,从作家作品、朗诵感悟、字斟句酌三个角度自学《丑奴儿》,任选其中一个角度,写一段鉴赏文字,不同层次的学生可根据自身的理解水平,完成自主阅读,看似要求较高,实则给每位学生均提供了适于自身的阅读机会。

(熊钟丽)

● 英语学科课例

课例 1

Man and the Environment

一、教学分析

（一）教材分析

本课是 Unit4 Lesson 2,以人类与环境(man and the environment)为主题的一节基础阅读课,是由课内 Reading 基础文本阅读来学习阅读方法,并用所学的阅读转向课内综合 Reading 文本的阅读。

从英语学科的角度上来说，选取的三篇文本"Brief introduction of Under the Dome"，Unit 4 Lesson 2 的 Reading "Modern Man and the Earth"和 Progress Check 4 的 Reading "The Rainforests"是主题环境保护相关联的，文本生词数量递增，文本篇幅增长，练习难度递进的阅读文本，符合学生的接受过程，也符合由浅入深，循序渐进的教学原则。富有科普性，是本课的主题特点。学生在本课的学习后，能够树立起环保意识，也建立起一定的对阅读的自信心，是阅读的目标，并且在利用阅读方法后，学生在相关类型的阅读的答题能力上，也能得到一定的提高。我们将这一主题，与学生的真实生活建立起一定程度的联系，在拓展学生知识面的同时，也能激发一些学生的阅读兴趣。

从英语阅读的角度上来说，学生可以通过第一篇文本"Brief introduction of Under the Dome"进行学习型阅读，初步学习找主题相关的关键词句的阅读方法，了解掌握并试着运用关键词和关键句的概念。在第二篇文本 Unit 4 Lesson 2 的 Reading 中，学生可以尝试进行应用性的阅读，学生可以将在第一篇文本中学到的查找关键词和关键句的阅读方法，试着进行应用，如果发现错误，学生也可以在互相纠正、老师纠正的过程中，熟悉找关键词句这一阅读方法。在第三篇文本 Progress Check 4 的 Reading 中，学生便可以开始将学习型阅读与应用性阅读相结合，前两篇文本对阅读方法的学习和初步应用，让学生在第三篇文本的学习中，主动应用阅读方法，完成对文本主题及其相关的关键词句的把握，从而提高阅读的质量和效率。

三篇文本分别论述了最近大热的"穹顶之下"，现代人类对地球的影响和目前人类对地球上热带雨林的影响。学生可以通过学会找关键词和关键句的方法，来自己梳理文章大意，并用学过的简单的词汇和句型来概括"Brief introduction of Under the Dome"，Unit 4 Lesson 2 的 Reading "Modern Man and the Earth"和 Progress Check 4 的 Reading "The Rainforests"三篇文本的内容，且尽量能简单发表一下自己的观点。

（二）学情分析

本次的教学对象是八(1)班 30 位学生，他们的阅读水平普遍较差，对任意一篇稍长或有些许难度的阅读文本的自主阅读和理解能力非常欠缺，即使是基础的课内文本教材，他们要进行自主阅读也是非常有困难的。例如在这节课的先导课 Unit 4 Lesson 2 Text 的文本学习过程中,文本内容有— Shall we do something to protect the environment? — Why not? We can plant more trees, stop littering, save water and electricity, take the public means of transport, and so on. 问题要求学生罗列出"保护环境的措施",有很大一部分学生,无法将 plant more trees, stop littering, save water and electricity, take the public means of transport 这四个词组找全,有找全词组的,在从文本中抄写下来的过程中,也有出错的。

在阅读的方法上,本班学生在阅读的过程中,没有采用阅读方法的习惯,甚至有很大一部分的学生根本对阅读的方法和技巧没有任何的概念,还有学生还像低年级学生一样,用手指着文本去阅读。有些学生能耐着性子,把文章读完,但更多的学生,在平时的阅读过程中,就一直是看到文本的长度和文中的部分生词后,就直接放弃,随意填写答案的。

因此对于阅读,他们也缺少方法与策略的概念和应用。本课所选的两篇文本的篇幅相近,生词量递增,虽然生词都配有注释,但文本的篇幅对学生的耐心是一种挑战,他们在阅读时,教师不应有任何形式的催促,另外学生找关键词和关键句也是对学生概括能力的一种锻炼,这对考试中阅读部分的回答问题是非常有效的。

二、教学目标

1. 学会用圈划罗列关键词和关键句的方法来阅读理解 Unit 4 Lesson 2 的 Reading 和 Progress Check 4 的 Reading 两篇文本的大意。

2. 能在找到关键词和关键句的基础上,简述文本内容,并用学过的句型结构简单表述个人观点。

3. 将学习性阅读与应用性阅读相结合,学会将所学的查找关键词句的阅读方法应用到扩展型文本的阅读中去。

4. 对环境保护的相关阅读主题和科普类的文本阅读产生一定的兴趣。

三、设计思路

初中英语的教学目的是使学生达到乐于阅读的程度,初中英语教学过程中要帮助学生养成良好的阅读兴趣和阅读习惯,初中英语教学要侧重培养学生的阅读能力。学生的阅读能力对其终身学习与发展而

言是最基础的可持续发展能力。

本课的主要目的，是希望学生通过阅读环境保护相关题材的不同文本，感受到即使是他们平时最不感兴趣的科普类文本，也可以贴近生活。而且，我班的学生由于阅读的水平和能力有限，设计时，我给每一个学生都留出充分的阅读时间，决不做任何形式的催促，使学生耐心读完文本的同时，增长一些对科普类文章阅读的自信心，也尽力激发起他们对于科普类文本的阅读兴趣。

首先，根据课内两篇文本的阅读主题，我采取用一些污染的图片和最近学生也关注的"穹顶之下"（Under the dome）的一小段介绍，来引入污染（Pollution）这一主题，同时，也引起学生一定的阅读兴趣。

其次，鉴于文章具有一定的科普性，我采取圈划并罗列文本关键词和关键句的方法，来培养学生的阅读能力。采用圈划并罗列文本关键词和关键句的方法，来帮助学生梳理文本的脉络和大意，这对于我班的学生来说，降低了他们对文本理解的难度，也能让他们能更容易地归纳文本大意，在自主圈划并罗列出这些关键词和关键句后，他们只要再加上一些简单的词组和连词，就能口头简单表达自己的观点和理由。这样，学生对于科普性文本的概述和归纳能力也得到了一定的锻炼与进步，也增加了他们今后对于此类科普性文本的阅读兴趣，提高了他们的阅读能力。

本课所涉及的所有的练习题，都具有以练习题的形式概括梳理文本大意和主要内容的特点，可以让学生借助练习题，来抓住题干，在文本中寻找与题干相同、相近、相类的词组和句子。

第一篇文本，主要为了引入环境保护主题的同时激发学生的阅读兴趣，请学生根据图片的主题词，来找出文本中，与主题词相同、相近、相类的词来作为关键词。而第二篇课内基础文本，由教师带领学生阅读，利用书上此篇文本后的 Task 1 练习题，教他们找到并圈划罗列练习题题干中，再去文本中找到与题干相同、相近、相类的词为文本关键词，所在的句子为文本的关键句，并利用找到的关键词句来完成 Task 1 的练习题。以这样的方式，教师教学生运用圈划罗列关键词的阅读方法，来完成文本 2 的阅读后，再请学生根据所完成的练习和罗列出的关键句，再加上一些简单的关联词，口头简单表达自己的观点。第三篇文本采取与第二篇文本相同的教学过程，完成方法从教师教变为学生自已做,请学生运用文本 2 上学过的阅读方法,来完成书上文本 3 后对应的 Task 1 和 Task 2 的练习。

四、教学过程

作业一(教学文本 1 "Brief introduction of Under the Dome")

1. 先发放学案,每人一份,再布置任务。

2. 看图(各种污染 Pollution)

3. 结合图片,以图促读,请学生阅读所给文本(Introduction),圈出其中与图片主题 environment,pollution 相同、相近、相类的关键词。

The documentary "Under the Dome" examines the health effects of China's serious air pollution, orsmogproblem. It also presents the difficulties environmental officials face in enforcing laws on the protection of the environment.

4. 通过关键词引入主题"man and the environment"。

(说明:学生在政治课上已经看过纪录片"穹顶之下"了,也了解了纪录片的背景和主要内容,能让学生更直接,更准确地查找到关键词)

作业二(教学文本 2 "Modernman and the Earth")

1. 在学生了解了本课的主题后,请学生先阅读书上针对文本的练习表格,圈划并罗列出练习题提纲中的核心关键词。

2. 请学生带着刚才划出的关键词去阅读文本,并在文本中划出该关键词所在的句子。

3. 联系该关键句的上下文,提炼出适用于解答所给问题的关键信息,作出相应的回答。

4. 再次逐题阅读文本的练习题,校对所填词句的语法和句法结构是否正确,合理。

5. 请学生再次阅读罗列出的关键词句和填好的完整的习题句子,自行加上一点连词或套用简单句型结构,口头表达对于主题的观点。

(说明:学生在阅读课的先导课中,已经学习过生词了,词汇上的障碍已经扫除了,因此对于绝大部分的同学来说,这篇文本的阅读和理解难度并不大,但是这篇文本科普意味较强,学生能否找准题干,再在文本中准确找到关键词,很大程度上反映了学生是否学会了圈划罗列关键词的阅读策略。对于学生的口头表达,教师先做一个示范表达,来帮助学生进一步领会教学意图,让学生能够了解到他们可以使用的词

的范围,如 I think, because, In my opinion 等单词词组,从而更好达成教学目标。)

作业三(教学文本 3 "The Rainforests")

1. 请学生看书上图片,教师把主题从人类与环境,过渡到自然环境(热带雨林等)的现状,与文本 3 相切合。

2. 在学生阅读前,教师先对几个生词和热带雨林相关的一些常识做一下简单的说明,为学生扫除文本的词汇和认知障碍。

3. 请学生仔细、反复阅读所给的文本相关练习,圈划并罗列出题干表述中的关键单词和词组。

4. 学生根据所圈划和罗列的关键字词,阅读文本,找到文本中与之相符合和关联的关键句子。

5. 联系关键句上下文,提炼答题信息,填写问题答案。

6. 再次逐题阅读文本相关练习题,校对矫正词句的语法和句法。

7. 根据所罗列的关键词句和完成的习题,请学生加上连词或套用句型结构,口头表达观点的基础上,做一段简单的问答(Pair Work)。

(**说明**:在学生进行阅读任务前,教师先为学生扫除词汇方面的认知障碍,增加学生的阅读自信和阅读兴趣。在学生做 Pair Work 前,教师请一名程度较好的同学和老师一起,为其他同学做一组范例,帮助其他的学生理解老师的教学意图,能更好地完成任务。)

五、教学反思

(一) 以学生感兴趣的话题文本为引入,了解阅读方法中关键词的定义

初中英语阅读按照课程标准应该达到 2 000 左右的认知词汇与 3 000 左右的阅读量,培养良好的阅读习惯和阅读兴趣,以达到在学习生活中,能耐心并熟练地在类似的科普性文本中运用该阅读方法的目的。

因此,本课从学生所感兴趣的近期热点话题导入,课前也先引导学生学习并掌握第二篇文本的生词。但由于学生的水平有限,阅读和自主学习的能力较差,所以要想向他们引入一种阅读方法,也就是圈划罗列关键词和关键句,就必须先通过第一篇文本,让他们了解什么是关键词。

学生在阅读的过程中,果然像我预想的一样,找不出或找错与主旨

相关的关键词,有的圈了动词,有的圈了人名。于是我一边纠正他们的认知错误,使他们认识到,关键词是指,与主题词相同、相近、相类的词,一边让他们重新圈划。在这一次,绝大多数的学生都能准确圈划出关键词了。

(二) 以教材中的基础文本为起点,学习科普性文本的阅读方法

在作业一后,学生对关键词的定义有了初步的了解,于是我运用教材中的基础文本为起点,引导学生初步运用一下圈划罗列关键词的阅读方法来理解文本大意,梳理文本的脉络的同时,也能完成书上针对文本的基础练习题。随后引导学生在所罗列的关键词句和课后练习的框架下,进行文本大意的概述,并表达简单的,对于文本主题的个人观点,这也是让学生用所学的知识,进行语言输出的过程。

课内的基础性文本,对于一些程度较好的学生来说是比较简单的。在基础文本阅读学习和阅读方法初步运用的过程中,程度较差的学生也在努力后完成了阅读任务,增长了一定的自信心,老师给予及时的鼓励后,基本每一位学生都能耐心阅读完整篇的文本。在表达观点的阶段,学生出现了一些语法错误,但在教师的点拨下,都能重新作出正确表述。

(三) 以教材中的拓展文本为延伸,应用科普性文本的阅读方法

文本三是教材上的一篇拓展文本,将课内基础文本内容过渡到拓展文本,学生已在基础文本中学习到圈划罗列关键词句的阅读方法,这文本三的阅读,也是学生对这一阅读方法的迁移训练和再次操练。在这一次练习的过程中,学生能较为快而准确地找到关键的词句,通过阅读,获取并理解了文本中的关键信息,取得了较好的效果。

此外,在概述文本大意,口头表达个人观点的环节,绝大部分学生也能注意改正前一组练习中的错误,通过互相对话,作出正确的表述,达到了运用所学的语言和知识的目的。

(四) 英语科普性文本阅读拓展教学课的注意点

一定要鼓励学生耐心、仔细地阅读文本。科普性的文本具有一定的严密性和准确性,所以关键词的把握是非常重要的。只要学生能耐心、细致地阅读完文本,就能较高质量地完成阅读方法的操练,对学生今后考试中的同类型文本题目也有较大的帮助。

可以选择主题相似的不同文本,如本课都是围绕人与环境(Man

and the environment)这样一个主题,这种选择可以使多篇文本间的衔接自然而顺畅,也能激发学生对该主题其他方面的科普性文本的进一步兴趣。

(张嘉妮)

课例 2

Directing the way

一、教学分析

（一）教材分析

本课主题为"指路",课型定为阅读能力拓展课,即由课内文本阅读转向学会看地图并指路。因此选取新世纪英语六年级第二学期 U2L1 ASKING THE WAY 的阅读部分作为本节课的文本教材——一名外国人向文本的主人公"我"问路,但由于"我"英语没学好,无法用英语给他指路,从中"我"深刻体会到提高交际性语言能力的重要性。并由此展开后面的一系列活动。先学习 next to, near, opposite, be close to, beside, in front of, behind 等方位词,再学习 walk two blocks, take the footbridge, take the second turn on your left, go across the street, go straight ahead, turn right at the traffic lights, turn left at T-junction 等行进路线词语,然后指导学生运用所学方位词和行进路线词语,学会阅读英语地图,并制定假期出行路线。通过阅读一系列英文版地图,提高学生用英语表达如何去商店、街道、医院、银行、学校等生活场景的简单描述能力,培养和提高他们阅读地图的能力。

本课主题非常贴近学生实际生活,学会阅读地图并指路是日常生活中极其普通的交际手段,更能激发学生对于阅读生活化的学习兴趣与探究。

（二）学情分析

本次教学对象是六(4)班 39 名学生。由于呈现的阅读材料较浅显,基本能够轻松理解文本阅读教材,且在小学阶段已经学过一些问路指路的常用语,如 turn right, turn left, go straight ahead 等,但是在语言运用方面不够熟练,部分功能句已经遗忘。所能用到的句型较少,在路线的表达上不够具体和准确。

二、教学目标

1. 通过学习型阅读能够熟练掌握并运用"Excuse me, how can I get to ...?", "Go straight ahead, and take the first turn on your right." 等功能性句型。

2. 通过应用型阅读会正确使用 opposite, next to, close to 等方位词和 turn right at the traffic lights, walk two blocks, take the second turn on your left 等行进路线词语。以提高学生阅读英语地图的能力并解决实际生活问题。

三、设计思路

1. 布置学习性阅读作业。阅读材料如下：一名外国人问路，但由于文本主人公"我"英语没学好，无法与其沟通，从中"我"深刻体会到英语交际能力的重要性。

要求学生对于文章第一部分进行泛读。学生经过讨论列出 ask sb. The way to ..., say that again, go straight ahead, and take the first turn on your right, say that in English, a few minutes' talk 等词组，为下一阶段的阅读做好了铺垫。并自然过渡到完成文本材料第二部分阅读练习，即使用正确的英语句型来问路和指路，以帮助学生提高英语交际能力。

2. 学习型阅读任务完成之后，自然过渡到教学第二部分：要求学生用所学的指路句型设计出行路线。Mr. Green 一家周末要去动物园游玩，但对于城市路线不很熟悉，请求学生们的帮助。（通过运用所学方位词如 next to, opposite, be close to, beside 等和行进路线词语 turn right at the traffic lights, go straight ahead, turn right at T-junction, turn left at T-junction 等来设计格林一家的出行路线。）

3. 在学生能够自主设计出行线路之后，进一步要求学生运用所学功能性句型和具体方位词来阅读地图并口头描述出来。假设你邀请最好的朋友外出度周末，你们想要去哪里？使用英语地图先告诉他们你打算怎么去那里，然后告诉他们详细路线。（学生也可以选择他们自己喜欢的方式进行介绍。）

通过 PPT 图片呈现具体路线，为学生提供了比较直观的语言情境，要求学生灵活运用目标语言进行路线描述，以提高学生对路线和地点方位的阅读能力和语言描述能力。

四、教学过程

教学文本"Directing the way"

1. Warming-up.歌曲《Bunny dance》

（说明：歌词里反复出现 right & left，turn around go go go，调节了课堂气氛，也有意识地带出了本课的若干方位词。）

2. Revision：

（1）头脑风暴：辨认 traffic signs 交通指示路标。

（2）Matching game：阅读 PPT 呈现有关红绿灯、十字路口、街区的图标，要求学生寻找与之相配的图片。

（说明：复习巩固已学指路和问路的词组，如：turn right at the traffic lights，go straight ahead to the crossroads，turn left at the T-junction，etc.为后面的阅读教学活动作铺垫。）

3. 图片阅读（Picture reading）

T：（文本材料阅读之前，教师讲述故事图片，充分发挥学生的想象力，拓展学生的语言思维空间，激发学生的阅读兴趣。教师随后提出一些问题，鼓励学生进行故事情节的延伸和拓展。）

When did the boy meet the foreigner?

Where did the foreigner want to go?

Could the boy understand him at first?

Did the boy tell the foreigner the way in English? Why/Why not?

What did the boy learn from his talk with the foreigner?

4. 分语段阅读文本材料（Jigsaw reading）

把阅读的语篇分割成几个语段，然后鼓励学生通过合作探究对语段进行重新组合并排序，从而加深对文章的进一步理解。阅读之后让学生概括文章的主题思想，讨论选择最合适的标题。

活动方式：

（1）教师在新授单词之后，展开学生小组合作活动，让学生对语段进行排序，逐步理解故事的主要内容，并选择合适的文章标题。

（2）学生自主整理出问路和指路的常用句型，如：Excuse me, how can I get to ...? Take the footbridge and turn right. How far is it from here? 等。

（3）学生独立阅读地图，并能运用所学句型指着地图说出具体路径。

5. 进一步阅读

教师提供阅读材料(二),和相应英语地图。(Mr. Green 一家周末要去动物园游玩,但对于城市路线不很熟悉,请求学生们的帮助,共同设计格林一家的出行路线。)地图上分别呈现如商店、街道、银行、医院、学校等常用生活场景。请学生先阅读语段,并分别完成以下任务。

任务:学生展开小组活动,在地图上找出动物园的具体位置和相应路线,并使用以下英语句型进行对话练习。

Excuse me, can you tell me how to get to the nearest park?

How far is it from here to the park?

Go straight ahead and turn right at the traffic lights.

It's opposite the hospital.

··

(目的:帮助学生提高用英语去解决实际生活问题的能力。)

6. 拓展性阅读

教师提供情境 situation:你打算邀请你最好的朋友周末出去玩,你们计划去哪里? 以小组活动的方式制定你们各自的出行目的地和具体路线,并展开讨论。

Invite your best friends to go out this weekend.

Where do you want to go?

Use the map to tell them the way.

(the zoo /cinema /science museum.)

＊First tell us how you will get there.

＊Then tell us the route in detail.

使用以下关键词组:turn right at the traffic lights, go straight ahead, turn right at the T-junction, turn left at the T-junction.

(说明:通过阅读地图,设计游玩出行路线,让学生尝试句型的扩展,按照学生的真实兴趣编排具体活动内容,学生的学习主体性在阅读活动中得到充分发挥。通过这样的活动,让学生明确其阅读目的,提高阅读地图的效率,也使学生感受到生活化阅读活动的趣味性,并乐于参与。)

7. 家庭作业（homework）

画出你家到学校的路线，并把它讲给你的好朋友听。

五、教学反思

知识的拓展必须基于课本材料和学生的生活实际。新课标指出："要提高学生阅读能力，单纯依靠书本是不够的，必须有计划、有目的地提供给学生一定量的英语读物。"本节课所使用的阅读文本材料（一）本课取材于上海二期课改教材英语 6 年级（下）的第二单元 asking the way 的阅读部分。阅读文本材料（二）取材于《中学生英语报》。

（一）在阅读教学过程中，教师从指导学生学习性阅读着手，学生学习各类英语方位词如 opposite, next to, close to, beside 等，以及各类行进路线词语如 turn right at the crossroads, walk two blocks, take the second turn on your right 等，帮助学生排除阅读障碍，进而帮助学生正确阅读和使用英语地图。并在英语教学中围绕阅读地图这一中心环节，设计多种读图活动让学生用英语表达各种行进路线，加强看图识图和用英语表达的能力；培养学生积极参加运用英语的实践活动的兴趣。

（二）最后环节的阅读拓展活动，着重于应用型阅读，请学生以小组合作的活动形式阅读地图，并共同设计实际出行路线，以提高学生面临实际生活问题的"语用"能力。在活动过程中，每一位学生都有说英语的机会。即使是那些平时在课上不愿开口的学生，现在为了完成这个学习任务，也必须参与到生活阅读活动中来，调动了每位学生的积极性。学生完成任务的过程中，也是对于其在阅读英语地图，指路和问路这一学习中的"输出"过程。

（张玉婷）

课例 3

Talking about a Person

一、教学分析

（一）教材分析

在初三这一年的复习迎考期间，我班已进行了各类针对语法知识点的系统复习，如：宾语从句、状语从句、被动语态、主谓一致等，学生们能比较扎实地掌握各类基础知识，但是在阅读和写作方面似乎比较弱势。所以我在近阶段开设了各类不同主题的阅读拓展课,希望能够提高学生的英语阅读能力,本课的主题为谈论一个人物。

本课选取的两篇阅读文本是我在查阅上海学生英文报(SSP)和维基百科网站(Wikipedia)后自编创作的,分别向学生介绍希拉里和马云两位热点人物,能够在一定程度上激发学生的阅读兴趣与探究精神。在这堂课中我将引导学生结合四个方面(即外貌、性格、事迹和精神),初步掌握谈论一个人物的方法与技能。同时,我希望借助这种教学方式,帮助学生梳理人物传记类文章的脉络,以期学生能从看懂一篇有关人物传记的文本,到熟练提炼上述四方面的信息,再到喜爱阅读人物传记类英语语篇。

(二)学情分析

本次教学对象是九(5)班 31 位学生,平时能轻松理解课内文本教材,但对上海学生英文报(SSP)和维基百科(Wikipedia)这种生活读物或网站文刊的自主阅读较为困难。本次编写的两篇文本的生词量是呈递增梯度的,虽然都配有主要生词注释,但是两篇生活性阅读文本在内容理解上对于学生是有一定难度的。此外,对阅读文本中的重要信息的提炼能力是一种英语学习的重要能力。本班学生能从阅读文本中很容易地找出描写人物外貌和重要事迹的语句,但是对于该人物的性格和精神的提炼能力有待加强。

因此,首先在 Warm up 阶段准备了一个希拉里宣布参与 2016 美国总统竞选的宣传片,以视频促阅读,能帮助学生更直观地了解希拉里的一些性格和精神;其次,对于本课的两篇文本分别采用精读和泛读的教学方法处理,鼓励学生不必拘泥于个别生词障碍,只要读懂文章主旨即可;主要是引导学生结合四个方面(即外貌、性格、事迹和精神),初步掌握谈论一个人物的方法与技能,帮助学生学会梳理人物传记类文本脉络,学会一种获取文本主要信息的有效阅读方法。

二、教学目标

1. 学会用提炼四方面的信息(即外貌、性格、事迹和精神)的方法梳理文章脉络,看懂有关人物传记的两篇文本。

2. 能结合本课所学的阅读方法,运用自己的语言和思想去谈论一个熟悉的人物。

3. 能对"Talking about a Person"的阅读主题产生兴趣,并乐于阅

读更多的人物传记类课外文本,学习名人的优秀精神品质,提升自我修养。

三、设计思路

初中英语的教学目的是使学生达到乐于阅读的程度,初中英语教学过程中要帮助学生养成良好的阅读兴趣和阅读习惯,初中英语教学要侧重培养学生的阅读能力。学生的阅读能力是其终身学习与发展的最基础的可持续发展能力。初中英语阅读可分为英语学习性阅读与英语应用性阅读。

本课主要目的是希望通过对人物传记类文本的阅读教学,摸索研究应用性阅读与学习性阅读整合的途径与效果,因此,阅读材料的选择以及阅读过程与方法是设计的重中之重。

首先,我依据人物传记的阅读主题,查阅上海学生英文报(SSP)和维基百科网站(Wikipedia)后自编创作了两篇相关文本,并根据各篇的阅读难度梯度以及课时的时长考虑,确定处理两篇文本的阅读方法分别为精读和泛读。本课讨论的两位热点人物:希拉里和马云,是学生非常熟悉、喜欢和敬佩的名人,他们能从这两位人物身上学到很多优秀的精神品质:坚持梦想,永不放弃等。这也能激发学生的阅读兴趣,使他们乐于阅读更多的人物传记类课外文本,学习名人的优秀精神品质,提升自我修养。

其次,鉴于人物传记类文本的特性,我采取提炼四方面的信息(即外貌、性格、事迹和精神)梳理文本的教学方法来培养学生的阅读能力。初步掌握谈论一个人物的方法与技能。我希望借助这种教学方式,帮助学生梳理人物传记类文章的脉络,以期学生能从看懂一篇有关人物传记的文本,到熟练提炼上述四方面的信息。

四、教学过程

作业一(教学文本 1 "*A Powerful Women*")

猜人游戏,引入主题:教师分别给出四条希拉里的信息,学生每猜对一条,则能看到该人物照片的一部分,直至显示出整张照片为止。

T: She was American. She is 67 years old now.

She is the former U.S. first lady, and her husband is Bill Clinton.

She is the third female Secretary of State(国务卿) in the United States.

She graduated from Yale Law School，and became a lawyer．

观看希拉里竞选 2016 年美国总统的宣传片：Getting Started，并提问：What's Hillary's dream?

引导学生复习如何谈论人物的外貌、性格、事迹和精神。

Appearance：What does she look like? / How does she look?

Characters：What is she like? / What do you thinkof her? / How do you like her?

Events：What did she do?

Spirit：What can we learn from her?

（说明：学生通过猜图和观看宣传片，初步了解了希拉里，但对她的认识还不够深刻。此时教师将引导学生阅读有关希拉里的传记：A Powerful Women 以帮助学生更透彻地了解该人物。但在此之前，教师引导学生复习旧知：如何谈论人物的外貌、性格、事迹和精神，并且回忆一系列用来描述人物外貌和性格特征的单词，如：elegant，graceful，intelligent，hardworking，persistent，independent 等，减少下面的阅读障碍。）

作业二：带着任务阅读文本 1

1. 先发放学案（每人一份），再布置阅读任务（Hillary's life experience 表格填空），给三分钟进行个人独立默读完成表格，然后集体核对确认。再给两分钟进行 Pair work，每两个同学一组从外貌、性格、事迹、精神四方面谈论希拉里。

（说明：文本内容为对希拉里传奇人生的介绍，往常总是通过 True Or False 或选择的形式来判断学生是否理解文本内容，阅读方法上比较单一。在本课中，教师引导学生学习提炼人物外貌、性格、事迹、精神这四个重要因素来梳理人物传记类文本的大意，掌握该类文本的一种阅读方法。）

2. 在四个重要因素的帮助下谈论名人希拉里，请同学们各抒己见：如果你是一位美国公民，你支持希拉里成为下一任美国总统吗？为什么？(If you are an American citizen, will you be in favor of Hillary? Why or why not?)

在学生们谈论之后，教师发表自己的感想：I'm in favor of Hillary. She is a powerful woman，but she is also a mother and a wife. She

loves her family very much. As she said, "When families are strong, America is strong." When she is at work, she is intelligent, independent, hardworking and serious. Someone said she was too old to run for president, but she decided to try her best to serve Americans. When she had a dream in her heart, she would stick to it and never give up. So, she is the No.1 lady in my mind.

（说明：此环节是帮助学生把文本的学习型阅读转化为应用型阅读，即用所学知识进行语言输出。要求学生能用自己的语言和思想去谈论一个人物。）

作业三（教学文本 2 "A Dream, A Future"）

看图情境引入：教师从谈论希拉里过渡介绍到马云，并通过展示马云的照片请学生初步谈论他的外貌以及众所周知的主要事迹。

带着任务阅读文本 2。

先发放学案（每人一份），再布置学案上的阅读任务，完成 Exercise，请学生进行 Pair work，每两个同学一组从外貌、性格、事迹、精神四方面谈论马云，方法同文本 1。

（说明：此环节是帮助学生把文本的学习型阅读转化为应用型阅读，即用所学知识进行语言输出。要求学生能用自己的语言和思想去谈论一个人物。）

五、教学反思

（一）以文本为基础，把握阅读方法，优化英语学习性阅读

初中英语阅读按照课程标准应该达到 2 000 左右的认知词汇与 3 000 左右的阅读量，培养良好的阅读素养，达到在生活、学习中能较为熟练地运用目标语言的目的。

在针对两篇文本的精读、泛读过程中，教师能较好地引导学生从人物外貌、性格、事迹、精神四方面着手，提炼关键信息，梳理人物传记类文本的脉络。但是学生对于描写人物外貌和性格的词汇量有所缺乏，在这一方面教师可多给出一些词汇供学生选用。

（二）以生活为拓展，丰富阅读积累，强化英语应用性阅读

语言习得的培养是一种无意识、自然状态下的语言掌握过程。教师在学生理解了两篇文本的基础上再推荐一至两篇人物传记类语篇，加强学生的阅读兴趣、巩固学生的阅读技巧。这样的输入材料对学生

是有利的,教师很好地在学生掌握并了解文本内容的基础上,适当扩展一些符合学生认识水平的、与实际生活紧密联系的拓展文本,从而提高了学生的英语阅读能力和素养。

(三) 英语学习性阅读与应用性阅读的整合

教师引导学生提炼人物外貌、性格、事迹、精神四方面信息,梳理文本脉络,获取文本信息,学习名人优秀品质。并运用此方法去阅读更多的人物传记类文本,达到了运用所学语言和知识的目的,真正做到了"学以致用"。

(龚　慧)

课例 4

Christmas

一、教学分析
(一) 教材分析

本单元主题为谈论假期与节日(Holidays and Festivals),课型定为阅读拓展课,即由课内文本阅读转向生活报刊阅读。因此选取两篇主题相关联的阅读文本作为本课教材。其中第一篇来自新世纪英语七年级上册的课内同步教材"Christmas",后一篇选自近期的上海学生英文报(SSP) "Malaysia's National Day — Hari Merdeka",该报是本班学生实际生活中的休闲读物。本课主题非常贴近学生实际生活,尤其是后一篇阅读材料介绍马来西亚的国庆日,更能激发学生的阅读兴趣与探究。

两篇文本分别讲述了西方传统重要节日圣诞节的庆祝方式以及马来西亚独立日的信息和庆祝方式,两文本题材一样,内容接近。通过两者之间的对比,让学生初步掌握阅读方法,学会梳理文本结构,运用表达要素如:节日名、日期、庆祝方式等。最重要的是让学生学会此类文本的一般阅读方法——基本表达要素与结构。从两篇文本的学习过程,正是从学习性阅读转向应用性阅读。

(二) 学情分析

本次教学对象是七(3)班 39 位学生,能轻松理解课内文本教材,但对上海学生英文报(SSP)这种生活读物的自主阅读较为困难。本课所

选两篇文本的生词量是呈递增梯度的，第一篇课内阅读词汇都是已学范围，理解上较为流畅，后一篇文章属于报刊阅读，虽然配有主要生词注释，但是此类生活性阅读文本在内容理解上对于学生是较有难度的。通过第一篇课内教材文本使学生掌握了解一篇关于节日的文章所需关注的内容，再拓展到报章杂志上的同类型文章阅读，使学生学会应用这些获取信息的方法来理解同类型的文章，从而体现出学习性阅读与应用性阅读的整合。

二、教学目标

1. 学会通过阅读掌握文章大意的方法来归纳理解两篇文本。

2. 能在表格梳理的基础上概述文本内容以及用所学句型结构简单表达其他节日。

3. 能对"festivals"的阅读主题产生兴趣，并乐于做相关的课外阅读拓展。

三、设计思路

初中英语的教学目的是使学生达到乐于阅读的程度，初中英语教学过程中要帮助学生养成良好的阅读兴趣和阅读习惯，初中英语教学要侧重培养学生的阅读能力。学生的阅读能力是其终身学习与发展的最基础的可持续发展能力。初中英语阅读可分为英语学习性阅读与英语应用性阅读。本课主要目的是希望通过"festival"相关题材的不同文本的阅读教学，摸索研究应用性阅读与学习性阅读整合的途径与效果，因此，阅读材料的选择以及阅读过程与方法是设计的重中之重。本课两篇阅读文本材料的选取题材一样，内容接近。第一篇文本重在学习节日庆祝方式和相关食品，第二篇文本让学生通过前一篇文本的对照自主去认识马来西亚独立日的信息和庆祝方式，这正是从学习性阅读走向应用性阅读。

首先，我依据课内文本"festivals"的阅读主题，从学生业余生活中不同期的 SSP(上海学生英文报)上选取了一篇相关文本，并根据两篇的阅读难度梯度以及课时的时长考虑，确定处理两篇文本的阅读方法为精读与泛读。本课主题非常贴近学生实际生活，尤其是后一篇阅读材料很吸引学生，更能激发学生的阅读兴趣与探究。

其次，鉴于两篇文本的特性，我采取表格形式总结梳理文本的教学方法来培养学生的阅读能力。采用表格形式帮助学生梳理节日相关的日期食物和庆祝方式,其好处是画面直观逻辑性强,等最后内容全部呈现以后,配上重点语句结构,请学生口头表达观点与理由。由于第一篇课内文本内容与后一篇文本的阅读文体及内容相似,学生通过前一篇阅读后能更好地按要求完成表格,再运用之前所学的一些传统中国节日来比较和对比出各个节日的区别。此时,在课后拓展方面,增加如复活节、情人节、感恩节的阅读材料,使学生的概述文本能力也得到了开发与提高,同时也激发学生对于英语阅读的兴趣和探究。

四、教学过程

作业一(教学文本 1 "Christmas Day-My Favourite Holiday")

1. 看图(各种 festivals)引入主题。

2. 快读:快速阅读文章,勾出作者在圣诞节经常吃什么,再拓展一些其他食物。

3. 浏览:填写圣诞庆祝活动的动作。

(说明:学生通过看图和浏览了解了相关词汇,能掌握圣诞食品和庆祝方式。)

4. 带着任务阅读文本 1。

先发放学案(每人一份),再布置阅读任务(表格 1 填空),给四分钟进行个人独立默读完成表格,之后一分钟小组交流讨论,然后与老师的答案进行核对确认。

(说明:利用表格的方式,引导学生学习运用其梳理的形式获取文本大意,掌握该类文本的一种阅读方法。)

作业二(教学文本 2 "Malaysia's National Day-Hari Merdeka")

1. 看图引入:教师从各国国庆日(National Day)的介绍引出本篇阅读马来西亚国庆日(Hari Merdeka),并通过图片引起学生阅读兴趣。

2. 语法教学:对重点词汇 proud 和 depend 的派生词进行教学,并引导学生完成词性转换练习。

(说明:通过重点词汇的教学,是文本阅读的语言运用。)

3. 带着任务阅读文本 2。

布置学案上的阅读任务(表格 2 填空),回答马来西亚国庆日的时间、庆祝方式,方法同文本 1。

(说明:通过阅读文本背景的介绍铺垫,扫除文本 2 的部分关键词认知障碍。)

介绍其他节庆日。

介绍其他节庆日的时间、庆祝方式。

（说明：通过前两篇文本的学习，考查学生是否掌握阅读的方法，能不能基本表达要素与结构。）

课后作业（阅读文本 Western Festivals）

1. 课后阅读：阅读关于复活节、情人节、感恩节等西方传统节日的文本，并对这些节日的时间、食品及庆祝方式有所了解。

2. 课后作业：通过表格介绍一节日。

（说明：通过课堂的教学，希望学生在课后掌握同类型文本的阅读方法，即基本表达要素与结构。）

五、教学反思

（一）以教材为基础，把握阅读方法，优化英语学习性阅读

初中英语阅读按照课程标准应该达到 2 000 左右的认知词汇与 3 000 左右的阅读量，培养良好的阅读素养，达到在生活、学习中能较为熟练地运用目标语言的目的。

因此，本课从现有教材的篇目导入，课前先引导学生学习并掌握第一篇文本的生词。课上，通过"作业一的 1—2"环节引导学生粗读（skimming）文本，旨在理解大意，提高语言复现率。然后，"作业一的 3"环节推出表格，引导学生精读（Intensive Reading）文本，观察和提取与主题密切相关的信息。结合该文本不同人物不同观点的特点，引导学生学习运用表格梳理的形式学会此类文本的一般阅读方法，了解基本表达要素与结构。

（二）以报纸为拓展，丰富阅读积累，强化英语应用性阅读

新课标指出："要提高学生的阅读能力，单纯依靠书本是不够的，必须有计划、有目的地提供给学生一定量的英语读物。"而知识的拓展必须基于课本材料和学生的生活实际，这样的拓展才是有效的，才能够在日常的学习和生活中为学生所运用。

本课以上海学生英文报（SSP）为课外拓展材料。该报是本班学生实际生活中的休闲读物，阅读难度符合他们的英语实际水平和年龄特征，兼顾了知识性与趣味性。而且这篇阅读材料主题与课本教材的节日（festivals）相近，又都取材于真实生活，事实证明激发了学生的阅读兴趣与探究精神，并且通过作业一和二帮助学生学会阅读方法。

如"作业一 1""作业二 1"环节通过图片和教师介绍等方法,激活了文本背景知识,这有助于降低课外文本的理解难度。"作业一 2"使学生先学会用表格的方法梳理节庆日的食品和庆祝方式,而"作业二 2"针对重点词语的学习,作为文本阅读的语言运用基础先进行教学,再通过"作业二 3"使学生能结合"作业一 2"的方法应用自己总结出马来西亚国庆日的庆祝方式。"作业二 4"增加了一个语篇表述环节,检查学生是否能从学习上升到应用文本要素进行复述,以此方式提高阅读水平。

(三)英语学习性阅读与应用性阅读的整合

本课的文本内容从课内教材过渡到课外报纸,学生从课内教材上学习到了运用表格梳理大纲脉络获取文本大意的阅读方法,把它迁移到了后一篇课外报纸文本上,也很快地获取并理解了重要信息,取得了同样有效的结果。并且他们运用表格内的信息能顺利地概述出文本大意,达到了运用所学语言和知识的目的。

(张 晶)

第二节 数学学科的广博阅读的实施

一、数学学科广博阅读教育的实施要点

数学阅读是一种从书面数学语言中获得意义的心理活动过程,是包含感知、理解等一系列心理活动以及分析、综合、推理、判断、归纳、演绎等一系列思维活动的总和。在数学教学中,组织与指导学生阅读数学教材、数学辅导书以及数学论文等,开展阅读学习活动。前苏联著名数学教育家斯托利亚尔指出:"数学教学就是数学语言的教学。"因此数学教学中的阅读是十分重要的。

数学阅读同一般的阅读一样,是一个完整的心理活动的过程。数学阅读又与一般的阅读不一样,有其特殊的特性,主要是以下三个方面:一是数学语言的高度抽象性,数学阅读需要较强的逻辑思维能力,学生需要感知材料有关的数学术语、符号,并形成知识结构,在此过程中经常需要逻辑推理能力;二是数学语言的精确性,数学语言的表达通常是很精确的,快速阅读、大致阅读不符合数学阅读的要求,数学阅读

要求认真细致反复推敲;三是数学阅读的过程往往是读写结合的过程。

(一)利用数学语言进行数学阅读

数学语言可分为抽象性数学语言和直观性数学语言,包括数学概念、术语、符号、式子、图形等。数学语言又可归结为文字语言、符号语言、图形语言三类。各种形态的数学语言各有其优越性,如概念定义严密,揭示本质属性;术语引入科学、自然,体系完整规范;符号指意简明,书写方便,且集中表达数学内容;式子将关系溶于形式之中,有助运算,便于思考;图形表现直观,有助记忆,有助思维,有益于问题解决。数学语言作为数学理论的基本构成成分,具有"高度的抽象性、严密的逻辑性、应用的广泛性"。简单地讲,数学语言科学、简洁、通用。

数学阅读过程实际上是在经历着一个数学内部语言转化的过程,是新知识的同化和顺应的过程。数学阅读常要求灵活转化阅读内容,如把一个抽象的内容转化为具体的或形象的内容;把用符号语言或图形语言表述的关系转化为文字语言的形式,或把文字语言表述的关系转化为符号或图形语言,或把三种语言表述的定义定理公理翻译成自然语言以方便理解。

(二)重视数学阅读能力的培养

数学阅读能力指顺利完成数学阅读任务的复杂心理特征的总和。数学阅读能力表现为对已学的数学概念、问题、符号、方法和证明在阅读的新情景中的重现;对新情景中的数学语句进行分解和组合;对新学的数学概念、问题、符号、方法和证明的理解;用原有的知识结构对新学的知识进行理解与解释等。重视训练学生的语言理解能力及语言转换能力。

在数学阅读过程中,数学材料主要是以归纳和演绎的方式呈现,具严谨抽象的特征,使数学阅读需较强的逻辑思维能力。在数学阅读过程中,理解、抽象、综合、分析、归纳、类比、联想等思维活动都需充分调动才能达到理想的阅读效果。

(三)善于推敲叙述语言的关键词句

叙述语言是介绍数学概念的最基本的表达形式,其中每一个关键的字和词都有确切的意义,须仔细推敲,明确关键词句之间的依存和制约关系。例如平行线的概念"在同一平面内不相交的两条直线叫作平行线"中的关键词句有："在同一平面内""不相交""两条直线"。教学时要着重说明平行线是反映直线之间的相互位置关系的,不能孤立地说某一条直线是平行线,要强调"在同一平面内"这个前提,从而加深对平行线的理解。

（四）正确把握符号语言的数学意义

符号语言是叙述语言的符号化。在引进一个新的数学符号时,首先要向学生介绍各种有代表性的具体模型,形成一定的感性认识,然后再根据定义,离开具体的模型对符号的实质进行理性的分析。数学符号语言,由于其高度的集约性、抽象性、内涵的丰富性,往往难以读懂。这就要求学生对符号语言具有相当的理解能力,善于将简约的符号语言译成一般的数学语言,从而有利于问题的转化与处理。

（五）合理破译图形语言的数形关系

图形语言是一种视觉语言,通过图形给出某些条件,其特点是直观,便于观察与联想,观察题设图形的形状、位置、范围,联想相关的数量或方程,这是"破译"图形语言的数形关系的基本思想。例如,长方体的表面积教学,学生初次接触空间图形的平面直观图,这种特殊的图形语言,学生难于理解,教学时可采用以下步骤进行操作：

1. 从模型到图形,即根据具体的模型画出直观图；

2. 从图形到模型,即根据所画的直观图,用具体的模型表现出来,这样的设计重在建立图形与模型之间的视觉联系,为学生提供充分的感性认识,并使他们熟悉直观图的画法结构和特点；

3. 从图形到符号,即把已有的直观图中的各种位置关系用符号表示；

4. 从符号到图形,即根据符号所表示的条件,准确地画出相应的直观图。这两步设计是为了建立图像语言与符号语言之间的对应关系,利用图形语言来辅助思维,利用符号语言来表达思维。

在数学教学中,教师应指导学生严谨准确地使用数学语言,善于发现并灵活掌握各种数学语言所描述的条件及其相互转化,以加深对数学概念的理解和应用。

（六）重视数学命题条件关系

强化条件意识,寓抽象性于具体实例之中。条件关系实质是抽象的逻辑证据支撑关系的具体表现,强化条件关系教学,有助于培养缜密的逻辑推理能力。

（七）注重数学思想与方法的形成

寓数学思想教学于数学阅读之中。数学阅读不能是孤立的,我们应当在数学教学过程中有意识归纳技巧和方法,将数学思想方法教学融于数学阅读之中,通过教学实例展现:零星的观点汇聚形成有用的思路和特殊的技巧,有效的思路演变为系统的方法和策略,科学的方法拓变升华为数学思想。比如由某些特殊方程的特殊解法可感悟到:试验求值→变形整理→加减、代入技巧→消元法→化未知为已知的数学方法思想。

二、数学学科广博阅读教育的实施要项

根据数学学习的特点与数学阅读素养的要求,我们数学阅读着重研究"数学教学中数学语言的掌握与转化能力的培养"。

这项研究重点要求学生掌握数学的基本概念及其表征的符号,文字形式的表述转化为数学语言表现。这是基于数学测试中以单元形式呈现,文字阅读量较大,要理解题意,必须独立阅读,而我们课堂教学缺乏关注学生的数学阅读。学生阅读理解能力不强,不会从问题中提取相关的数学信息,将文字语言转化为符号语言、图形语言存在困难。教材中有生动的实际生活的例子,但在具体的教学中教师更关注数学学科内部的知识和技能,而较少考虑学生对世界问题的数学化过程。

（一）第一要项为"运用数学语言进行数学阅读"

促进学生学习三种数学语言。数学语言可分为抽象性数学语言和直观性数学语言,包括数学概念、术语、符号、式子、图形等。数学语言又可归结为文字语言、符号语言、图形语言三类。各种形态的数学语言各有其优越性,如概念定义严密,揭示本质属性;术语引入科学、自然,

体系完整规范;符号指意简明,书写方便,且集中表达数学内容;式子将关系溶于形式之中,有助运算,便于思考;图形表现直观,有助记忆,有助思维,有益于问题解决。数学语言作为数学理论的基本构成成分,具有"高度的抽象性、严密的逻辑性、应用的广泛性"。简单地讲,数学语言科学、简洁、通用。

在数学教学中,教师应指导学生严谨准确地使用数学语言,善于发现并灵活掌握叙述语言、符号语言、图形语言等各种数学语言所描述的条件及其相互转化,以加深对数学概念的理解和应用。

(二)第二要项为"数学语言内部转化的能力培养"

1. 三种数学语言的转化

数学阅读过程实际上是在经历着一个数学内部语言转化的过程,是新知识的同化和顺应的过程。数学阅读常要求灵活转化阅读内容,主要有以下四种情况:

○ 把一个抽象的内容转化为具体的或形象的内容(叙述语言);

○ 把用符号语言或图形语言表述的关系转化为文字语言的形式;

○ 把文字语言表述的关系转化为符号或图形语言;

○ 把三种语言表述的定义定理公理翻译成自然语言以方便理解。

2. 数学语言转化的数学阅读能力

学生数学语言内部的转化需要数学阅读能力支撑。数学阅读能力指顺利完成数学阅读任务的复杂心理特征的总和。

数学阅读能力表现为:

○ 对已学的数学概念、问题、符号、方法和证明在阅读的新情景中的重现;

○ 对新情景中的数学语句进行分解和组合;对新学的数学概念、问题、符号、方法和证明的理解;

○ 用原有的知识结构对新学的知识进行理解与解释等。

这就需要重视训练学生的语言理解能力及语言转换能力。

(三)第三要项为"数学阅读的主要形式——逻辑思维"

在数学阅读过程中,数学材料主要是以归纳和演绎的方式呈现,具严谨抽象的特征,使数学阅读需较强的逻辑思维能力。在数学阅读过

程中,理解、抽象、综合、分析、归纳、类比、联想等思维活动都需充分调动才能达到理想的阅读效果。

特别要解决重视数学命题条件关系。强化条件意识,寓抽象性于具体实例之中。条件关系实质是抽象的逻辑证据支撑关系的具体表现,强化条件关系教学,有助于培养缜密的逻辑推理能力。

三、数学学科实施广博阅读教育的课例

课例 1

中心对称

一、教学分析

（一）教材分析

本节课的主要内容是介绍了两个图形关于某个点对称的概念和中心对称的性质。建立在学生学习了"旋转""旋转对称和中心对称图形"的知识基础上,为今后学习与中心对称相关联的知识:如平行四边形的性质和判定,函数的奇偶性等做好铺垫。本节课的重点在于掌握中心对称的概念,会用有关性质画已知图形关于某一点对称的图形,因此需要培养学生把文字语言转化成图形语言的能力,把纯文字的概念和性质迁移到图形上。比如在学习中心对称的性质时,利用课件通过图形的变化和展示,直观地向学生展示出两个对称图形的对应点连线段与对称中心的位置关系;又通过性质去解决实际的图形问题。现阶段的几何学习还处于"实验几何",本节课的教学要注重学生几何直觉的发展,用图形演绎文字,让文字引导图形,以便为实验几何到论证几何的过渡做好铺垫。

（二）学情分析

本节课的授课对象是初一学生。根据进度,在之前已经学习了图形运动中的平移和旋转这两种运动,又有了中心对称图形的知识铺垫,学习起来并不困难。本节课从中心对称图形引入,通过让学生读图来理解概念和性质,重点在于尝试培养学生两种语言的转换能力。由于学生在学习本节课时常会难以从图中发现所需的信息,所以基于授课班级的一般水平,教师要有组织、有目的、有针对性的引导学生参与到

如何读图用图的活动中。比如在本节课的课程中设计可以采用几何画板向学生动态演示中心对称的性质,通过动态演示直观地让学生感受到性质。也可以鼓励学生采用动手实践,利用尺规,通过实际操作让学生更进一步去探索性质。

二、教学目标

1. 理解中心对称的概念;掌握与中心对称有关的对应点、对应角、对应线段概念。

2. 能正确区别中心对称和中心对称图形。

3. 引导学生通过读图发现中心对称的基本性质,能利用对应点找出两个成中心对称的图形的对称中心。

4. 会用有关性质画已知图形关于某一点对称的图形。

三、教学思路

本节课是新授课,因为有了之前的知识铺垫,我将主要精力放在了培养学生读图用图的能力上。概念的形成起初是要有一个感性的认识,对于图形的认识更是可以从课件里直观地感受到。然而对于学生而言,直观地感受到不等于能把看到的转化成语言,所以在这节课中教师要帮助学生去把语言组织起来。我将教学环节大致分成了三个部分:复习引入、概念和性质的学习、作图和应用。在复习引入这一块,我从以前学习的中心对称图形入手,通过几何画板把一个中心对称图形(长方形)分成了一组成中心对称的直角三角形,利用这组三角形去产生中心对称的概念。而后概念的学习我利用带领学生划出概念中的重点字来帮助学生学会阅读概念,加深理解。进一步的性质学习则是对概念的深入理解,在这里我利用了几何画板,通过动态的演示让学生直观地感受中心对称的性质,引导学生组织数学语言,得到结论,并且加入概念辨析来强化学得的性质。最后则是概念的实际运用——画图,在作图的环节里让学生自己动手操作,教师加以引导。概念的学习的最终目的是为了运用,所以实际操作和课堂练习缺一不可。

四、教学过程

课前准备:1. 几何画板课件(教师用);2. 作业单(学生用)。

环节一:复习引入,新知探索(落实教学目标1、2):学生通过之前学习过的中心对称图形的概念学习中心对称的基本概念。

1. 提问:以下哪些是旋转对称图形?其中哪些又是中心对称

图形?

生：判断的同时回忆旋转对称图形和中心对称图形的概念

2.【利用课件】把长方形从它的对角线一分为二成两个三角形后，观察这两个三角形的形状、大小。引导学生说出相等的角、相等的边以及对应的点【连结对应点，产生的交点记作 O】。

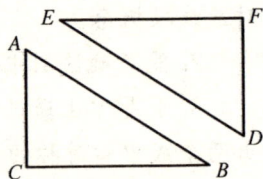

师：如何运动三角形 ABC，使得两个三角形重合？

生：可以通过平移运动。

师：【利用几何画板平移其中一个三角形】看来平移不能使这两个图形重合。

生：【灵机一动】绕着点 O 旋转而来。

师：旋转多少度？【同时用几何画板旋转其中一个三角形】

生：$180°$

当堂作业：用文字语言表达图形的运动。

师：我们如何用文字语言去表达这种运动呢？

【引导学生把图形的运动用文字语言表示出来：把三角形 ABC 绕着点 O 旋转 $180°$ 后能与三角形 DEF 重合。并写在作业单上。】

师：我们称这样的两个图形为关于某一点成中心对称

【展示多组成中心对称的图形】

师：【展示中心对称图形概念】仿照中心对称图形概念说说什么是两图形成中心对称。

【学生思考，教师引导说出概念后翻开书本朗读中心对称概念，并带领学生圈出概念中的重点词，解释与中心对称有关的对称中心、对称点、对应角、对应线段的概念。再回到多组中心对称图形，加深学生印象。】

师：阅读中心对称和中心对称图形两个概念，请说说这两者之间的区别。

生：中心对称图形是一个图形,而中心对称是两个图形。

【师赞同,并作适当补充】

师：中心对称图形是指一个图形本身具有旋转180°能与自己重合的性质,而中心对称是指两个图形之间的一种位置关系,它们关于一点对称,其中一个图形绕着对称中心旋转180°能与另一个图形重合。这两个概念有区别也有联系。当我们把两个图形看成整体时,可以把它们看成是一个完整的中心对称图形;反过来把一个中心对称图形的两部分看成两个图形,则它们呈现中心对称。

当堂作业：基本概念形成后的简单辨析题。

概念辨析：

下列说法不正确的是(　　　　)

A. 中心对称是指两个图形的位置关系,必须涉及两个图形

B. 中心对称图形是指一个具有特殊形状的图形,只对一个图形而言

C. 如果把两个成中心对称的图形拼在一起,看成一个整体,那么它就是一个中心对称图形

D. 中心对称就是中心对称图形的简称

（说明：学生在学习新概念之前已经对中心对称这四个字不陌生了,所以在这个环节中我就不多赘述"绕着某点""旋转180°"等中心对称中的核心词句,而是通过课件的直观演示,让学生把这些文字转化到图形上去学习和思考。形成概念后再把概念中的重点词句让学生圈出来,写在黑板上加深印象。在学习概念后,比对中心对称和中心对称图形两者之间的概念后很自然就引到这两者的区别和联系上,进一步形成完整的概念。）

环节二（落实教学目标 3）：利用几何画板课件探索中心对称的性质,并能实际运用性质,是进一步的概念学习和理解。

提问：两个成中心对称图形的对应点的连线段与对称中心有什么位置关系?

【用几何画板展示多组成中心对称的不规则图形的对应点连线段和对称中心】

生：这些线段都通过对称中心。

师：还有吗?

【利用几何画板的拖曳功能改变成中心对称的两个图形之间的距离,保持对应点连线段和对称中心始终存在】

生:对称中心在中间。

师:何为中间?

生:线段的中点。

师:【教师肯定学生答案并作补充】准确说法是对称中心是对应点连线段的中点,或称对应点连线段被对称中心平分。【把两条性质显示在大屏幕上】

当堂作业:根据刚才学习的性质,完成以下问题。

1. 下列两个图形成中心对称,你能找到对称中心吗?

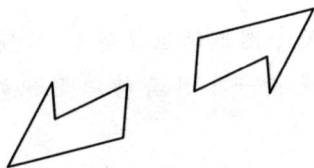

【学生互相讨论,并五花八门地回答问题,教师收集学生答案并引导学生得出结论,把结论展示在屏幕上。】

学生通过刚才的性质学习,很自然地想到可以连接对应点然后找到连线段的中点。

师:这是利用了刚才的性质几?

生:性质2。

师:还有没有别的方法?

生:还可以画两条对应点的连线段,它们的交点就是对称中心。

2. 判断下列语句是否正确:

(1) 成中心对称的两个图形,对应点到对称中心的距离相等

(2) 如果两个图形成中心对称,点 O 是对称中心,A 与 A' 是对应点,则 $OA = OA'$

【学生判断第一个语句遇到困难,于是请学生先看第二个语句,并尝试在作业单上画出语句中的图形。画出图形后再联系第一个语句的文字去判断正误。】

(**说明:**这个部分的性质学习还是出于"实验几何"的角度去教授,即利用观察和经验去判断几何图形的性质。所以在这部分中有着大量

的读图用图环节,通过图形的变化让学生能直观地从图中读出重要讯息。而在下面的实际运用中,找两个对称图形的对称中心,有了上面操作的铺垫,这里的思考就能很容易想到先找两个图形的对应点。第 2 题的设计目的是巩固概念,两个语句同一个问题用纯文字描述和数学语言描述分别表示出来,让学生对两种语言描述都有一定的认识。)

环节三(落实教学目标 4):会用有关性质画已知图形关于某一点对称的图形。

1. 思考:如何画出一个点关于另个点的对称点?

【教师适当引导学生思路,并演示画对称点的规范作图方法,要用标准的作图语言向学生描述作图过程】

2. 例题:如图:已知四边形 $ABCD$ 和点 O,画四边形 $A'B'C'D'$,使四边形 $A'B'C'D'$ 和四边形 $ABCD$ 关于 O 点对称。

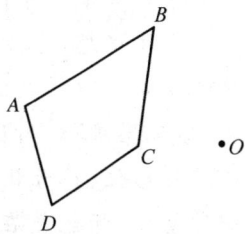

【有了之前的铺垫,教师只需作适当点拨然后放手让学生上台来画,教师在一旁做标准作图语言的补充】

当堂作业:书 P104 课后练习 1、3

【教师巡视教室,查看学生掌握程度】

3. 课堂小结:

这节课我们学习了什么新的概念?

我们利用新的概念学习了什么作图?

成中心对称的两个图形间有什么性质?

(**说明**:这里是新课概念形成后的实际运用,学生先思考关于点的对称点,再引申到四边形关于点的对称。学生操作完成例题后,再完成课后练习。在作图的环节里一定要让学生自己动手操作。教师可以引导但决不能代劳。概念学习的最终目的是为了运用,所以实际操作和课堂练习缺一不可。)

五、教学反思

(一) 概念的学习也是一种阅读过程

概念的形成起初是要有一个感性的认识,对于图形的认识更是可以从课件里直观地感受到。然而对于学生而言,直观地感受到不等于能把看到的转化成语言,所以在这节课中教师要帮助学生去把语言组织起来。

但在以后的教学中,此法并不是长久之计,要真正培养学生的语言表达能力,除了针对性的训练,还要教师做到备好每一节课,从培养学生各种语言转化能力的方向去设计问题教学。所以说概念的学习也是一种阅读过程,教师要教会学生如何去阅读以及如何去通过阅读来理解概念。

习题的配置在一堂新授课中是举足轻重的。教师把教学环节设计得再精彩,学生搞不懂也是白费,所以及时的练习配备可以得到及时的反馈,通过这些反馈可以让教师随时调整教学方案以适应课堂。

（二）帮助学生建立文字语言和图形语言互化的意识

几何的学习重点之一就在于文字与图形的互化理解,要学会从阅读文字语言中想象图形,也就是能通过文字画图;也要掌握从图形中获得文字讯息,也就是会读图用图。现阶段七年级学生还未真正接触到演绎推理的几何论证,但教学上还是要在思维方式上提前开始从"形象思维"到"演绎思维"的过渡。那么教师在授课时,要将文字语言图形化、符号化,帮助学生读懂文字题目。教师要帮助学生产生一种意识,那就是在学习几何时要注意文字语言和图形语言之间是相辅相成的,我们既要理解文字和图形语言的表述,也要懂得怎么把两者互化。

（黄倩怡）

课例 2

列方程解应用题(3)

一、教学分析

（一）教材分析

列方程解应用题是方程应用的一个重要内容。对方程的研究进行扩展,涉及一元高次方程、分式方程、无理方程和二元二次方程。本节课主要探究关于距离问题的方程列法。内容的选取,注重于构建方程知识基础的需要,如距离相等、速度相同、同时出发等条件的使用。通过具体实例引出,从分析实际问题中的数量关系着手,在内容的表述上,注意突出从特殊到一般、从具体到抽象的研究思路。

注重培养学生阅读题目,提取距离问题关键词的能力。再根据关键词构建数学模型,从数学模型中建立等量关系式。培养从文字语言转化成图形语言的能力,再转化到符号语言的表达感知材料中有关距离问题的数学术语、符号,形成如何建立距离问题数学模型的知识结构。

(二)学情分析

大部分同学学习积极性尚可,能较好地完成学习任务,但很多学生学习习惯不是很好,整体水平不均,学习比较浮躁。

一些学生在解决距离问题相关的应用题时由于没有正确阅读,即通常所讲的"审题不清"而造成许多错误。比如有些同学不会提取如"同时出发、速度相同"等关键词;不知道如何建立距离问题的数学模型;有些同学虽然能建立直角坐标系,但是无法找到相遇位置;或者不能理解"同时出发、速度相同"即距离相等。不少学生学习数学比较被动,死记硬背,对距离问题的等量关系式缺乏深入的阅读和理解。因此,学生在遇到距离问题的应用题时只能看到一些孤立的、零散的、无关紧要的材料。数学能力薄弱的根源是阅读能力较弱,对数学文字语言、符号语言和图形语言三者的掌握和转化能力不足。

对优良学生,要鼓励他们刻苦学习,努力进步,要致力于发展性思维训练,不光是为了考试分数高,更主要的是掌握学习策略和学习过程。对学困生,要进一步培养他们的学习兴趣,使每个人在原有的基础上有所进步。

二、教学目标

1. 经历通过列方程解决距离问题相关应用题的过程,体会方程思想,初步感知建立距离问题的数学模型的过程。

2. 能将距离问题中的等量关系式由文字语言转化为图像语言和符号语言,体会方程的应用价值,学会利用数学模型解决距离问题的方法。

三、教学思路

在教学中,要积极体现"问题驱动"的原则,有效组织学生开展探究活动,让学生经历距离问题数学模型建立的过程,而不是简单、直接地传授各种方法,让学生去套用。

对距离问题中数量关系的分析,首先要帮助同学阅读问题理解题意,把握这一问题所涉及的基本的等量关系式;然后对问题中的等量关系进行梳理,抓住未知量与已知量之间的实质性的联系,建立方程。可

以借助作图的方法,加强直观性;从文字语言的表述转化到图形语言的直观认识,再转化到符号语言的表达,展现数学化过程。要让学生通过解应用题的活动,获得分析问题的经验和方法,并掌握一些常见距离问题中基本的等量关系式。

四、教学过程

课前准备： 1. PPT 课件(教师用) 2. 学习单(学生用)

环节一：引入

前面我们已经学习了列分式方程解应用题的方法,本节课我们就来学习列无理方程解应用题的方法。

已知平面直角坐标系内,点 $A(-2,2)$、$B(-5,1)$

(1) 求 A、B 两点之间的距离；

(2) 在 x 轴上求一点 C,使点 C 到 A、B 两点的距离相等。

说明： 开门见山的点明课题。

复习两点间距离公式,为列无理方程解应用题做准备。

环节二：探究新知

例题：

如图,长江西路是一条东西方向的道路,共和新路是一条南北方向的道路,这两条道路相交于点 O。小明和小丽分别从十字路口点 O 处同时出发,小丽沿着长江西路以 40 米/分钟的速度由西向东前进,小明沿着共和新路以 50 米/分钟的速度由南向北前进。华山医院宝山分院位于图中 P 处,与长江西路、共和新路的距离分别是 30 米

和 20 米。问离开路口后经过多少时间,两人与华山医院宝山分院的距离恰好相等?

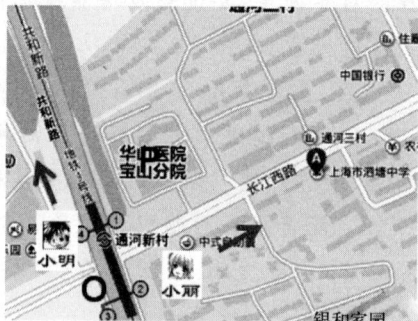

师生解题分析：

这是一题关于求平面内点与点之间的位置的问题。对于平面内点的位置,我们可以通过建立平面直角坐标系来解决。

从图中可知,两条路互相垂直于点 O,因此考虑以两条路分别所在的直线为坐标轴建立平面直角坐标系。

如果把长江西路看作 x 轴，那么共和新路就是 y 轴，若把华山医院宝山分院看作是平面内的一个点，由题中的已知，能确定点 P 的坐标是 $(20，30)$。

小丽和小明的速度分别为 40 米/分钟、50 米/分钟，t 分钟后，小丽和小明所在位置的坐标分别为点 $A(40t，0)$ 和点 $B(0，50t)$。

我们知道求平面内两点之间的距离可以用两点间的距离公式：

$$\sqrt{(x_1 - x_2)^2 + (y_1 - y_2)^2}，$$

小丽与医院的距离 $AP = \sqrt{(40t - 20)^2 + (0 - 30)^2}$。

小明与医院的距离 $BP = \sqrt{(0 - 20)^2 + (50t - 30)^2}$。

此题的等量关系式

$$\sqrt{(40t - 20)^2 + (0 - 30)^2} = \sqrt{(0 - 20)^2 + (50t - 30)^2}。$$

说明： 初步体会实际问题数学化的过程。

本题对学生的数学知识和方法的运用有一定的综合要求，以教师引导为主，让学生经历数学模型建立的过程，而不是简单、直接地传授各种方法，让学生去套用。对实际问题中数量关系的分析，首先要帮助同学阅读问题理解题意。生活中的南北向与东西向的马路，它们的位置关系是互相垂直的，因此可借助平面直角坐标系解决问题。把握这一问题所涉及的基本的等量关系式（小丽与医院的距离＝小明与医院的距离，即 $AP = BP$）；然后对问题中的等量关系进行梳理，抓住未知量与已知量之间的实质性的联系，建立方程。借助作图的方法，加强直观性；从普通语言的表述转化为图形语言再转化到符号语言的表达，展现数学化过程。

引导学生分析题意，观察图形，用数形结合的思想来探索解题思路。

通过将实际生活中的问题抽象为方程模型的过程，让学生形成良好思维习惯，学会从数学角度提出问题、理解问题，运用所学知识解决问题。

由于时间关系，只讲如何列出方程，课堂上不解。

环节三：课堂练习

我们再来研究一个问题：

树根下有一蛇洞，树高 2 米，树顶有一只鹰，它看见一条蛇迅速地向洞口爬去，在与洞口的距离还有三倍树高时，鹰向蛇的前方直扑过去。如果鹰、蛇的速度相等，那么在蛇离洞口多远处，鹰能抓住蛇？(此题是由古代印度数学家婆什迦逻的有趣问题改编而来。)

师生分析：

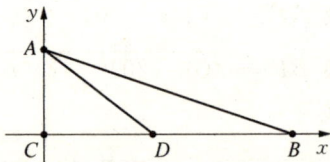

把树看成线段 AC，BC 表示蛇到洞口 C 的距离，点 D 表示蛇被鹰抓住的地点，AD、BD 分别表示鹰和蛇的路程。

预设 1：图中就构建出直角三角形。

预设 2：也可以引导学生建立直角坐标系

此题的等量关系式是鹰飞行的路程＝蛇爬行的路程，即 $AD＝BD$

设蛇离洞口 x 米处，鹰能抓住蛇，即 $AD=\sqrt{x^2+2^2}$ 为 $AD=\sqrt{x^2+2^2}$ 米，由已知得：$BC=6$ 米，$AC=2$ 米，$BD=(6-x)$ 米，利用勾股定理或两点之间距离公式可得：$AD=\sqrt{x^2+2^2}$。列出方程为：$6-x=\sqrt{x^2+2^2}$。

说明： 对例题的变式练习

从平面的垂直到空间的垂直进行变化。对实际问题中数量关系的分析，首先要帮助同学阅读问题理解题意。实际问题中树和地面，它们的位置关系是互相垂直的，因此可借助平面直角坐标系解决问题。把握这一问题所涉及的基本的等量关系式(鹰飞行的路程＝蛇爬行的路程，即 $AD＝BD$)；然后对问题中的等量关系进行梳理，抓住未知量与已知量之间的实质性的联系，建立方程。借助作图的方法，加强直观性；从普通语言的表述转化为图形语言再转化到符号语言的表达，展现数学化过程。

图形对于学生而言也较复杂,所以引导学生将图形化简,转化成建立直角坐标系来突破难点。解两点距离公式的本质就是勾股定理的运用,所以用勾股定理的运用也要加以肯定。

环节四:拓展提高

某海军基地位于 A 处,在其正南方向 20 海里处有一重要目标 B,在 B 的正东方向 20 海里处有一重要目标 C。小岛 D 在直线 AC 上,且与 AB、BC 航道的距离都为 10 海里,D 上有一补给码头。一艘军舰沿 $A \to B \to C$ 匀速巡航,因为担心燃料不够,军舰到达 B 处时一艘补给船从 D 出发,沿南偏西方向匀速直线航行,欲将燃料送达军舰。已知补给船的速度是军舰速度的 2 倍,军舰在由 B 到 C 的途中与补给船相遇,那么相遇时补给船航行了多少海里?

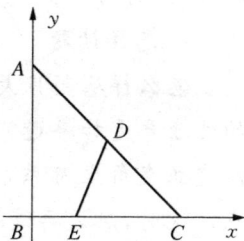

变式拓展:

对鹰抓蛇问题进行拓展,巩固提高数学建模的能力与解决问题的能力。

环节五:课堂小结

谈谈这节课你有什么收获、体会或想法?

在教师的启发下,共同完成小结

环节六:布置作业

练习册:习题 21.7(3)

五、教学反思

(一) 在语言的互译中,化难为易

本节课的设计是如何从文字语言的表述转化到图形语言直观认识,再转化到符号语言的表达,展现数学化过程。引导学生分析题意,观察图形,用数形结合的思想来探索解题思路。

从问题的复习引入开始,层层铺垫,建模思想。

求距离→距离公式→点坐标→建立直角坐标系的引导学生感知数学建模的过程和方法。在练习时的反应很好。

学生在初始遇到问题时只能看到一些孤立的、零散的、无关紧要的材料,缺乏逻辑推理能力,根源是阅读能力较弱,对数学文字语言、符号语言和图形语言三者的掌握和转化能力不足。教师在讲解例题、分析

问题的过程中不能只是单方面注重数学语言教学,应当有意识地在语言教学中归纳方法,在语言的互译中,化难为易,变繁为简,抽象为具体,学生在数学语言的互译过程中,读懂数学,学会数学的思考,提高数学能力。

(二)阅读的过程往往是读与表达结合的过程

本节课的设计环节分三个目标层次:怎样读题;怎样建模;怎样建的好,建的巧。

1. 怎样读题

怎么样从题目大段的文字中,截取有效文字,层层的分析,对文字的处理要更加渗透。如课堂练习"老鹰抓蛇"问题中,发现一部分同学能建立直角坐标系,但接下来不知道如何入手,原因在于找不出相遇点。这时,应该再读题,并请同学上台讲解或者板演相遇情况的图像。帮助同学理解实际意义情况,从而完善模型。这样把文字语言转化为图形语言的过程,由抽象化为具体,突破文字到图形语言的壁垒。数学阅读要求认真细致反复推敲,阅读的过程往往是读与表达结合的过程。

2. 怎样建模

"老鹰抓蛇"这题让学生上讲台讲解思路,而不是老师拿学生练习纸讲解,可能效果更佳,也能锻炼学生的语言能力。并且画出相遇过程的图像,是建立直角坐标系的关键。例题 1 中的点 $P(20, 30)$ 或 $(30, 20)$ 容易出错,关键在审题,可以让学生再好好审题找出错误理解的原因。数学阅读是一种书面数学语言中获得意义的心理活动过程,是包括感知、理解、记忆等一系列的心理活动和分析、综合、推理、判断、归纳、演绎等一系列思维活动的总和。请同学上来表达,演绎建模过程,是对心理活动和思维活动的具象化和深化理解的过程。

3. 怎样建的好,建的巧。让学生自己读题,让学生放开思考,出现不同方法时,再比较优劣和异同。可能会浪费一些时间,但一定要舍得放开学生去锻炼,但要把控节奏。从其他地方节省回来,比如复习引入和例题的计算就可以放在课后完成,更多的重心放在学生读题和建模的能力培养上。

最后一题观察学生的课堂反应,看教学效果再决定是否展示。

总之要让学生成为学习的主体。对学生要鼓励他们刻苦学习,努力进步,要致力于发展性思维训练,指导学生数学阅读的过程中加强数学语言的教学,让学生了解数学语言各种形态之间的语言特点,学会文字语言、图形语言、符号语言"互译"的应用。提高课堂效率,提升数学学习能力和数学思维能力。

(俞 欣)

课例 3

直角三角形的性质

一、教学分析

（一）教材分析

本节课所学习的是直角三角形的性质定理 1 和 2,其中性质定理 1 学生已经在原有三角形内角和的基础上有所感触,重点在于文字语言转化为符号语言,然后规范学生写法即可;性质 2 是直角三角形斜边中线和斜边之间的关系,这个概念的形成、理解和应用,是教学中的重中之重,教师可以引导学生从图像的阅读和操作中直观感受概念的本质,从语言的转化中深化概念的习得,从具体的练习中巩固概念的核心思想。同时,本节课开始,几何论证的难度开始逐渐增加,图形开始变得复杂,因此从特殊到一般,从操作到探索论证是证明这条性质定理所选择的重要方法,希望以此引导学生感受数学思想,逐步完成从"实验几何"到"演绎几何"的过渡。

（二）学情分析

本节课的授课对象是初二学生,在前期证明举例的学习基础上积累了一些几何论证的相关思想和简单的证明方法。但是,这个班级的学生基础相对薄弱,学生之间差异较大,整体水平不均匀,缺乏钻研思想和学习毅力,课堂注意力较为分散。因此,针对这样的情况,在学习过程中以动手折纸的形式吸引注意力;以特殊等腰直角三角形斜边中线和斜边的关系导入,降低学习难度;以坡度式的练习设计,满足不同程度学生的学习需求,鼓励他们多思考,引导他们掌握几何论证中文字语言和图形语言互化(即读题画图)的基本技能。

二、教学目标

1. 让学生经历探索直角三角形性质过程,基本掌握直角三角形的性质定理 1 和 2,并能用符号语言表示;能在简单环境下运用性质定理

1 和 2 解决数学问题。

2. 理解性质定理 2 的推导过程，能尝试写出证明过程；能灵活应用定理，并能通过添辅助线并运用直角三角形性质定理 2 解决数学问题。

3. 能综合运用直角三角形及其他性质定理解决较复杂的几何证明题，发展数学运用能力。

三、教学思路

本节课的学习是为后续几何证明奠定图形基础和性质定理综合运用基础的一节课，其本身学习难度不是很大，但是如何通过读题画出图形（文字语言转化为图形语言），如何通过读题结合图形标出条件所示（文字语言、图形语言转化为符号语言），如何通过猜测——论证，用语言叙述定理，并将其转化为符号语言，如何有逻辑的写出论证过程等技能都是从这节课开始逐渐深入，因此老师有必要引导学生从简单的图形入手，从规范的书写开始，循序渐进的推进。

这节课从复习三角形的内角和定理开始，学生通过简单论证得出直角三角形两锐角互余的性质，然后进入小练习环节，强调在文字语言转化为图形语言（即读题画图）的基础上，找到前提和结论，进行解题；然后将练习中的图形稍作改变，成为特殊的等腰直角三角形，让学生初步感知性质定理 2 的内容，接着利用折纸进一步看出直角三角形斜边中线与斜边的关系，同时为后续的证明奠定基础，教学目标的落实和重点的习得，难点的化解都在师生共同探讨、总结的过程中达成。

四、教学过程

课前准备：1. PPT 课件（教师用）

2. 人手一个大小不同的直角三角形

3. 学习单（学生用）

环节一：复习旧知　导入新课

师：请大家说一下三角形内角和定理，并将其用符号语言表示。

师：出示直角三角形，提出问题：其两个锐角有何关系？

生：在复习三角形内角和定理的基础上得出直角三角形性质定理 1：直角三角形两锐角互余。

设计意图：通过复习旧知，鼓励学生自己尝试解释新性质，激发学习兴趣，提高阅读参与度。

环节二：讲解新知　加深理解

1. 师：大家一起想想如何用符号语言表述刚才所得性质定理1？

　生：写出性质定理1的符号表达式（文字语言转化为符号语言）

2. 课堂小练习：

(1) 在直角三角形中，有一个锐角为 $52°$，那么另一个锐角度数为_____。

(2) 在 $Rt\triangle ABC$ 中 $\angle C = 90°$，$\angle A - \angle B = 30°$，那么 $\angle A =$ _____，$\angle B =$ _____。

(3) 在 $Rt\triangle ABC$ 中，$\angle ACB = 90°$，CD 是斜边 AB 上的高，那么与 $\angle B$ 互余的角有_____，与 $\angle A$ 互余的角有_____，与 $\angle B$ 相等的角有_____，与 $\angle A$ 相等的角有_____。

设计意图：练习(1)的设计纯粹是为巩固新学性质定理，学生轻松即可解决；练习(2)稍增加难度，引导学生在认真阅读题目的基础上，不仅看到显性条件两锐角差是 $30°$，更要看出隐性条件两锐角和为 $90°$，然后通过列方程组的方法加以解决；练习(3)的设计则故意没有给出图形，是希望学生能够在读题的基础上，根据所给文字语言转化为图形语言，从简单图形开始，养成良好解题习惯，为今后学习几何奠定基础。

3. 师：提出问题：如果在练习(3)中添加 $\angle A = 45°$ 的条件，那么各个锐角是多少度？各条线段之间有什么等量关系？

　生：尝试解决新问题，利用等腰三角形三线合一的性质，发现特殊直角三角形斜边中线和斜边的关系

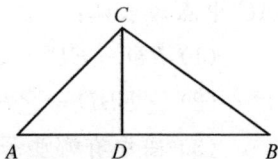

　师：如果是一般直角三角形是否也具备这样性质呢？

4. 动手操作：师：将手中的直角三角形沿斜边中线折成一个矩形，你发现斜边中线和斜边之间的关系了吗？

　生：动手折纸，发现关系，并尝试用文字语言将其表述。

5. 小组讨论：怎么证明你发现结论的正确性？

6. 得出性质定理2，将结论改写成符号语言。

设计意图：这部分的设计是为落实教学目标中知识与技能(2)，通过设计折纸这一环节，加深学生对性质定理2的认识，为后续论证环节做好铺垫，同时引导学生通过操作、论证能够将性质定理2以文字语言加以简述，并写出相应的符号语言，两者相结合便于理解和记忆。

7. 课堂小练习：在 △ABC 中 ∠ACB＝90°，CE 是 AB 边上的中线，若 AB＝10 cm，则 CE＝_____ cm，若 CE＝a cm，则 BE＝_____ cm。

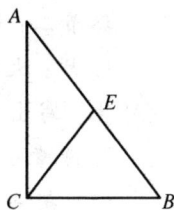

设计意图：此题是对性质定理 2 最直接的应用，主要为了将定理的应用放入实际环境，数形结合，在阅读题目的过程中在图像上找到所示，在最基本的图形中再一次直观感受性质定理 2 的具体内容，第二空将具体数字改成字母，帮助学生树立代数表达式的思想。

8. 出示例 1：如图，在 △ABC 中，$AD \perp BC$，E、F 分别是 AB、AC 的中点，且 $DE=DF$，求证：$AB=AC$

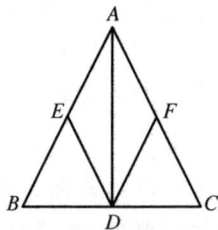

说明：例题 1 在师生共同读题的基础上，一起在图中标出已知条件具体所指，边读边做标记，是几何图形论证中一个非常重要的环节，也是将文字语言、图形语言、符号语言互化的一个过程，有助于学生直观感受已知条件，一目了然看出线段间、边角间的关系，加强解题的速度和准确率。

环节三：**强化知识　巩固练习**

练习 1：已知：$\angle ABC = \angle ADC = 90°$，$E$ 是 AC 中点。求证：

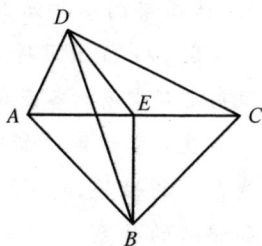

(1) $ED = EB$

(2) $\angle EBD = \angle EDB$

(3) 图中有哪些等腰三角形？

练习 2：如图，在 Rt△ABC 中，斜边 AB 的中垂线 ED 分别交 AB、AC 于点 D、E，连结 BE、CD，$\angle ACD = 2\angle CBE$。求 $\angle A$ 的大小。

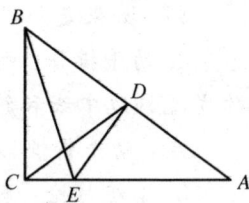

设计意图：练习 1 和练习 2 是在例题 1 师生共同探讨解题思路后的巩固环节，其中第一题相比例题和之前的小练习略有坡度的地方是图形变得较为复杂了，因此对学生的首要要求就是能够在阅读题意的过程中将符号语言很好的落实在图形语言中，找到基本图形，找到直角三角形，找到斜边中线并加以标注，寻找解题的突破口；第 2 题则开始增加难度，将之前所学的多个性质定理融在一起，对他们读题审题的能力有更高的要求，必须挖掘

题目的内涵和每个已知条件背后的真正含义及每个角之间的数量关系，老师带领学生一起分析题意，观察图形，将数形结合的思想贯穿于解题过程。

环节四：课堂小结　深化知识

回顾本节课的学习目标，总结知识要点

引导学生归纳知识，养成好的学习习惯

环节五：布置作业

练习册：P70—P71　习题 19.8(1)

五、教学反思

（一）在文字阅读和图形阅读的整合中培养学生的审题能力

从初二开始，几何逐渐完成从"实验"到"演绎"的转变，通常会有学生觉得课堂上的听课效果和练习准确率都比较高，但是课后独立完成的作业却总是不尽如人意。究其原因，主要还是在解题的过程中没能好好读题审题，没能将零散的已知条件用一条线串联起来。所以，本节课注重对学生读题审题能力的培养，引导他们将获取的结论以完整的文字语言加以表述，并能从题目的已知条件中获取有用的信息转化为图形语言。

例如环节 2 中课堂小练习第 3 题，需要学生在读题的过程中根据所给信息画出图形，这对于初二的学生来说是一项基本技能。在文字语言转化为图形语言的过程中理清图形结构，边角间的关系，同时这也是直角三角形中的基本图形，有助于学生在今后的复杂图形中能分离出；又例如环节 3 中的练习 2，图形虽不复杂，但题目给出的信息量较大，只有在阅读的过程中理解每个已知条件的含义，在图中具体所指，才能更好地审题，更有效地解题。

（二）在文字语言、符号语言和图像语言的互化中提升学生的解题能力

初二是几何学习的一个起点，是培养逻辑思维能力的重要时期。很多学生解题繁琐或是看着题目无从入手，其主要原因都是不能很好把握题目意思，缺少解题思路和阅读能力，因此课上必须时刻注重阅读能力的培养。在教学的过程中，给予学生时间仔细阅读题目，然后交流读题过程中所获信息量，日积月累，读题审题将成为他们一个良好的学习习惯。

例如环节 3 中的练习 1，条件很简单，但要求学生在完成文字的阅

读后能结合图形进行信息处理,就是将 E 是 AC 的中点和 DE、BE 分别是直角三角形 AC 边的中线相联系,于是脑子中立即反应出性质定理 2 的使用。同时在文字语言、符号语言、图形语言的互化中,加深对中点、中线的理解,得到的不仅仅是 DE 是 AC 的一半,更有隐含 $DE = AE = EC$,于是很容易就看出直角三角形斜边中线将直角三角形分割成两个等腰三角形的隐含意义。

当然阅读能力的培养和阅读习惯的养成,几种语言熟练互化的技能都不是一朝一夕可以形成的,教师必须在自己的教学中不断地加以引导和落实,学生才能形成意识,才能在独立解题的时候改变错误的阅读方式,提升阅读的效果。

(李　燕)

课例 4

相似三角形判定定理(3)

一、教学分析

(一) 教材分析

本节是九年级第一学期第二十四章第 3 节内容。主要内容是相似三角形判定三,次要内容是利用三条判定定理解决相关相似图形的证明。在本堂课之前,教材已经介绍了相似三角形的判定定理一和二,分别是"两角对应相等,两三角形相似"和"两边对应成比例,两三角形相似"。相似三角形的判定即是今后学习锐角三角比和圆的知识的基础,也是初中阶段论证几何的重要组成部分。在教学中,凸显以下内容的教学:首先,通过全等三角形判定的文字叙述,引导学生通过类比法探究相似三角形判定三;其次,将重点放在对相似三角形判定定理作文字语言、图形语言、符号语言的三维注解,引导学生进行认知重构,以全方位地准确把握判定定理的内容,尝试使用新定理解决数学问题。最后,突出对相似三角形判定中图形语言、符号语言的理解和分析,可以帮助学生完成相似三角形章节的基本建构,从而搭建属于自己的几何图形王国,有效解决论证几何的证明问题。

(二) 学情分析

本节课授课对象是九年级学生。九年级的学生已具备了一定的数学知识、技能和方法,积累了一定的数学学习经验,初步会从数学的角度思考问题。根据进度在之前已经学习了相似三角形的两条判定定理,学习第三条定理时,对定理的文字阅读和分析应该有了一定的基础。但由于整堂课还涉及三条判定定理的综合使用,这对初学者有一定的挑战性,因此整堂课以学生动笔,师生互动,教师为主导,学生为主体为原则设计。教师要有组织、有目的、有针对性的引导学生结合图形分析定理、结合图形阅读题目,结合图形完成文字语言和符号语言的转化,从而选择恰当的方法去解题。

二、教学目标

1. 感受全等判定(SSS)和相似三角形判定 3 的区别与联系,通过数学文字语言的叙述,体验事物间从特殊到一般的关系。

2. 经历相似三角形判定定理 3 的推导过程,掌握相似三角形判定定理 3。通过对具体的图形分析,体会新学定理中文字语言到符号语言的转化。

3. 理解相似三角形判定定理 3,立足图形语言,参考文字语言,使用符号语言灵活运用解决问题。

4. 根据具体条件,综合运用不同判定定理判定两个三角形相似。

三、教学思路

在教学中,要积极体现“问题驱动”的原则。通过类比全等三角形判定提出问题,引导学生探索通过三边之间关系判定相似三角形的方法,进而获得相似三角形判定定理 3。鼓励学生自行组织文字阐述定理,启发学生结合图形完成符号语言的描述,引导学生完成定理的论证。

在几何问题证明前应重视“分析”,即对复杂几何问题的阅读能力,从复杂几何图形中,分解出基本图形,再根据基本图形的性质解决问题,发展合情推理能力。

四、教学过程

(一) 复习

回顾已学过的判定两三角形相似的方法

类比全等三角形判定推测相似三角形判定定理 3

说明:类比全等三角形判定定理的文字描述,用学生自己的语言阐述相似三角形判定定理 3。

（二）新课

按照全等三角形 SSS 的判定，猜测两三角形的三边满足什么要求，可以得到相似？

已知：$\triangle ABC$ 和 $\triangle DEF$，满足，$\dfrac{AB}{DE} = \dfrac{BC}{EF} = \dfrac{AC}{DF}$，尝试证明 $\triangle ABC \backsim \triangle DEF$

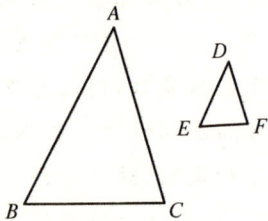

得到相似三角形判定 3：三边对应成比例，两三角形相似。

数学符号语言描述：

$$\because \frac{AB}{DE} = \frac{BC}{EF} = \frac{AC}{DF}$$

$$\therefore \triangle ABC \backsim \triangle DEF$$

说明：1. 着重指出文字语言的精确性，注意"对应"二字的使用。

2. 结合图形，完成文字语言与符号语言的转化，再次关注符号语言中的"对应"，既包括不同边长之间的对应，也包括分数线上下三角形顶点的对应。

请学生对判定定理 3 进行证明。

【学生添加辅助线时，教师注意纠正学生用语中的不完善处。学生在判断三角形全等时容易产生困难，教师可及时跟进，帮助学生把握证明思路。】

练习：

1. 根据下列条件判断 $\triangle ABC$ 和 $\triangle DEF$ 是否相似？如果是，用符号表示出来。

(1) $AB=4$, $BC=6$, $AC=8$
$DE=12$, $EF=18$, $DF=24$

(2) $AB=12$, $BC=15$, $AC=24$
$DE=25$, $EF=40$, $DF=20$

(3) $AB=3$, $BC=4$, $AC=6$
$DE=6$, $EF=9$, $DF=12$

说明：本题注重的是学生通过给定边长数字大小的比较，在边长之间找到文字语言中着重突出的"对应"二字,找到对应点,从而顺利列出比例式,解决问题。

2. 下列四个三角形,与左图中相似的是(　　　)

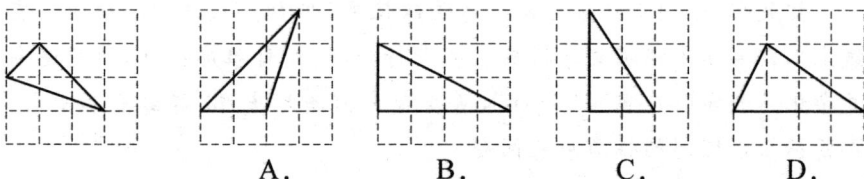

A.　　　　　　　B.　　　　　　　C.　　　　　　　D.

说明:本题给出的已知是用图形语言的形式呈现的,需要学生自行分析,将图形语言转化为数字语言,找到给定三角形和选项三角形之间边长和内角的已知数据,再通过数字转化到文字语言中所强调的"对应"或者"夹角",从而迅速解决问题。

3. 一个三角形框架模型的边长分别是 20 厘米,30 厘米,40 厘米。木工要以一根长 60 厘米的木条为一边,做一个与模型相似的三角形。木工应该怎样选择其他两条边的长,才能使制作的三角形与模型三角形相似?

说明:本题采取文字语言的呈现方式,将相似三角形判定定理用简单的应用题形式呈现,结合了数学学习中的分类讨论思想,需要学生将文字语言中的"对应"转化为数字的具体计算,从而得到不同的结论。

例:如图,$\triangle ADE$ 和 $\triangle ABC$ 中,$\dfrac{DE}{BC} = \dfrac{AE}{AC} = \dfrac{AD}{AB}$,求证:$\triangle ABD \backsim \triangle ACE$

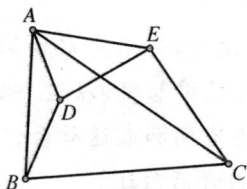　　　　　　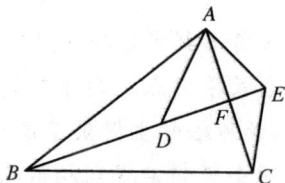

图一　　　　　　　　　　　　　　　图二

拓展:在上题中,记 AC 与 DE 的交点为点 F,添加条件点 B,D,F,E 在一直线上,如图二所示,请寻找图中的相似三角形。

说明:本例题是在学生基本掌握了相似三角形判定定理 3 之后,结

合前几堂课所学习的判定定理1和2,呈现的一道综合分析题。

拓展前的部分,符号语言呈现的已知条件比较直观,只要结合图形简单分析,大多数学生比较快的就能解决。

拓展部分,图形通过运动到达特殊位置(即 B、D、F、E 在同一直线上),需要学生根据文字语言表述进行分析,题目难度提升,问题逐渐复杂化。教学时应重视"分析",从复杂几何图形中,分解出基本图形,再根据基本图形的性质解决问题。

练习:

如图,正方形 $ABCD$ 中,P 是 BC 上一点,$BP = 3PC$,Q 是 CD 的中点,求证:$\triangle ADQ \backsim \triangle AQP$

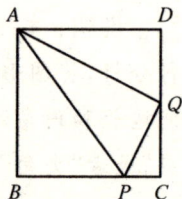

(三) 小结

相似三角形判定定理3,综合利用三条判定定理解决图形论证

(四) 作业布置

(1) 练习册 24.4(3)

(2) 一课一练 24.4(3)

五、教学反思

数学阅读是学生数学能力的一个重要组成部分,也是学生能学好数学知识的基础之一。在本堂课中,尝试通过不同的数学阅读方式来引导学生体验文字语言、图形语言和符号语言之间的转化,从而提升学生的数学解题能力。

(一) 仿照已有知识结构完成新定理的文字语言和符号语言的构建

相似三角形判定定理3:"三边对应成比例,两三角形相似"是本堂课的第一个教学重点。由于有前两堂课的教学基础,在这个新定理的教学环节,教师给学生提供了最广阔的思考空间和表达舞台。

1. 类比全等判定得到相似判定,学生思考后叙述。

2. 相似判定从文字语言到符号语言的转化,学生完成。

3. 判定的具体证明,从辅助线的添加到所有的证明完成,学生独立完成,教师在旁起到提示分析和完善的作用。

这一部分教学中,教师等待学生的思维从一开始的文字类比,慢慢转化成图形和符号语言,再形成自己相对比较成熟的分析和证明,应该说效果不错。

(二)图形语言中隐含的解题关键通过符号语言呈现出来

在练习第二题中

下列四个三角形,与左图中相似的是(　　　)

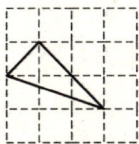 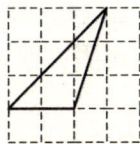 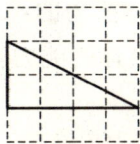  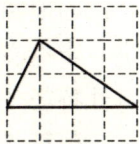

A.　　　　　B.　　　　　C.　　　　　D.

教师考虑到新课内容是三边对应成比例的教学,只和学生们直接就三边的长度进行了计算,迅速通过三边对应成比例解决了题目。这种方法的直观好处是引导学生迅速熟悉了新定理从文字语言到符号语言的过渡,借助数学计算解决了题目。美中不足的是对图形本身特征的剖析过于粗糙。

在这个环节,如果可以稍微多一点分析和提示,学生应该会有不同的声音出现。比如:对于第一个给定三角形,不但有三边边长的已知条件,也有一个内角是直角的隐含条件,从而可以通过判定定理2解决问题,也能漂亮的呼应本堂课的第二个教学重点。这种分析思路,切实的从图形语言着手,挖掘出已知图形中的隐含条件,进一步将它转化为符号语言,最后结合已学过的判定定理(文字语言)漂亮的解决了题目,不失为一种好的思维能力。

(卢　蓉)

第三节　理化学科的广博阅读的实施

一、理化学科广博阅读教育的实施要点

学生理化学科阅读能力薄弱,看不懂原题的文字表述,无法确切理解试题中所给的物理事实和隐含的物理条件,因而不能建立起符合题意的物理情景,列不出正确的方程进行解题。对学生学好理科产生很大的障碍。

物理阅读能力是指为顺利完成阅读物理知识材料所必须具备的个性心理特征的综合。完成阅读物理知识材料的活动,除具备有关知识外,还要有对文字、符号、图表等的理解能力,想象物理情景的能力,分析物理过程的能力,物理逻辑思维能力,敏锐的物理洞察力等相互配合。物理阅读能力是许多具体能力的综合,通过物理阅读的训练能够进一步提高和发展上述各项具体的能力。这说明物理阅读能力具有综合性特征。

理科阅读主要通过理科语言展开的。理科语言是一个概括的概念,具体为物理语言、化学语言等。理科语言包括文字、符号和图像三种形式。其中文字语言是说明理科现象、表达理科概念和规律、呈现理科问题的常用形式。理科的文字语言具有十分严谨的科学性,它准确描述了理科事物的本质和规律(对象、条件及结论)。阅读过程中不能停留在对文字语言本身的理解上,必须抓住语言所表达的理科内容、理解其理科实质。如果用语言叙述头脑中的理科观念,则是一个使观念更清晰、明确和精细的提炼过程。符号语言是用符号、数学式来表达理科概念和规律、理科事物间的因果关系以及理科问题的演算。在阅读和表达中,要经常进行符号语言和文字语言的相互"翻译"。既能把文字语言转换成符号语言,又能把符号语言转换成文字语言,指出它所表达的理科内涵。图像语言是用几何图形来表述理科现象或规律的一种数学语言。与符号语言相比,图像语言具有形象直观、简洁明了的特点。学习中应透过点、线、面把握图像语言所表达的理科量间的变化关系及变化条件。

理科阅读教学要注意:

(一)把握理科语言,精读、细读

理科语言有着其共同特点:明确精准,学术性强。人们对自然的各种现象和规律通常用文字、符号和图像来描述的。理科阅读材料是用最精炼的理科语言陈述理科事件、理科方法、理科知识,具有"严谨清晰,通俗简明"的特点,教师在点拨精讲的基础上,要求学生对重点阅读内容细读、精读,边读边思索。对关键词语深钻细辨,并做好必要的记录、"标记""补充""注解"。指导学生精读习题中的关键语段,提取有用信息。有些习题文字叙述冗长,有用和无用信息混杂,再加上有意设陷,往往使解题者难以把握问题的实质而误入歧途。此时需要反复阅读,用着重号标出关键词句,即问题的主干,削去屏蔽思维的枝节内容,使看似复杂的问题简明化。指导学生精读习题中的理科过程、理清理科情境。有时还可把过程用图像、表格等方式描述,简化过程,帮助理解。

（二）指导学生"读文"与"读图"相结合

有计划的指导学生"读文"与"读图"相结合,"读书"与"读题"相结合,培养学生综合阅读能力。与文字相比,图表具有直观形象的特点。要读懂理科方面的资料,需要能看懂图表所包含的信息,并从中找出规律是非常重要的。学生要学会从图表中提取所需的信息,并具备基本的自然科学知识以及判断、推理和计算能力。在阅读物理和化学方面的资料时,要着重了解所提出的新概念、新理论、新发现、新技术和新方法,同时还要能读懂图示的物理意义,以及有关物理量之间的定性与定量函数关系——该目标分成两条:(1)能理解图、表的主要内容及特征。(2)能读懂一般性科普类文章,并能根据有关资料得出相关的结论。

物理阅读材料涉及背景资料面广,常以现代科技、日常生活、生产中的某个热点事件、问题为情景,既需要阅读能力,又需要解决实际问题能力,平时要留心去阅读、去思考。指导学生阅读的同时做好摘录,扩大信息存储量。将典型的物理模型、图像图表、物理现象、物理过程、物理方法等及时记录下来,对那些模糊不清的内容,指导学生查阅相关资料。

（三）抓住典例阅读,促进学生理科阅读有效性

典型例题的阅读侧重培养学生阅读方法综合应用能力,平时要注重运用各类典型例题进行解读训练。

理科阅读中较多的是资料型信息阅读。这些材料一般由"事件、信息、问题"等构成。信息部分是它的核心,可能包含一些物理教材中没有的内容:如新的公式与规律、方法,跨学科知识,对解决问题直接有关或无关的已知量等。解决这类题目关键是耐心阅读,筛选出有效信息,并学会类比转换,将实际问题转换为物理模型,将遇到的新情景与学过的知识联系对应起来。

（四）加强非连续文本的阅读

理科中有大量的非连续文本,或者混合文本中的表格、图表、图示

等,它的特点是直观、简明,概括性强,易于比较。学生要通过理科阅读学会从非连续文本中获取所需要的信息,得出有意义的结论,发展现代阅读能力。

图像是物理科学方面的又一种表现形式,所提供的信息往往既直观又隐蔽,学生经常会无从下手,平时应加强这方面训练。阅读求解此类问题要仔细弄清图像上纵横坐标各代表的物理量及其单位。若由图像揭示规律,则要把握图像的特征,尤其要注意截距与交叉点等;若由实验数据描绘图像,则要抓住数据整体趋势。

数据表格也是理科阅读中十分普遍的。在物理科学中,常用实验法,一般先记录实验数据,再分析、研究,从中找出定性或定量关系。在实际生活中,好多产品、商品的规格、参数、说明是用表格形式描述的。对这些非连续文本的阅读理解是理科阅读的重要任务,平时应注意通过典型资料培养这方面阅读能力,从数据变化与比较中,获得有用的信息。

(五) 重视理科实验等操作规程的经历

理科有一个重要的阅读就是实验的经历。理科学习要重视结果,但更要重视过程。许多学生在阅读理科教材时,十分重视结果而忽视过程。主要表现在对化学概念、化学原理能熟记,但对化学概念、化学原理的引出过程、推导过程不清楚;对化学实验的结果能熟记,但对化学实验的操作过程及操作原理记不清楚,等等。理科的实验不能只是书面浏览其实验规程的说明,而是必须经历实验的操作过程,对实验全过程进行观察,取得相关信息,分析思考,在获得实验经历的基础上获得感悟,上升到相关经验。

二、理化学科广博阅读教育的主要项目

针对学生理化学科阅读能力薄弱,通过理科阅读的训练提高和发展学生学科阅读素养。我们理化阅读着重研究"理化教学中学生非连续文本阅读能力的提升"。

(一) 第一要项为"掌握理科阅读的基础——理科语言"

理科阅读主要通过理科语言展开的。理科语言是一个概括的概

念,具体为物理语言、化学语言等。理科语言包括文字、符号和图像、数据表格四种形式:

1. 文字语言是说明理科现象、表达理科概念和规律、呈现理科问题的常用形式。理科的文字语言具有十分严谨的科学性,它准确描述了理科事物的本质和规律(对象、条件及结论)。阅读过程中不能停留在对文字语言本身的理解上,必须抓住语言所表达的理科内容,理解其理科实质。如果用语言叙述头脑中的理科观念,则是一个使观念更清晰、明确和精细的提炼过程。

2. 符号语言是用符号、数学式来表达理科概念和规律、理科事物间的因果关系以及理科问题的演算。在阅读和表达中,要经常进行符号语言和文字语言的相互"翻译"。既能把文字语言转换成符号语言,又能把符号语言转换成文字语言,指出它所表达的理科内涵。

3. 图像语言是用几何图形来表述理科现象或规律的一种数学语言。与符号语言相比,图像语言具有形象直观、简洁明了的特点。学习中应透过点、线、面把握图像语言所表达的理科量间的变化关系及变化条件。

图像是物理科学方面的又一种表现形式,所提供的信息往往既直观又隐蔽,学生经常会无从下手,平时应加强这方面训练。阅读求解此类问题要仔细弄清图像上纵横坐标各代表的物理量及其单位。若由图像揭示规律,则要把握图像的特征,尤其要注意截距与交叉点等;若由实验数据描绘图像,则要抓住数据整体趋势。

4. 数据表格也是理科阅读中十分普遍的。在物理科学中,常用实验法,一般先记录实验数据,再分析、研究,从中找出定性或定量关系。在实际生活中,好多产品、商品的规格、参数、说明是用表格形式描述的。对这些非连续文本的阅读理解是理科阅读的重要任务,平时应注意通过典型资料培养这方面阅读能力,从数据变化与比较中,获得有用的信息。

（二）第二要项:提高学生非连续文本的阅读方法

这是理科阅读的重点。第一要项的内容是为本要项奠基的。教师通过总结以往的与探索非连续文本阅读的教学,形成理科非连续文本的教学方法。拟从物理、化学两大学科的若干方面(例如:实验、命题等)形成方法群。

初步的设想,理科阅读方法可以从以下几方面着手:

1. 从理科阅读水平层次角度建构

一般理科阅读水平可以分为四个层次。

（1）认识性的理科阅读层次

认识性的理科阅读层次是理科阅读水平的较低层次。在阅读理科材料时，只扫清了理科文字、符号、图表方面的障碍，只能获得对所读材料的结构和内容的大致了解，能掌握所读理科材料所描述的理科现象及内容，但是还不能将有关理科知识与具体现象结合起来，缺乏对现象做出正确的分析和解释的能力。

（2）理解性的理科阅读层次

理解性的理科阅读层次是指学生在认识性阅读能力水平的基础上，能够达到对知识理解和应用的教学目标。处于此层次的学生在阅读理科材料时，能够将感知的理科阅读材料与原有的理科知识联系起来，经过对理科阅读材料的对象进行联想、想象、分析与综合等思维加工，理解所读理科材料的基本意义。正确把握知识间的相互联系，对所阅读理科材料内容和结构有较强的理解，能将各个不同部分组成一个新的整体。

（3）评论性的理科阅读层次

评论性的理科阅读层次是理科阅读水平的较高层次，处在此层次的学生能达到综合和评价的教学目标。对所读理科材料的科学性、合理性等方面作出判断，对阅读材料的性质和价值等方面作出评价，同时对自己的阅读能力也能作出正确的评价。

（4）创造性的理科阅读层次

创造性的理科阅读层次是理科阅读能力水平的最高层次。达到创造性的理科阅读能力水平的学生，阅读后不仅理解了所读材料，而且能够对其作出正确评论、提出自己的独特见解，由所读材料触发其创造性，发现新的问题。这个层次的阅读有两个明显特征，一是在阅读过程中能重新安排、组合所学的理科知识，并由此创造出新的认识；二是需要较强的批判能力，能突破已有的理科知识，提出解决问题的新方法。

2. 从理科阅读的方式角度建构

理科阅读不仅仅是对原文的机械重述，更重要的是对原文或句、段通过内部语言来理解，并用自己的话表述出来，从而把原文中的思想转变成学生自己的思想，把原文中的语言符号或图示转变成学生自己的知识图式。例如：

（1）综合梳理

运用综合梳理是有效方法之一。通过知识梳理、小结回顾，可以更好地加深对阅读材料的理解、巩固、提升。理科阅读材料涉及背景资料面广，常以现代科技、日常生活、生产中的某个热点事件、问题为情景，既需要阅读能力，又需要解决实际问题能力，平时要留心阅读、思考，及时梳理。指导学生阅读的同时做好摘录，扩大信息存储量。将典型的模型、图像图表、现象、过程、方法等及时记录下来，对那些模糊不清的内容，指导学生查阅相关资料。

抓住典例阅读，促进学生梳理相关知识。典型例题的阅读侧重培养学生阅读方法的综合应用能力，平时要注重运用各类典型例题进行解读训练。理科阅读中较多的是资料型信息阅读。这些材料一般由"事件、信息、问题"等构成。信息部分是它的基础，可能包含一些教材中没有的内容：如新的公式与规律、方法，跨学科知识，对解决问题直接有关或无关的已知量等。解决这类题目关键是耐心阅读，筛选出有效信息，并学会类比转换，将实际问题转换为物理模型，将遇到的新情景与学过的知识联系对应起来。

（2）图文对照

理科教材语言表达简洁、清晰，多为提示性语言，好在理科教材配有丰富的图片，十分符合学生的认知规律。教师要指导学生"读文"与"读图"相结合，运用图文对照加深对教材的理解。与文字相比，图表具有直观形象的特点。要读懂理科方面的资料，需要能看懂图表所包含的信息，并从中找出规律是非常重要的。一方面要求学生仔细读文，另一方面要求学生仔细观察图片等，通过文、图对照阅读，正确理解阅读材料。学生要学会从图表中提取所需的信息，并具备基本的理科知识以及判断、推理和计算能力。

（3）实验探究

理科有一个重要的阅读就是实验的经历。以实验操作为主的内容，要指导学生通过亲身实验探究来帮助解读教材，并通过阅读、探究、分析、综合，获得进一步的理解。许多学生在阅读理科材料时，十分重视结果而忽视过程。主要表现在对理科的概念、原理能熟记，对理科概念、原理的引出过程、推导过程不清楚；对实验的操作过程及操作原理记不清楚。要引导学生对理科的实验不能只是书面浏览其实验规程的说明，而是必须

经历实验的操作过程,对实验全过程进行观察、取得相关信息,分析思考,在获得实验经历的基础上获得感悟,上升到相关经验。

(4) 关键信息

把握理科语言,抓住关键信息。理科语言有着其共同特点:明确精准,学术性强。人们对自然的各种现象和规律通常用文字、符号和图像来描述的。理科阅读材料是用最精炼的理科语言陈述理科事件、理科方法、理科知识,具有"严谨清晰,通俗简明"的特点。教师在点拨精讲的基础上,要求学生对重点阅读内容细读、精读,边读边思索。对关键词语深钻细辨,并做好必要的记录、"标记""补充""注解"。

指导学生精读习题中的关键语段,提取有用信息。有些习题文字叙述冗长,有用和无用信息混杂,再加上有意设陷,往往使解题者难以把握问题的实质而误入歧途。此时需要反复阅读,用着重号标出关键词句,即问题的主干,削去屏蔽思维的枝节内容,使看似复杂的问题简明化。指导学生精读习题中的理科过程、理清理科情境。有时还可把过程用图像、表格等方式描述,简化过程,帮助理解。

三、理化学科实施广博阅读教育的课例

● **物理学科课例**

课例 1

串联电路中电流最大变化量计算的专题课

一、教学分析

(一) 教材分析

电学是整个初中物理知识的一个重点,而电路极值计算是近几年中考的压轴题。这部分内容不仅要让学生熟悉串联并联电路的特点,而且要利用欧姆定律解决电路中的极值问题,需要学生有较好的逻辑思维能力和分析电路的能力。

(二) 学情分析

本节课在整个电路学完的基础上,学生对简单的电路计算已掌握,

而且也会利用欧姆定律对电路的动态变化作出定性判断。但极值电路计算运算量大,辨析性强,所以解题过程中阅读电路图是解题的关键。我校的学生缺少这种读图解题的习惯,缺少从图表中获取信息、分析物理过程的能力。所以本节课尝试通过培养学生读图的习惯,提高学生对图像、文字、符号、表格语言的理解力,从而提升解题的能力。

二、教学目标

1. 理解串联电路中电流、电压和电阻的特点;掌握欧姆定律。

2. 通过读图训练,培养学生读图习惯,学会把图像语言转换成符号语言,理解串联电路中各个物理量之间的关系,经历动态电路中电流表、电压表示数的变化的分析讨论,学会解决串联电路电流变化问题的一般思路和方法,感受逻辑推理的科学方法。

3. 通过阅读电路图,学会从图中获取解题所需的信息,串联电路电流变化量问题的解答基本思路归纳和解题,提升学生判断、分析、推理、计算能力。

三、设计思路

首先,通过学生阅读电路图,复习串联电路动态电路变化,引出极值问题,为后面的新课内容做好铺垫;然后,让学生读图,通过读图获取解题的信息,进行信息加工后,把图像语言转换成文字语言分析,找出电路图所表达的电路中各个物理量之间的关系,再转换成符号语言,利用物理公式解出答案。本节课利用一题多变的形式,通过对物理条件的变化比较,归纳得出限制串联电路中最大电流的条件和最小电流的条件,初步形成电流最大变化量解题思路,最后利用表格语言简单清晰的进一步拓展解决串联电路一系列的变化量的问题。

四、教学流程

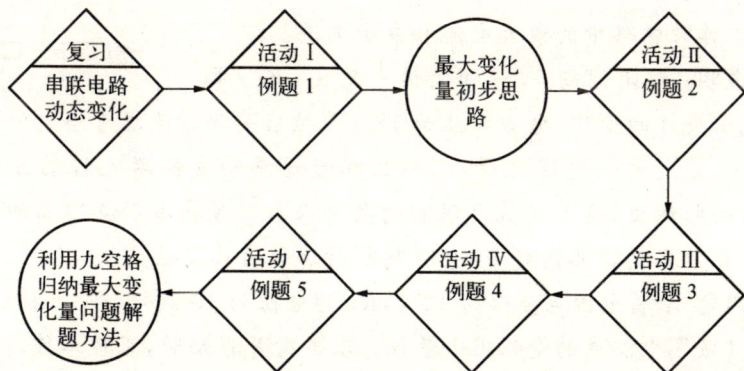

五、教学过程

(一) 导入

课前例题：

如图所示的电路中，电源电压保持不变，闭合电键，向右移动滑片。请判断电流表的示数（　　　　），电压表 V_1 的示数（　　　　），电压表 V_2 的示数（　　　　）。

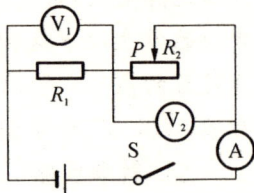

如果滑片在最左端时，示数处于最大值的是（　　　　）表，处于最小值的是（　　　　）表。

说明：复习串联电路动态变化，通过观察电路图，阅读题干中的条件"向右移动滑片""滑片在最左端时"，结合欧姆定律，串联电路的电流关系，引出电流最大最小值问题。

(二) 新课

例题1：电源电压为 6 V，R_1 的电阻为 10 欧姆，R_2 上标有"20 欧姆，1 安"。求当滑片移动时，正常工作时电路中的最大电流和最小电流？

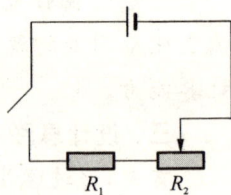

说明：首先让学生观察电路图，获取基本电路信息作出判断：这是串联电路，且电流处处相等，各个电阻两端的电压相加等于电源电压。然后通过读题，从题干中获取数据信息：电源电压为 6 V，R_1 的电阻为 10 欧姆，R_2 上标有"20 欧姆，1 安"。学生根据已学知识，可以判断出 R_2 的最大电阻为 20 欧姆，最小电阻为 0 欧姆。结合欧姆定律公式，解出最大电流和最小电流。

例题2：电源电压为 12 V，R_1 的电阻为 10 欧姆，R_2 上标有"20 欧姆，1 安"。求当滑片移动时，正常工作时电路中的最大电流和最小电流？

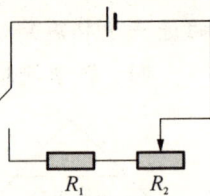

说明：对比例题1，仔细阅读电路图、文字题干，找出条件的变化"电源电压为 12 V"，然后引导学生思考当电源电压变大时，最大电流也随之变化，那么就超过滑动变阻器允许的最大电流，从而归纳出，最大电流受限制的条件来自引号内滑动变阻器的最大电流，让学生明白阅读题干、分析判断对解题的必要性。

例题3：将电源电压改为 12 V，R_1 的电阻为 10 欧姆，R_2 上标有"20 欧姆，1 安"，电流表的量程用小量程。求当滑片移动时，正常工作时电路中的最大电流和最小电流？

说明：对比例题2，仔细阅读，学生会发现电路图中多出了电流表符号，文字中多出"电流表的量程用小量程"这个条件，这个条件使电路中的最大电流又变小了。从而归纳出，最大电流受限制的条件不仅来自引号内滑动变阻器的最大电流，还要考虑电流表的量程。

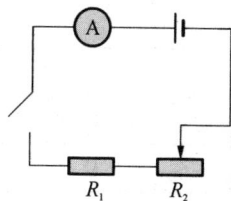

例题4：电源电压为 18 V，R_1 的电阻为 10 欧姆，R_2 上标有"20 欧姆，2 安"。求当滑片移动时，正常工作时电路中的最大电流和最小电流？

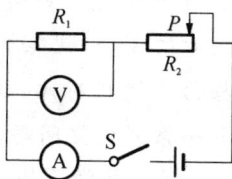

说明：对比例题3，仔细阅读，学生会发现电路图中多出了电压表符号，然后思考电压表对最大电流的影响。最后综合比较，发现串联电路中最大电流受制于滑动变阻器的最大电流、电流表的量程、定值电阻两端的电压表最大量程的限制。通过这些习题的练习，让学生体会到理科的阅读不是简单地看题，而是要对题干中有用的信息加工处理后，才能得出结论。

例题5：电源电压为 18 V，R_1 的电阻为 10 欧姆，R_2 上标有"80 欧姆，2 安"。求当滑片移动时，正常工作时电路中的最大电流和最小电流？

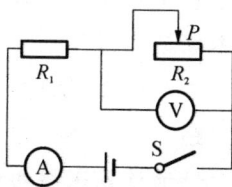

说明：通过4道例题，学生找到了限制串联电路中最大电流的条件，但没发现对最小电流的限制作用。对比例题4，学生通过阅读发现，电压表的位置有变化。根据电路分压特点，电阻越大，电压越大；又根据欧姆定律，电阻越大，电流越小。这个逻辑关系说明，滑动变阻器的电阻最大时，电压表的示数最大，电路中的电流最小。归纳出滑动变阻器两端电压表的最大量程对电路中最小电流起到限制作用。

（三）小结，归纳解题方法

表一 （p 在最小值位置）

U	U 最大	U 最小
I 最大	I 最大	I 最大
R 最小	R	R 最小

表二 （p 在最大值位置）

U	U 最小	U 最大
I 最小	I 最小	I 最小
R 最大	R	R 最大

说明：根据串联电流特点：$I_1 = I_2 = I$，$U_1 + U_2 = U$，$R_1 + R_2 = R$，表格中横向和竖向都有联系公式，只要知道了一直线上的任意两个物理量的大小，就能解决第三个物理量。利用表一和表二两张九孔格表格语言进行对比，从而学生归纳整理出解决串联电路中电流电压电阻的一系列变化问题，提升学生解决物理综合能力。

六、教学反思

本节课利用一题多变的形式，学生通过阅读电路图，对比题干中条件的变化，得出限制最大电流的条件是"考虑电流表量程，定值电阻两端电压表量程，滑动变阻器允许的最大电流"。学生在整节课过程中通过阅读，寻找条件，对比变化，最后思考选用的公式。这样的一个解决问题的思维训练，使学生学会把电路图语言转化成文字和符号语言，最后利用符号语言解出答案。主要从以下两方面来提升学生"非连续文本阅读能力"。

（一）充分利用文字符号表格语言之间关系，帮助学生理清解题思路

通过五道题的练习，学生初步形成电流最大变化量解题思路，并进一步利用表格语言特点，表格中横向和竖向都有联系公式，横向 $U = U_1 + U_2$，$I = I_1 + I_2$，$R = R_1 + R_2$，竖向利用欧姆定律 $I = U/R$，只要知道了一直线上的任意两个物理量的大小，就能解决第三个物理量。利用表一和表二两张表示状态量的九孔格表格语言，从表一状态变化到表二状态，然后进行对比，把最大值减去最小值就得到最大变化量。从而学生归纳整理出解决串联电路中电流电压电阻的一系列变化问题，并能通过阅读从电路图中获取有用信息，对所获得的信息进行处理和交流，从而提升学生解决物理综合问题的能力。

（二）习题注重梯度的设计，从易到难

理科阅读能力是一个认知的心理问题，让学生有一个逐步提高和发展分析物理过程的逻辑思维能力。每一题都会增加一个限制电流最

大值的条件,四道例题,学生就能归纳得出在串联电路中限制最大电流的所有条件,为求后面的最大变化量做好铺垫。所以整节课可以通过由简单到复杂,循序渐进地提高学生学习的自信心,从而提高解题的正确率。

不足之处,有部分学生阅读不全面,理解有所欠缺,题量有点大,有点跟不上节奏。

（吴　娟）

课例 2

《实验情景的归纳》的专题课

一、教学分析

（一）教材分析

上海近四年的中考物理试卷发现,每年填空题的最后一题均考查"情景归纳题",情景归纳题成为中考的热点,其分值为 4 分。所谓"实验情景归纳题"是以"阅读实验情景,归纳实验结论"的专题。具体要求是:先通过阅读题干中文字描述、图片情景的实验步骤和实验现象,寻找"研究量"及"相关条件",以及"题目的指向性",然后进行对比、分析,最后归纳出结论。主要考查学生的阅读理解能力、实验情景观察能力、实验过程的分析能力、规范书写实验结论的表达能力。

总体来讲,分三个环节:

第一环节——审题。通过审题获得这样两种信息:① 实验目的;② 相关的因素(即:控制的变量)。第二环节——对比、归纳,即对比出不同点,归纳出相同点,不同点反映出的是本次实验所要研究的变量,相同点反映出的是本次实验控制不变的变量。第三环节——组织结论。结论的基本格式为"控制的变量(即没发生改变的条件)＋改变的条件＋结果的变化"。

本节课通过几道典型的"实验情景归纳"题目的分析作为载体,使学生经历从文字和图片中寻找"研究对象""相关条件",展示从相关信息中形成规律的方法和技巧,同时引发学生学习的兴趣。

通过变式训练让学生理解从题目中形成规律的方法,然后通过对比学生对规律的不同的叙述方式,归纳得出正确的叙述方法,从而领会

表述物理规律的要领。

本节课的教学要求学生主动参与,体验形成规律的过程,培养严谨的科学态度。

(二) 学情分析

本班同学基础薄弱,在学习的阅读方面和理解能力上有所欠缺,尤其对于一些难度较高的"实验情景归纳"的题目,审题、提取信息、分析信息以及归纳和表述方面的能力有着很大的上升空间。到目前为止,大部分学生可以从题干第一句中找出"研究对象",但在后面的阅读文字和分析图片情景中,只有一半左右的同学能够找出"相关条件和因素",主要原因是:学生在读题时不够仔细,缺少这种仔细读题的习惯,缺少从题干和情景图中获取信息、分析物理过程的能力,所以较难发现"研究对象"发生变化的原因。在这些已经能够找到"相关条件和因素"的同学中,又只有一部分同学能够正确、规范表达实验结论。所以本节课中,我主要想解决的问题是:通过培养学生仔细读题的习惯,提高学生对图与文字的理解力,需要学生掌握情景题的基本解题步骤,以及书写结论时的规范,来提高得分率。

二、教学目标

1. 知道如何阅读题干中的实验现象,学会寻找"研究量"及"相关条件",以及"题目的指向性"。

2. 通过读图的训练,培养学生读图习惯,学会把图像语言转换成文字语言,理解"研究量与某一个变量之间"的变化关系,学会"分析情景变化"一般思路和方法,感受逻辑推理的科学方法。

3. 在经历几道例题的分析过程后,培养学生仔细阅读(读题、读图)的好习惯、从题干和图中提取有用的信息,进行比较、分析、归纳物理规律。通过对结论规范的叙述,感悟物理规律描述的严密性。

三、设计思路

本设计的内容包括两个方面:一是情景题分析过程,二是对物理规律的规范表述。

本设计的基本思路是:首先通过学生阅读题干中的文字描述,利用所学知识点,寻找"研究量"和"相关条件",从信息中分析相同条件和不同条件。然后,让学生读图,通过读图获取解题的信息,进行信息加工后,把图像语言转换成文字语言分析,找出"研究量与某一个变量之间"的变化关系,按照"条件+结果"的格式,进行结论的规范书写。通过两道不同知识点的情景题,引导学生阅读文字和图片中的实验步骤和观察到的现象,初步领会分析数据的方法和技巧。然后通过对比学生的各种回答,引导学生关注结论表述的规范性和完整性,感悟物理规律的严密性。

本设计要突出的重点和难点是:情景分析和归纳的方法。解决的方法是:首先通过让学生的仔细阅读,提取和分析题干中的相关信息,引导学生关注物理规律成立的条件、物理量之间的逻辑关系和文字的规范性,从而学会正确的表述方法,最终让学生能够掌握对于情景题的基本解题方法和技巧。

四、教学过程

(一) 导入

回忆:当你遇到"情景归纳题"时,你在文字和图片中需要寻找什么?

1. 找"_____"(在第一句中)

2. 找"_____"(在文字和图片中)

说明:在做"情景归纳题"之前,必须仔细阅读文字和图片,才能找到"研究对象"和"相关因素",这是为后面的"分析和归纳过程"做好必要的准备。

(二) 例题分析

例题1. 小明同学想研究压力产生的形变效果与哪些因素有关。他将两块相同的砖块放在沙面上,并观察沙面的形变情况,如图(a)、(b)、(c)所示。

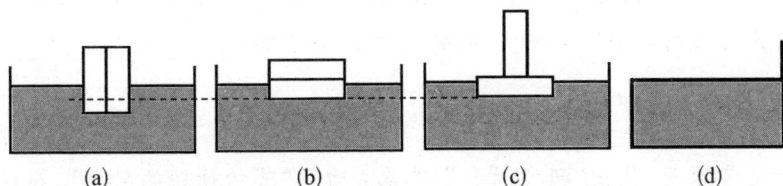

(a) (b) (c) (d)

① 分析比较图(a)和(b)可得:_____。

② 如果想要通过比较图(b)和(d)来探究压力产生的形变效果与压力大小的关系。请在图(d)中,重新设计沙面上的砖块数量和放置情况。

说明:这是一道"课内的探究实验情景"——通过此题来复习"影

响压力的作用效果的因素"知识点。首先让学生阅读题干中"第一句话"获取信息,找到"研究对象"并要求学生划出来,然后再观察各张图片中获取信息,寻找图片中的哪个现象反映出"压力作用效果的大小"? 再次比较图(a)和(b),哪张图片的"沙面下陷深度"较大? 是什么因素导致的? 学生根据已学知识,可以判断出"压力大小"和"受力面积"两个影响因素,最后进行归纳得出结论,并注意结论表述的规范性。

例题 2. 为了研究小球在对接斜面上运动时所能到达的最大高度,小王使小球从 AB 斜面上高位 h 处由静止滚下,小球滚上 BC 斜面后,能到达的最大高度为 h_1,如图(a)所示;逐步减小 BC 斜面的倾角($\alpha_1 > \alpha_2 > \alpha_3$),小球能到达的最大高度分别为 h_2、h_3,如图(b)、(c)所示。然后,他换用材料相同、质量不同的小球再次实验,如图(d)所示。请仔细观察实验现象,归纳得出初步结论。

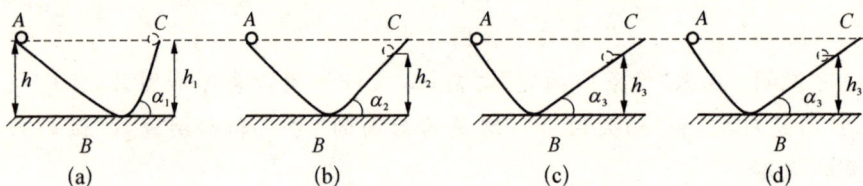

(a)　　　　　(b)　　　　　(c)　　　　　(d)

① 分析比较图(a)和(b)和(c)中小球在 BC 斜面上能到达的最大高度及相关条件可得:小球从同一高度由静止滚下时,＿＿＿＿＿＿＿＿＿＿＿＿＿＿。

② 分析比较图(c)和(d)中小球在 BC 斜面上能到达的最大高度及相关条件可得:小球从同一高度由静止滚下时,＿＿＿＿＿＿＿＿＿＿＿＿＿＿。

说明:这是一道"课外的探究实验情景"。模仿"例题1",通过仔细阅读文字题干,找出"研究对象"(要求:为了"节约读题的时间",在读题时可以采用"边读边划"的形式)。通过仔细阅读,学生会发现"相关条件"有好几个,那么我们用"○"圈出所有的相关因素,然后引导学生思考:以图(a)和(b)和(c)为例,看着图,找一找:哪一张图片中的小球在对接斜面上运动时所能到达的高度最大? 什么原因导致的? 从而带领学生归纳出"小球在对接斜面上运动时所能到达的最大高度是由斜面的倾角"决定的。让学生明白阅读题干和图片对于分析判断和解题的必要性。

（三）讨论与交流

对于"研究对象与哪些因素有关"的探究实验，结论一般有哪几种表述方式？

1. _____

2. _____

3. _____

（四）变式训练

要求：一边仔细读题，一边用笔"_____"划出研究对象；用"○"圈出相关因素。

练习1. 为了探究液体内部的压强与哪些因素有关，小明同学将一根两端开口的玻璃管的一端扎上橡皮膜，将其浸入盛有水的烧杯中，并不断增加玻璃管浸入水中的深度，实验操作过程及实验现象如图（a）、（b）和（c）所示。他继续实验，将烧杯中加入酒精，实验操作过程及实验现象如图（d）所示。（已知 $\rho_{盐水} > \rho_水 > \rho_{酒精}$）

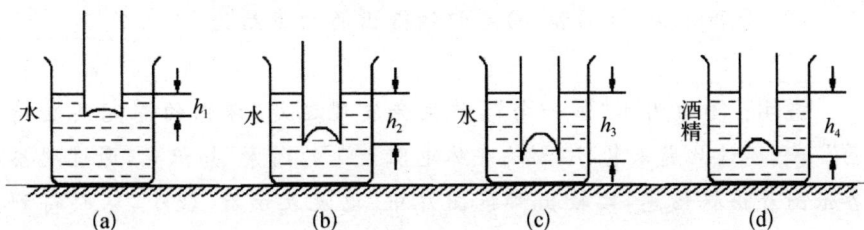

（a）　　　　　（b）　　　　　（c）　　　　　（d）

（1）观察比较图（a）、（b）与（c）可归纳出的初步结论是：_____
_____。

（2）小明比较图（c）与（d）所示的现象后，得出结论"水的压强比酒精的压强大"。小华说他的结论不对，理由是_____
_____。

说明：仔细阅读，学生会发现这是"课内的探究实验情景"——通过此题来复习"影响液体内部压强大小的因素"知识点，首先让学生阅读题干中"第一句话"找到"研究对象"并要求学生划出来，然后再观察各张图片中获取信息，比较出哪张图片"橡皮膜形变程度"较

大,从而引出新的问题"是什么因素导致的"? 学生根据已学知识,可以判断出"液体深度"和"液体密度"两个影响因素,最后进行归纳结论,并注意结论表述的规范性。通过仔细观察图片 c 和 d,学生会发现:实验中没有控制两个液体深度相同这个因素,所以无法归纳出结论。

练习 2. 为了探究导体的电阻大小与哪些因素有关,小王同学利用材料相同但长度和横截面积均不同的导体进行实验,如图所示,已知 $L_甲 = L_乙 < L_丙, S_甲 < S_乙 = S_丙$。请仔细观察图中电流表的指针偏转情况,并归纳得出初步结论。

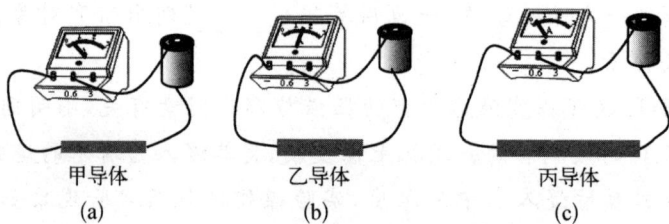

甲导体　　　　　　乙导体　　　　　　丙导体
(a)　　　　　　　　(b)　　　　　　　　(c)

(1) 分析比较图(a)和(b)可归纳得出的初步结论是:当 _____ _____ 相同时,导体的横截面积越小,导体电阻越大。

(2) 分析比较图(b)和(c)可归纳得出的初步结论是: _____
_____ 。

说明:仔细阅读"第一句",学生会发现这是"课内的探究实验情景"——通过此题来复习"影响导体电阻大小的因素"知识点,通过观察各张图片获取信息,比较出哪张图片中"电流表示数"较小,从而得到"哪个导体电阻较大",再引出问题"是什么因素导致的"? 学生根据已学知识,可以判断出"导体长度"和"导体的粗细"两个影响因素,最后进行归纳结论,并注意结论表述的规范性。

通过这些习题的练习,让学生体会到理科的阅读不是简单地看题,而是要对题干和图片中相关因素进行比较、分析,才能找到"研究对象与某一个因素"之间的逻辑关系,最后得出正确的结论。

(五) 布置回家作业

1. 为了探究影响浮力大小的因素,小明同学先将物体 A 分别浸入水中不同深度处,仔细观察弹簧测力计的示数。然后又将它浸没在盐水中($\rho_{盐水} > \rho_{水}$),重复刚才的实验,实验过程如图所示。

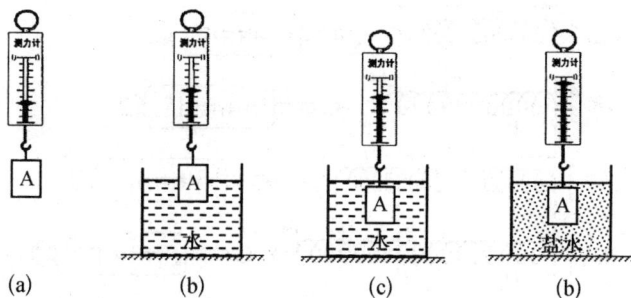

(a)   (b)   (c)   (b)

① 观察比较图(a)、(b)和(c)可得：_____。

② 观察比较图(a)、(c)和(d)可得：_____。

2. 小明同学学习了"力"的知识后，决定探究"风"对纸片作用力的大小。他用电吹风、测力计、迎风面积相同但迎风面形状不同的纸片做了如图(a)、(b)、(c)、(d)所示的实验。其中，图(a)、(b)、(c)三次实验时电吹风的风速相同，图(d)电吹风的风速比前三次实验时的风速大。请根据实验现象及相关条件，归纳得出初步结论。

① 分析比较图(a)和(d)可得：_____。

② 分析比较图(a)、(b)和(c)可得：_____。

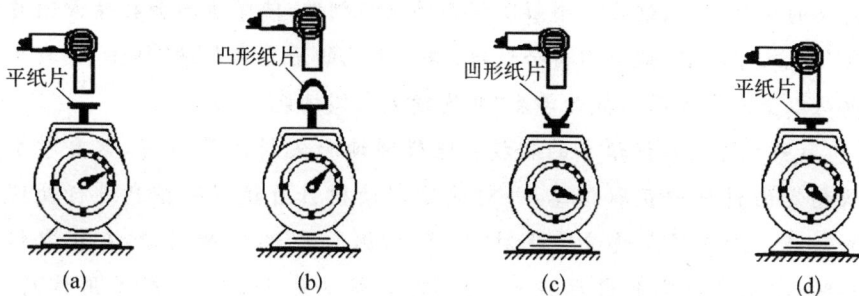

(a)   (b)   (c)   (d)

3. (2012中考题)为了研究受到拉力时弹簧长度的增加量与弹簧自身因素的关系，小华同学选用弹簧 A、B、C、D 和测力计进行实验。已知弹簧 A、C 由同种金属丝烧制而成，弹簧 B、D 由另一种金属丝烧制而成，A、B 原来的长度均为 L_0，C、D 原来的长度均为 L_0'，且 A、B、C、D 的横截面均相同。他将弹簧 A、B、C、D 的左端固定，并分别用水平向右的力通过测力计拉伸弹簧，它们的长度各自增加了 ΔL_1、ΔL_2、ΔL_3 和 ΔL_4，如图(a)、(b)、(c)、(d)所示。请仔细观察实验现象，归纳得出初步结论。

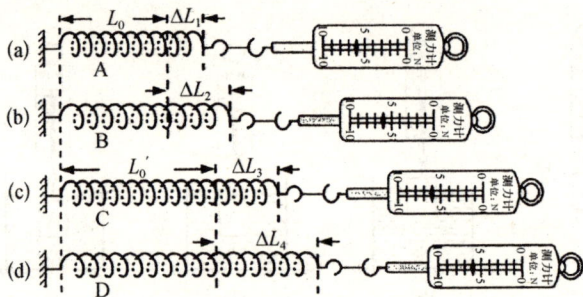

① 分析比较(a)和(b)或(c)和(d)可得：＿＿＿＿＿＿＿＿＿＿＿＿＿

② 分析比较(a)和(c)或(b)和(d)可得：＿＿＿＿＿＿＿＿＿＿＿＿＿

六、教学反思

本节课是一节有关"实验情景分析"的专题复习课,让学生通过阅读文字和情景图片,先明确"实验目的中的研究量"和"所探究的若干相关条件",然后比较和分析相关条件中：哪些条件不变、哪些条件在发生变化,找出"研究量与某一个变量之间"具体的变化关系,最后按照"条件＋结果"的格式,进行结论的规范书写。学生在整节课过程通过仔细阅读题干,寻找条件,对比条件变化,思考"研究量与某一个变量之间"发生哪些具体的变化关系,这样一个解决问题的思维训练,使学生学会把情景图片转化成文字语言,最后用符合逻辑、语序规范的语言来归纳"结论"。我主要从以下三个方面来提升学生"非连续文本阅读能力"。

（一）物理阅读语言的转换：理科阅读和文科阅读不同,需要学生从指定的材料中获取信息,并对通过阅读材料所获得的信息进行处理和交流。这节课我通过学生对"例题1、例题2"的仔细阅读,在获取信息时,学生可以鉴别出哪些是有用信息,哪些是干扰信息或无用信息,即有目的去阅读,大部分学生初步学会了把符号、图像转换为文字描述。对于物理语言的理解,特别是对于关键字词的理解,在进行阅读时,学生能否读出话外之意,弦外之音？如提到"压力的作用效果"一词时,学生能否根据所学知识,马上可以从图中"沙面下陷程度"找到哪幅图中"压力的作用效果"较明显。又如："液体内部的压强",学生马上可以从图中"橡皮膜上凹程度"找到哪幅图中"液体内部压强"较明显。所以,物理学科中文字叙述是极其严谨精炼的,应让学生在阅读中,仔细琢磨某些关键字词的含义,这是有助于学生阅读能力的提高。

（二）充分利用仔细阅读实验情景中"文字描述实验具体操作的过程"和仔细观察"不同图片之间相关条件发生变化的过程"，帮助学生理清解题思路。通过两道例题和三道课堂变式训练题，学生初步形成实验情景归纳的解题思路，只要明确研究量的改变是哪个相关因素造成的，就能利用"控制变量法（控制哪些因素相同，改变另一个因素）"物理语言来表述"研究量与某一个变量之间"发生哪些具体的变化关系，从而让学生归纳整理出如何解答实验情景归纳的方法，并能通过阅读从文字和图片中获取有用信息，对所获得的信息进行处理和交流，从而提升学生解决物理综合问题的能力。

（三）阅读文本注重梯度的设计：从文字少到文字多，从图片简单到图片复杂，从课内已学过的实验到课外未做过的实验。所以整节课可以通过由简单到复杂，循序渐进地提高学生学习的自信心，从而提高解题的正确率。理科阅读能力是一个认知的心理问题，让学生有一个逐步提高和发展分析物理过程的逻辑思维能力。

我发现在这节课上部分题目文字量有点大，有部分学生读题速度和思维有点跟不上节奏，阅读不全面，理解有所欠缺。

本节课的内容是最常见的一种"情景归纳"题型——"控制变量法"探究实验。根据以往一模考和二模考的题型，还有"理想实验推理""引出物理概念"等。所以这节课涉及的类型不够全面，还需要后续专题课，进行"情景归纳"其他题型的拓展。

（刘　辉）

课例 3

动态电路分析专题复习课

一、教学分析

（一）教材分析

动态电路分析是初中电学部分的重要内容。集电路连接方式判断、串并联电路特点、电流表电压表特点及使用、欧姆定律、电功率等知识为一体，同时也是重要的能力要求，电路分析是解决电学综合问题的基础。通过动态电路分析不仅可以考察学生的电学知识，还能考查学生的分析综合能力、灵活运用知识解决实际问题的能力。

这节复习课主要通过"阅读"题目和电路图,复习滑动变阻器的滑片 P 的位置的变化和开关的断开或闭合引起电路中电学物理量的变化,让学生读图获取解题的信息,进行信息加工后,把图像语言转化为文字语言进行分析,找出电路中各个物理量之间的关系。

(二) 学情分析

这是初三中考前的最后一轮专题复习,学生在之前的操练和习题中已接触比较多。应该说电路分析作为一种能力,对于优等和中上等的学生已经不是问题,因此本堂专题复习课是针对一部分在电路分析上仍较为薄弱的同学设计的。目的在于帮助他们掌握读题和分析问题的一般方法和解题技巧。

二、教学目标

1. 会分析滑动变阻器的滑片 P 的位置的变化引起电路中电学物理量的变化。

2. 会分析开关的断开或闭合引起电路中电学物理量的变化。

3. 通过读图的训练,培养学生读图的习惯,学会把图像语言转换为符号语言,理解电路各个物理量之间的关系,感受逻辑推理的科学方法。

4. 通过阅读电路图,学会从图中获取解题所需要的信息,提升学生判断、分析、推理能力。

三、教学思路

本课时的教学任务是由滑动变阻器的电阻变化引起的串、并联电路,以及开关的断开和闭合引起的动态电路分析。它是对欧姆定律、滑动变阻器和串、并联电路的特点、电路故障几项知识的综合运用,是初中物理升学考试的必考内容,属于中等难度的试题。

串、并联电路的动态分析一般步骤是:首先明确电路中各电表的作用,即它们测量的是哪一部分电路的电流和电压;其次是判断电路中滑动变阻器阻值的变化情况;然后结合欧姆定律和串联电路特点,尤其是串联电路中的分压关系来分析各部分电路中电流和电压变化情况,做出正确的解答。

本课时的教学主要以前述相关知识为基础,通过对仿真实验现象的分析、讨论、交流得出对串联电路进行动态分析的一般方法。通过"阅读"题目和电路图,复习电路动态变化,让学生读图获取解题的信息,进行信息加工后,把图像语言转化为文字语言进行分析,找出电路中各个物理量之间的关系。

通过前阶段的复习,学生对于欧姆定律和滑动变阻器这两项知识已经掌握的比较牢固,而串、并联电路的特点以及故障电路的判断尚有少数学生没有掌握好。要将这几项知识综合在一起加以运用来解答串联电路的动态分析问题,对于某些分析能力和逻辑思维能力相对较弱的学生而言难度是比较高的。为此,在教学中安排了典型例题、变式训练、巩固练习等环节对相关知识进行复习,以使学生对新知识的学习有一个比较扎实的基础。而后从相对比较简单的电流变化着手,最后进入到对电压变化的分析。每一步骤都结合一定数量的课堂练习,通过口头回答、书面练习等形式对所学知识加以巩固,以提高学生对于新授知识的掌握水平。

四、教学过程

(一) 知识激活

1. 串联电路是分压电路。在串联电路中,电阻越大的,分的电压越____(多或少);并联电路是分流电路。在并联电路中,电阻越大的分的电流越____(多或少)。

2. 在串联电路中,当只有其中一个电阻的阻值变大时,它的总电阻将变____(大或小);在并联电路中,当只有其中一个电阻的阻值变大时,它的总电阻将变____(大或小)。

3. 有公式 $I = U/R$(欧姆定律)得,当电压不变时,电阻越大,电流就越____(大或小);有公式 $U = IR$ 得,通过电阻的电流越大,它两端的电压也越____(大或小)。

说明:回顾相关知识点,为之后的非连续文本阅读分析提供支持。

(二) 典型习题讲解

类型一:滑动变阻器的 P 的位置的变化引起电路中电流表、电压表示数的变化。

1. 串联电路的动态分析　　　　2. 并联电路的动态分析

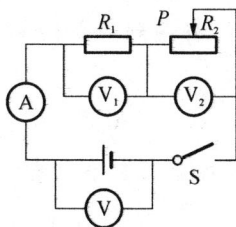

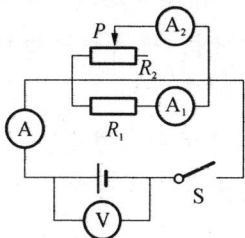

说明：指导学生"读图"，同时将图像语言转换为符号语言。引导学生看懂图表所包含的信息，运用储备知识，从中找出规律，理解电路各个物理量之间的关系，感受逻辑推理的科学方法。同时通过阅读电路图，学会从图中获取解题所需要的信息，提升学生判断、分析、推理能力。

3. 课堂练习

（1）在如图所示电路中，当闭合开关后，滑动变阻器的滑动片 P 向右移动时（   ）

（A）电压表示数变大，灯变暗。

（B）电压表示数变小，灯变亮。

（C）电流表示数变小，灯变亮。

（D）电流表示数不变，灯变暗。

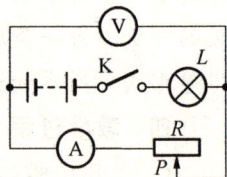

（2）当滑片 P 向左移动时，A 表和 V 表将如何变化。

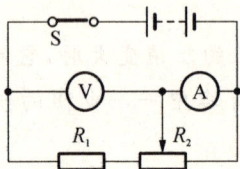

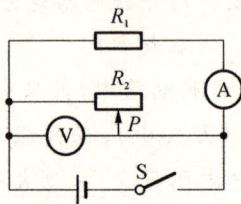

（3）如图所示，闭合电键 S，当滑片向右移动时，请判断电流表和电压表的示数变化：电流表的示数_____；电压表的示数_____。（均选填"变大""不变"或"变小"）

（4）如图所示，闭合电键 S，当滑片向右移动时，请判断电流表和电压表的示数变化：电流表 A_1 的示数_____；电流表 A_2 的示数_____；电流表 A_3 的示数_____；电压表 V_1 的示数_____；电压表 V_2 的示数_____。（均选填"变大""不变"或"变小"）

说明：体验非连续文本阅读的方法，通过阅读筛选出有效信息，并学会类比转换，将实际问题转换为物理模型，将遇到的新情景与学过的知识联系对应起来。

4. 引导学生归纳做题的一般方法

Ⅰ 判断电路连接——可以先简化电路，电流表当导线看，电压表当开路看

Ⅱ判断电流表测量通过哪个用电器的电流

Ⅲ判断电压表测哪部分电路两端的电压

说明：引导学生归纳滑动变阻器的 P 的位置的变化引起电路中变化时，寻找各物理量变化的一般方法，同时了解非连续文本阅读的一般方法。通过知识梳理，可以更好地加深对阅读材料的理解，巩固提升。

类型二：开关的断开或闭合引起电路中电流、电压以及电阻的变化。

例1.如图1所示电路，将开关S闭合，电流表的示数将_____；电压表的示数将_____。（选填"变大""变小"或"不变"）

分析：先看好开关断开和闭合分别是什么电路，然后根据欧姆定律判断。

说明：指导学生"读图"，同时将图像语言转换为符号语言，学会发现开关的断开或闭合引起电路中电流、电压以及电阻的变化。

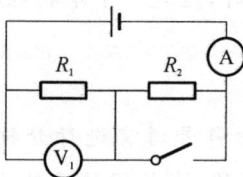

图1

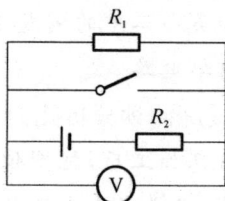

图2

针对练习：如图2所示电路中，当开关S断开时，电阻 R_1 和 R_2 是_____联，开关S闭合后，电压表的示数将_____（选填"变大""变小"或"不变"）。

例2.闭合电键S，请判断电流表和电压表的示数变化：电流表 A_1 的示数_____；电流表 A_2 的示数_____；电压表的示数_____。（均选填"变大""不变"或"变小"）

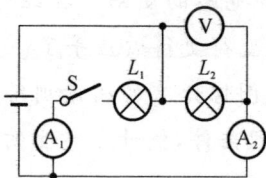

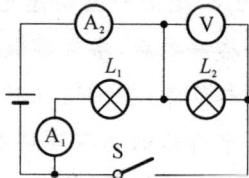

说明：体验非连续文本阅读的方法，通过阅读筛选出有效信息，并

学会类比转换,将实际问题转换为物理模型,将遇到的新情景与学过的知识联系对应起来。

五、教学反思

习题课作为传统教学中的一种典型课,由于分析过程太复杂,往往导致学生不愿意听,教师也觉得难教。

动态分析的习题,语言表达相对简洁,多为提示性语言,着重于电路图的分析和理解,因此着重于引导以下几方面,提高学生非连续文本的阅读能力。

(一) 提高阅读信息能力

通过"读文"与"读图"相结合,通过让学生读图获取解题的信息,并找出关键信息。在动态分析电路中,电路图中包含了该电路属于串联还是并联,每一个电表分别测量电路中哪一部分的电流、电压。但电键发生任何变化,电路也发生了变化。因此必须将电路图与文字阅读相结合。例如类型二中的例题1,电键断开时,这是一个串联电路;闭合时就变成了简单电路。

(二) 提高阅读分析能力

进行信息加工后,把图像语言转化为符号语言进行分析。符号语言是用符号、数学式来表达物理概念和规律、事物间的因果关系以及问题的演算。在阅读和表达中,本节课运用符号语言和图像语言的相互"翻译",找到知识间的相互联系,从动态电路到静态电路,分解了难点,降低难度,提升分析动态变化问题的能力,还促进了学生的学习兴趣。

(三) 提高阅读关联能力

通过动态电路的变式习题练习,引导学生运用综合梳理的有效方法,提升学生的知识迁移能力,更好地加深了学生对阅读非连续文本材料的理解。例如课堂练习1和2,就是第一类动态电路题的串联电路的变形;练习3,是第一类动态电路题的并联电路的变形。在经过之前的方法归纳总结之后,学生再做同类习题就变得更得心应手了。

通过本节课,学生通过对文字、符号、图像语言的阅读训练,能确切理解试题中所给的物理事实和隐含的物理条件,提升了学生的理解力、分析物理过程的能力、物理逻辑思维能力和敏锐的物理洞察力。

(汤　骅)

"力"的概念学习

一、教学分析

（一）教材分析

本节课学习力的概念、力的作用效果、力的作用是相互的。本节内容是后继学习重力、摩擦力、平衡力、力的合成，以及简单机械和压强、浮力的基础。课堂教学设计应围绕学生实验，培养学生阅读实验要求，提取有用信息能力，具体分析实验现象，培养学生对实验过程、情景的分析归纳能力。阅读实验报告，实验数据，经历物理概念的形成过程，从而掌握内在物理知识的联系和解决问题的正确方法。

（二）学情分析

学生从生活的推、拉、踢压、吸等各种活动中对力的体验以及对力所产生现象的观察，积累了大量对力的存在、力的相互作用、力的作用效果的感性认识。但更多的只是感性层次，缺乏理性的思考。学生在做实验的时候往往弄不清实验要求，实验成功率低。本节课针对培养学生阅读实验过程，培养学生提取信息能力、情景分析归纳能力。

二、教学目标

1. 学生通过实验，形成力的初步概念，理解力的概念。能用力的知识分析和解释力的简单现象。知道力的作用与相互作用力，并能从生活实例中判断是哪一种作用效果。

2. 通过学生实验，培养学生从实验要求中提取有效信息，可以根据实验现象分析推理科学结论，加强对物理概念的形成过程，提升观察、分析、推理能力，从而提高非连续性文本阅读能力。

三、设计思路

物理概念教学是初中物理教学的基石。物理概念的理解深度，掌握熟练程度直接反映了学生物理素养的高低。本节课旨在通过学生大量实验活动总结出力的概念，分析归纳出力的作用效果，并对作用力和反作用力有一些初步认识。正确理解实验的操作规范是学生实验成功的关键。学生通过从实验和活动的操作规范中获取信息，在进行实验时能够仔细观察实验全程，正确分析实验过程，讨论交流实验结果，经

历物理概念形成的过程，掌握了内在物理知识的联系和解决问题的正确方法。提升物理情景分析能力、观察分析物理实验过程能力、阅读非连续文本能力。

四、教学过程

（一）导入

活动：感受力的存在

学生互掰手腕。提起水桶。问："在掰手腕、提水桶的过程中，手臂肌肉有什么感觉？"

说明：感受到力的存在。体验是理科阅读过程中的关键环节，设计活动感受力的存在，提高学生感知能力，为后续阅读能力培养提供支持。

（二）新课

1. 力的概念

（1）学生实验1

实验器材：一个小铁球，条形磁铁。

实验要求：一位同学轻推小铁球使它在水平桌面沿直线运动。另一位同学将条形磁铁从侧面（但不要接触）或前方（但不要接触）或后方（但不要接触）靠近运动的小铁球，观察小铁球的运动方向、运动速度大小是否发生变化。

说明：阅读实验要求时获取有用信息。小铁球沿直线运动时，观察小铁球运动方向和运动速度，再用条形磁铁从侧面吸引小铁球时，小铁球运动方向会发生改变，在从铁球前方吸引，铁球运动速度大小会发生改变，从后方吸引，铁球的运动速度大小也会发生改变。指导学生对实验要求仔细阅读。对于理科语言，找到实验要求中大量的非连续文本，或者混合文本中的表格、图表、图示等，如：沿直线运动，不要接触，前方，后方，侧方吸引。经历实验过程，规范操作，磁铁不接触铁球是实验成功的一个关键，这些都需要学生带着目的观察实验。提升学生获取信息的能力，对实验全过程进行观察、取得相关信息，分析思考能力。

（2）实验报告的阅读：从前方吸引，小球运动速度大小发生改变；从后方吸引，小球运动速度大小发生改变，方向发生变化；从侧方吸引，小球速度方向发生改变。对于实验报告的阅读，教师应指导学生逐字逐句的阅读，教会学生比较方法，尊重实验的科学性严谨性，不得随意删改，只能深入理解明确其中含义。侧重培养学生阅读方法综合应用能力，平时要注重运用各类典型例题进行解读训练。关键是耐心阅读，筛选出有效信息，并学会类比转换，将实际问题转换为物理模型，将遇到的新情景与学过的知识联系对应起来。

实验过程注重知识的形成过程。条形磁铁吸引铁球关联了两个物体，引导学生思考力不能脱离物体而存在，需要有施力物体和受力物体。两个物体没有接触。引导学生对不接触的两个物体之间也有力的存在有定性认识。此实验重在分析小铁球运动状态是否发生改变。提高学生阅读分析思考能力。为后续力的作用效果的教学提供了有力依据。

说明：创设实验情景，让学生感受力对物体的形变作用。实验也关联了两个物体。两个实验可以总结出力的概念：力是物体对物体的作用。力的概念语言简单但严谨科学，培养学生阅读概括能力。通过这两个实验，抓住概念所要表达的含义，同时又能分析出一个物体不能产生力的作用，力可以使物体发生形变，为后续教学提供思考的基础。

（3）设问："从力的概念就可以看出力不能离开物体而存在，但其中关联到两个物体，你能否从力的作用关系角度区分这两个物体？"

说明：从前面的实验中分析实验过程，引发学生讨论力的概念中两个物体的关系：施力物体和受力物体。学生讨论的过程，是感悟概念的形成过程。感悟是阅读的核心过程，是对实践经验进行梳理、分析、概括、提炼，然后形成自己的想法、见解，促进自己思想的成熟和发展。

（4）学生思考讨论：接触的物体之间是不是一定有力的作用？

不接触的物体之间是不是一定没有力的作用？

说明：讨论的过程中，鼓励学生大胆表达自己的见解。通过适当的情景设置，让学生的思维过程得以展现。如利用嘴吹笔，笔在桌面滚动。地球表面的物体下落等，都是施力物体和受力物体之间没有接触但存在力的作用。践行是阅读效果的体现，学生可以把前后所有学的知识迁移，自主设计实验方案。对于接触的物体之间是否有力的作用，学生不置可否。我创设的实验情景是让学生背靠背先相互挤压，感受力的存在。再仅仅是衣服接触，不要挤压，感受没有力的存在。让学生

动起来参与到活动中,学生的思维也"动"起来,同时也锻炼了学生表述能力、逻辑思维能力。让学生把所学知识亲身实践。践行是阅读的最高层次,学生能够对自己设计的活动作出正确评论、提出自己的独特见解,发挥创造性,发现新的问题。

练习一

2.力的作用效果

(1)问题

刚才的学习过程中,你是如何判断物体受了力或施了力的?

(2)学生讨论1

组织学生对力的作用效果进行讨论。

(3)归纳

力的作用效果:可以使物体发生形变;可以使物体运动状态发生改变。

(4)学生思考讨论:手压桌面、玻璃等物体,力是否产生作用效果?

演示实验3

利用如图所示的自制教具"小手捏扁玻璃瓶"进行实验。

实验器材:椭圆形玻璃瓶、带孔橡胶皮塞、细玻璃管。

实验过程:在椭圆形玻璃瓶中装满
清水,然后滴几滴红墨水,将细玻璃管插入橡皮塞中,中间不能留有空隙,最后用橡皮塞塞紧瓶口。用力从不同方向捏玻璃瓶。

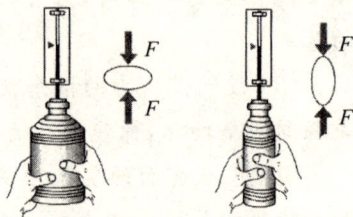

说明:学生已经知道力可以使物体发生形变,但是对于力是否能够使玻璃、桌面等物体发生形变还是有一定的疑惑。玻璃瓶受到力会发生微小形变。肉眼也难以观察。学生在阅读实验过程中,要注意思考老师为什么要使用椭圆形的玻璃瓶?为什么要用细玻璃管插入橡皮塞?为什么要从不同方向用力捏玻璃瓶?思考的过程实际上是实验过程的构建,不仅能营造问题情境的氛围,激发学生兴趣和探究欲望,也能为学生的思维抽象进行预设和铺垫。应在学生体验感悟的过程中,加强对现象的观察、描述、猜想。提高分析实验情景的能力、阅读关联能力。当玻璃瓶受力发生微小形变时,玻璃短轴加压力,瓶的横截面积减小,红色水柱会升高;长轴加压力,瓶的横截面积增大,水柱会下降。这样才能解释并理解力的作用效果确实是使物体发生形变。

微小形变放大观察,体验科学方法。

练习二

3. 力的相互作用

(1) 学生实验3

请两个学生上讲台,用甲弹簧去拉乙弹簧。提醒学生注意观察弹簧的长度变化。(注意:对拉过程中应保持测力计在水平位置上)

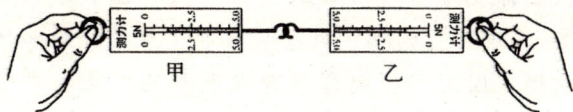

(2) 问题

乙弹簧伸长是意料之中的事,那么甲弹簧的伸长说明什么呢?

说明:学生阅读题目,在对拉弹簧测力计时,保持测力计水平位置,注意观察弹簧的长度变化,分析力的大小。甲弹簧测力计对乙弹簧测力计的拉力方向,乙弹簧测力计对甲弹簧测力计的拉力方向。得出初步结论:相互作用的两个力大小相等,方向相反。培养学生阅读数据,从数据中分析问题导出概念的能力,着重比较数据大小和数据之间有没有内在联系。数据表格也是理科阅读中十分普遍的。在物理科学中,常用实验法,一般先记录实验数据,再分析、研究,从中找出定性或定量关系。对这些非连续文本的阅读理解也是培养的注意点。

(3) 观看视频

脚踩地,脚为什么会麻?

说明:再让学生举些身边例子,或是设计实验证明自己的猜想(踩在滑板上用手推墙,人退去),经历观察与描述实验现象的过程,是对践行能力的再一次培养,让学生在自己设计的实验中,体验力是物体间的相互作用。

(4) 重新给力下定义

说明:力是物体间的相互作用。物理概念的形成过程是思维培养过程,经过反复的实验和活动,层层递进,对力的概念进一步深化、理

解，最终达到培养学生阅读理解能力的提升。

五、教学反思

理科有一个重要的阅读就是实验的经历。以实验操作为主的内容，要指导学生通过亲身实验探究来帮助解读教材，并通过阅读、探究、分析、综合，获得进一步的理解。本节课利用大量学生实验形式，让学生自主参与整节课的物理概念的形成过程。重视实验要求中的思维逻辑主线，重视从实验要求中提取出有用信息，客观把握实验要求中呈现的现象和情景。通过阅读实验目的，实验操作过程，提取有用信息，指导学生经历实验探究来帮助解读教材。学生在整节课过程通过阅读、探究、分析、综合，理解力的初步概念。增加学生的经历和体验，让学生获得事实的依据。因为力的概念孕育在大量的现象和事例中，丰富的感性认识才能成为科学思维的基础。使概念落实到诠释物理现象和过程中。让学生明白概念的准确性和严谨性，对含义深入理解，实际上要了解概念产生的条件与要求。因此着重于引导以下几方面，提高学生非连续文本的阅读能力：

重视逻辑思维主线，对信息进行筛选和鉴别，培养提取有用信息的能力。

重视实验要求和实验报告的阅读，实验数据的阅读理解。培养非连续性文本阅读能力。

客观把握现象和情景，实验经历可以逐步提升学生阅读分析能力。

经历实验探究过程，讨论实验结果，总结实验结论，培养阅读关联能力。

自主设计小实验，将所学知识实践，培养阅读践行能力。

以下是课堂教学中的不足之处：

（1）在思考"相互接触的物体，不一定有力的作用"的时候，举例不恰当，因为学生背靠背，不太容易掌握挤压的度。所以学生依然判断不出是否有力的存在。可以用别的例子，比如斯诺克台球的视频。"两球接触，但没有力"来讲解，这既来源于生活，又能吸引学生兴趣。

（2）应该把"两个物体间的相互作用的力，大小相等、方向相反"这一内容移到第二课时力的测量之后。

学生在学习力的测量之前，不能正确使用弹簧测力计来测力的大小，测量的方法和测量的数据都不够科学、规范和准确，因而会影响测量的信度。因此在学习力的测量之后,再研究"两个物体之间的相互作用力的大小,观察两个力的方向"就更为科学合理。

(梁雨忆)

化学学科课例

课例 5

溶液复习课

一、教学分析

（一）教材分析

1. 溶液是初中化学教学中的重点和难点。与化学反应的现象直观不同,溶液的变化是无法用肉眼直接观察到的,这在教学过程中,给教师的教学和学生的理解都增加了很多困难。

2. 化学图表题这类化学试题,它以图像、图片、统计图、表格、标签、模型等为载体,反映一组或多组内容相关或相似的数据或信息,并借助数学方法分析和解决化学问题。

通过读图识图,考查学生提炼和应用信息的能力、分析和处理数据的能力等。对初中学生具体到图文对照解决情景问题就是所需具备的能力。

（二）学情分析

1. 初三学生在八年级物理中已经接触到了一定的图表题,在解决图表题上有一定的方法和体会。但是在化学教学中,因为溶液章节的特殊性,没有生活中情景可以借鉴,同时也无法像物理一样通过直观的实验来实践微观的溶解和溶液世界。所以在完成图表题时候,在头脑中构建出溶液的微观世界和图表题的情景化、形象化就是关键了。

2. 九年级五班学生在溶液部分知识基础掌握良好,但是部分学生在面对图表题时,不能寻找出图表题中所提供的所有信息,或者不能把信息综合利用。

二、教学目标

1. 理解饱和溶液、溶解度、溶质质量分数概念及溶解度曲线在生产

生活中的应用。

2. 能辨别饱和溶液与不饱和溶液和使其在一定条件下相互转化的基本技能、理解转化时的溶液的变化。

3. 学会溶解度的计算,掌握溶解度曲线、图表的计算。

4. 熟练掌握有关溶质质量分数的计算。

5. 通过引导学生阅读溶解度曲线、图表题,培养学生"获取信息"和"加工处理信息"的能力。

6. 通过溶解度曲线、图表题"获取信息"和"加工处理信息"的能力的锻炼,提升学生对非连续文本的阅读理解。

三、教学思路

培养学生的化学图表认知习惯,提高学生的化学图表认知能力是本节课的目的。学生对图标信息能否正确获取,是图标认知的第一步,也是最关键的一步。学生若能获得正确的信息,则图标认知就能完成一大步。这就要求教师在教学中,充分运用图表,加强对学生进行各种图标信息获取能力的培养。在这一环节中,方法的学习非常关键。

首先要关注横坐标、纵坐标的含义,一旦坐标轴有变化,数据所表示的关系就会有很大不同。其次,再分析图表中的特殊点,如起点、终点、转折点、交点等。对表格的阅读中,首先要关注行列,行和列分别呈现的是什么,有何关联;如果有多行、多列,那么行与行之间、列与列之间是否还有一定的关系。

四、教学过程

知识激活:

1. 饱和溶液和不饱和溶液如何区分? 如何转化? 有没有特殊物质?

2. 影响溶解度变化的内部和外部因素各有哪些?

3. 溶解度曲线中温度变化,会引起饱和溶液怎样的变化?

4. 物质进入水中形成溶液,溶质溶剂应该如何区分? 有没有特殊情况?

(说明:在该环节安排四个问题,针对本节课将要使用的知识进行知识激活)

课堂练习题：

1. 已知，abc 三种物质的溶解度曲线，请回答问题：

(1) 对于物质 a，点 a 的含义是：

(2) b 点的含义是：

(3) t_1℃三种物质的溶解度由大到小的顺序是：

(4) 若 a 溶液中含有少量 b 物质，应该采取的分离操作是：

(5) 若 b 溶液中含有少量 a 物质，应该采取的分离操作是：

(6) t_2℃，等质量的三种物质的饱和溶液降温至 t_1℃，析出晶体最多的是：

(7) t_2℃，三种物质饱和溶液降温到 t_1℃，所得溶液质量分数由小到大的排序是：

(8) t_1℃，将 25 g 固体溶入 50 g 水中，所得溶液质量为：

(说明：在该环节安排八个问题，针对溶液章节常见问题进行复习，并且使学生关注横坐标、纵坐标的含义，一旦坐标轴有变化，数据所表示的关系就会有很大不同。其次，再分析图表中的特殊点，如起点、终点、转折点、交点等。)

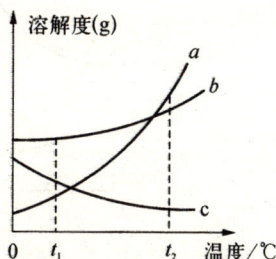

2. 右图为 A、B、C 三种固体物质的溶解度曲线，回答下列问题：

(1) 温度为 t℃时，三种物质的溶解度关系满足"$C<A<B$"的条件，则 t 的取值范围是_____

(2) t_3℃时，将三种物质的饱和溶液降温到 t_1℃，溶质质量分数保持不变的是：_____

3. 根据以上信息回答下列问题：

(1) 下图中，表示 $Ca(OH)_2$ 溶解度曲线是_____（填 A 或 B）

(2) 要将 $Ca(OH)_2$ 的不饱和溶液转化为饱和溶液，采取的方法是_____

(3) 如图所示，20℃，将饱和石灰水的小试管，放在盛水的烧杯中，向水中加入氢氧化钠固体，石灰水变浑浊，结合下图分析原因_____

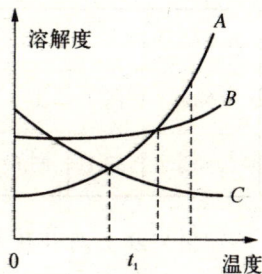

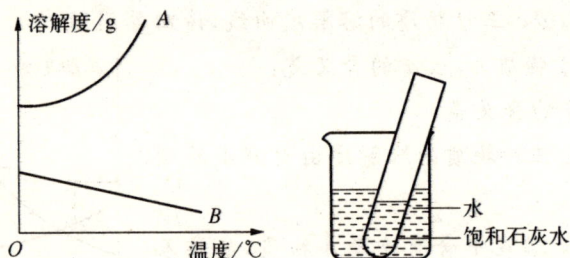

4. 不同温度下，氧气的溶解度随压强变化如右图所示，图中 t_1 队形的温度为 40℃，则 t_2℃对应的温度范围是 _____

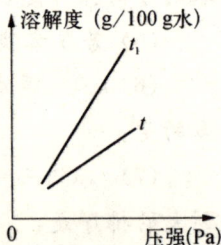

（**说明**：在该环节安排三个问题，设计了图表和实物图。结合问题，由学生分析，展示其思维过程，在过程中适当引导学生挖掘并加工图表中的信息。溶解度曲线的变化和溶质溶解多少之间的关系，看不到的溶解与溶质多少之间的关系。）

5. 下表是 KNO_3 与 NaCl 在不同温度下的溶解度

温度(℃)	0	10	20	30	40	50	60	70	80	90
KNO_3	13.3	20.9	32	45.8	64	85.5	110	138	169	202
NaCl	35.7	35.8	36	36.3	36.6	37	37.3	37.8	38.4	39

(1) 以上两种物质溶解度的变化受温度影响较小的是

(2) 30℃，KNO_3 溶解度是 _____ g/100 g 水

(3) 在 _____ 温度下，两种物质的溶解度可能相等，为 _____ g/100 g 水

（**说明**：对表格的阅读中，首先要关注行列，行和列分别呈现的是什么，有何关联；如果有多行、多列，那么行与行之间、列与列之间是否还有一定的关系。在数据分析中培养学生的数据处理能力，能把以上表格转化为数据上的交点，在第三题中还要转化为实际的曲线，这就需要学生掌握相关方法。）

五、教学反思

（一）教学中要培养学生的化学图表认知习惯,提高学生的化学图表认知能力

学生的认知水平有差异,在日常教学中,教师可以充分利用书本现有图表或者设计图表进行教学;在复习阶段,再进行大量的重复的练习。对很多同学来说能力缺失使得复习效率低下。如在日常教学中,能注意经常利用书本中呈现的图表,设计问题,对学生加以阅读指导,那么对于一般学生也能养成良好的化学图表认知习惯,也能提高化学图表题解题能力。

（二）引导学生从图表中获取知识,培养学生读图能力

学生对图表信息能否正确获取,是图表认知的第一步,也是最关键的一步。

要使得学生体会到阅读的方法,首先要关注横坐标、纵坐标的含义,一旦坐标轴有变化,数据所表示的关系就会有很大不同。其次,再分析图表中的特殊点,如起点、终点、转折点、交点等。对表格的阅读中,首先要关注行列,行和列分别呈现的是什么,有何关联;如果有多行、多列,那么行与行之间、列与列之间是否还有一定的关系。

（三）引导学生分析图表,培养图表信息加工处理能力

学生不能分析图表、利用图表、加工处理信息,常常是从表面获得简单信息,不能对图表所提供的信息做正确的加工,获得有效信息,导致关联的失败或者错误。对图表进行分析,就是对图表中所提供的信息进行筛选、加工、处理。

本节课的表格题中设计了几个问题,教师引导学生分析,展示思维过程,挖掘加工图表的信息。

（四）培养思维能力,提高图表认知中对无关要素的抗干扰能力

本节课设计时,在参考了历年考试中易错题时发现,很多学生在对信息获取时,对无关要素的抗干扰能力较差不能进行分析,导致最后的错误。所以在教学中,教师应该引导学生构建完整的知识体系,培养学生的思维能力。只有构建了相关的知识体系,运用了正确的分析方法,才能正确认识图表中的无关要素,进而正确处理图表信息。

（李　庆）

课例 6

酸碱盐推断题专题复习课

一、教学分析

（一）教材分析

1. 酸碱盐知识是九年级第二学期的主要教学内容，是继溶液这一内容之后遇到的又一个教学重点和难点。酸碱盐推断题是酸碱盐知识学习中典型题型之一，是中考中常见的一种题型，也是学生在现学习阶段碰到的一个难题。这种题型对学生知识的掌握、阅读能力、知识的运用能力有一定要求。

2. 在酸碱盐推断题中涉及的非连续文本的阅读主要有：化学反应式的阅读，流程图式的阅读和文字叙述式的阅读。

3. 通过酸碱盐推断题中三种题型的阅读，第一种化学反应式型的题目阅读主要涉及的是复分解反应，这一类型题目的阅读方法就是在阅读时要找到有特殊颜色的物质和沉淀这些物质的关键信息以及反应式中已给出的物质。结合复分解反应的定义：两种化合物相互交换组分生成两种新的化合物，可以推断出另一物质。第二种流程图式题目的阅读，在抓住一些特殊物质的同时要注意反应中的变量（如：每一步加入的试剂）和反应前后的变化，根据加入的试剂来推断生成的物质和原有的物质；第三种文字叙述类型题目的阅读，在阅读的时候将文字语言转化成化学语言，通过各步骤实验初步推断出一些物质，最后结合整个实验过程推断出混合物的组成成分。

（二）学情分析

1. 学生对酸碱盐的知识点基本了解和掌握了，但在做一些综合应用题时往往觉得束手无策，一方面是知识的综合应用能力较差，另一方面是一拿到题目就想着去做，对理科类型题目的阅读意识不够。对于化学反应类型，通过阅读题目能判断出反应的基本类型（主要是复分解反应），掌握各物质间的相互关系；对于流程图式，通过对流程图的阅读分析，清楚每一步加入的试剂；对于文字叙述类型，要能将文字语言转化成化学语言。所以对酸碱盐推断题各种类型题目的阅读时，都要从题目中去寻找出解题的关键信息。学生读题、审题的耐心和能力是有待培养和提高的。

2.本次上课的是九(1)班的学生。部分学生知识掌握和运用能力较薄弱,对理科类型题目的阅读能力较差,迫切需要对酸碱盐推断题各种类型的题目的阅读能力、解题方法和技巧进行梳理和训练。

二、教学目标

1.熟悉酸碱盐中常见的有色物质和特殊的沉淀。

2.通过阅读题目,重点查找题目中的关键信息,运用一般的推理方法,学会酸碱盐推断题的解题方法,以及酸碱盐知识的综合运用。化学反应式型的阅读就是在阅读时要找到有特殊颜色的物质和沉淀这些物质的关键信息以及反应式中已给出的物质;流程图式的阅读,在抓住一些特殊物质的同时要注意反应中的变量(如:每一步加入的试剂)和反应前后的变化;文字叙述类型题目的阅读,在阅读的时候要将文字语言转化成化学语言。

3.通过化学反应、流程图、文字叙述类型推断题的梳理训练,提升学生在化学学习中非连续文本的阅读理解。

三、教学思路

通过阅读题目,查找题目中的关键信息,运用一般的推理方法,学会酸碱盐推断题的解题方法是本节课的主要目的。解决酸碱盐推断题的基础是要熟悉一些常见的有色物质和特殊的沉淀,知道反应中加入的试剂,这些其实也是题目中的一些关键信息。教师要教会学生遇到这些物质时该有的敏感性,意识到这是解题的关键信息,建立起推断的思路,教会学生读题、审题、答题,提高酸碱盐推断题的解题能力。

四、教学过程

(一)化学反应类型

有 A、B、C、D 四种物质,它们之间有如下转化关系:

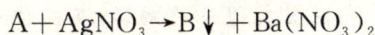

$A + AgNO_3 \rightarrow B\downarrow + Ba(NO_3)_2$

$A + H_2SO_4 \rightarrow C\downarrow + HCl$

$A + K_2CO_3 \rightarrow D\downarrow + KCl$

试推断:A 是_____,B 是_____,

　　　　C 是_____,D 是_____。

练习 1

已知 A、B、C、D、E、F 六种物质的转化关系如下:

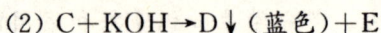

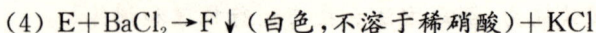

(1) A+B→C+H₂O

$(1) \ A+B \rightarrow C+H_2O$

$(2) \ C+KOH \rightarrow D\downarrow(蓝色)+E$

$(3) \ B+D \rightarrow C+H_2O$

$(4) \ E+BaCl_2 \rightarrow F\downarrow(白色，不溶于稀硝酸)+KCl$

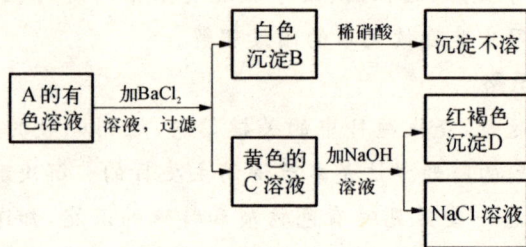

试推断：A是_____，B是_____，C是_____，

D是_____，E是_____，F是_____。

（说明：该环节列出化学反应类型推断题。在酸碱盐推断题中主要涉及的就是复分解反应类型，通过例题复习酸碱盐中常见的有色物质和特殊的沉淀，以及反应式中已给出的物质，指出在阅读题目时要注意这些关键信息。指导学生根据这些关键信息可以推断出一种物质，结合复分解反应的定义：两种化合物相互交换组分生成两种新的化合物，可以推断出另一物质。）

（二）流程图式

试推断：A是_____，B是_____，

C是_____，D是_____。

（说明：该环节列出流程图类型，教会学生看懂流程图，查找题目中的关键信息，如：红褐色沉淀就是氢氧化铁，反应中的变量（如：加入的试剂是氢氧化钠溶液），产物中有氯化钠，根据反应前后的变化关系就可以推断出该黄色溶液就是氯化铁溶液。流程图式题目的阅读，在抓住一些特殊物质的同时要注意反应中的变量（如：每一步加入的试剂）和反应前后的变化，根据这些关键信息来推断生成的物质和原有的物质。）

（三）文字叙述式

1. 某固体混合物可能含有氯化钾、碳酸钠、硫酸钠、硫酸铜和硝酸钡中的一种或几种，现进行以下实验：

（1）将该混合物放入足量水中，产生白色沉淀，过滤后得无色透明

溶液；

（2）在沉淀中加入足量的稀硝酸，沉淀全部溶解，并冒出气泡；

由此可推断原混合物中肯定有_____，肯定没有_____，可能有_____。

2.某固体混合物可能含有氯化钾、碳酸钠、硫酸钠、硫酸铜和硝酸钡中的一种或几种，现进行以下实验：

（1）将该混合物放入足量水中，产生白色沉淀，过滤后得无色透明溶液；

（2）在沉淀中加入足量的稀硝酸，沉淀部分溶解，并冒出气泡；

由此可推断原混合物中肯定有_____，肯定没有_____，可能有_____。

3.某固体混合物可能含有氯化钾、碳酸钠、硫酸钠、硫酸铜和硝酸钡中的一种或几种，现进行以下实验：

（1）将该混合物放入足量水中，得无色透明溶液；

（2）在此溶液中加入氯化钡溶液，产生白色沉淀。

（3）在沉淀中加入足量的稀硝酸，沉淀全部溶解，并冒出气泡。

由此可推断原混合物中肯定有_____，肯定没有_____，可能有_____。

（说明：该环节列出第三种类型即文字叙述式。在阅读文字的时候，要将文字语言转化成化学语言，通过各步骤实验初步推断出一些物质，最后结合整个实验过程推断出混合物的组成成分。这个环节通过三道题目要求学生讲出解题思路，展示其思维过程，在学生的表述中发现在解题中还存在哪些问题可以及时解决，同时提高学生读题、审题、解题的能力。）

五、教学反思

本节课中非连续文本的阅读具体指的是：化学反应式的阅读，流程图式的阅读和文字叙述式的阅读。

（一）教学中首先要让学生熟记常见的有色物质和特殊的沉淀，培养学生在阅读题目时发现解题关键信息的敏锐性。学生的知识储备各有差异，在日常教学中教师要通过实物和实验展示给学生，让他们牢记这些有色物质和特殊的沉淀。

（二）总结酸碱盐推断题的各种题型，培养学生对化学反应式（主要是复分解反应类型）、流程图式、文字叙述式的读题能力。学生能否

解题,首先是要能看懂题目。对于化学反应式,阅读时要找到有特殊颜色的物质和沉淀这些物质的关键信息以及反应式中已给出的物质。学生要抓住各物质之间相互反应关系,特别是复分解反应类型要知道是两种化合物相互交换组分生成了两种新的化合物,找到物质与物质之间反应的关键组分,就可以解决这一类型的题目。对于流程图式题目的阅读,在抓住一些特殊物质的同时要注意反应中的变量(如:每一步加入的试剂)和反应前后的变化,根据这些信息来推断生成的物质和原有的物质。对于文字叙述式,阅读文字的时候要将文字语言转化成化学语言,通过各步骤实验初步推断出一些物质,最后结合整个实验过程推断出混合物的组成成分。同时还要抓住题目中的关键词,如:沉淀"全部溶解"和"部分溶解";加入"过量"的试剂等。

(陆玲华)

第四节　社会人文学科的广博阅读的实施

一、社会人文学科广博阅读教育的实施方法

我们学校的社会人文学科阅读包括思想品德、社会、历史等学科的阅读。社会人文学科阅读,是指学生通过阅读一定材料,去伪存真,获得有用真实信息,并以此经过辨析与探究形成学科上的有关见解与观点,即获取信息,辨析事实,得出结论。通过阅读获得社会、历史事实,形成观点的过程,是学生增强科学精神与人文,掌握辨析与探究方法的过程。

社会人文学科阅读要注意引导学生掌握其特定的阅读方法。

1. 比较性阅读

比较是阅读中经常使用的、重要的阅读方法之一。只有经过细致地比较阅读材料的内容、形式、观点、方法、态度等,才可能使学生在更深入的基础上把握阅读材料。比较性阅读,有助于提高思维的灵活性、深刻性、启发性、缜密性。

2. 求解性阅读

求解性阅读是指学生根据一定的目的要求,在阅读相关材料过程

中,对所提出的目标问题寻找答案,以便形成自己的见解。这是在社会人文学科中发现问题、解决问题的阅读。学生通过对多方面意见的讨论和综合,对其中的问题作出自己的判断。

3. 质疑性阅读

质疑性阅读的目的,在于通过阅读,对现成的观点、见解提出自己的观点。这不仅要求学生熟悉有关事实、史料、情境、背景等,而且要具有批判性思维能力,敢于提出不同的观点。这是高品质的阅读。

4. 创新性阅读

创新性阅读要求学生在阅读材料中运用发散性思维等,运用已有的知识与事实的基础上,提出新的见解与观点。这类阅读的创新有两层意义:一是真正意义上的创新阅读,提出学科上从未有的观点;二是发现学习意义上的阅读,即学生通过探究获得对于自己而言是新的观点。创新性阅读有利于学生认真研读阅读材料,发展学生的发散思维,提高他们的探究能力。

二、社会人文学科广博阅读教育的实施策略

社会人文学科阅读时要注意运用如下方法:

1. 设疑激思策略

以阅读材料为情境,设疑激思,发展学生的思维能力。对阅读所涉及的文字较多内容繁复的材料引导学生精加工,使其成为问题情境,使之主题明确。精加工后的材料更简练,更能引起学生的高度关注,也更容易产生目标问题,突出富有价值的情境。对精加工后材料的阅读,易使多数学生进入"产生和思考问题的亢奋状态",有利于对所提问题的解决。此时,是设疑激思促进学习的最佳时机。设疑激思时应注意:问题的情境性,即问题源于所创设的情境;问题的可思考性,即问题能贴近学生的"最近发展区";问题的趣味性,即问题能吸引学生去思考;问题的目的性,即问题的思考和解决有利于教育教学目标的达成。在学生对问题的思考过程中,教师可以不断加以引导,并在解决问题过程中,鼓励学生提出新的问题,使情境成为问题的"策源地"和"催化剂",使问题成为思维的路标。

2. 辨析解释策略

以阅读材料为切入点,辨析社会人文学科所涉及的规律与解释现象。

社会人文学科课程的一个重要目标是让学生掌握相关学科所指向的规律,例如社会发展规律、历史发展规律,并能运用这些规律解释社会现象、落实现象、道德现象等。社会人文学科的阅读主要有选择地分析阅读材料中的信息,列出所涉及的现象等,并以学科知识作解释。通过阅读培养学生尊重社会科学原理与规律,敢于依据客观事实提出自己的见解,并能根据事实修正自己的观点,培养强烈的社会责任感,发展学生的学科价值观。同时通过阅读,把握社会人文学科中所涉及事物的现象本质与联系,本质在联系中反映。揭示联系,把握所学习的知识间的联系,形成贯穿这种联系的主线,这样可以更好地解释社会现象与历史现象。

3. 多向链接策略

以阅读材料为连接点,多向链接,拓展学生的视野。社会人文学科阅读应从学生的原有知识出发,根据材料的特点加以引导和链接,充分拓展学生的视野。这种多角度的引导和对原有知识的链接,能较有效地拓展学生的视野。在引导和链接中,应重视学生阅读的积累,展开讨论,认识与自己不同的见解,看到事物的其他侧面,从而形成对社会人文学科所指事物更加丰富的理解与运用。这种以阅读材料为连接点的多向链接,可以是以主题为中心的阅读、以信息为中心的阅读、对反思性文本的科学阅读。

三、地理学科实施广博阅读教育的课例

地理学科课例

中 国 的 河 流

一、教学分析

(一)教材分析

本节内容选自上海市二期课改初中地理新教材七年级第一学期第四单元"河流与湖泊"部分第一节。是继第二单元"地形与地势"以及第三单元"气温和降水"后,进一步介绍构成中国自然环境的又一重要内容。因为地势与地形影响河流的流向与水流的缓急,气温和降水则影响到河流的径流量、结冰期、水位的高低变化以及含沙量的多少等一系

列水文特征,所以本节内容是前两个单元内容的延伸与拓展,体现了自然地理要素之间相互联系、相互制约的关系,有助于学生形成正确的地理思维与习惯。

从课程标准要求看,与本节教材相对应的课程标准有两条:第一条是"在地图上找出我国主要的河流,归纳我国外流河、内流河的分布特征",本条标准的要求有两个层次:其一是"我国主要的河流",完成本任务的主要措施是利用"中国水系图"从图中找出来;其二是"我国外流河、内流河的分布特征",解决本任务的措施是通过比对"中国季风区与非季风区分布图"与"中国水系图",归纳得出结论。第二条是"我国南北方河流(外流河在流量、结冰期、含沙量等水文特征方面)的不同特征",本条标准也包括两个层次:其一是在地图上认识中国主要的外流河,并分析河流的水文特征(流量、结冰期和含沙量)与地形与地势、气温和降水的关系;其二是在明确河流特征与地形、地势以及气温和降水上,通过比对相应的地图,进一步明确我国外流河在流量、结冰期和含沙量等方面的差异。在此基础上结合分析"我国部分河流重要测站月平均流量分配图"关注我国水资源的时空分布差异,感知治水、调水的必要性,以便更好地了解河流、利用河流,为生产生活服务。

(二)学情分析

通过六年级第二学期《河流和湖泊》的学习,学生储备了河流与湖泊的一些基础知识,如河流与人类文明的关系、河流的分类、水系和流域等。加之学生已经学习了祖国的疆域与人口,地形与地势,气温与降水等中国自然地理基础知识,积累了一些地理读图和分析能力。七年级学生思维活跃,有强烈的好胜心和上进心,乐于合作分享,有利于开展自主探究学习。但学生在多图比对提取信息、分析地理事物之间的联系方面还须引导,使用专业术语表述分析过程以及得出相关结论还须规范。

二、教学目标

1.通过阅读中国水系图,知道我国主要河流的名称、位置、流向和流入的海洋,归纳我国外流河、内流河的分布特征。

2.通过小组合作探究,尝试结合中国地形图、季风区和非季风区分布图、1月份平均气温图、干湿地区分布图、年降水量分布图,分析秦岭-淮河一线南北河流具有不同水文特征的原因,总结"南北方河流的不同特征",关注知识的前后联系,培养逻辑思维能力。

3. 主要通过分析"我国部分河流重要测站月平均流量分配图"关注我国水资源的时空分布差异,感知治水、调水的必要性,感悟在解决水资源时空分布不均现状时应建立合理协调的用水模式,从而树立人地关系协调发展的资源观和环境观。

三、教学思路

本节课重点通过比较"南北方河流的不同特征",引导学生认识地理要素之间的规律和联系,培养逻辑思维能力,关注我国水资源的时空分布差异,感知治水、调水的必要性,感悟在解决水资源时空分布不均现状时应建立合理协调的用水模式,从而树立人地关系协调发展的资源观和环境观。

1. 本节课通过歌曲欣赏视频引入我国主要河流,引导学生阅读"中国水系图",知道我国主要河流的名称、位置,归纳我国外流河、内流河的分布特征。进一步剖析歌词,以歌曲串烧的歌词作为主线,激活学生思维去关注河流特征,顺势引导学生进一步阅读"中国水系图"及相关地图,认识河流水文特征以及与相关地理要素之间联系。

2. 主要通过分析"我国部分河流重要测站月平均流量分配图"关注我国水资源的时空分布差异,感知治水、调水的必要性,感悟在解决水资源时空分布不均现状时应建立合理协调的用水模式,从而树立人地关系协调发展的资源观和环境观。

本节课的教学以学习指导法为主,结合讲授法、比较法、案例示范法进行。教学中整合地理图像,创设恰当的教学情境,引导学生感知地理要素之间的规律和联系。由于河流的分布、河流的走向、水文特征等是在地形和气候要素的影响下形成的,因此,在充分利用本章节的各种地图外,还引导学生查阅1月份平均气温图、干湿地区分布图、三级阶梯示意图、某地的气温曲线降水量柱状图等。即通过阅读本章的地图,归纳得出现象和特征;通过阅读前两章的相关地图,分析得出这些现象和特征的成因,从而帮助学生建立起知识间的内在联系和因果关系,逐渐掌握学习地理的方法。

四、教学过程

(新课引入)播放歌曲串烧MP3,引入课题,说一说知道的河流名称。

师:同学们都喜欢歌曲吧? 今天周老师邀请大家欣赏一组很有特

色的歌曲,这组歌曲和我们今天要学习的内容有关,猜猜看今天我们要学习什么内容?

生:倾听歌曲串烧MP3(观看歌词:"大河向东流,天上的星星参北斗……;我的故乡并不美,一条时常干涸的小河,依恋在小村周围……;乌苏里江来长又长,蓝蓝的江水起波浪……;黄河的水千年年的淌,黄河的河水怎就这么黄,老祖宗用它洗过脸,留给咱一样样的面庞,一样样的心肠……")

生:河流。

师:说一说你知道的河流名称?

生:长江,黄河,塔里木河,沱沱河,流沙河……

(设计意图:激发学生的好奇心,引入教学主线索。)

(新课教授)

○ 我国主要河流的位置及名称

师:在"中国水系图"上高亮度显示相关河流,要求学生说出相应的河流名称(黑龙江、辽河、海河、滦河、黄河、淮河、长江、珠江、雅鲁藏布江、塔里木河、额尔齐斯河)。

生:阅读地理图册P18的"中国水系"图,回答相关问题。

(设计意图:通过读图训练,了解我国主要河流的名称及位置。)

○ 河流的流向、注入的海洋以及内流河与外流河的区分

师:展示歌词:大河向东流……河流高亮度显示的"中国水系图"问:大河向东流向哪儿了?

生:读图回答:流入太平洋。

师:为什么我国大多数河流自西向东流入太平洋?

生:比对"中国水系图"及"中国三级阶梯示意图",回答:我国大部分河流的流向是由我国地势西高东低决定的。

师:有没有不能流入海洋的河流,找找看是哪条河流?

生:阅读"中国水系"图,读图获得:雅鲁藏布江最终向南流入印度洋,怒江最终向南流入印度洋,额尔齐斯河向北流入北冰洋。

师:最终能流入海洋的河流是外流河,外流河及其支流流经的地区是外流区域。在广阔的中华大地上,成千上万条河流殊途同归,滚滚东流,然而额尔齐斯河却显得那么的与众不同:它不畏艰险地冲出寒冷的雪山,一路辗转,向西北奔去,奔向更加寒冷的北冰洋。这种独立

而又不盲从的性格,使它成为我国唯一注入北冰洋的河流。

生:观察"中国水系"图,了解外流区域的位置及范围。

师:展示额尔齐斯河冬季和夏季的景观图片,问:能否看出这两幅景观的主要区别?

生:额尔齐斯河在冬季有结冰现象。

师:的确如此。额尔齐斯河所在的位置偏北,纬度位置高,冬季气温低,有结冰现象。(为下面得出北方河流冬季有结冰现象埋下伏笔)

师:还有些河流最终消失在沙漠中或者流入内陆湖泊,这样的河流叫内流河。内流河流经的地区是内流区域,比如说……

生:塔里木河(流域)

师:(出示塔里木河的景观图片)塔里木河滋养着河流两岸的绿洲地带,成为西域各族儿女的母亲河。在它周围,生长着顽强的胡杨树。有人说,胡杨树,千年不死,死后,千年不倒,倒下,千年不朽。塔里木河和胡杨树一样,虽然存在于恶劣的环境中,却并没有屈服,在消失于戈壁与沙漠前,闪耀着自己最大的光芒与价值,成为了我国最大的内流河。

生:观察"中国水系"图,了解内流区域的位置及范围,感悟河流对于生命的价值。

(设计意图:通过读图训练,了解我国主要河流流向、注入的海洋;理解我国大部分河流的流向取决于我国地势西高东低的特点。知道我国大部分河流是外流河,塔里木河是我国最大的内流河。)

○ 河流的水文特征

师:歌中唱道"大河向东流……一条时常干涸的小河……","乌苏里江来长又长,蓝蓝的江水起波浪……","……黄河的河水怎就这么黄……",歌词中提到大河、小河,说明河流水量的大小不同,人们通常通过观测站测得的河水流量来衡量河流水量的大小;"乌苏里江的江水水蓝蓝的,黄河的河水怎么这么黄?"这是怎么回事?

生:与泥沙的多少有关,有杂质……

师:河水中,泥沙的多少被叫作河流的含沙量,河水水量的大小、含沙量的多少,都属于河流的水文特征。请你们大胆的推测一下,河流的水文特征还有哪些?

生:有关"河流水文特征"的思维风暴(结冰现象,水流的速度,水位的高低……)

师：请阅读教材第51页关于河流的水文特征的材料，说一说河流具有哪些水文特征？

生：流量的大小、含沙量的多少、结冰期的长短、流速的快慢、水位的高低、汛期的长短……

师：河流的水文特征有很多，今天我们主要研究流量的大小、含沙量的多少以及结冰期这三个常见的特征。河流的水文特征和许多因素有关，比如结冰期的长短和温度有关，那么河流水量的大小与什么因素有关？河流含沙量的多少与什么因素有关？

生：完成水文特征与相关因素的关系表

河流的水文特征	相 关 因 素
河流的水量大小	
结冰期的长短	流经地区气温的高低
含沙量的多少	

师：小结水文特征与相关因素

河流的水文特征	相 关 因 素
河流的水量大小	河水的来源：降水的多少、高山的冰雪融水
结冰期的长短	流经地区气温的高低
含沙量的多少	流经地区植被的疏密程度

师：内流河与外流河相比，哪种河流的水量大？为什么？

生：完成学习任务（一）：内流河与外流河相比，哪种河流的水量大？为什么？

师：比对"中国水系图"和"季风区与非季风区分布图"，小结得出内流河与外流河河水流量不同的原因：发现内流区域的范围大致和非季风区的范围一致，该地区的气候具有常年干旱、降水稀少的特点，因此内流河河水的水量小；然而外流河大多位于季风区，该地区降水丰富，所以外流河河水的水量大。

（设计意图：通过层层递进式的追问，引发学生的思维冲突，比对分析"中国水系图"和"季风区与非季风区分布图"为分析南北方河流的不同特征做铺垫。）

　　○ 南北方河流的不同特征

　　师：通过之前的学习，我们知道秦岭-淮河是我国南方和北方的地理分界线，比对"中国水系图"我们发现有些河流位于秦岭-淮河以北，我们把这些河流称为北方的河流；把位于秦岭-淮河以南的河流称为南方的河流。（在"中国季风区与非季风区分布图"显示内流区与外流区的界限与范围，秦岭-淮河一线，南方河流与北方河流的范围）

　　生：观察动画演示在"中国季风区与非季风区分布图"显示内流区与外流区的界限与范围，秦岭-淮河一线，南方河流与北方河流的范围，获取空间感。

　　师：既然秦岭-淮河是我国南方和北方重要的地理分界线，那么南方和北方河流肯定具有不同的水文特征，请大家前后3—4人组合，合作分析南北方河流为什么具有不同的水文特征。完成学习任务（二）。

　　第一组分析河流水量的大小

　　第二组分析河流结冰期的长短

　　第三组分析河流含沙量的大小

　　生：分组完成学习任务（二），合作探究，进行地理思维，分析各要素之间联系；小组汇报。

　　师：指导学生完成学习任务（二）以及汇报任务。

　　（设计意图：明确小组合作探究的注意事项，在学生汇报时，利用相关地图证明结论与决定因素之间的联系，培养地理思维、比对图表的阅读能力、交流表达能力以及逻辑思维能力，突破教学难点。）

　　○ 小结我国水资源的分布特点

　　师：出示"我国部分河流重要测站月平均流量分配图"（要求学生阅读教材第51页的"我国部分河流重要测站月平均流量分配图"），这些河流在什么季节流量最大？

　　生：阅读教材第51页的"我国部分河流重要测站月平均流量分配图"，夏季河流的流量大。

　　师：按照这四个测站的年平均流量，哪条河流的年平均流量最大？（注意：四幅图纵坐标的数值，有的不一样。）

　　生：长江的年平均流量最大。

　　师：通过分析可以得出我国的水资源具有什么特点？

生：南多北少，夏多冬少，时空分布不均。

（**设计意图：进一步提高读图技能和逻辑推理能力，关注我国水资源的时空分布差异。**）

○ 拓展应用

师：我国水资源总量大，但地区分布很不平衡，总体上是南多北少。而北方地区，尤其是华北地区水资源短缺、供不应求，已成为制约该地区经济发展的重要因素，严重影响到工农业生产和人们的日常生活。假如你是国家水务部门的工作人员，试分析通过哪些措施可以从根本上解决北方缺水的问题。（展示北方缺水、干旱景观图片）

生：观看北方缺水、干旱景观图片，思考、讨论交流：可以把南方的水引到北方、治理污染、节约用水、修建水库……

师：生态系统中所有生命要素因水而生，依水而存，对水的量变和质变十分敏感。兴水利、除水害，人类社会在与水的相依相伴中，在与水的抗争中，得到了繁衍和发展。我们人类在兴水利、除水害的过程中应注意将经济增长与生态系统保护相协调，统筹考虑各种利弊得失，在改造自然、满足人类需要的同时，约束人类自身的行为，兼顾自然界的和谐与稳定。

（**设计意图：感知治水、调水的必要性，感悟在解决水资源时空分布不均现状时应建立合理协调的用水模式，从而树立人地关系协调发展的资源观和环境观。**）

○ 作业：搜集关于黄河、长江的诗句

五、教学反思

（一）教学主线清晰，为"整合地理图像"促进地理阅读创设教学情境

本课的基础知识点既多又杂：要知道我国主要河流的名称、位置、流向和流入的海洋；尝试结合各种地图、分析秦岭-淮河一线南北河流具有不同水文特征的原因，总结"南北方河流的不同特征"，关注知识的前后联系，培养逻辑思维能力；还要关注我国水资源的时空分布差异，感知治水、调水的必要性，感悟在解决水资源时空分布不均现状时应建立合理协调的用水模式，从而树立人地关系协调发展的资源观和环境观。

通过精选的四首歌的歌词："大河向东流，天上的星星参北斗……我的故乡并不美，一条时常干涸的小河，依恋在小村周围……乌苏里江

来长又长,蓝蓝的江水起波浪……黄河的水千年年的淌,黄河的河水怎就这么黄,老祖宗用它洗过脸,留给咱一样样的面庞,一样样的心肠……"导入新课,过渡到我国主要河流的位置及名称;"大河向东流……"引出河流的流向、注入的海洋以及内流河与外流河;"大河向东流……","……一条时常干涸的小河……",引出河流的水文特征:水量的大小;"乌苏里江来长又长,蓝蓝的江水起波浪……","……黄河的河水怎就这么黄……"引出河流的水文特征:含沙量的多少。将整个教学过程巧妙地串了起来,而且层层递进,环环相扣,为教授南北方河流的不同特征搭建平台。

(二) 巧设"思维风暴",为"整合地理图像"促进地理阅读增强学生情感体验

本节课重点是通过比较"南北方河流的不同特征",引导学生认识地理要素之间的规律和联系,培养逻辑思维能力。而"南北方河流的不同特征"主要是关于河流流量、结冰期、含沙量等特征的不同,本教学环节是通过层层深入的设问,激发学生进行关于"河流水文特征"思维风暴的思考,引发思维冲突来解决的。教学片段如下:

师:歌中唱道"大河向东流……一条时常干涸的小河……","乌苏里江来长又长,蓝蓝的江水起波浪……","……黄河的河水怎就这么黄……",歌词中提到大河、小河,说明河流水量的大小不同,人们通常通过观测站测得的河水流量来衡量河流水量的大小;"乌苏里江的江水水蓝蓝的,黄河的河水怎就这么黄?"这是怎么回事?

生:与泥沙的多少有关,有杂质……

师:河水中,泥沙的多少被叫作河流的含沙量。河流水量的大小、含沙量的多少,都属于河流的水文特征。请你们大胆的推测一下,河流的水文特征还有哪些?

生:有关"河流水文特征"的思维风暴(结冰现象,水流的速度,水位的高低……)

师:请阅读教材第51页关于河流的水文特征的材料,说一说河流具有哪些水文特征?

生:流量的大小、含沙量的多少、结冰期的长短、流速的快慢、水位的高低、汛期的长短……

在课堂上可能只有个别学生能讲出其中的一两点,但这个思维风

暴能迅速激发学生的求知欲,进入下一个阅读环节,获取相关知识。

(三)关注图像之间的联系,为"整合地理图像"促进地理阅读搭建"思维桥梁"

地理事物和地理要素之间是相互联系和相互影响的,它们不可能孤立地存在。因此在综合分析问题时,从多方面、多角度去思考,才能正确认识和把握问题的实质。本节课河流的三大特征:流量、含沙量、结冰期有其决定因素。课堂教学时通过师生讨论环节,鼓励学生大胆推测,找出自然地理要素之间相互联系、相互制约的关系,逐步形成正确的地理思维与习惯。如下表:

河流的水文特征	相 关 因 素
河流的水量大小	河水的来源:降水的多少、高山的冰雪融水
结冰期的长短	流经地区气温的高低
含沙量的多少	流经地区植被的疏密程度

反映在小组合作多图分析上,既要了解每张图的"个性",更要把握每张图之间的"共性"。通过学习任务单帮助学生关注图像之间的联系,为"整合地理图像"促进地理阅读搭建"思维桥梁",同时规范使用专业术语表述分析过程以及得出相关结论。

(周　娟)

第五节　艺术体育学科的
广博阅读的实施

一、艺体学科广博阅读教育的实施要点

我们学校的艺体学科阅读包括音乐、美术与体育学科的阅读。音乐是听觉艺术,美术是视觉艺术,体育是动觉艺术,都离不开阅读。特别是艺术,音乐、美术都是抽象的艺术,需要很强的阅读能力,才能鉴赏。但艺术体育也与文字息息相关,教材是以文本形式呈现的,艺术体育的读物也是以文字形式呈现的,例如阅读音乐评论、音乐家传记和回

忆录等,都要靠阅读解决。

艺体阅读教学要注意以下问题:

(一)艺术体育的阅读与其他学科阅读不同

艺体阅读不仅只是文字阅读,还主要依靠音乐语言(例如旋律、节奏、强弱等)、美术语言(例如线条、形状、色彩、构图等)、体育语言(例如力量、速度、技巧等)来展开阅读。听音乐、看美术、观体育也是一种阅读,不同于文字的阅读。同时艺术体育也有着文字等阅读,这是辅助性阅读。在阅读音乐史、美术家传记、艺术作品评论等书籍之后,会对他们身世经历、内心世界、艺术追求、人生哲学有进一步了解,对他们演绎的艺术会有更深的理解,同时也会通过阅读艺术评价进一步理解经典作品。

(二)艺术体育的阅读有很强的个体差异性

音乐体育不是科学,而是艺术,有着强烈的审美,因此不同个体会有不同的审美倾向,呈现"仁者见仁,智者见智"的特点。艺术体育阅读的目的是帮助听懂或者看懂艺术和体育,进入到艺术与体育世界中去。但是懂不懂艺术与体育,区别很大,一个人的懂与另一个人的懂不一样,今天的理解与明天的理解不一样,每次听音乐、鉴赏美术作品、观赏体育赛事,都会获得新的感受与体悟。特别是艺术既抽象又具体,对它们的个体感受的幅度之宽是其他学科无法比拟的。艺术体育阅读很重要的是引导学生学会理解这些艺术作品或者体育赛事所表达的意义,以及自己对此的看法,也就是鉴赏。

(三)重视艺术体育的非连续文本阅读

艺术体育活动在表达形式上是以图像、音频呈现的,也就是以非连续文本表达,不是以"由句子和段落构成的文本"连续文本表达的,并且与理科、数学的非连续文本的呈现形式有所不同。音乐的曲谱是以五线谱或者简谱表达的,体育的动作的图解等,都是典型的非连续文本。美术教学中,引导学生阅读各种图片,使其感知美术作品的不同形式,理解其主题,更好地发掘美术作品的意蕴,激发创新思维,从而在作品中表达自我深切的感受。阅读这些非连续文本是学好这些艺术体育学科的基础。在艺术体育活动中还常有的节目单、赛程表等,这也是非连续文本,这对于更好地参与音乐会、体育活动有着很多的帮助。

（四）艺术体育阅读要坚持由易到难的欣赏

音乐、美术的阅读是很抽象的阅读,有些作品欣赏起来确实有一定难度,有的体育运动,例如艺术体操同样如此。因此艺术体育阅读要坚持由易到难。音乐中有的和声听着很舒服,但有的作品音响很复杂,不容易理解。听音乐要从简单到复杂,开始可以听一些小品、圆舞曲、舞蹈音乐等,以欣赏的态度听。古典时期的音乐也容易听,莫扎特的音乐听起来特顺,不产生距离。听了这些音乐,再听更复杂的和难懂的,比如浪漫时期的和现代音乐,因为听到一定程度对内涵简单的就不满足了。有些好作品的难是有道理的,复杂的和有需要难必然能给予更多欣赏。

（五）重视艺术体育读物的阅读

艺术体育在教与学过程中主要是以非连续文本展开的。但是要发展学生对艺术体育的兴趣、更好地提高艺术体育技能的文化品位,要引导学生多阅读艺术体育的读物,一些连续文本的阅读。许多普及古典音乐与美术的读物,如世界音乐名作系列、美术普及读物等,有些涉及基本知识,有些是史实生平、作品介绍,有助于音乐与美术入门和欣赏。

二、美术学科广博阅读教育的主要项目

美术是视觉艺术,是抽象的艺术,需要很强的阅读能力,才能鉴赏。美术阅读与其他学科阅读有所不同,不仅只是文字阅读,主要需要依靠美术语言,例如线条、形状、色彩、构图等。欣赏美术作品、舞台美术、工艺美术、日用美术,甚至广告美术等都是一种阅读,不同于文字的阅读。同时美术也有着文字等阅读,这是辅助性阅读。在阅读了美术史、美术家传记、美术作品评论等书籍之后,会对他们的身世经历、内心世界、艺术追求、人生哲学有进一步了解,对他们演绎的艺术会有更深的理解,同时也会通过阅读美术评价进一步理解经典作品。

美术阅读旨在让学生"感受美、鉴赏美、创造美"。美术阅读是以

美术的语言(形态)作为具体的媒介手段,通过展示美术对象丰富的价值意蕴,直接作用于学生的情感世界,从而潜移默化地塑造和优化学生的心理结构、铸造完美人性的一种教育方式。美术阅读目标是提高学生的审美品质,使学生能通过美术阅读提高审美素养。把美术教育单纯作为艺术技能训练是偏离美术教育目标的。教育不再局限于经验世界的传承与生活世界的体验,还在承担起人类对自然美的不懈的追求、感悟、享受、再现和对人文美的不断创新与实践的能力培养与发展使命。

我们确定的美术阅读的主要项目是"美术阅读中提升学生审美品质"。

审美品质是指学生的审美精神、审美情趣、审美品位、审美能力等的综合素养。审美品质集中体现了学生在审美教育活动中对形式美的感受和理想美的追求所形成的各种素养的总和。审美品质是以审美意识与能力为基础,内化为学生个体人格特征,是精神追求、个体风格、审美能力、生活品位的综合。

(一)第一要项为"让学生掌握美术审美元素——美术语言"

美术的审美是通过其元素线条、形状、色彩、构图、造型等美术语言对形式美的感受的。绘画用线条、色彩,雕塑用形体,通过这些训练,可以提高学生对线条的曲直,色彩的明暗、冷暖,形体的方圆、轻重及其情感色彩的感受力。美术是抒情艺术,具有强烈的情绪感染和情感陶冶的功能。通过美术阅读发展学生的想象力,理解抽象的美术语言下的象征意义,提升学生对美术元素的艺术美感,唤起学生情感的共鸣。

美术元素的把握,重视其非连续文本阅读。美术在表达形式上是以形象呈现的,是以非连续文本表达,不是以"由句子和段落构成的文本"连续文本表达的,并且与理科、数学的非连续文本的呈现形式有所不同。美术教学中,引导学生阅读各种图片,使其感知美术作品的不同形式,理解其主题,更好地发掘美术作品的意蕴,激发创新思维,从而在作品中表达自我深切的感受。阅读这些非连续文本是学好美术学科的基础。

（二）第二要项为"课堂教学全过程中美术阅读的整合"

在美术阅读的操作上，通过形式美的欣赏，培养学生对艺术形态美的感知能力；通过美术实践与体验，增强学生审美兴趣、审美情感；通过美术创作与再现，发展学生审美想象力、审美理解力、表现创造能力；通过理想美教育培养健康的审美情趣、审美价值取向、审美理想。

1. 在教学环节中整合。一般美术课堂教学有三大环节：导入与讲解新课、学生美术实践、学生作品交流与评价。美术阅读应该在这三个环节中融合，不断地通过美术阅读引导学生进行美术学习，从了解本节课的学习内容，到实践、最后评价其实都以美术元素的阅读把控着。

2. 美术阅读要坚持由易到难的欣赏。美术的阅读是很抽象的阅读，有些作品欣赏起来确实有一定难度，因此美术阅读要坚持由易到难。美术作品有抽象派、写实派等各有特色，有的不容易理解。欣赏美术要从简单到复杂，开始可以看一些现代作品，然后古典作品。从与生活接近的美术阅读开始，不产生距离，逐步到纯美术作品的欣赏，有了一定的美术阅读经验后，看这些美术作品也困难减小。有些好作品的难是有道理的，复杂的和有需要难必然能给予更多欣赏。

3. 美术阅读有很强的个体差异性。美术不是科学，而是艺术，有着强烈的审美，因此不同个体会有不同的审美倾向，呈现"仁者见仁，智者见智"的特点。美术阅读的目的是帮助看懂自己或者他人的作品，进入到艺术世界中去。但是会不会阅读美术区别很大，一个人的审美与另一个人的审美不一样，今天的理解与明天的理解不一样，每次鉴赏美术作品都会获得新的感受与体悟。特别是艺术既抽象又具体，对它们的个体感受的幅度之宽是其他学科无法比拟的。美术阅读很重要的是引导学生学会理解这些艺术作品所表达的意义，以及自己对此的看法，也就是鉴赏。

4. 重视美术读物的阅读。美术在教与学过程中主要是以非连续文本展开的。但是要发展学生对美术的兴趣、更好地提高美术技能的文化品位，要引导学生多阅读美术的读物，一些连续文本的阅读。许多普及经典美术的读物，有些涉及基本知识，有些是史实生平、作品介绍，有助于美术入门和欣赏。

三、美术学科实施广博阅读教育的课例

美术学科课例

远古的音符和密语

——彩陶纹饰探究与设计

一、教学分析

（一）教材分析

《认识彩陶纹饰》是八年级艺术教材第一学期第二单元《感受古老文明——亲近陶瓷艺术》的教学内容。本课最吸引我们的地方体现在对中华传统文化的关注和了解彩陶纹饰背后独特的寓意。

彩陶是新石器时代的产物,在神秘的原始艺术中独具魅力。彩陶作为一种原始艺术,纹饰是其主要的艺术语言。彩陶纹饰记录来自远古时代的历史,这些凝固在器壁上的线条向我们彰显着远古时期的强大生命力。从朴稚的"人面鱼纹"到极富寓意的"蛙形纹",这正是对于生命追求的肯定;从"象形纹饰"到"抽象纹饰",这是人们对美的追求与创造。

作为美术课堂,要对中学生从宏观的角度进行艺术欣赏,从操作的角度进行艺术实践,从综合的角度进行艺术融汇。本课《认识彩陶纹饰》重点是介绍仰韶文化彩陶和马家窑文化彩陶的造型和纹饰特点。意在通过教材中彩陶纹饰的构成元素和审美特点进行多角度阅读,来了解彩陶除了造型优美、色彩绚丽、制作精良,更有奇特的图案纹饰和独特内涵寓意,更具独特的艺术价值!

因此,学生需要通过欣赏课学会阅读、欣赏和理解:原始彩陶的纹样有点型纹、直线纹、几何形体纹、波折纹、象形纹等,作为符号语言充分反映了原始先民通过纹样的刻画描写来记录现实生活的特有审美表达方式。通过欣赏课学会分析和探究:在表现手法上表现为点线面的组合、排列、重叠、对称、疏密等方法。

（二）学情分析

对于现在八年级的学生来说,在六七年级已经学习过点线面的构成和简单设计,如果本课还是单纯的讲解点线面的图案设计似乎太简单了。七年级的历史课也对彩陶起源有简单接触,但对于彩陶的纹饰、寓意、内涵可以说学生知之甚少。因此,我认为八年级学生具有较强的探究能力,可以较为深入地探讨与学习彩陶纹饰:如彩陶纹饰是为了装饰?彩陶上有哪些种类纹饰?彩陶的纹饰有何寓意?彩陶纹饰如何不断演变?如何排列组合成各种不同的纹饰?因此,本课力求在欣赏中关注"美术阅读"的细节,能让学生对彩陶作品的纹饰细节做更多的思考,同时让学生在课堂教学大量的"美术阅读"中加强审美元素:线条、形状、色彩、构图、造型、大小、对比、疏密等美术语言的学习,培养学生正确的审美方法与角度,提升学生审美情趣与品位。

二、教学目标

通过欣赏图片和视频,阅读彩陶纹饰的图案细节,在了解中国彩陶文化和历史的基础上,重点了解原始彩陶的纹饰构成、纹饰特点和纹饰寓意;在阅读中渗透美术语言的学习,通过观察、探究、对比、归纳仰韶文化彩陶和马家窑文化彩陶不同时期的纹饰多样性特征与纹饰的演变,培养学生正确的审美方法与角度;进一步感受彩陶的艺术魅力,提高对彩陶的鉴赏能力,提升阅读审美品质,培养热爱祖国优秀传统文化的艺术情结。

三、教学思路

本单元以浅显的文字、生动的图例,介绍了我国和世界各国的古代陶瓷艺术作品,介绍了欣赏陶瓷艺术作品的基本方法。让学生在认识远古彩陶纹饰的基础上,以刮蜡、剪贴、写生添加等方法设计有趣的彩陶纹饰。

本单元分为五课时,第一、二课时,主要是围绕着原始彩陶的造型、纹饰,让学生深入了解我国彩陶文化的历史,通过图片的欣赏,让学生更加直观地感受彩陶的造型和纹饰,感受原始彩陶的无穷魅力。第三、四课时,能简单运用所学纹饰通过合理构图在彩陶上进行装饰和设计绘制。第五课时,欣赏现代陶艺作品,了解陶艺与现代生活的关系。

本课为第二课时"彩陶纹饰探究与设计",采用图片剖析、视频欣赏、师生交流、评价等教学方法和途径,教师有侧重地指导学生对彩陶纹饰的细节、特征进行欣赏和剖析,加深对彩陶历史发展、文化内涵、艺术价值的了解和认识,从中渗透美术语言的学习并激发学生感受美、表

现美、创造美的情趣。

四、教学过程

(一)导入(视频欣赏导入)

启发学生思考,引发对远古彩陶文化的思考。

彩陶纹饰是信手涂鸦? 是为装饰和美观作用? 还是有其他含义?

出示课题

(二)新授(了解彩陶文化的发展、不同时期的纹饰特征)。

1. 讲解由于时间跨度和分布地域不同,彩陶文化分为不同类别,简析彩陶发展的特点:

仰韶文化彩陶(半坡、庙底沟)

马家窑文化彩陶(马家窑、半山、马厂)

2. 探究彩陶的纹饰密码寓意的意义。

3. 彩陶纹饰剖析:

彩陶有着丰富的纹饰,利用视频分解给学生欣赏,让学生知道彩陶纹饰的奥秘与寓意:图腾象征、生活记录、精神寄托、先民智慧等。

鱼纹:图腾化、抽象化、艺术化

视频欣赏1

师:"半坡类型彩陶因在西安半坡村新石器文化遗址的发现而得名。半坡类型文化的彩陶上有较多的动物图像。其中,最有代表性的就是现在的这个纹样,是什么呢?"

生:鱼。

师:"你觉得这个鱼的造型如何? 观察是写实? 抽象? 单体? 复体?"

生:鱼纹形象较写实,大多是单独的鱼纹,有侧面形象。

师:"为什么要大量画鱼?"

观赏视频《鱼纹》(3分钟)

师:古代半坡人在许多陶盆上都画有鱼纹和网纹图案,这应与当时的图腾崇拜和经济生活有关。半坡人在河谷营建聚落,过着以农业生产为主的定居生活,兼营采集和渔猎,这种鱼纹装饰是他们生活的写照。稍有变形的鱼纹很可能是代表人格化的独立神灵——鱼神,表达出人们以鱼为图腾崇拜的主题。早期先民就是利用自己熟悉的物象表现对于自然万物精神崇拜的。

(**说明**:在课堂教学欣赏环节中贯穿"美术阅读",在欣赏中关注"美术阅读"的细节,能让学生对作品细节做更多的思考及刻划,提升学生审美情趣与品位。)

鸟纹、太阳纹:表现时节交替、季节转换、集先民智慧(视频欣赏)

水波纹、漩涡纹(视频欣赏)

小练习:漩涡的变形

蛙纹(神人纹):神力化、精神寄托

视频欣赏2

师:刚刚我们分别欣赏了半坡类型、马家窑类型和马厂类型的彩陶作品。还记得它们的代表纹样吗?

生:鱼纹、蛙纹、水波纹、漩涡纹……

教师板书:"鱼""水""青蛙"

师:他们画的纹样和同学们平时见到的动物一样吗?当时的人们为什么会喜欢把这些形象反反复复地画在陶器上呢?是越来越复杂还是越来越简单抽象?为什么?这些纹样之间有什么联系吗?

视频欣赏《蛙纹——人神纹》(6分钟)

生:与平时看到的不一样;好像有变形;是抽象图案;纯装饰吧;好像是图腾或吉祥图案……(如回答有困难,可以学生四人一小组讨论)。

师:马厂类型的彩陶作品通常都有非常显著的蛙纹纹样,纹样十分有趣,看似青蛙,是否更似人形?这是当时的人们对大自然种种灾害的对抗愿望,对于神力的向往,对种族繁荣、人丁兴旺的美好期望的表达。

(说明:如何利用"美术阅读"的个体差异性,让学生有不同的感受与体悟。美术不是科学,而是艺术,有着强烈的审美,因此不同个体会有不同的审美倾向,呈现"仁者见仁,智者见智"的特点。美术阅读的目的是帮助看懂自己或者他人的作品,进入到艺术世界中去。)

(三)设计绘制

1. 示范、解析

教师示范过程,同时加强美术语言——审美元素的学习。

穿插作品欣赏

纹饰位置与造型的协调

纹饰构图、大小、疏密、主次、透视、正负形、黑白灰等解析

仿古的风格

2. 作品剖析

师：PPT 作品比较与欣赏。

指导学生观察：纹饰位置主要分布在哪里？

生：纹饰位置主要分布在瓶口、瓶颈、瓶肩、瓶腹。

师：纹饰与造型如何谐调？

生：如半山类型的彩陶作品，造型简洁，细耳大腹，纹样富于变化，以锯齿纹、方格纹等组成比较规整对称的几何纹样为主。

师生：以图例进行剖析，渗透美术语言的学习：纹饰构图位置、大小、疏密、主次、透视、正负形、黑白灰等。体现学生的自主阅读，让学生及时发现、总结教学知识点。

（说明：美术的审美是通过其元素如线条、形状、色彩、构图、造型等美术语言进行具体感知的。通过具体剖析训练，可以提高学生对线条的曲直、色彩的明暗冷暖、形体的方圆、轻重及其情感色彩的感受力。本环节旨在课堂教学中加强美术语言——审美元素的学习，培养学生审美方法与角度。）

（四）展示与评价

1. 学生简述设计构思：造型特点纹饰取材

2. 设计构思交流，锻炼学生评价美的能力

3. 教师点评，小结。

五、教学反思

（一）本课旨在体现广博阅读的深入性和多样性。课堂运用了图片欣赏、视频欣赏、教师示范解析欣赏、学生作品欣赏等方法在课堂教学欣赏环节中贯穿"美术阅读"。在学生了解中国彩陶文化和历史的基础上，着重多角度、深入地阅读细节，通过观察、探究、理解、归纳，使学生较好地了解了中国原始彩陶的艺术造型和各类纹饰的特点与寓意。

（二）在课程中积极渗透审美元素的教学。如以马家窑彩陶图片为例，对图案纹饰的构图、大小、疏密、主次、透视、正负形、黑白灰等知识点的梳理和解析，有效提高了学生对彩陶的观赏角度的把握。在今后的课堂教学中还需坚持加强美术语言——审美元素（如线条、形状、色彩、构图）的学习，以培养学生审美方法与角度。

（三）视频欣赏有五段，过多而且单一，可适当减少一两段，采用其他形式欣赏，如实物、实图，力求重点内容要抓住主要的环节设计有效

突破，不拖沓。今后还要改变教师"以讲代读"的现状，充分引导学生自主阅读，尽量让学生及时发现、总结教学知识点。同时允许"美术阅读"的个体差异性，让学生表达不同的感受与体悟。

（四）今后还需扩大阅读范围，逐步探究广博阅读方法的指导，如比较阅读等，真正体现学生的有效阅读。

（顾秀华）

第六章　广博阅读教育中的生活阅读

第一节　生活阅读：德育与广博阅读教育的融合

一、广博阅读教育中的"生活阅读"价值

学生精神生活贫乏现象提示广博阅读教育的"生活阅读"的重要性与必要性。在当前快节奏和社会生存竞争激烈的社会生活中,精神生活是现代社会中人的一个大问题,也成为学生成长中的重要问题。不仅成年人的精神生活中呈现出不少问题,而且学生的精神生活更是长期没有得到成人社会的应有的重视和关心。不少学生在应试的重压和成年人的专横下,精神生活单调、枯燥,有的厌学、厌世,甚至轻生身亡,也有的产生反社会行为。一些极端事例的背后,表明了这些孩子的精神黑洞,正说明了我们孩子的精神生活需要引起全社会高度关心。

一部分学生的现实精神世界的萎缩。社会中存在的"拜金主义""享乐主义"腐蚀着一部分学生的心灵。不健康的"文艺作品"对青少年的腐蚀和毒害十分严重,其中黄色、淫秽和反动的书刊和音像制品对青少年危害最大。在个别领域歪风邪气还在不同程度地盛行,以权谋私、官僚主义、拉关系、走后门以及利用工作之便损公肥私的行为,潜移默化地影响着青少年的健康成长。

当前学生的文化生态环境正严重威胁着他们。麦当劳、可口可乐、流行音乐等为特征的大众文化冲击着学生,对思想正在成长或走向成熟的青少年所产生的影响不可低估。学生置身于一个信息繁纷的社会

文化氛围之中,学生最容易受到鲜活的图像和时髦简洁的用语吸引,电视中充塞反复播放的名牌商品广告图像旁白,很快成为孩子们的口头禅,也在他们的生活中加以追求和仿效。尤其是文化市场中的消极的东西,学生缺乏辨别能力,接受不健康的文化精神和生活方式,容易使幼嫩的心灵受到伤害。电视机里几乎都是为成人的,适宜学生观看的影视少得实在可怜,即使有动画片之类也是洋的,形象是外国的,话语是外国的,与中国的学生的心理距离和精神世界太远了。即使是学生的节目也有着明显的成人化倾向,有的主持人以成人休闲娱乐节目搞笑方式作为"寓教于乐",实在使学生难以与学校教育和教师形象相吻合。学生从他们最喜闻乐见的电视中较难得到健康成长的营养。

值得注意的是有的学生的现实精神世界已是无根的浮萍,几千个汉字、十几个明星、几十首流行歌曲,成了不少学生的全部精神库藏。学生的现实精神生活应该是丰富多彩的,可是不少小学生作业不堪负担,精神世界萎缩。也有些孩子在电脑游戏中逃避现实,玩玩低级趣味的玩具,看看地摊上搞来的暴力玩物或书籍,寻求新刺激。在学生的现实生活中不仅显性压力很大,而且"隐性压力"在幼嫩的心灵上也挥之不去,日益沉重,成为一批快乐不起来的学生群体。

学生精神生活的空虚或危机,会造成他们的精神世界萎缩。其中十分重要的原因是长期来阅读只是作为语文一门学科来教学,偏重于工具性,阅读只是为了应试,而忽略人文关怀;阅读量相当有限,阅读面相当狭窄,大多学生课余基本上无阅读习惯,即使是阅读也只是阅读老师指定的材料,阅读的荒漠化导致了相当一部分的学生科学素养与人文素养薄弱。

如何让"快乐不起来的一代"快乐起来,我们要探索预防孩子精神沙漠化的有效方法,使学生的精神生活丰富起来,精神世界得以和谐,促进学生的身心健康发展是我们教育的不可推卸的责任。积极开展广博阅读教育,使学生的阅读意识和阅读视野超出语文学科的范围,在生活中阅读与阅历社会与处世、道德与做人、科技与创新、艺术与审美,从生活中汲取精神的养料,增强科学素养和人文素养,成为生活丰富、精神高尚的一代人。阅历是一个人的精神财富,丰富的阅历能形成一个人善思的品行、丰富的内涵、浩瀚的思想,他的人生因此而变得有益、厚重而充实。

爱因斯坦曾经说过，人的差异主要在于业余时间你在干什么。这句话警示我们，人的生活方式和生活习惯对一个人事业的成功具有很大的影响。把阅读作为一种生活方式，是广博阅读教育的重要任务。通过生活阅读，让学生生活其中的现实以全方位、多层次对学生道德观念、处世为人的态度和行为方式产生积极的作用，不断建构学生健康的精神世界。

当今的时代，阅读不仅成为一个人修养的标志之一，也成为人们完善自我、塑造自我、提升自我、凝聚智慧的重要途径之一。阅读对人的成长影响是巨大的。一本好书往往能改变人的一生，生活中的一次深刻的阅历，也许会造就一个成功的人士。一个民族的精神品格和文化素质，在很大程度上也取决于全民族的阅读水平。一个人如果从小就能养成良好的阅读习惯，一生都会受用无穷；一个民族具有热爱阅读的追求与渴望，这个民族就会充满智慧和希望。学生教育在本质上是心灵的教育。只有关注学生心灵的教育，才是人类的教育，才是真正意义上的教育。教育是神圣的心灵事业，是崇高的精神事业，是生命智慧的事业。广博阅读教育正是在努力地这样实践着。

二、广博阅读教育中的"生活阅读"理解

广博阅读教育中的"生活阅读"是一个"大阅读"概念，不是狭隘的文本阅读。学校实施的广博阅读可以分为学科阅读与生活阅读。广博阅读教育中的生活阅读泛指除书籍阅读外的艺术欣赏、人生阅历、自然游览、社会经历等多种阅读，也是指除课内外实施的学科阅读外的学校生活、家庭生活、社会生活中的阅读。

广博阅读教育的"生活阅读"内涵：

1. 生活阅读是把生活作为阅读对象，并从生活中培养阅读素养，即通过生活、为了生活的阅读，这就体现了生活阅读的现实价值。

2. "生活阅读"突破了对"阅读"的狭隘的理解，有着更宽泛的理解。阅读，或者说阅历，含有"经历"的意义。著名教育家杜威就提出"教育即经验"，认为"教育是以经验为内容，通过经验，为了经验的目的"。特别要明白，这里"经验"是"expirience"，"经历"或"经验"的意思。正是基于这样的理解，在各种学生活动中都存在着阅读的经历，在发展阅读能

力的同时,通过阅读促进学生的人文精神成长与道德品质进步。

3. 生活阅读是普遍存在的。不能只重视文本阅读,而忽视在社会生活中的阅读。其实每个学生都在自觉或者不自觉地阅读社会,并从中得出自己对社会的看法。例如,要求学生讲诚实,而社会的好些现象没有诚信,这样他们会相信教育吗? 因为他们阅读到的是不诚信。社会生活,包括家庭生活,对学生的影响是极大的,社会阅读是不可忽视的。

4. 生活阅读具有其基本的规律。生活阅读强调从生活中获取信息、处理信息、运用信息等基本要素与过程,因此生活阅读有着共性。生活阅读在内容的基础性、形式的多样性、阅读的生活性上有着共性。由于生活的多层面、多类型,以及复杂性,因此生活阅读应该有着差异性,即不同的阅读对象、阅读的方式以及不同的阅读过程等,特别是个体对生活的不同感受与感悟。生活阅读在人类社会的各个层面都展现着无穷魅力,有着丰富的阅读资源。因此要依据生活的特点实施生活阅读。

第二节　生活阅读的内容与形式

一、"生活阅读"的主要内容

生活阅读的价值指向是学生的阅读素养的提高,促进核心素养的增强。这充分体现了"为了学习而阅读,而不是为了阅读而学习"的广博阅读理念。这决定了"生活阅读"的内容与形式。

生活阅读从四方面内容展开阅读:社会与处世、道德与做人、艺术与审美、科技与创新。

(一) 社会与处世

这类的阅读主要指文化与历史。其中,包括有关中国和外国的文化,涉及文明、宗教、神话、政治经济制度以及社会变迁等,还有关于中国和外国的历史。特别是要让学生更多地接触中国的民族文化,弘扬民族精神,讲民族的骨气、民族的气节,同时在接触世界多元文化中,拓

展视角,在全球背景下认识世界,培养国际视野。

我们注重通过社会科学类的广博阅读,以史为鉴,让学生学会处世。处世就是在社会上活动,跟人交往相处,应该明于事理,要有爱心,有一定的准则。广博阅读教育注意让学生学会处世,关注社会问题,例如"医学与社会"这样的话题。这为今后走上社会奠定处世的修养。

(二)道德与做人

通过广博阅读要促进学生关注自己道德修养。要从根本上提高道德的认知水平,而不是从概念到概念。在生活中阅历各种道德两难问题,提高自己的道德判断能力。在有关道德与做人的阅读活动中,加深学生对道德事件和道德行为的体验,丰富学生的道德情感,促进学生的道德信念的形成。

广博阅读教育注重读书的践行,也就是引导学生学会做人。广博阅读提供给学生接触中华民族优秀道德传统,先哲圣贤的道德故事,可以丰富学生的精神世界,通过社会生活实践和阅历,学会做人,正确处理好人与人的关系,爱好民主与和平,有一颗闪烁人性的纯洁之心。

(三)科技与创新

广博阅读中科学技术的阅读是十分重要的,不懂得现代科学技术普及知识和基本方法,实际上就是文盲。在广博阅读中,要让学生了解科学技术的发展历史以及对人类社会的意义,要让学生了解世界伟大科学家对人类作出的贡献及其优秀的品质,要让学生更多接触现代学科与技术的普及知识,特别是关于生命科学的普及知识,提高他们的科学意识,要让学生通过科学技术的广博阅读,感性的体验,增强他们的科学精神和尊重科学的方法。

广博阅读教育是培养创造性人才的必然要求。创造性人才所必须具备的开阔的视野、独立的思考、丰富的想象力、强烈的使命感和博大的胸襟抱负等素质,都是在广博教育的坚实基础上方才能够得以造就的。传统教育的流弊则是"造成一种所谓'对很多事情知道得很少,对很少事情知道得很多'的'专家'"。这种专家只有很狭隘的专业或纯技术观点,当然不可能是创造性人才。建设创新型国家,要求我们培养有创新能力的人才,在这个意义上,推行广博阅读势在必行。

(四)艺术与审美

广博阅读十分重视艺术教育提升学生的人文精神。后现代主义认为,自然科学各领域取得了举世瞩目的成就,同时也给人类带来了巨大的灾难,表现在导致了人类中心主义,人类把自然作为掠夺的对象且无休无止,最终毁灭了自然也毁灭了人类。后现代的要义就在于,让情感重新占据统治地位,让身体从"规训"中解放出来。现代人文主义教育特别强调与人的灵感、直觉、意志、兴趣等有关的非理性方法的运用。"美是具体可感的事物形象中符合进步人类理想、能使人在观赏中激起生理快感和心理的愉悦情感、有助于从精神心理上促进人类向上发展的属性。"(王世德,《审美学》P265)

广博阅读中注重艺术和审美内容,是人的全面发展、提升精神生活层次的需要,也是改变当前学生审美素质缺失的需要。学生有着对美的向往和追求,他们的审美需要很强烈,但是,由于学生的阅历不深、审美心理不成熟,因此偏重直观感觉,盲目从众性较严重,疯狂追星迷恋影视偶像。较多学生喜欢直接感官刺激的视听活动,而较少从事需要静心理解、思考的读书活动,或者感悟艺术的内在美和深层美。艺术与审美是精神层面上的活动,是广博阅读的必然内容。

二、"生活阅读"的主要形式

通过社会经历、人生阅历、艺术欣赏、游览大自然等四个方面组织与拓展实施路径,进行生活阅读教育。根据学校已有的德育的路径,进行整合,形成具有生活阅读特色的校本化具体开展路径:

(一)基于德育主题活动的生活阅读教育

我们学校开展基于德育的主题活动,让学生在生活中阅读,阅读生活,真正做到开卷有益。让学生观察社会、接触社会、体验生活、参与生活、思考生活、感悟生活,从而增强社会责任意识,促进学生的社会化

过程。

○ 基于春秋游等社会实践的阅读大自然的教育活动。

探索与阅读整合活动的形式与实施,例如春秋游等,让学生饱览自然与景观,感受人文精神,感悟人与自然的亲密关系,培养学生生态文明精神。

○ 基于重大节日、纪念日的阅读历史、传统文化等的教育活动。

我们可以利用一些节日,如端午节、植树节、邮政节、世界气象节、中国青年节等开展民族文化教育、人文历史教育等。我们也可以利用一些历史纪念日,例如,抗战纪念日,让学生们了解这段历史,感受抗战英雄为国奉献的爱国主义精神,并且懂得民族要自强,天下兴亡,匹夫有责,学会珍视和平,树立追求和平的信念。

○ 基于"中学生志愿者服务进社区"的阅读社会生活的教育活动。

我们学校开展社会实践、社会调查等,丰富学生的社会阅历,组织学生参与社会实践的阅读。要真正认识社会,必须参与社会生活实践,可以是社会调查、社会服务、社会考察等,从实践中体验和感悟。社会实践是一种人生的阅历,学生缺少的就是人生的阅历。只有在社会实践中学生才会成熟起来。

(二)基于文化认同的唐诗宋词校本课程

这个课程基于广博阅读教育,丰富学生文化积累,增强学生文化修养。生活如诗,诗中有生活,生活中有诗,欣赏生活,体现了生活阅读。陶冶情操,感受文化,体现了广博阅读教育的宗旨。唐诗宋词是我国古代文化中的瑰宝,在千年的历史长河中,其对一代又一代人的精神塑造产生了深远的影响和意义,也成为华夏子女的文化之根和民族之根。然而在当前功利化的状态中,语文教育的工具性被无限扩大,而人文素养因无法在一张试卷中得到有效检测被弃置一边。我们通过结合生活的唐诗宋词的教育强化精神素养,塑造健康的人格。

通过唐诗宋词教育,不仅提高学生古诗词鉴赏能力,更为重要的是增强民族传统文化的热爱之情和文化认同感。学生在切身丰富多彩的体验中,强烈感受到了唐诗宋词的巨大魅力,无论是古诗词本身的艺术魅力还是诗人词人的那些精神气质,都深深感染并震撼着学生的心灵世界。中华民族文化折射的巨大魅力,不仅让学生为我们共同的民族文化骄傲,更把这种民族精神倾注在生活之中。

我们学校以文化认同教育为出发点和归宿点,以唐诗宋词校本教材为物质载体,以相关课堂教学和主体实践为活动载体,从课程框架的构建、课程实施计划的制定、校本课程的编写、课堂教学实践的推进、主题实践活动的开展等多方面展开研究。以序列化、层进型、活动性为其主要特征。

序　列	年　级	校本教材	教学内容		课堂教学	主题活动
第一阶段	六年级	韵律篇	第一学期:唐诗十篇		语言美、韵律美	朗诵、吟唱
			第二学期:宋词十篇			
第二阶段	七年级	情感篇	第一学期:唐诗十篇		意境美、情感美	写作、表演
			第二学期:宋词十篇			
第三阶段	八年级九年级	评价篇	第一学期:唐诗十篇		历史美、评价美	演讲、辩论
			第二学期:宋词十篇			

我们正式以"读诗词、知诗(词)人、晓史料、解其意、学其真"的阅读策略推进唐诗宋词的教育。

第三节　生活阅读的实施要点

我们在实施广博阅读教育的实践中,总结出了一系列的"生活阅读"的操作要点:

一、把握"生活阅读"的类型特征

把握"生活阅读"的特征,可以更好地发挥其优势,提高生活阅读的作用。生活阅读可以运用两种类型展开:

第一类:直接式就是阅读活动。开展主题阅读班会、班级读书活动、自愿组织的伙伴读书小组、亲子同阅读等广博阅读的活动。

第二类:融入式是融入其他活动之中。生活阅读可以结合学校与

班级的相关活动,以各种教育为载体融入培养学生阅读素养。例如纪念日的阅读历史,就可以组织学生以主题阅读形式展开阅读与讨论。明确阅读主题可以深化教育内容。

二、遵循广博阅读教育的基本要求

关注生活阅读的心理过程,才能增强阅读主体对阅读对象的交互作用。通过生活阅读,强化学生阅读素养的形成与发展的心理过程——"阅历、体验、领悟、践行"。这是衡量一次生活阅读是否高质量与有效阅读教育的标志。因此生活阅读活动的设计与实施中必须清晰地有着这四个心理过程发展能的环节与举措。

教师应该关注三个问题:一是阅读兴趣激发——阅读驱动条件。二是阅读能力提升——阅读素养保障。生活阅读能力与学科阅读能力有不同,要让学生在生活中善于发现阅读内容、把握理解与评价阅读内容、运用生活中的阅读方法等。三是阅读交流共享——阅读效果增强。没有阅读的交流,不是完整的阅读过程。

生活阅读重在思考、讨论与辨析。生活阅读的对象是复杂的,除了教师要关注阅读对象外,我们教育中的一个常见的问题是学生社会实践活动走过场。国外教育十分重视学生的社会实践,而且他们有一个很值得借鉴的方面,就是学生社会实践以后,必须进行认真的讨论,谈和议自己的真实感受。缺少这一环节学生有时简直变成去什么地方"玩一玩、晃一晃",显得很潇洒。社会阅读的特点就是要通过社会的感知以后应该触动学生的思想,丰富他们的精神世界。

三、关注学生生活阅读的参与度

学生生活阅读的参与度来自阅读的本身,即生活阅读的内容与形式,关注激发学生内在的阅读动力,培养阅读兴趣。

每次生活阅读要有明确的阅读主题、阅读材料、阅读过程。融入式生活阅读也要关注上述三点如何整合,要避免阅读过分,而冲淡原本的教育;或者阅读过弱,没有起到应有的作用。

形式要多样,形式要适切阅读内容,更要以生活为导向组织学习。不要简单地读,否则会让学生感到枯燥乏味。

四、关注生活阅读的开放性

广博阅读教育中的生活阅读,不能局限在文本阅读上,一定要突破这种偏见,实现开放式的阅读教育。要组织各种生动、充满童趣的阅读活动,让学生走近大自然、走进社会大课堂、走入艺术的殿堂,让他们在各种"阅读"活动中体验、探究,感悟人生、感悟真理,在"阅读"活动中激发学生的阅读兴趣,激发他们的主体性,逐步让学生在活动中养成良好的阅读习惯。必须改变只喊口号,不开展实实在在的教育活动的方式,应该精心设计阅读活动,让学生广泛自觉地参与。

关注生活阅读中的艺术形式的作用。运用艺术的形式增强生活阅读的功效。也可以在多种艺术活动中丰富学生艺术经历,增强学生艺术欣赏能力与审美品质,提高阅读素养。

五、创设生活阅读的环境与条件

广博阅读教育需要一定的阅读条件,必须尽力为学生提供可读的东西。要建设好学校的图书馆,积极开展读书活动等,同时更要关注为学生提供活的阅读东西,例如音乐会、博物馆、游览参观等,这些活的阅读事物是学生喜闻乐见的,容易调动学生参与的积极性。学校广博阅读教育的实施应该是开放式的,充分运用社区的阅读资源,包括静态的和动态的、事件的和人物的等,进行选择、组织、整理和运用。也可以开发家长的阅读资源,动员家长参与。

学校要努力建设"广博阅读教育"的阵地。从阅读节、社团、社会实践、论坛演讲会、校刊等各种方式拓展学生广博阅读的多类型阵地,提供支撑广博阅读教育的环境。从校园与班级这两个层面营造广博阅读的环境,让全校师生尊重阅读,喜爱阅读,营造"广博阅读教育"的浓厚氛围。

第四节　广博阅读教育中
生活阅读的案例

第一部分：阅读大自然的活动案例

案例 1

春天充满希望

春游地点：上海共青森林公园

春游时间：2015 年 4 月 3 日

一、活动背景

春天，是一年中最美的季节。春暖花开，草长莺飞。共青森林公园正在举办一年一度的百花展，郁金香、紫云英、樱花等各种花卉争奇斗艳，我们七(1)班在学校的组织下去共青森林公园集体春游踏青。

中学生对自然现象的关注意识不够，大多把精力用在关注应试学习和同学间关系的处理上。漫长的严冬过后是春天的勃勃生机，但学生缺乏关心自然、欣赏自然的兴趣和热情。

在此期间我校正如火如荼地开展广博阅读的大课题，让孩子们走进自然、感悟生命的成长，是广博阅读教育实施的一部分。

二、活动目的

1. 学生在共青森林公园，通过自己寻找观察大自然生命的萌发的过程，感悟到春天的生命充满了希望。

2. 在欣赏公园美景中，学生能结合古诗文思考交流领悟出，中学生的少年时期正是人生中的春天，播下智慧的种子憧憬无限美好的未来，从而由景及人达到天人合一的境界。

三、活动前期准备

1. 主题上准备：教师做好宣传工作，明确活动主题，学习有关春天的诗句欣赏并交流心得，选择自己喜欢的诗句，围绕相应角度准备选择公园的实践基地。

2.形式上分组：自由组合分组,组长负责人员的联络安全状况;计划主持好本组活动形式的开展：吟诗作赋、画画写生、绘制小报……

3.物质上配备：背包、面包、水、相机、画板等。

四、活动流程

1.池塘生春草,园柳变鸣禽(谢灵运《灯湖上楼》)

瀛湖位于公园中部,湖流蜿蜒偏东有一大岛屿,占地约2.51万平方米,岛上绿草如茵,此时,红枫、红叶李、柳树等都已冒出新芽,各种鸟儿在林间唱和,甚至有新来的凤头鹰、红隼、小鸦鹃等稀有物种。

第一组(组长郑书铭)的才子才女们在这里吟诗作赋,歌颂早春的一派生机,带给大自然的无限多姿多彩和无限美好的未来。其中张雨安那首最令人称道：

《共青森林公园之行》

瀛溪三月桃花雨,葱茏山色镜中看。

几只鸟雀争暖树,如烟似雾二月兰。

2.东风随春归,发我枝上花(李白《落日忆山中》)

在公园的东北部,是一片丛林原野,占地面积两万多平方米,这里有银杏、池杉、香樟等高大的乔木,林间的二月兰如云如雾,更有成片成海的海棠花、桃花、李花、樱花……

第二组(李炎组长)的小画家们支着画架在这里写生,画中那朵朵粉红的桃花映着孩子们灿烂的笑脸,不禁让人想到他们如花一般的年纪、似火一般的青春……

3.山重水复疑无路,柳暗花明又一村(陆游《游山西村》)

第三组(组长顾奕文)来到激流勇进。其位于公园北部。坐在冲浪船

上期初是平静的水面，然而随着激荡的水流、林立的礁石的出现，大家乘坐的小船在期中穿梭撞击，体验漩涡卷来的凶险和激流迎面扑来的狼狈，感受拥有勇气和毅力才能达到终点，只有拥有智慧和希望才能看到成功。这一组的同学在体验激流勇进的惊险后写下"读后感"畅谈自己的感受。

顾奕文同学写的《激流勇进玩后感》尤为深刻细腻：

看到共青森林公园的"激流勇进"时，那高高的建筑，湍急的河流，色彩缤纷的划艇，让我迫不及待地想要尝试。但当我看见从船上下来的人们，有的脸色苍白，有的想呕吐……我不由地打了个寒战，心里直打退堂鼓，可已经没有退路了！我硬着头皮坐上了划艇，穿好雨衣，紧闭双眼，双手紧紧抓住扶手。划艇晃晃悠悠地启动了，它起初像乌龟一样慢慢地爬上陡峭的滑梯。有时还撞到旁边的栏杆，我的心就像揣了两只小鹿一样怦怦直跳，心里胡思乱想：呀呀呀！这会不会撞出窟窿啊！运输带把我们慢慢往上运，我们离那个坡越来越近了……运输带发出"咯吱，咯吱"的声音。划艇上，我的心悬到了嗓子眼上。来到滑梯顶上，天啊，这么高，这么陡！往下一看，我们就像来到了小人国一样，地上的人都变成了小蚂蚁。这时，一个人突然大叫一声："要向下冲了！"我还没来得及做好准备，小船已经像离弦的箭一样冲下去，刹那间溅起了四米多高的水花，冲向岸边。在短暂的失重之后，划艇在湖面上平稳前行，我的心也渐渐平静下来。蝴蝶在身边围绕，鸟儿的欢叫在耳边回响，一切的一切是那么美好。我笑着走下划艇，回头再看那些"山坡"，我开心地笑了。

历险之后我明白了：在未来的人生道路中，我们的面前会有越来越多的山坡，想要翻越过去，需要一颗沉着冷静的心，还要具备永不放弃的恒心、勇气和信心！

4. 几处早莺争暖树，谁家新燕啄春泥（白居易《钱塘湖春行》）

"水乡映秀"位于公园中部，溪流到此处曲折多变，河流两岸竹林、杉树丛生，树丛中隐现一座竹亭，北岸有座呈直角形的绿荫茶室，是人们休闲的好去处。

第四组（组长袁雨婷）用相机记录下许多美好的瞬间，黄莺在林间跳跃，清脆婉转的鸣叫吸引着同伴来看自己筑的新巢，亭下的新燕衔泥筑巢，忙碌地准备孕育下一代。小组成员们准备回去做张电子小报展示给大家看，春天带给新生命的希望。

袁雨婷同学将镜头聚焦在早春的一棵绿苗上，赞叹这株小生命顽强的生命力，感悟到早春带来的希望憧憬，联想到自己正处于人生中的生机勃勃的春天，有着无限广阔的未来，需要现在的努力奋斗打下扎实的基础。

五、活动反思

"读万卷书，行万里路"阅读不仅仅局限于阅读书本，进行社会实践的经验、经历、阅历亦可称为阅读。本次带领学生的共青森林公园之行，有效地引导学生阅读大自然，品味人生。

1. 本次活动主题明确：感悟春天是充满希望的季节。学生的活动能够围绕着这一主题展开，从一草一木、草长莺飞这些小处着眼，联想到整个春天的希望。比如袁雨婷同学对一棵绿苗生长的细腻描写，畅想到春回大地、万物生长的勃勃春天，感悟到自己的人生正处于生命中的春天……明确的主题使孩子们的实践活动更有针对性，不同于以往走马观花式的走过场，孩子们开始真正细致地观察自然、思考人生、感悟生命的内涵，这是学生阅读认知能力提高的一种表现。

2. 阅读参与度高，主观能动性强。学校组织全年级参与，学生在阅读活动中有自主感，喜爱去阅读。大家通过自主分组发挥自己的主观能动性，设计了各自对春天代表希望的认识和思考。阅读成果的展示可谓是百花齐放精彩纷呈，有的小组吟诵诗歌、童谣，有的小组绘画，有

第六章 广博阅读教育中的生活阅读

的小组做成电子小报,有的小组写成文章……这是学生阅读素养提高的一种表现。

3. 教师有意识地指导学生观察自然。整个过程中带着问题,围绕主题选择好角度,边观察、边思考。第一组同学定在公园中部瀛洲湖畔,与充满生机的岛屿相望,便于激发才子们的诗兴;选择在公园的东北部一片花的海洋,便于第二组的画作能色彩纷呈;选择公园北部的"激流勇进",便于几个"勇敢者"能在挑战自我中寻找到在未来人生中克服困难的真谛……定好观察的位置,选择能反映主题的材料作为观察的重点,及时记录观察的内容和现象,便于提取典型的习作材料。选择获得特定经验场所的阅读材料,使阅读的目标更加明确。

4. 能够对已有的知识进行迁移,是学生阅读关联能力提升的一种表现。第一组同学的小诗让我感受到他们对早春的景色和生命生长的热爱,最可喜的是我发现了孩子们活学活用的迁移能力,能够将课本上近年来学到的《兰溪棹歌》和《钱塘湖春行》中的诗句和格律有机地应用到对眼前之景的吟诵抒发上,将古诗词阅读欣赏与大自然的欣赏有机结合。学生在吟诗作赋中能够化用已学的诗句,也反映了他们阅读能力已经不再被局限于学科范围内,单纯地作为一种特定的学科能力,而是将阅读与生活相联系、阅读与真实的情境相联系、与阅读活动的特定目的相联系,这是阅读关联能力提升的表现。

(程　霞)

案例 2

留下春天的美丽

一、活动背景

本课题"广博阅读"中的"阅读"是一个"大阅读"概念,不是狭隘的文本阅读。阅读活动在人类社会的各个层面都展现着无穷魅力,因此有着丰富的广博阅读的资源。学校实施的广博阅读可以分为学科阅读与生活阅读。生活阅读主要指除课内外实施的学科阅读外的学校生活、家庭生活、社会生活中的阅读。在开展此活动之际,恰逢学生外出进行社会实践活动,且时间又是春天,这时候的共青森林公园应该是一副春暖花开的景象,完全符合本次阅读大自然主题活动的需求,也迎合了学生感受大自然美的需要,因而选择了共青森林公园作为此次活动的地点。在共青森林公园,学生可以通过与周围环境、动植物、大自然的直接接触和探究活动,发现和感受自然界的奇妙与美好,感受和体会人与环境及动植物、动植物之间及其环境的依存关系;通过全身心投入于珍爱生命、关爱环境的活动,逐步产生珍惜自然资源的情感和初步的环保意识。这充分告诉了我们,学生周围的大自然资源对学生及学生的教育活动都有着极大的促进作用。

春天,自古以来一直是诗人笔下赞颂的一个美丽季节。可对于这些学生,对季节的感触,对美景的欣赏都源自书本的文字,那感悟十分单薄。几乎所有的孩子都向往大自然,都渴望在大自然的玩耍中认识世界、陶冶情操、锻炼身体、增进友谊。大自然那新鲜的空气、明媚的阳光、清澈的溪水、啁啾的鸟鸣无不吸引着孩子们的眼球。户外的活动提供给孩子一个广阔探究的平台,大大激发了他们主动阅读大自然的兴趣。

二、活动目的

1. 学生通过拍照、画画等方式观察大自然欣欣向荣、春暖花开的景象,感受大自然的生机勃勃,培养热爱大自然的情感。

2. 学生用拍照、画画、视频、文字、PPT等自己喜欢的方式留住大自然的美。

三、活动实施

(一) 活动前准备

到共青森林公园之前,我主要做了三件事:组织分工、方式指导、文学准备。

组织分工。按照班级人数,我将学生分成了七个小组,每组五到六人,组员之间相互合作,完成此次阅读大自然的任务。

方式指导。指导学生从多个角度来欣赏大自然,观察大自然的奇妙变化,感受大自然的活力与美丽,然后用手中的相机将这份美丽记录下来。学生拍摄照片时,重在体现春天大自然的生机勃勃与美丽,尤其是冬天到春天转换的过程中大自然的细微变化。从拍摄对象来看,指导学生从微小处体现主题,以小见大,如刚萌发出的嫩芽,花朵含苞待放与花苞盛开的状态;从拍摄距离来看,指导学生分别拍摄同一景色的近景、远景与特写;从拍摄对象的数量来看,指导学生从一棵树到一片

树林的角度来体现大自然的与众不同。此外,班里有不少学生热爱绘画,平时学业繁忙外出写生的机会也少。但这次由于活动时间的限制,我就指导学生将想要绘画的风景拍摄下来,回家后看着照片边回忆边绘画。

文学准备。在活动前,学生一起分享了自己找到的诗句,如:

碧玉妆成一树高,万条垂下绿丝绦。不知细叶谁裁出,二月春风似剪刀。——《咏柳》(贺知章)

人间四月芳菲尽,山寺桃花始盛开。长恨春归无觅处,不知转入此中来。——《大林寺桃花》(白居易)

学生们通过阅读一些描写春天的诗句和文章,感受文人笔下春天的模样;还有的学生利用周末画了一幅春天的美景,并张贴在教室里,提前营造"美春""喜春"的氛围。然后在社会实践活动时,亲自感受身在大自然中的那份美妙。

(二) 阅读体验,初步感悟

到了共青森林公园,孩子们尽情领略大自然的风光,主要完成了以下两件事:

1. 分工协作,捕捉春天。

来到活动地点,学生以小组为单位开始分头行动,组员共同合作,一起欣赏大自然,找景,找角度,拍照,画画。

2. 感受春天,初步感悟。

学生用他们的眼耳鼻手,用他们的心走进大自然,触摸大自然。大自然给孩子们带来了许多快乐的感受,让他们真切地感到了"大自然"的美丽多彩。

(三) 阅读交流,深化感悟

活动结束后,逐步引导学生将阅读大自然活动中的感受与体验记录成文,并将所拍摄的照片进行筛选,配以文字、音乐,制作成 PPT 或视频。在之后的班会课上,组织全班同学对这次活动进行总结,分享活动中的收获。

交流一:感受大自然的美

多媒体出示:《美丽的大自然》(展示由各个小组所拍摄的照片)

在前面的阅读大自然的活动中,我们每个小组找到了很多大自然的美,这节课,我们再来欣赏一下:

感受春天

春天带着生命与希望步履轻盈地向我们款款走来,她越过高山河流,踏过皑皑白雪,来到了我们的身边。到处都洋溢着绿色的喜悦与幸福。

体会春天

我们拥抱春天,感悟生命的美好,体会人生的感动。

在满园春色中,我们与伙伴携手同行,感受友谊的温暖。

定格春天

春天孕育着生命,苍翠挺拔的树木,娇艳欲滴的花朵,这是她赐给大地的礼物。我们不禁用相机把这美丽的景色定格在永恒。珍藏在心,回味在心。

——吴珺莹小组

(以上是学生拍摄的部分照片和感受)

每个小组眼中大自然的美丽风光都是不同的，不同的小组有不同的拍摄角度，这也让我们发现大家对于大自然的理解也都是不同的。请同学们都谈谈看了这么多美景，拍了这么多照片，有什么感受？

（这些照片一呈现出来，大家都被吸引住了，回忆起一个礼拜之前的共青森林公园之行，仿佛身在其中。大自然的生机勃勃，大自然的顽强生命力，都给学生留下了深刻的印象，让他们感触颇深。）

交流二：描绘大自然的美

在此次活动之后的周记中，同学们不约而同地都写到了此次阅读大自然的活动，字里行间，尽是对大自然生命力的赞美。如黄俊麟同学的《生命》一文（略）。

交流三：留住大自然的美

课前老师让你们想想办法留住大自然的美，你们都找到了吗？（小组代表交流本小组找到的留下大自然美的方式，并将结果呈现给大家。）

每个小组讨论汇报活动中所拍摄的照片，以 PPT 形式或视频的形式图文并茂地呈现给大家。对于视屏，同学们是第一次自己制作，因而在主题的把握上有点偏题，文字的描述似乎把同学们带入了另一个主题。在第二遍修改后，整体效果就好多了。每个小组的分工都非常明确，有的负责拍照，有的负责后期的图片修改，有的负责后期的文字描写，也有负责视频或 PPT 制作的，还有主动要求将自己的感悟写成随笔的。

那一张张照片和学生回味的一个个情节，那日记中描述的一个个精彩的场景，再次把走进大自然的激情点燃，将积极主动探究的欲望植入同学们的心里。

（此吴珺莹小组所制作的 PPT 幻灯片）

（以上为陈丽敏小组所制作的视频截图）

除了以上这些，大家还有什么方法来留住大自然的美呢？学生的回答是多种多样的，有些甚至是我们所没有想到的。如

（1）我想把自己看到的用笔写下来。

（2）我想用相机照下来，做成相册。

（3）我想可以画一画自然中的美景。

（4）我想用舞蹈来留住美。

（5）我想用树叶贴出来。

（6）我想用橡皮泥捏一捏。

（绘画夏佳怡，文字顾宇曦）

......

人们还用音乐留住了大自然的美，让我们仔细听听，大自然在说些什么吧！让我们在音乐声中一起感受大自然的美丽吧！

四、活动反思

为培养学生观察美、感悟美的意识，陶冶同学们热爱大自然的美好情操，借助社会实践活动的机会，开展了这样一次阅读大自然，感受大自然，留住大自然美的主题教育活动，收到了良好的效果。

此次阅读大自然的活动是融入社会实践活动中展开的，结合了学校与班级的相关活动，以各种教育为载体融入培养学生的阅读素养，将德育课堂搬到了大自然，让孩子们用眼睛观察大自然，用心灵感悟美好。

期间，我关注了阅读的操作关键和阅读素养两个方面。

（一）阅读的操作关键

1. 阅读兴趣激发——阅读驱动条件。选择学生较感兴趣的地点——共青森林公园，这时候的公园是一幅春暖花开的景象，完全符合本次阅读大自然主题活动的需求，也迎合了学生感受大自然美的需要。

学生通过与周围环境、动植物、大自然的直接接触和探究活动,发现和感受自然界的奇妙与美好,感受和体会人与环境及动植物、动植物之间及其环境的依存关系;通过全身心投入于珍爱生命、关爱环境的活动,逐步产生珍惜自然资源的情感和初步的环保意识。这充分告诉了我们,学生周围的大自然资源对学生及学生的教育活动都有着极大的促进作用。

2. 阅读能力提升——阅读素养保障。生活阅读能力的培养与学科阅读能力的培养有所不同。为了让学生在生活中发现阅读内容,我在活动准备时对学生进行了各方面的指导,如在大自然中阅读些什么?怎样阅读?如何将你阅读的内容保留下来与他人分享?每个小组都带着各自的理解,满载而归。

3. 阅读交流共享——阅读效果增强。我认为,没有阅读的交流,不是完整的阅读过程。在阅读交流过程中,同学们用散文、视频、PPT 等形式来赞美大自然,用手中的画笔描绘春天,用手中的相机记录春天,可谓形式多样,内容丰富。整个过程中我十分关注学生的参与度,培养他们的阅读兴趣。

(二) 阅读素养的培养

1. 阅读认知。这包括访问与检索、整合和理解、反思和评价。学生通过活动前的资料收集、整合、资源分享,了解了此次活动的初步含义,看到了文人眼中大自然的美。

2. 阅读学习策略。学习策略的运用,包括监控策略、记忆策略和精致策略。我在此次阅读活动中采用了精致策略,在阅读前给予了学生充分的指导,从走马观花式的阅读到通过拍照、绘画等方式多角度的阅读,引领学生阅读大自然,感受大自然,并取得了良好的效果。

3. 阅读参与度。主要分为个人阅读参与度(为了兴趣而阅读)与学习阅读参与度(为了学习而阅读)。此次活动分成了七个小组,每个小组都积极地参与到了活动中,小组的每个组员都承担了部分任务,可以说是人人参与其中。从个人阅读参与度的角度来看,也充分体现了学生对于阅读的兴趣与喜爱,比如借助摄影的方式留住大自然的美,并配以自己喜爱的音乐,是很多学生出于兴趣而选择的方式,符合个人阅读活动的心理和行为特点;从学习阅读参与度的角度来看,学生在阅读完大自然一角,回家后继续以小组的形式参与到阅读活动中去,包括选图,配以文字和音乐,做 PPT、视频等,活动成效十分明显。

此次阅读活动给同学们提供了一个广阔的探究平台,大自然那新鲜的空气、明媚的阳光、清澈的溪水、啁啾的鸟鸣无不吸引着同学们的眼球,大大激发了他们主动阅读大自然的兴趣,提高了学生的阅读素养,增强了学生的审美能力,营造了"广博阅读教育"的浓厚氛围。

(盛婷婷)

案例 3

阅读生命的活力

一、活动背景

当今,我们的学生穿梭于钢筋水泥筑成的都市森林中,埋头于题海书籍中,他们无暇顾及生活中的四季变化,他们忽略了大自然给予我们的曼妙体验,甚至有的学生只知奔波于家庭与学校,过着两点一线的枯燥生活。现在春暖大地、万物复苏、百花争艳,又到了一年一度踏青时节,每次社会考察都是一次亲近大自然,感受生命活力的大好时机。在此次春季社会实践活动时,学生调动视觉、听觉、嗅觉、触觉等感官,充分地感受、体验动物植物在春季所展现的旺盛的生命力。

二、活动目的

走进大自然,欣赏春天万物复苏、草长莺飞、百花争鸣的美景,感受体验春季动植物旺盛的生命力。

三、活动过程

环节一:游览森林公园。走进大自然,欣赏公园春季的美景。

环节二:分小组拍摄春天的美景。

第一小组:主要拍摄春天的草。

第二、第三小组:主要拍摄春天的花。

第四、第五小组:主要拍摄春天的树。

环节三:根据自己所拍的照片,书写心得体会,并制作成 PPT。

环节四:班会课,学生交流心得。每一组派两至三位代表上台

交流。

环节五：老师总结。

四、班会课交流

第一组交流：

周五，在这生机勃勃的春季，我们迎来了期盼已久的春游活动，来到了共青森林公园去寻找春天的活力！瞧，公园里那新芽初绽、笔直挺拔的树木，那碧绿滴翠、可爱柔嫩的小草，都穿上了华丽的新衣来参加春天这场盛宴；而歌唱家小麻雀则站在枝头上唱着欢快的曲儿，白色的蝴蝶、黄色的蜜蜂也挥动着翅膀为这美丽的春天翩翩起舞……

第二、三组交流：

春天是一个神奇的季节，万物复苏，各种花争先开放。有美丽的海棠，有唯美的樱花，还有各种各样色彩斑斓的菊花。在共青森林公园里也有各式各样的、五颜六色的花，十分显眼，其中大片樱花映入眼帘，一大片一大片粉色令人看得心旷神怡。日本海棠鲜红似火，好像一位高贵的小姐在风中跳舞。

第四、五组交流：

盼望着，盼望着，春天的脚步近了！这个周五，我们终于迎来了盼望已久的春游。因刚刚下过雨，共青森林公园雨气蒙眬，给人以"仙境"之感。刚步入公园，只见一泓碧水泛起阵阵涟漪，朵朵鲜花争奇斗艳，片片竹林欲与比高，好一派生机盎然！

看，簇簇鲜花巧笑嫣然，雨后的露珠更是为她们平添姿色。娇羞的樱花似开未开，她那粉红的面颊衬得越发美丽，微风拂过，扑鼻的清香也随之而来。

杜鹃浓浓艳艳的红色花瓣，像一团火焰熊熊地向空中燃烧。还有一些不知名的小花朵，她们也静静地展露出了自己的万千仪态。

教师总结：

人们都说："一年之计在于春。"春天是万物复苏、万物生长的季节，是充分展现生命活力的季节。我们的这次社会实践活动，让我们走进大自然、观察大自然,让我们感受到了大自然给予人类的美,让我们领悟到了生命的活力。我们喜爱这种走出课堂,亲近自然的活动,这次的春季社会活动让大家获益匪浅。

五、活动反思

(一)活动目的明确。这次春游,学生们都带着慧眼,都调动了自己所有的感官,真真切切地走进大自然,感受着大自然给予人类的美,体会到小草破土而出,柳枝吐露新芽,百花争艳的春之美景。

(二)活动形式多样。在整个活动中有学生分组拍摄照片,有的运用电脑制作PPT,有的书写心得,有的班会课上的互相交流。每一环节,都调动了学生的积极性,都锻炼了学生的能力,都挖掘了学生的潜能。活动的环节设计巧妙。前一环节的设计,都为下一环节做好充分的准备。从分组拍摄、书写、制作、交流,整体流程符合阅读规律,有助于学生阅读能力的提高。

(三)活动效果显著。整个活动让学生走出了钢筋水泥的都市丛林,走进了曼妙美丽、生机盎然的大自然,使学生身心愉悦。学生在整个活动中感受到动植物惊人的生命力,体验了春天特有的美景。学生开始学习用眼、用耳、用鼻、用手、用心去体验、去记录大自然给予人类的美好。这一过程的认知体验是课内阅读的延伸、拓展。这样的阅读开阔了学生的视野,提高了学生的审美能力。

(蒋开颖)

第二部分:阅读社会的活动案例

案例 1

阅读社会热点
——社区养狗

一、活动背景

近年来,随着经济的不断发展、人们生活水平的不断提高,越来越多的家庭在解决了温饱问题后,将精力和金钱放在了改善生活方式、提高生活质量、寻找精神寄托等方面,越来越多的居民选择了养狗这一方式。然而,随着养狗居民数量的日益增加,相关的问题与矛盾也随之而

来。犬吠声扰民屡禁不绝、狗伤人事件层出不穷、狗粪便排泄物随处可见，这些不文明现象既影响小区环境，又干扰居民生活，甚者威胁他人安全，与我们当今提倡的和谐社会格格不入。

为了改善社区养狗所产生的种种不文明现象，我们班学生利用暑期走进社区，通过调查问卷的形式分析研究居民养狗现象与问题，寻找解决上述矛盾的突破口，努力为构建和谐社区出一份力。

二、活动方式

本次活动采取问卷调查的方式，对数据进行统计、阅读与分析，研究社区养狗的现象与问题，总结归纳并提出可行的建议。研究对象为上海市宝山区通河二村社区的居民。我们的学生走进社区、走进居民家中，随机对养犬/非养犬居民各五十名进行问卷调查。

问卷根据调查对象的不同分为两类：养犬人和非养犬人。养犬人问卷共十个问题，非养犬人问卷八个问题。养犬人调查问卷问题主要围绕养狗的原因、养狗的习惯、养狗的相关法律常识及个人态度。非养犬人调查问卷主要围绕不养狗的原因、对于社区养狗的看法、遇到相关问题时的态度和应对方法。

三、数据分析

【养犬人问卷调查数据分析】

1. 你为什么养狗？（多选）

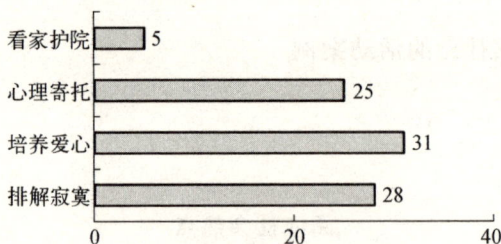

通过数据可以看出，当今社会，人们养狗的主要原因是培养爱心，其次是排解寂寞和心理寄托。与过去农家大院不同，现在的社区人们住在一间间独立的水泥立方体里，不再需要养狗来看家护院。与此同时邻里之间的交流逐渐缺失，狗作为人类最忠诚的伙伴不但满足了人们培养爱心的内心需要，还担当起了排解寂寞和心理寄托的重要任务，尤其是一些孤寡老人的家中，狗于他们犹如至亲一般。

2. 您是否定期给您的爱犬做健康方面的检查?

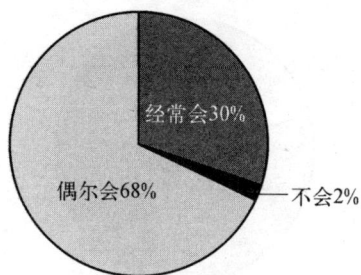

经常会30%

偶尔会68%

不会2%

3. 您一般是否会为爱犬清理便便?

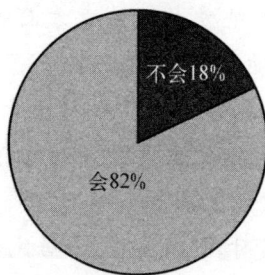

不会18%

会82%

4. 携带爱犬出门时,您是否会给爱犬戴好牵引绳?

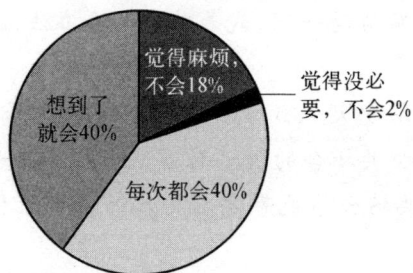

觉得麻烦,
不会18%

觉得没必
要,不会2%

想到了
就会40%

每次都会40%

5. 携带爱犬出门时,您是否会给爱犬戴狗嘴套?

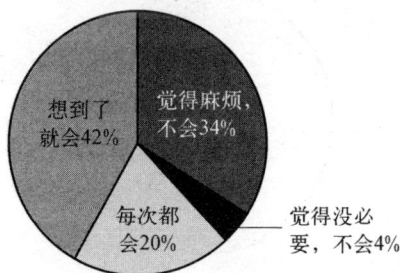

想到了
就会42%

觉得麻烦,
不会34%

每次都
会20%

觉得没必
要,不会4%

6. 您在出入公共场所时,是否会携带爱犬呢?

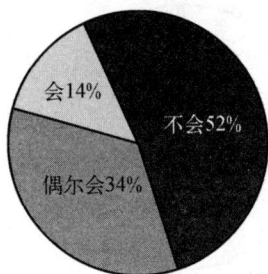

从以上数据可以看出,通河二村的养犬居民们有一定的责任心,体现在大部分的居民会定期给爱犬做健康方面的检查,这不但保证了自家爱犬的健康安全,同时也对社区他人负责。另外主动清理狗便便的居民超过了四分之三,这说明近年来人们对于不及时主动清理狗便便造成环境影响这一养狗问题的主要矛盾给予了充分的重视,并在这一养狗习惯方面得到了有效的改善。

然而在携带爱犬出门时,仅有40%的居民会给爱犬戴牵引绳、20%的居民会给爱犬戴狗嘴套,不到半数的居民想到了才会戴,其余的觉得没必要或者太麻烦而不会给爱犬戴任何保护措施。他们认为狗出来就是让它在小区里跑跑活动一下,戴着嘴套狗没办法散热,而且自己家的狗不会咬人伤人。

如果说这些不给爱犬佩戴牵引绳和狗嘴套的居民有一定的理由,那么携带爱犬出入公共场合的数据则体现了人们文明养狗的公德心的欠缺,在明知道公共场合不能带宠物出入的情况下仍有半数之多的人会明知故犯。

7. 您是否了解现行的养犬管理方面的法律法规?

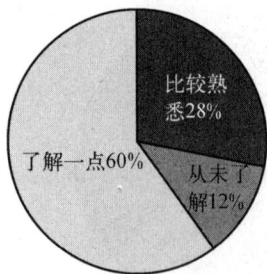

8. 对于小区养狗,您认为应该贯彻哪些措施?(多选)

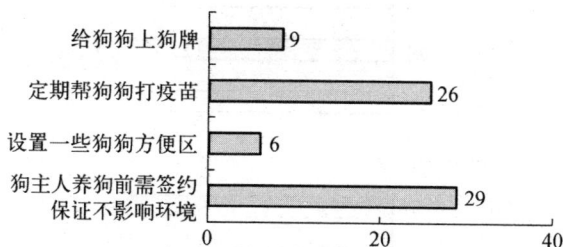

9. 对于养狗造成的环境卫生问题,您态度如何?

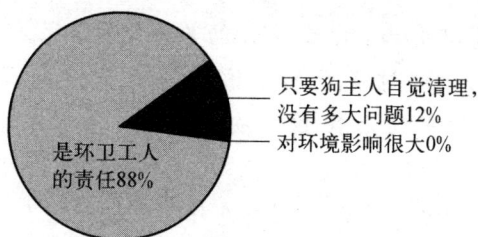

10. 您认为养犬居民应该遵守哪些社会公德?(多选)

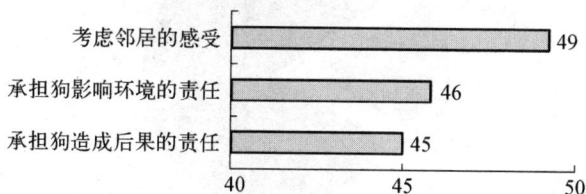

尽管现在的居民有了一定的良好养狗习惯,然而从如上第七、八组数据可以看出,大部分居民对于养狗的相关法律知识的熟悉与了解还是比较薄弱,仅有28%的居民对相关法律比较熟悉,大部分人似懂非懂,例如狗狗必须上狗牌、打疫苗等常识只有部分人知道。

虽然在养狗相关法律方面有些欠缺,但从最后两组数据能够看出,大部分的居民对于养狗所造成的环境污染、扰民等一系列问题比较有责任心,能够认识到自己作为养犬人应当承担相关的责任,从态度及认识层面值得肯定,但具体落实还需要看行动。

【非养犬人问卷调查数据分析】

1. 你不养狗的原因是什么?(多选)

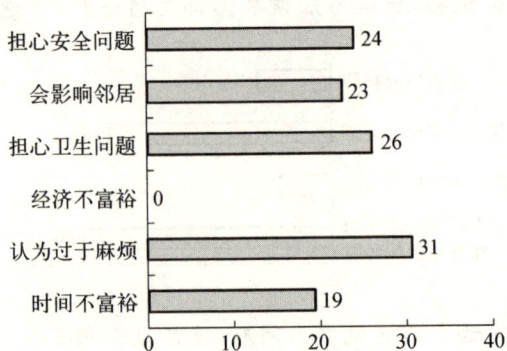

通过统计可以看出,随着社会的发展,经济已经不是人们养狗与否的主要原因。超过半数的居民选择不养狗是因为过于麻烦和卫生问题,也有相当的居民担心安全问题、怕影响邻居、时间不够富裕。

2. 您在社区中是否遭遇过犬类意外惊吓或伤害?

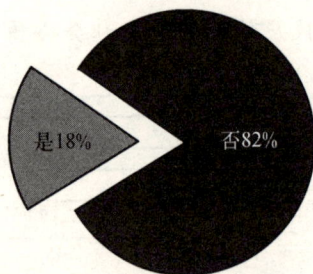

3. 您所在社区,狗不戴牵引绳的现象如何?

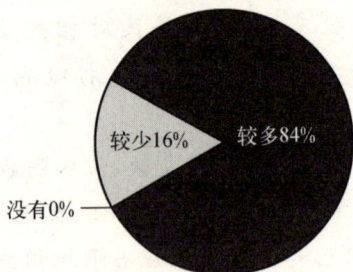

4. 您所在社区野狗的数量?

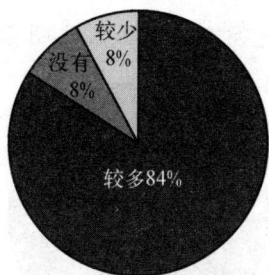

较少 8%
没有 8%
较多 84%

5. 您平时休息时受到犬吠的影响程度如何？（由低到高）

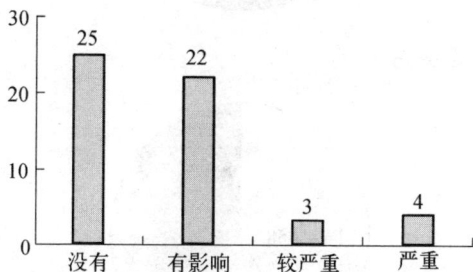

通过以上四组数据可以看出，社区养狗对于邻里之情、环境卫生、安全问题的影响并没有养犬居民描述的如此乐观。尽管有三分之一左右的养犬居民认为给爱犬落实了安全防护措施，但仍然有接近 20% 的居民表示在社区中受到过犬类意外惊吓或伤害，并且有高达 84% 的居民经常在社区中看到没有佩戴牵引绳的狗。

除了家养犬造成的问题之外，野狗也是狗伤人扰民的一大根源。由于有些居民没有恒心和毅力照顾好自己的爱犬而抛弃之，抑或者由于部分居民遛狗不牵绳导致狗走丢，加之狗的繁殖及生存能力较强，有关部门不及时加以管制，导致了社区的野狗数量越来越多。

家养犬和野狗两方面的原因，造成了半数的居民受到了影响，6% 的居民认为较严重，更有 8% 的居民认为此问题十分严重。

6. 在您遇到犬类的侵扰时，您一般会通过什么途径来解决？

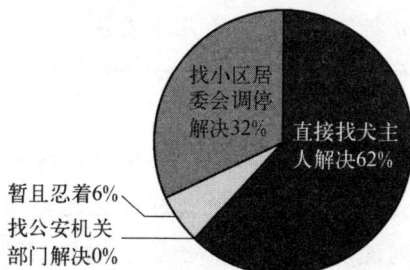

找小区居委会调停解决 32%
直接找犬主人解决 62%
暂且忍着 6%
找公安机关部门解决 0%

· 251 ·

7. 您所在社区日常是否有关于依法文明养犬方面的宣传?

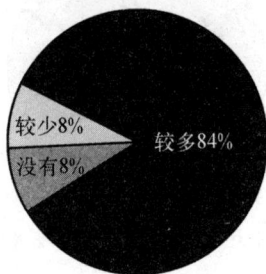

较少8%
没有8%
较多84%

8. 您今后是否会考虑养犬?

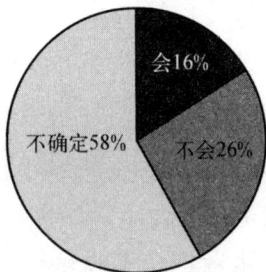

会16%
不确定58%
不会26%

根据居民的反馈,通河二村社区有进行依法文明养犬方面的宣传。然而部分居民表示宣传比较模糊,相关的法律的实效性不是很高,导致了养犬人在依法养狗方面意识淡薄。

在遇到犬类的侵扰时,大部分居民会选择直接找犬主人解决;6%的人会忍气吞声,如果处理不好很容易激化邻里之间的矛盾;仅有不到三分之一的居民会让居委会调停解决,几乎没有人会诉诸法律。

通过与居民们的沟通,16%的人表示日后会考虑养狗,26%的人表示坚决不会养狗,而58%的居民表示如果社区对于养狗的宣传和管理到位,养犬居民能够自觉遵守,他们会考虑日后养狗。

四、结论与建议

通过调查数据分析,我们有以下几个看法:

1. 通过对调查问卷的分析可以看出,90%以上的人养狗是出于精神的需要,这是不可避免的现象。

2. 数据提示,仅有40%的居民表示在出门时会给爱犬戴牵引绳、20%的居民会给爱犬戴狗嘴套,并且实际情况还要糟糕,高达84%的居民经常在社区中看到没有佩戴牵引绳的狗,接近20%的居民表示在社区中受到过犬类意外惊吓或伤害。

3.84%的居民认为小区野狗横生,其造成的安全隐患不容忽视。狗对于社区居民造成的影响其一是狗大小便随处可见,给环卫工人清理和居民憩息带来了不便;其二是狗咬人伤人的现象屡禁不绝,又有些狗没有打疫苗,狂犬病传播的可能性导致大家人心惶惶,即使及时做了处理也费时伤神;其三是狗吠声络绎不绝,有时此起彼伏,扰民不断,尤其是半夜;其四是处理不好相关问题容易激化邻里之间的矛盾。

4.数据也表明,现在82%的养狗居民能够自觉清理狗便便。这提示养狗问题已经得到了人们的重视,在政府对于文明养犬进行了一系列宣传后,如今越来越多的养犬居民意识到了养狗于己于人于社会所要承担的一份责任,开始通过行动来解决养狗所产生的问题,来证明养狗与构建社会主义和谐社会并不相矛盾。

5.数据也提示,尽管大多数养犬人表示会承担养狗的责任,但是除了在及时解决狗伤人问题之外,其他方面并不是很到位,6%的居民认为较严重,更有8%的居民认为此问题十分严重。由于养狗而产生的问题与矛盾,主要原因还是养犬人的法律意识淡薄、责任意识模糊。

6.矛盾源于养犬人自认为的"负责"其实还有很多缺陷。从数据显示出82%的养狗居民,不按照法律规定给狗打疫苗上狗证,80%左右的养狗居民遛狗时不落实佩戴牵引绳等防护措施,任由爱犬出入人多的广场、绿化带以及一些公共场合,对他人造成惊吓及人身伤害,甚至于随意抛弃狗狗造成野犬数量增多等。养犬人的素质参差不齐,这需要有关部门对养犬的法律和责任意识细化、明确化,决不能靠一句"文明养狗"就能解决问题。

7.养狗是一种生活方式。我们不可能将"养"变成"不养",不能靠如此粗暴的方式解决问题,但我们可以将"随意养"变成"文明养"。如今我们提倡的是建设社会主义和谐社会,对城市养狗问题不加以节制与规范的后果必然会导致明日的城市出现狗患成灾的现象。所以解决好城市养狗问题,使狗与城市、狗与人类和平共处,是发展和谐社会的关键点之一,这需要提高人们的思想认识,细化强调法规法则,有关部门加强完善管理。

根据对社区养狗调查问卷的分析,结合社会现状,我们的学生拟出了如下倡议书:

1. 坚持定期给爱犬进行常规检查并注射预防狂犬病疫苗,自觉办理狗牌、狗证,让爱犬做一只有"户口"的狗狗。

2. 备好清理犬粪的工具,及时妥善处理爱犬的排泄物,给其他居民创造一个良好的生活环境。

3. 不牵不行。携带爱犬出门时,自觉给爱犬戴好牵引绳,尽量远离小孩、老人,有必要时给爱犬佩戴狗嘴套,避免对他人造成惊吓。

4. 不携带爱犬进出公共场合。

5. 不离不弃。养狗前考虑清楚是否有能力有时间,一旦决定养狗,要给其创造良好的生存环境,不抛弃不虐待。

6. 若社区里野狗横行,通知有关部门对其进行处理。

7. 不饲养攻击性强的烈性犬,保证他人健康安全。

8. 若因爱犬与他人产生纠纷,主动承担责任,积极善后处理,若协商不成,要求居委会进行调解或寻求法律途径。

9. 认真学习政府及有关部门颁布的文明养犬相关法律法规,配合居委会做好宣传与落实工作。

五、结语

如果养犬居民能够真正落实以上倡议,那么由于养狗而产生的种种问题都能够迎刃而解,已有裂痕的邻里之间关系能够日益改善,终有一天能够得到非养犬居民的理解与支持,向和谐社区又迈进一步。

(指导老师:季　芸)

案例2

"愉悦身心"还是"滋事扰民"?
——广场舞问卷调查分析报告

一、调查目的

近来广场舞风靡全国各地,这种不受场地和舞种限制的娱乐身心的艺术表演活动受到了中老年群体的热烈欢迎,参与者群体庞大。同时也引发了一些"口水战",甚至出现了极端举动。广场舞活动是否扰民,扰民现象的严重程度究竟如何?扰民现象的解决方案等问题一度成为社会焦点。众说纷纭中,让人难辨是非,可谓是公说公有理,婆说婆有理,令人难以决断。因此,我们学生针对广场舞的活动影响,组成了一个专项调查小组,就人们对于广场舞的观点与看法展开一系列调查,探究广场舞活动究竟是"愉悦身心",还是"滋事扰民"。

选择这样的一个主题,这样的社会调查的方式,也能使我们学生身体力行地去阅读社会,学着主动关心社会热点。以社会调查中发放回收问卷,集体讨论分析问卷数据等的社会调查活动,来使我们学生接触社会人群,融入社会生活。因此,这样的社会调查,在思维和行动能力上,在日常的社会接触上,对我们学生都是有着极强的教育价值的。

二、调查方法

1. 调查对象

为了使得本次问卷更加具有客观性和普遍性,我们小组经过商议后决定,本次广场舞主题的调查问卷的调查对象,也就是问卷发放的对象,囊括了十八岁至六十三岁的各群体,这些受调查者所从事的职业也各不相同。我们还选择了不同的地方来分发问卷,并且向调查对象尽可能耐心详细地介绍我们的身份,解释我们的活动目的,以得到调查对象的理解,尽可能使回收的问卷为有效问卷。

2. 调查方式

本次调查活动中,调查小组成员遍选各个群体、各个社会阶层人群为调查对象,以街头寻访为主要调查方式,选择路人较多,并且有时间配合我们做调查问卷的小区、超市等地方,随机地将我们的调查问卷发放给街头路人,所寻访的路人没有局限性,以确保本调查报告的普遍性、可靠性。为此,我们调查小组已经提前通过商议,制作出了一份关于广场舞观点看法的问卷,面对社会各类群体进行我们的调查活动。共发放三十份调查问卷,回收有效问卷三十份,问卷的有效率达到100%。

3. 调查时间

本次以广场舞为主题的调查活动,我们在六月底完成了对调查活动的整体策划,并确定了具体的人员分工和活动安排;七月初,我们集体讨论,确定了对调查问卷的设计,并于七月的第二个周末,通过街头寻访的方式发放与回收调查问卷,于七月中下旬完成各项数据统计与各项数据分析;八月初,我们再次集合,一起对所统计的数据进行进一步的分析和讨论,并于八月上旬完成针对广场舞问题的调查问卷的数据分析报告。

三、调查内容

鉴于本次调查报告的主题为广场舞活动,小组成员力求做到多元

多样化,共设置五个板块,十二个小问:

第一板块:受访者与广场舞的关联度

1. 受访者是否跳广场舞

2. 受访者家人是否跳广场舞

设计理由:第一小问首先对受访者自身提问,如若受访者平时有参与或跳广场舞的习惯,那么在接下来的问题中,对于广场舞所带来的问题的相关提问,或多或少将有些主观因素的影响;第二小问中,受访者家人是否跳广场舞,也可能会影响第三问中受访者对于广场舞活动支持与否的态度。

第二板块:受访者对广场舞的支持程度

3. 受访者是否支持广场舞

4. 受访者支持广场舞的主要原因

5. 受访者不支持广场舞的主要原因

设计理由:第三小问承接第二小问,是受访者对广场舞活动态度的调查,第四,五问则对受访者对于广场舞活动支持与否态度的深层原因进行探究,研究广场舞活动的具体价值与人们的认同程度。

第三板块:受访者对广场舞活动的容忍度

6. 受访者认为广场舞在什么时候跳比较合适

7. 受访者认为广场舞在哪里跳比较合适

8. 受访者是否认为广场舞扰民现象严重

设计理由:第六、七问为受访者对跳广场舞时间地点的看法,是人们心中合理的广场舞的时间与空间;第八问则体现了广场舞活动的扰民现象对受访者的影响程度大小,这一小问所得的数据将会与第三问受访者是否支持广场舞活动有积极的影响,此两道问题互通有无,前后呼应,将受访者的感官想法淋漓尽致地表现出来。

第四板块:受访者对解决广场舞扰民现象的看法

9. 受访者是否认为有必要制定广场舞噪声控制标准

10. 受访者是否认为有必要出台明确规定来限制广场舞的活动场所与活动时间

11. 受访者认为谁应该对广场舞活动负起管理责任

设计理由:第九、十小问受第七小问的影响,体现了受访者对扰民现象存在的困扰程度,第十一小问将明确体现受访者关于广场舞活动将管理责任寄予何人。

第五板块：受访者对广场舞发展的意见和建议

12. 受访者对广场舞的建议

设计理由：第十二小问由第十一小问引申而来。收集完受访者对于广场舞活动的观点后，受访者对于广场舞活动的建议也至关重要，这不仅体现了受访者对广场舞活动的切实看法，更让广场舞活动的健康发展有了头绪。

四、调查结果

调查小组的数据统计如下：

第一板块：受访者与广场舞的关联度

1. 受访者是否跳广场舞：90%不跳广场舞，4%偶尔跳，6%经常跳。

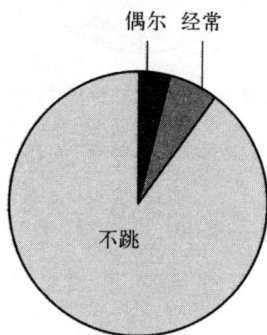

数据显示：在受访者群体中，有九成受访者不跳广场舞。

2. 受访者家人是否跳广场舞：53%不跳，27%偶尔跳，20%经常跳。

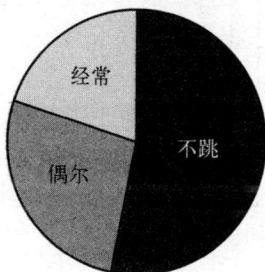

数据显示：在20%的家人经常跳广场舞的受访者中，我们将会在后面的问题中对他们关于广场舞活动的宽容度进行关注，观察两者间是否存在主观因素的影响。

综上所述：第一问受访者的个体广场舞参与情况中，偶尔参与或

经常参与广场舞的仅达到一成；但第二问中，受访者家人对广场舞的参与情况，由于调查范围从受访者个体扩展到家人，范围变大，因此，参与广场舞的受访者家人要达到近五成。

第二板块：受访者对广场舞的支持程度

3. 在受访者是否支持广场舞活动中，36％的受访者支持广场舞活动，14％的受访者不支持，50％则持中立态度。

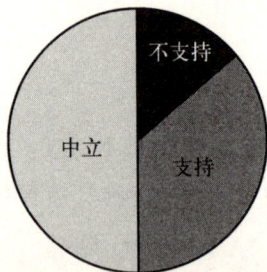

数据显示：显然大部分受访者对于广场舞活动的宽容度还是比较大的，不支持人数较少，但13％的反对率并非空穴来风，广场舞活动确实有些不足之处令人不满了。

4. 受访者支持广场舞的原因：26％的受访者支持广场舞的原因为中老年人通过广场舞来锻炼身体，23％的受访者支持广场舞原因为中老年人通过广场舞来与人交流，排遣寂寞，3％受访者支持广场舞的原因为中老年人通过广场舞来发挥余热、与时俱进。

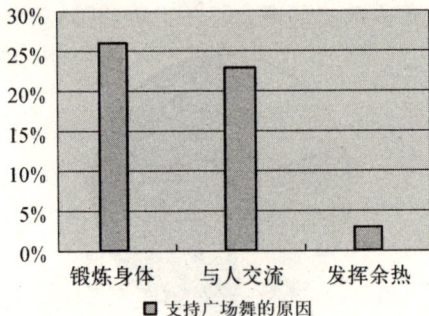

数据显示：受访者对广场舞活动支持的原因多种多样，可见广场舞活动得到不少人支持是有原因的，并非毫无益处。

5. 受访者不支持广场舞的原因：30％的受访者不支持广场舞的原因为广场舞音乐声音太大，影响休息；20％的受访者不支持广场舞的原因为广场舞占地太大，影响正常通行。

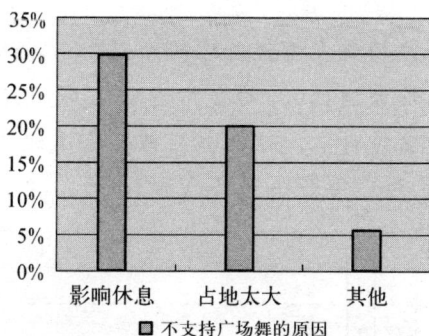

不支持广场舞的原因

数据显示：受访者对广场舞活动不支持的原因同样存在，可见广场舞活动仍然存在着一些不容忽视的问题有待解决。

综上所述：绝大部分的受访者，对于广场舞活动并不绝对反对。他们都能对中老年热衷广场舞的原因表示理解和支持，并且肯定广场舞为中老年人带来的益处。持反对态度的受访者，一般也都是因为广场舞的噪声污染或占地影响正常通行而反感。

第三板块：受访者对广场舞活动的容忍度

6.受访者认为广场舞在什么时候跳比较合适：10％的受访者认为广场舞应在早晨6点到8点跳，16％的受访者认为广场舞应在上午8点到11点跳，13％的受访者认为广场舞应在下午1点到4点跳，66％的受访者认为广场舞应在晚上6点到9点跳，20％的受访者认为广场舞什么时候跳都不行。

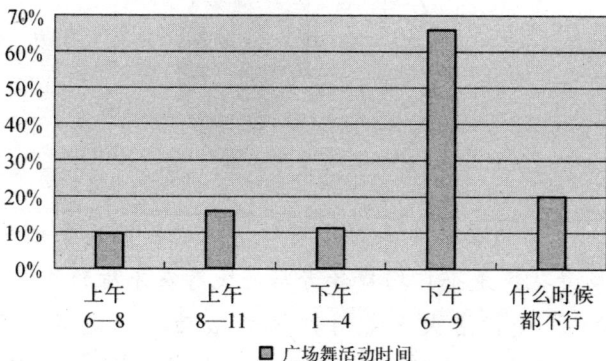

广场舞活动时间

数据显示：更多的受访者认为晚上6到9点跳广场舞比较合适，这

体现了多数人对于广场舞活动的接受时间范围,也是宏观上的普遍认知。

7. 受访者认为广场舞在哪里跳比较合适:53％的受访者认为广场舞应该在公园跳比较合适,30％的受访者认为广场舞应该在小区广场跳比较合适,3％的受访者认为广场舞应该在街道边宽广地带跳比较合适,13％的受访者认为广场舞在哪里跳都不行。

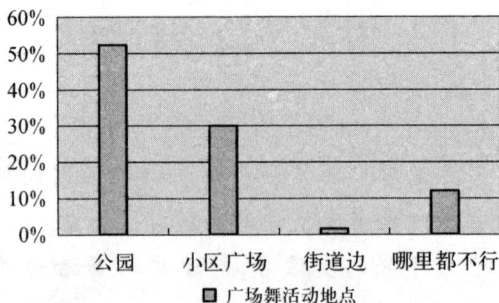

数据显示:这些数据明确表现了受访者对于广场舞地点的认可程度,超过五成受访者对于在公园进行广场舞活动比较赞成。显而易见,在公园跳广场舞可以有效地降低广场舞扰民现象的发生率,因此较多受访者对广场舞活动还是比较赞成在公园进行。

8. 受访者是否认为广场舞扰民现象严重:3％的受访者认为没有影响,37％认为不太严重,50％认为有点严重,10％认为非常严重。

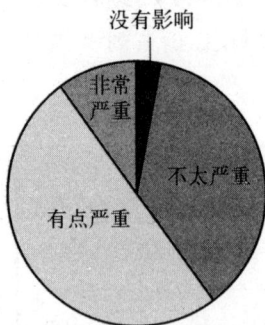

数据显示:六成受访者认为广场舞活动的扰民现象还是有点严重的,可见广场舞扰民是个广场舞舞者与居民存在矛盾的关键点。

综上所述:受访者大多都对广场舞活动有一定的容忍度,也能接受广场舞活动在特定的时间段进行。但有超过一半的受访者认为,广场舞活动在公园开展,可能会降低广场舞活动所产生的负面影响。在所有的受访者中,几乎所有人都认为广场舞活动确实存在扰民现象,且半数人认为该现象较为严重,一成人认为该现象非常严重。

第四板块:受访者对解决广场舞扰民现象的看法

9. 受访者是否认为有必要制定广场舞噪声控制标准:66%受访者认为有必要制定广场舞噪声控制标准,6%认为没必要,20%持中立态度。

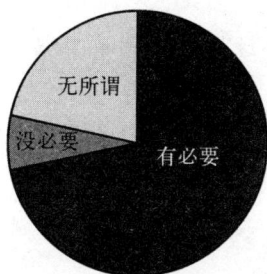

数据显示:超过七成受访者认为制定广场舞的噪声控制标准是有必要的。由此可见人们对于广场舞的噪声是存在不满的,这也是广场舞舞者与居民存在矛盾的另一关键点。

10. 受访者是否认为有必要出台明确规定来限制广场舞的活动场所与活动时间:54%受访者认为有必要出台明确规定;23%认为没必要;另 23%持中立态度。

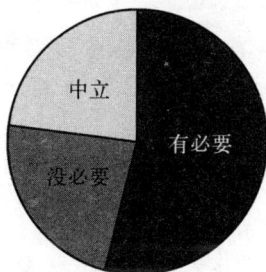

数据显示:在这个问题上,多数受访者对广场舞活动有着一定的包容性。

11. 受访者认为谁应该对广场舞活动负起管理责任:23%受访者认为广场舞组织者应对广场舞活动负起管理责任;60%的受访者认为应由相关社区管理;另有17%的受访者认为应交由政府负责。

广场舞管理责任

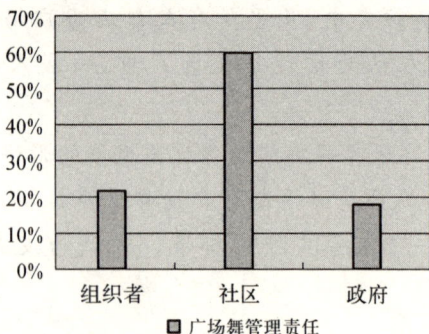

数据显示：六成的受访者都将广场舞活动的管理责任的期望寄予相关社区。

综上所述：受访者普遍认为针对广场舞活动所带来的扰民现象和负面影响，确实有必要制定一系列的标准。针对广场舞的噪声、活动场所与活动时间，都应该有一系列的政策和限制，并由相关社区负起管理责任。

五、结论与建议

1. 由第八题受访者是否认为广场舞扰民现象严重的调查数据表明，超过九成的受访者都认为广场舞活动确实存在扰民现象，且六成人认为该现象严重，可见广场舞活动的噪声，从客观上来讲，确实影响到了居民的正常作息，确实会引起诸多的矛盾和争议。从主观上来讲，对于矛盾和争议，并没有人能主动进行调解和解决，于是，这样的情况又会引起新的矛盾和争议。

2. 由第三题受访者是否支持广场舞活动中的数据表明：近九成的受访者对于广场舞活动是并不反对的，且就六七两题对于广场舞的活动时间和地点的调查数据看来，受访者普遍认为，广场舞活动和居民间虽然存在矛盾，但只要处理得当，两者间的矛盾还是能得到缓解甚至是解决的。

3. 综上所述，大多数受访者对于广场舞的包容度还是比较大的，同时通过对第十二题受访者对广场舞的建议的统计，我们惊喜地发现，受访者基本都愿意积极地对于广场舞活动提出一些建议，以期望来解决这些矛盾与争议：

（1）广场舞舞者与不跳舞的居民协商好时间，音量降低即可接受。

（2）应该出台规定固定时间，固定场所，有人负责，减少对民众的正常生活干扰。

（3）广场舞活动可以选择社区活动室等地进行，一来有地方可以跳广场舞，二来也不会扰民，使广场舞舞者和社区居民可以和谐愉快地相处。

综上所述，在本次社会调查活动中，通过对广场舞活动这一社会现象的阅读、调查和研究，我们发现广场舞活动在娱乐中老年人身心的同时使居民正常生活受扰是广场舞活动所带来的矛盾和争议所在。但是我们认为，如果两方都退一步，共同协商好，令广场舞活动可以正常进行，也让社区居民没有怨言，便能够和和气气，共建和谐社会。

通过这次社会调查活动，切实地让我们有机会深入地去阅读一个热点的社会现象，也让我们学会了通过社会调查的方式来解读社会现象背后的矛盾和争议。通过这样一次阅读社会的实践活动，我们不论是从能力上还是团队精神上，都受到了比我们想象的更多的锻炼和培养。相信以这次社会调查活动为契机，参与更多的阅读社会活动，一定会为我们的成长带来更多意想不到的收获！

（指导老师：张嘉妮）

第三部分：阅读历史的活动案例

案例 1

阅 读 苏 轼

一、活动背景

以学生为根本、以德育为核心，促进每个学生在思想道德、人格品质等方面的健康发展，是德育工作者的使命，更是我作为语文教学兼班主任工作者义不容辞的责任。伴随着网络时代成长的六年级学生，正处于青春勃发、意气盎然、思想懵懂、半幼稚半成熟的过渡时期，人生观、价值观尚在形成的阶段，此时最需要认同效法的对象，阅读的价值就毋庸置疑了。让学生选择喜欢的阅读对象，有效的引导并教给学生一些行之有效的阅读方法就显得尤为重要。苏轼，是北宋文豪，既是文学史中杰出代表，又是中国传统精神文化的优秀代表。在初中语文学习初，学生就已接触到了苏轼脍炙人口的诗歌《惠崇春江晚景》《饮湖上

初晴后雨》《赠刘景文》等。在介绍苏轼背景时,发现学生对苏轼这个人物兴趣盎然。为此,特选取了苏轼这个受学生热捧的历史人物作为学生深入阅读的对象。在整个阅读活动中,主要通过学生多形式、多角度的自由、广泛的阅读,以学生为主体,教师点拨为辅,并在此过程中,适时给予阅读历史人物方法的指导,深化学生对历史人物的情感,丰富认识历史人物的道德形象,从而树立远大的理想,做一个有赤诚爱国情怀、乐观豁达人生态度、情趣高雅、于家于国有益的人。

二、活动目的

1. 通过制作阅读电子小报,撰写阅读心得,学会阅读历史人物要从人物身份入手的阅读方法,并初步培养阅读历史人物的习惯。

2. 通过阅读苏轼的诗词歌赋、故事、传记等,感悟苏轼坦然豁达的人生态度、高雅情趣和爱民如子的爱国情怀,激发和引导学生树立为"中国梦"的实现而努力学习的动力。

三、实施过程

（一）选择主题

1. 调查询问学生是否知道有关苏轼的轶事趣闻如东坡凉粉、东坡肉、东坡与茶,或诗词歌赋如《惠崇春江晚景》《饮湖上初晴后雨》《赠刘景文》等。

2. 学生搜集资料,确定阅读材料《江城子·密州出猎》《水调歌头》《定风波》等诗词;"乌台诗案""东坡居士"的来历等故事;视频《千秋史话·苏轼》《苏轼传》、电视剧《苏东坡》,名人传记《苏东坡传》《解读苏东坡》《苏轼传》等。

（二）指导阅读

1. 围绕本次阅读活动的主题,教师引导学生了解阅读历史人物的目的和方法。

目的:古为今用,以史为鉴,利用历史发展规律分析现实。

方法:掌握史料(搜集史料,阅读史书)——掌握史实(背景分析、交叉比较)——获得感悟(撰写感悟、交流心得)

2. 教师指导各小组明确本组的阅读内容、阅读要求、阅读的起止时间、阅读摘抄的要求格式、成果展示的方式等。

（三）自主阅读

1. 学生到图书馆借阅阅读的书籍,自主阅读,为期三个月,读完后可与同学交换阅读。

2.每周一篇读书摘抄,要求加以批注;每两周撰写一次读书心得,记录自己的阅读体会。

3.围绕不同的主题,确定自己的研究切入点,通过各种途径搜集相关历史资料,如教科书上的相关内容、报刊上的文章、电视专题节目、网络上的资料等,要保证其真实性、准确性,形成自己的阅读心得。

4.小组交流要求:

1)每个同学按照研究内容的一致,分成若干小组,选出一名组长负责,小组交流读书笔记,相互点评,并选出本组内最好的一名同学代表本组全班交流。

2)教师指导,协调分配各组研究点,大致分为诗词兴趣组、逸闻趣事组、人物传记组、情趣爱好组四大组,从不同的形式多角度阅读苏轼。

3)围绕小组的研究点,集合组员搜集的历史资料,交叉比较,辨析材料的真实性,形成小组阅读成果,其中包括电子小报和阅读心得体会。

(四)成果展示

1.教师对小组阅读成果加以指导,组长带领组员进行修改完善,制作PPT、制作电子小报、撰写读后感等。

2.各小组自选方式进行成果展示。

3.撰写"我读到了一个_____的苏轼"小论文或电子小报,具体内容要求:

(1)写明阅读的方式,如阅读书籍、看报刊、观影片。

(2)说说你从阅读苏轼的故事(诗词)中感悟到了什么?如读到了一个爱民如子、豁达乐观、多才多艺等的苏轼。

(3)运用你读到的苏轼的故事(书画、诗词)来阐述自己的感受和感悟。

(4)说说本次阅读历史人物的读书活动中,你学到的关于历史人物的阅读方法是什么?

(5)说说你在阅读过程中存在的困惑或问题。

(6)字数在600—1 000字之间。

（7）电子小报的内容同小论文的内容，但可以分块呈现，注意排版美观，图文并茂。

4. 开展主题班会活动，进行组间展示，各小组之间交流阅读成果。

（五）总结提升

1. 教师对自主阅读、小组交流和主题班会系列活动进行点评，引导学生继续阅读关于苏轼的书籍，总结阅读历史人物的心得体会。

2. 针对阅读中的疑惑进行交流，答疑解惑。活动结束后，撰写活动心得。

四、活动效果

学生学会了阅读历史人物的方法，初步培养了学生阅读历史人物的习惯。阅读苏轼的德育课题为期一个学期，同学们参与度高，从阅读的显性效果来看，尤其是从同学们的小论文和电子小报来看，他们阅读的形式广泛而自由，有观看电视剧《苏东坡传》的，有阅读名人传记《苏东坡传》的，有看电子书的等。在阅读的过程中，苏轼伟大的人格魅力深深地滋养了同学们的心灵，也在潜移默化中塑造了学生自我。因而，同学的感悟也是丰富多彩：有源于政治事件的爱民如子的苏轼，有取材于生活情趣的多才多艺的苏轼，有选自诗词歌赋的浪漫的苏轼……真是"一千个读者，就有一千个哈姆雷特"。

如吴双甜同学就苏轼巧妙对下联"四诗风雅颂"，使辽邦撤兵议和的故事，谈到了"正是苏轼那充满智慧的大脑，才拯救了他的祖国，也正是他的爱国精神，才使他想出了这句妙语"，并激昂地说："我要像苏轼一样，用自己的智慧去破解重重的困难，用它在困难的时候化险为夷，用它使一切变得美好，用它使祖国变得强盛。"

又如黄依琳同学读到了一个爱民如子的苏轼。在谈到苏轼写关于如何处理欠款的方法时说道，"这一定花费了他很多心思，真可谓'为人民服务'啊！我能想象他写文章时的反复推敲，能想象他的苦思冥想，能想象他的劳累……在这几千日的时间中，他为了人民日夜奔波，有几次还冒着极大风险。"从中可以看出，学生能够设身处地思考苏轼的不辞辛劳和担当为民的赤诚情怀。

再如徐家豪同学沉浸书本，为苏轼的仕途失意抱打不平。在文中说："我真为苏轼的遭遇愤愤不平，难道他无与伦比的才气，也成了被祸害的理由？即使再小的孩子也希望，唯贤是举！"

许多同学把握住了苏轼这个大文豪的身份,从苏轼的诗词歌赋来谈阅读到的苏轼。如同学们选取了《饮湖上初晴后雨》《念奴娇》《水调歌头》等耳熟能详的诗词阅读到了豁达乐观的苏轼。喜爱书法的黄李晶选取了苏轼的书法《一夜帖》作电子小报。在小论文中有许多同学引用了苏轼赴宴的故事,都被苏轼的博学多才和能言善辩而深深折服。还有同学联系自身的学习和生活来谈,难能可贵。谭沁怡同学读到了一个热爱生活的苏轼,苏东坡热爱生活体现在美食方面的轶事,完全化解了生活中的不满,为什么我们不可以呢? 我们本来就应该向苏轼学习,学习他对生活的热爱,学习他对生活中不满的化解方法,这样还会在生活中有什么不开心不满意的呢? 再如胡文欢同学认为多才多艺的苏轼用诗歌来表达情感,我们可以学习写随笔表达自己的心情,这是我们现在比较缺少的东西。

五、活动反思

（一）指导学生阅读历史人物的收获

从阅读苏轼有趣的轶闻故事入手,从兴趣一步步到苏轼的诗词、为人、为国,多角度,多侧面,多渠道,集思广益,形成一个立体的、多面的、真实的苏轼,逐步在孩子们心中树立为国为民的远大抱负,乐观豁达的人生态度,勤奋上进的为学态度。

1. 在阅读苏轼的过程中,先从学生已有的对苏轼感兴趣的趣闻轶事出发,再到苏轼的诗、词和故事,一步步走近苏轼,从不同的侧面,深入阅读,真正达到了"横看成岭侧成峰,远近高低各不同",使不同的学生均有所获,形成了学生心目中的一个独立的苏轼,为学生撰写论文作了良好的铺垫,从中很好地培养了学生阅读的习惯。

2. 本次阅读历史人物的形式自由而宽泛,有网络视频,有报纸杂志,有名人传记,多角度走近苏轼,正面直接地阅读苏轼。在信息浩繁的时代,让学生以自己喜欢的方式走近历史人物是可用且可行的阅读人物的方法。

3. 在活动的指导过程中,让学生获得了阅读历史人物的方法。苏轼是大文豪,在阅读苏轼时,我要求学生主要通过阅读苏轼的诗词、故事等文学方面的成就,即主要紧扣历史人物的身份分析和评价历史人物;次之,可以进一步阅读历史人物的其他方面,使历史人物的人格魅力更趋于丰富和完善。

4. 在撰写小论文的过程中,提高了学生分析人物和评价人物的能力。同学之间在交流分享阶段,彼此丰富和完善自我的阅读,也在过程中学习和借鉴了他人的优势,有力地提升了学生的口语表达能力等素养,也促进了学生正确的价值观形成。

(二)指导学生阅读历史人物的不足

1. 阅读苏轼,虽仅是一个人物,但本身是一个开放性的作业,由于作业本身的自由度很大,阅读的形式也很丰富,故个人的阅读都是具有片面性的。

2. 学生的兴趣比我料想的要丰富得多,有的关心饮食,有的关心军事,有的关心书画。

3. 学生对当时宋朝的历史背景并不是很清楚,所以,在理解人物时并不是很充分、全面。

4. 学生阅读的时间大多是课余时间,讨论交流并不是很多,故阅读的效果并不是就能通过撰写小论文或电子小报充分反映出来的,还需要时间的检验。

5. 其实,也可以通过其他历史人物评价的方法从侧面来阅读苏轼,但因担心这方面的资料会给学生造成先入为主的影响,而缺乏主动认识苏轼,感悟苏轼情怀和精神的被动局面,故未提及。随着在今后的学习生活中,不断地学习和思考,再去分析、比较,或许会有更理想的阅读效果。

(张玉娣)

案例 2

阅读淞沪抗战史,感悟民族精神魂

一、活动背景

如今的 00 后学生对偶像明星无所不知,对于媒体上的各类娱乐类节目津津乐道,但对日本军国主义给中华民族带来的沉痛灾难,以及那些曾经为了抗战胜利而抛头颅洒热血的英雄们却知之甚少。对于他们来说,这是一段未曾亲历的特殊历史。正值 2015 年抗战胜利暨反法西斯战争胜利 70 周年,借此之际进行一系列主题教育活动来引领学生成长,通过阅读发生在家乡宝山的"淞沪抗战"中的英雄壮举和感人事迹,让学生们了解这段历史并且懂得：民族要自强，天下兴亡，匹夫有责。且由此深入感受其中蕴含的民族精神的丰富内涵以及抗战英雄为国奉献的爱国主义精神和社会责任意识。

二、活动目的

1. 通过红色之旅小队实地考察活动，搜集和整理相关专题资料，观看淞沪抗战影片，阅读相关报刊图书等方式，熟知一段"八一三"淞沪抗战史，会讲一个淞沪抗战英雄的故事。

2. 在学习和交流的过程中，能从淞沪抗战英雄的壮举中感悟民族精神，激发爱国意识和社会责任感，并落实在自己的学习生活中。

三、活动准备

1. 学生观看"八一三"抗战相关视频，初步了解这一事件的全过程，班主任适时提出问题，引起学生探究的兴趣，并和学生商讨确定阅读活动主题。

2. 班主任根据主题需要，提供阅读方向"宝山之战，四行保卫战，民众抗战活动，爱国学子抗日救亡活动"，布置阅读任务，各小队选择阅读任务，初步制定一份阅读探究方案。

3. 各小队通过实地考察，如参观"淞沪抗战纪念馆"、四行仓库旧址、姚子青营纪念碑等，搜集整理相关专题资料，如《纪念抗日战争胜利70周年读本——八一三淞沪抗战（中学生版）》；《中学生导报》——"纪念抗日战争胜利70周年特别专栏"；《大江南北》——纪念抗战胜利70周年特别专栏；阅读校内展出的"淞沪抗战"纪念展板。

4. 进一步思考交流：抗战英雄身上体现的民族精神是什么？在和平年代的今天，我们应如何向抗战英雄学习，弘扬民族精神？

四、活动过程

(一) 活动回放引出主题

以 PPT 呈现淞沪抗战纪念馆"和平之钟"敲响画面为话题,播放"淞沪抗战"视频,师生共同回顾班级开展的"八一三"淞沪抗战故地探访小队活动,引出活动主题。

(二) 走近淞沪抗战史事

1. 子青守宝山,以死报国(第一小队)

队员借助 PPT 介绍小队的淞沪抗战纪念公园之旅,呈现淞沪抗战宝山之战旧址实地游照片,介绍"姚子青营抗日牺牲处"。队员深情讲述姚子青和全体官兵为守住宝山阵地,与敌人血战到底,壮烈牺牲的故事。

真情感悟:队员陈述宝山之战探访活动的体会,"为了中华民族独立而英勇牺牲的姚子青营全体官兵,他们用行动诠释了不怕牺牲,以死报国的英雄气概。"

2. 孤军战四行,坚强不屈(第二小队)

播放电影《八百壮士》片段,把学生带回战火纷飞的 1937 年上海苏州河边。同学以谢晋元将军的故事作精彩演讲,让同学们了解八百壮士孤军血战四行仓库的一段不朽传奇,让同学们走近谢晋元等烈士,感受他们在战场上表现出的"余一枪一弹,决与倭寇周旋到底"的坚强意志,以及在羁留胶州公园期间,表现出的坚决不做亡国奴,以身殉职的民族气节。

朗诵:《歌八百壮士》,用激昂的朗诵再现当时八百壮士的英雄豪气,渲染气氛。

问题探究:八百壮士身上所体现的民族精神是什么?

学生们在思考交流的过程中感悟到:八百壮士身上所体现的民族精神是——浴血奋战、坚持到底的坚强意志,坚决不做亡国奴的坚定立场。

3. 学子赴战场,险闯苏州河(第三小队)

两名队员讲述当时同龄人身上发生的故事,感受他们"天下兴亡,匹夫有责"的历史责任感。

故事:商会童子军杨慧敏冒着生命危险闯过苏州河上的铁栏桥,给八百壮士送旗。

问题探究：从我们的同龄人身上，我们可以体会到民族精神的具体表现是什么？

队员在交流中感悟到：民族精神体现为——主动担负起天下兴亡的责任。

（三）感悟中华民族魂

1. 总结提炼

抗战时期民族精神在中华儿女身上的具体表现：

"守宝山以死报国"——不怕牺牲，以死报国的民族气节；

"孤军战四行"——浴血奋战，坚持到底的民族气概；

"童子勇闯苏州河"——主动担负起天下兴亡的民族责任。

2. 互动交流（谈谈这三件事给你印象最深的是什么？）

3. 问题呈现：在和平年代的今天，我们是否需要弘扬民族精神？我们应该如何向抗战英雄学习？

自由发言：针对学生实际生活中学习兴趣、责任感不强的现象分析说明：向抗日英雄学习必须把爱国之心、报国之情落实在自己日常学习生活中。从我做起，立志振兴中华。

五、活动延伸

活动后，每位学生用书信形式完成"致八一三淞沪抗战英雄的一封信"，并在班会课时间交流，班主任点评，使本次活动的教育效果得以深化和巩固。

六、活动效果

最初提出开展这个主题活动时，部分学生确实没有兴趣甚至有这样的困惑："过去的事有必要重提吗？"随着各项阅读活动的展开，探究活动的深入，学生们主动性的充分发挥，他们开始被这段承载着中华民族精神的历史和抗战英雄的事迹所吸引，被发生在家乡宝山的"淞沪抗战"中的英雄壮举所感动。在主题活动中他们学会了真情讲述英雄故事，激情高唱抗战歌曲，接受了一次心灵的洗礼，深深感受到民族精神的丰富内涵。活动结束后，甚至有同学提出了对"四行仓库"的保护问题。

学生活动心得例举：

我们小队一起结伴参观了上海淞沪抗战纪念馆。它曾是原宝山县县城旧址，也是两次淞沪抗战的主战场。最让我们震撼的是塔前的"淞

沪魂"石刻长卷上,展示了全国的抗日烽火,以恢宏的气势衬托了淞沪之战的时代背景。我们参观了"抗日战争与上海""血沃淞沪——淞沪抗战史实摄英""上海郊县抗日武装斗争图片展"等展区。陈列馆里,泛黄的照片记录了真实的历史:淞沪抗战主战场的惨烈,四行仓库八百壮士"血肉磨坊"。战士们英勇杀敌的场景又似乎历历在目。我们有幸出生在和平年代,快乐学习,幸福成长。但我们不能忘却历史,不能忘却那已经远去的烽火硝烟,不能忘却中国人民曾经遭受的灾难与屈辱。是先烈们用鲜血和汗水换来了今天的和平年代。在我们缅怀那些中华民族忠魂的同时,更让我深感肩上负有重任,为了祖国的繁荣富强和中华民族的振兴,我们青少年要不断地充实自己,锻炼自己,为建设和谐社会奉献出自己的一分力量。

七、活动反思

目前学生普遍缺乏对抗战历史的学习兴趣,觉得枯燥乏味,无共鸣感,其实这也是阅读(历史)能力缺失的一种表现。在此次开展的一系列阅读教育主题活动中,我通过各种阅读途径,让学生走近血的历史,对淞沪抗战有一个直观的了解。从网上下载有关淞沪抗战的视频影片,如《八百壮士》《航拍四行仓库遗址》《淞沪会战》《四行仓库保卫战》《抗战英雄姚子青》等;组织学生去图书馆阅读"纪念抗战胜利70周年读本"及《中学生导报》淞沪抗战专刊;组织学生去参观红色教育基地上海市宝山区淞沪抗战纪念馆、四行仓库旧址、宝山区泗塘二中校内无名英雄墓遗址等地,使得历史阅读和乡土资源有机融合,既激发了学生的爱国热情和责任意识,也提高了教育的实效性,同时也提高了学生阅读历史的积极性。在讨论和搜集"淞沪抗战"相关资料时,他们思维活跃,喜欢对一些抗战史实追根溯源。基于这一特点,我抓住这个时机,有计划、有意识地将各种资源充分利用起来,让学生在主题活动中逐渐掌握良好的阅读历史的方法和技巧,养成良好的阅读历史的习惯,从"被动"阅读变为"主动"阅读,让学生在阅读过程中产生兴趣,达到了"授之以渔"的教育目的。

总之,中学生历史阅读能力的培养任重而道远,需要不断努力探索。提高学生的历史阅读能力对于提高整个民族素质大有裨益,这实际上是对教师的一种更高的要求,前提是教师首先要大量了解历史资源,慎重选择,真正做到开卷有益。

(张玉婷)

第四部分：阅读艺术的活动案例

案例

走近艺术大师的世界
——美术学科阅读艺术大师活动案例

一、活动背景

新课程改革下的学习，学生的学习方式有了较大的变化，能利用校内外现有的资源开展自主学习。但因为学科关系，学生对艺术学科不够重视，且家庭因素（家长带孩子接触艺术的机会较少），学生的艺术视角比较狭窄，因此学生的审美能力迫切需要提高。针对初中学生的年龄特点和喜好特点，如果能给学生以多元艺术美的熏陶，形成颇受学生欢迎的生态式的审美教育则显得非常重要。教师力求在艺术课堂上多指点、多补充，拓宽可供利用的资源，在校园活动中多开展艺术实践活动才能加深学生对艺术门类、艺术形式、艺术大师的认识和理解，才能使学生的心灵受到冲击，体验美、感受美的能力有所培育，才能丰富学生精神内涵。因此，开展此活动旨在指导学生近距离、深层次、多角度地阅读艺术大师，体验感悟美的艺术历程。

二、活动目标

本次活动选择适合学生年龄层欣赏和理解的艺术大师作为推荐，通过艺术课堂的赏析，让学生了解艺术大师的艺术人生和作品的创作背景，让学生用智慧的双眸去看大师；通过课外阅读与探究，提高对艺术美的鉴赏能力、感悟能力和语言表达能力；通过绘画创作体验，让学生们亲临其境感受到大师的精髓，用纯真的心灵去感受美，享受艺术所传递的快乐，让孩子们真正地实现与艺术大师的近距离。

三、活动对象、形式、时间

活动对象：八年级学生为主

活动形式：课内艺术大师介绍与作品欣赏、课外阅读指导与自主探究、临摹创作

活动时间：2015 年 4—6 月

四、活动思路

引导学生用充满好奇的眼睛观察了解中外艺术大师,如宫崎骏、徐悲鸿、几米、梵高、莫奈、蒙德里安、马蒂斯等。通过课内欣赏课了解大师们的生活经历,还原大师们风采各异的创作过程,揭开了蒙在这些经典名作上的神秘面纱。课外探究学生喜欢的大师的绘画风格和表现手法,并开展"我也是艺术大师"的创作活动,用稚拙的笔触模仿甚至再创作,大胆地、毫无顾忌地画出自己想要画的色彩和形象来。

五、活动实施过程

(一)第一阶段

活动方案设计:

以八年级为主,通过美术课堂开展"走近艺术大师的世界"系列欣赏课,与中外艺术大师,如宫崎骏、徐悲鸿、几米、梵高、莫奈、蒙德里安等大师近距离。更从美术专业角度剖析作品的内涵、构图、色彩、笔触、技法等用意。通过艺术认识世界是生动形象、具体可感的,也是富于理想和充满激情的。

具体课时安排:

第5—6周,介绍日本动漫领军人物宫崎骏

第7—9周,介绍台湾绘本大师几米

第10—12周,介绍印象派大师梵高、莫奈

活动开展与成效:

"走近艺术大师的世界"系列欣赏课,共开设了六节,以教师专业讲授与作品、视频欣赏的形式分别介绍了宫崎骏、几米、梵高、莫奈。了解艺术大师的艺术地位、经典名作,走近艺术大师的精神世界。在引导学生欣赏具体的美术作品时,应该注意选取不同理念与风格的作品,使学生认识到在艺术史上这些观念并存的局面,从而拓宽他们的思路和眼界,而不要把学生框死在一个固定的欣赏模式里。比如在出示梵高的作品时,学生情不自禁地发出一片赞叹声,而出示蒙德里安的作品时,学生则显得茫然不解。这是两种不同的画种,画家运用不同的技法和材料,但是不管那幅作品画得像还是不像,都务必使学生明白这是画家对自然美的追求。引导学生领悟画家在美的艺术形象中所要表达的纯真的思想,使学生在欣赏那些栩栩如生的人物神情和动态,或者色彩鲜艳、线条简练、形象夸张的金向日葵时,更要欣赏画家在作品中所倾注

的对生活强烈的爱和对艺术不懈追求的感情。在欣赏美术作品的同时,使学生的艺术情趣和生活情趣也受到影响,从中受到了教育。

同时向学生列出美术阅读推荐书目,并由学校图书馆统一购买放置于美术教室,并开设了两节几米作品阅读课,近距离感受作品的内涵、构图、色彩、笔触、技法等,学生喜爱、反响热烈。通过几周课程,学生对这几位大师的作品、风格了解较之前的略知一二到头头是道,基本能从作品不同的题材、构图、色调,不同的点、线、面来体现作品的意蕴,真心感悟作品生动之处与耐人寻味的意境。

(二)第二阶段

活动方案设计:

开展"我喜爱的艺术大师"推荐活动,对大师们非凡的生活经历、创作风格、人格魅力、经典作品、背后的故事等展开阅读指导、课后探究与课堂互动交流。同时开展"艺术大师作品近距离"小报设计活动,具体介绍大师作品的艺术特色、创作风格、表现手法、细节处理、作品解读等。

具体课时安排:12—13周

活动开展与成效:

关于"我喜爱的艺术大师"推荐活动,让学生课后通过网站咨询(向学生推荐:优酷网 BBC 现代艺术大师系列视频、几米 SPA 网站、www.ysdsw.com 艺术大师网等),结合美术推荐书目的阅读,个性化的选择喜欢的艺术大师进行深入了解,完成作业"最喜爱的艺术大师推荐"。详细了解大师的艺术人生、他的经典作品与风格以及向其他同学介绍他最喜欢的作品,最后撰写阅读感悟,激发深思与共鸣。活动旨在不断加强学生对美术形式、艺术家及作品的关注与评论,切实提高学生的审美能力。活动持续两周,共收到八年级学生表格一百多份,有推荐宫崎骏、几米、梵高、莫奈、毕加索等。学生推荐多样化,课后探究有效,感悟真实、有深度。

在推荐同时,开展"艺术大师作品近距离"小报设计活动。八年级学生已具备小报制作的能力,部分学生喜欢通过小报形式,图文并茂地具体介绍大师作品、艺术特色、创作风格、表现手法、细节处理、作品解读等。活动持续两周,共收到八年级学生小报设计十五份。大多为介绍几米作品。

附：　　　　　　"最喜爱的艺术大师推荐"表格

推荐者：　　　　年级　　　班　　　　同学

我最喜爱的艺术大师推荐	
关于他的艺术人生	
他的经典作品与风格	
我最喜欢的作品介绍	
阅读感悟	

（三）第三阶段

活动方案设计：

开展"我也是艺术大师"创作活动,课外探究各位大师的绘画风格和表现手法,用或稚拙或大胆的笔触模仿、再现大师作品。如徐悲鸿《马》、宫崎骏的动画插画、几米的绘本、梵高《向日葵》《星空》、蒙德里《三棵树》、莫奈《睡莲》、马蒂斯《剪纸》等。

具体课时安排：14—16 周

活动开展与成效：

关于"我也是艺术大师"创作活动,相对难度较高。课内重点指导学生关注：如几米的都市画风与细腻的钢笔笔触,梵高旋转流动的笔触、丰富鲜明的明黄色调或对比色运用,马蒂斯现代剪纸的大色块抽象艺术风格等。前期的作品阅读也使学生在美术创作时更关注作品的形、色、材料工具的选择等造型要素,并能临摹表现出一定的绘图技巧。活动共收到八年级学生临摹作品二十多份。

附：临摹大师作品

几米《蓝石头》
八(4)班　麻旖旎

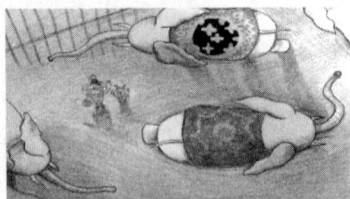

几米《幸运儿》
八(4)班　满志豪

几米《木瓜的世界》
八(6)班　徐蕾

六、案例分析与反思

美术是视觉艺术，是抽象的艺术，需要很强的阅读能力才能鉴赏。美术阅读与其他学科阅读有所不同，不仅只是文字阅读，主要依靠美术语言，例如线条、形状、色彩、构图等。欣赏美术作品、舞台美术、工艺美术、日用美术，甚至广告美术等都是一种阅读。同时美术也有文字等阅读，这是辅助性阅读。美术阅读目标是提高学生的审美品质，使学生能通过美术阅读提高审美素养。

本次美术阅读活动，旨在让学生"感受美、鉴赏美、创造美"。在阅读了美术史、美术家传记、美术作品评论等书籍之后，会对艺术大师的身世经历、内心世界、艺术追求、人生哲学有进一步了解，对他们演绎的艺术会有更深的理解，同时也可以通过阅读美术评价进一步理解经典作品。

（一）美术阅读要坚持由易到难的欣赏。美术的阅读是很抽象的阅读，有些作品欣赏起来确实有一定难度，因此美术阅读要坚持由易到难。美术作品有抽象派、写实派等各种流派，各有特色，有的不容易理解。欣赏美术要从简单到复杂，开始可以看一些现代作品，然后看古典作品。从与生活接近的美术阅读开始，不产生距离，逐步到纯美术作品的欣赏，有了一定的美术阅读经验后，看这些美术作品也就困难减小了。

（二）美术阅读有很强的个体差异性。美术不是科学，而是艺术，有着强烈的审美，因此不同个体会有不同的审美倾向，呈现"仁者见仁，智者见智"的特点。美术阅读的目的是帮助看懂自己或者他人的作品，进入到艺术世界中去。但是会不会阅读美术区别很大。一个人的审美与另一个人的审美不一样，今天的理解与明天的理解不一样，每次鉴赏美术作品都会获得新的感受与体悟。特别是艺术既抽象又具体，对它们的个体感受的幅度之宽是其他学科无法比拟的。美术阅读很重要的是引导学生学会理解这些艺术作品所表达的意义，以及自己对此的看法，也就是鉴赏。

（三）重视美术读物的阅读。美术在教与学过程中主要是以非连续文本展开的。但是要发展学生对美术的兴趣、更好地提高美术技能和文化品位，尤其是中学高年级的学生，更要引导学生多阅读美术的读物，一些连续文本的阅读。许多普及经典美术的读物，有

些涉及基本知识,有些是史实生平、作品介绍,有助于美术入门和欣赏。

(顾秀华)

第五部分:阅读传统文化的项目

案例

基于文化认同教育的唐诗宋词校本课程开发的研究

一、问题的提出

文化认同教育是民族精神教育中的重要组成部分,她着眼于培养学生对中华民族共同历史、文化、生活方式的归属感,培养学生对伟大祖国悠久历史和优秀传统的认同感,引导学生形成现代公民的良好道德品质和行为习惯,在弘扬中培育民族精神的时代内涵。

民族语言教育和人文传统教育又是文化认同教育中的重点内容。帮助学生感受祖国语言文字丰富的文化内涵和审美价值,提升自己的文化品位,深化热爱祖国语言文字的感情等,是民族语言教育的重要任务;加强对学生进行优秀人文传统的教育和熏陶,帮助学生认识和学习中华民族优秀文化传统的人文知识、人文思想、人文精神,促进学生热爱民族文化遗产,继承中华民族的人文传统,传承中华民族的传统美德等,是人文传统教育的重要任务。

中国是诗的国度。唐诗、宋词是中国文学的奇葩,是三千年中国古典诗歌桂冠上的两颗明珠。因而,唐诗宋词教学应该成为也必须成为民族精神教育、文化认同教育的重要内容和途径。

目前唐诗宋词的教学在中小学还是处于弥散的状态,为升学服务的功能也比较凸显。由于教学的事实目标偏向应试,教学方式几乎就是读、背、默,这样原本极具欣赏价值的唐诗宋词,异化成为学生背默的负担,得分的工具。特别是诗词中蕴涵的丰富多彩的人文精神,中华民族几千年积淀在其中的审美情趣,生活智慧,情感态度,志向理念等健康积极的文化精华,被严重地忽略,被痛心地丢失,难以完成对自己国家和民族的语言文字有一个文化认同的过程。

· 278 ·

同时唐诗宋词作为课程出现，主要还集中在大学的教学中。在高中也往往以选修课的形式出现，而且他们的教学更注重于作者的个人风格、艺术修养、文学审美等，以此作为其教学目标和教学内容。在小学和中学中有作为校本课程出现的，但仅仅停留在诵读阶段。

唐诗宋词校本课程教学也是我校校园读书活动中的一个重要内容。因此，本研究是在民族精神教育纲要指导下，克服原有校本课程粗放型等不足，遵循不同学龄段学生的兴趣特长和认知特点等，探索开发层次性、多元化的唐诗宋词校本课程，并探索其在文化认同教育中的方法、途径、作用等。

二、概念界定

文化认同：

有的学者认为，"文化认同"是指特定的个体或群体，从文化交往或文化碰撞中，彼此从双方文化的历史渊源、文化特征、文化价值和人文底蕴中找到共同点或相似点，从而促进彼此之间的亲和凝聚。有的学者认为，"文化认同"就是个体或群体依据它所生活在其中的环境与文化系统，直接或间接地、感性或理性地、自发或自觉地对自身所属的文化的共识、认可、归属、归附。在本研究中，我们取后者的观点。

"文化认同"是多层次、多重结构的。其中最核心的是价值观的认同。它的最高境界是使人们对一定文化价值观成为自己内在的坚定信念，并形成一定的行为模式和生活方式。

文化认同教育：

在本研究中，是指通过学校校本课程的设置，课堂教学的开展，主题活动的创设，使学生对唐诗宋词这一民族文化产生共识、认可、归属、归附，并在行为中体现，从而促进和强化学生的民族文化认同感。

三、研究目标和内容

目标：本研究是在文化认同教育思想指导下，探索开发唐诗宋词校本课程，并探索其在文化认同教育中的方法、途径、作用等。

内容：序列化的唐诗宋词教材内容选编。课堂推进的"教"和"学"的研究。相应的主题活动开展的内容、途径、方式等的研究。

四、研究方法和过程：（略）

五、研究成果

（一）选编了序列化的唐诗宋词教材

1. 序列化的制定。

根据学生在初中的认知特点和认知发展过程，根据唐诗宋词教学内容的特点和教学方式的规律性，制定了以下序列：

序　列	年　级	课　堂　教　学
第一阶段	六年级	语言美、韵律美
第二阶段	七年级	意境美、情感美
第三阶段	八年级	历史美、评价美

任何一首诗词的教学都离不开韵律、情感、评价这三个方面，因为这三者是一个整体。从人文感悟型问题解决的过程来讲，从学生的思维和情感发展来讲，第一阶段在于感知，第二阶段需要神入、内省、领悟，第三阶段则上升为具有学生个性的感悟。

在本课题研究中，更考虑了学生的认知发展特点，进行了细分，在每一个阶段偏重于某一方面的学习，而不是单学习某一方面而放弃了其他方面，否则就违背了唐诗宋词教学的本质。

① 唐诗宋词固有的语言上的特点更易为学生接受。因此，序列化的第一阶段是让六年级的学生能够感受语言上的美，体味语言韵律的美，从而感受祖国语言的魅力，激发热爱祖国语言的感情，最终达到文化认同的教育目标。

② 一首首唐诗宋词流淌的是我们祖先的、与今相通的情感思想。序列化的第二阶段是要求七年级的学生能在感受语言美的基础上，神入意境，品味情感，从而感受祖国传统诗词的意境美，感受寄予在作品中的淋漓多样的情感，最终达到文化认同的教育目标。

③ 学生学习诗词，也学习历史，更学习一种人类永恒的精神。因此，八年级学生在学习中，更强调个人的感悟，更强调大背景下的审视。鉴赏评价也是初中生必备的学习能力。

2. 教材内容的选择。

唐诗宋词流传千古，博大唯美，几无穷尽。本教材选择了其中的几十首名家名篇,就如撷取几片浪花,只为以点带面,通一渠以晓江河,窥一斑以知全貌。

全部教材共分三个篇章:唐诗宋词欣赏·韵律篇;唐诗宋词欣赏·情感篇;唐诗宋词欣赏·评价篇。每个篇章又分别由十首唐诗和十首宋词组成。

具体篇目的选择上我们尽量选择耳熟能详的、能较好地反映作者风格的名家名篇。更重要的是,我们根据每一篇章的特点,选择能较明显体现篇章特点的诗词。

①唐诗宋词欣赏·韵律篇:诗词语言的韵律,不外乎声音和节奏两方面,具体可指声调、拖音、押韵、断句、舒缓等。唐诗中的律诗和绝句,宋词中的小令和长调,都讲究韵律。我们选取的如:李清照的《声声慢》开头的十四个叠字,读时语速要慢,要读出深沉忧郁的情感、叠字的节奏,起伏跌宕回环往复。

②唐诗宋词欣赏·情感篇:中国古代诗词的魅力更在于,每一首诗词都如一幅写意画,引人入胜,催人生情,意象的运用使情景交融手法达到极致。如:《过故人庄》(孟浩然),"抓住一词一句"入情入景,使学生真实地领略诗中的情境美,潜移默化地为"文化认同"打下必要的感情基础。

③唐诗宋词欣赏·评价篇:在篇目的选择上,我们以文化认同的核心(价值观的认同)和文化认同教育的内涵(引导学生形成现代公民的良好道德品质和行为习惯)为基点,偏重于词篇思想内容的典型性,同时关注写作特色的表达性。如《钗头凤》(教学)时注重感悟陆游对唐婉的真情。

3.单篇诗词教学内容的确定。

本研究中,为强化文化认同的目的,我们根据每一篇章的特点,在诗词教学内容的确定上也各有千秋。

①唐诗宋词欣赏·韵律篇:

谈到诗词的韵律,大致包括三个方面的内容:一是平仄,二是对偶,在三是押韵,运用的自然,可以使诗作增强音乐感,呈现韵律美。因此,本篇章的教学内容特别安排了"吟诵指导"这一部分,选取诗词中的典型词句,加以吟诵指导。并不要求面面俱到,只求以点带面,凸显唐诗宋词的韵律美,给学生以体验,给学生以借鉴,给学生以启迪。

② 唐诗宋词欣赏·情感篇：

诗歌是感人肺腑的歌曲。在反复吟咏中张开想象和联想的翅膀。特别是那些穿越时空、流传千古的名句如千年的白酒，其情其味在历史的沉淀中愈加醇厚，时间见证了它们不朽的魅力。因此，在本篇章中，我们既有对诗词整体的赏析，更有画龙点睛般的"名句探究"。

③ 唐诗宋词欣赏·评价篇：或许，文学中有这样一种规律，凡能流传千古的名篇往往都有其深厚的历史背景和坎坷的个人经历。因此，品味诗词的情感离不开沧桑的历史，沧桑的历史赋予了诗词沉厚的韵味。在本篇章中，为能更客观、更透彻地站在历史的角度品读诗词，我们特安排了"写作背景"这一方面，尽量探究诗词背后的故事，尽量用诗词背后的故事来解读诗词、解读作者，并进而形成个人的感悟。

(二) 推进了序列化的唐诗宋词课堂教学

1. 序列化教学内容共性和个性的融合。

① 唐诗宋词教学有其内在的规律，"读诗词、知诗(词)人、晓史料、解其意、学其真"这五个方面应是教学的基本内容。

读诗词："读"有一个循序渐进的过程。由读准字音、读得通顺流畅到读出一种美感来；由读出节奏、韵味到读出一种情感来。"读出美感"和"读出情感"是"读"的最高境界。读诗词是贯穿于整个学习过程的，是引领学生思维和情感不断递升的有效方法。

知诗(词)人：诗(词)人与其作品之间是一种"欲说还休"的关系。如：南唐后主李煜后期词作，凄凉悲壮，意境深远，为词史上承前启后的大宗师。

晓史料：唐朝的安史之乱，从一首诗(词)中能看出一代王朝的兴衰，而一代王朝的兴衰也影响着诗(词)人作品的风格和内容。宋朝女词人李清照可谓是代表中的代表，从南渡前"绿肥红瘦"的闲愁到南渡后"点滴霖霪，愁损北人不惯起来听"的家愁、国仇。

解其意：不是文言文教学式的直译和意译，因为它缺乏诗词教学应有的美感。因此，理解诗词的内容，应是基于诗词基本内容、加以读者丰富想象和联想的血肉饱满的一首首篇章。

学其真：唐诗宋词中的丰厚扎实、健康向上的人文素养是其穿越历史的根基所在。一位位诗（词）人，也是一位位顶天立地的"真人"，汲取其精华是唐诗宋词学习的最终归宿。

② 序列化的特点决定了我们研究的特点：层次化、多元化。

第一序列：韵律篇。平仄、声调、节奏、拖音、押韵等的组合构成了诗词韵律美的基调。齐读、独读、对读、分组读、分角色读、配音（画）读等"美读"形式可以放大鉴赏的美学氛围和学习效果。"字句"→"音节"→"神气"的吟诵环节，是通过语言的理解，把握诵读的语气、节奏、韵律，从而最终感受诗歌的内在"神气"。

第二序列：情感篇。"语言——物象——意象——意境——情感"这五环是领悟情感美的基本过程。其中意象是关键点，平时散落于各诗词中，教师可给学生作一个专题讲座，利用已学过的诗词进行迁移，再在新课学习中巩固意象的学习。而由意象到意境，学生的想象和联想能力是关键。唯有如此，学生才会有充分地体验空间和时间，情感美的领悟也才会更丰富、更透彻。

第三序列：评价篇。这一篇章，对学生的要求较高，因此，必须先在理解情感的基础上开展相对个性化的评价。我们以文化认同的核心（价值观的认同）和文化认同教育的内涵（引导学生形成现代公民的良好道德品质和行为习惯）为基点，偏重于词篇思想内容的典型性，同时关注写作特色的表达性。

2. 多媒体教学手段与唐诗宋词教学的融合。

① 利用范读录音和经典歌曲加强对诗词的韵律感受。

在唐诗宋词的诵读中更体现为一种具有强烈音乐感的吟诵。名家的吟诵往往能还原诗词本身的韵律与美感，如《钗头凤》（陆游），孙道临老先生的吟诵，苍凉、悲情、一唱三叹，词人的自责、后悔、绵绵痴情尽露无遗。唐诗宋词流传至今，不少诗词也被改编成了歌曲，经演唱者的演绎，别具韵味，如邓丽君演唱的苏轼的《水调歌头》。这类演唱无不成为经典，成为课堂教学的好助手。

② 利用图像背景加强对诗词的情境理解。

利用多媒体的图像背景设置能够很好地显现诗词的意境和艺术内涵，如《钱塘湖春行》的图像背景似一幅国画，可以加深学生对白居易诗歌的艺术内涵的深层理解。

③ 利用配置音乐加强对学生的情感渲染作用。

给唐诗宋词配置音乐,更具有感染力。在《钱塘湖春行》中配上古筝名曲《春江花月夜》,在《送别诗》中配上萨克斯名曲《回家》,都是非常有效的尝试。

其实,在课堂教学中,以上三者我们常常综合运用,在吟诵中体验情感,在情感体验中吟诵。吟诵范读、情境画面、配置音乐的综合运用,使得每一次的唐诗宋词教学几乎都成为一个华美的乐章。

3. 学生多样化的学习活动与教师教学活动的融合。

① 在预设学习目标引领下的诵读活动。诵读活动不是可有可无的,更不是随心所欲的。它既是文本解读的有效手段,也是语文素养的核心内容,应该充分挖掘诵读这一语文学习方法的价值。

一般来讲,整首诗词的教学过程中,诵读活动可分为三个层次:诵读感知、诵读体验、诵读感悟。相应的学生的心理活动也呈现层次性:感知语言的韵律美、走进诗(词)人的情感世界、用自己的声音表达对作品的感悟。

诵读形式多样,齐读、轮读、对读、分角色读、配乐读、小组读、趣读、美读,读出层次,读出变化,读出韵味,读出个性。

② 基于诗词情感基调的艺术创作活动。艺术创作活动是学生对诗词情感的再现性和创造性理解。

诗能入画。白居易的《暮江吟》一诗中"半江瑟瑟半江红"一句色彩感极强,铺成感极强,一句好诗成就一幅好画。

曲能表情。在学习辛弃疾的《菩萨蛮》(郁孤台下清江水)一词时,三位在古筝、钢琴、手风琴不同方面有艺术特长的学生编曲、录音、播放,其他学生聆听并评判优劣。制作者在制作过程中,欣赏者在点评过程中都加深了对词情的理解和感受。

文能写意。结合意境优美、情感细腻的诗歌,学生可以作片断式的描写或整首诗改写训练。如山水派诗人王维的《山居秋暝》。

(三) 匹配了序列化的主题实践活动

主题实践活动是本课程实施效果评价的有效载体。由于情感类目标很难被量化和物化,因此强调学生自主体验过程的、表现形式多样化的主题实践活动成为本课程实施效果评价的有效载体。

依据每一年级的教材特征,我们也与之匹配了相应的、形式多样的主题实践活动,后一阶段应涵盖前一阶段的相关活动。如下表:

序　列	年　级	校本教材	主 题 活 动
第一阶段	六年级	韵律篇	朗诵、吟唱等
第二阶段	七年级	情感篇	写作、表演等
第三阶段	八年级	评价篇	演讲、辩论等

活动内容的选择可以是校本教材内的也可以是课外拓展的，或是基础型课程中的。整个活动由学生自主组织，从内容的选择到表现的形式都由学生自主完成。在整个过程中，教师起建议和指导作用。

实践证明：主题实践活动是本课程实施效果评价的有效载体。

案例：宋词吟诵专场　泗塘中学七(5)班全体学生　2008年11月28日

活动要求：以组为单位，开展宋词吟诵比赛，要求制作课件，选取能表现选词意境的图片和乐曲，并配以文字，制作成课件作为吟诵表演时的背景。

活动对象：泗塘中学七(5)班全体学生，部分语文教师(评委)

活动形式：表演性吟诵。

七(5)班宋词吟诵竞赛评价表

组　别	第一组	第二组	第三组	第四组	第五组	第六组
整体印象						
节奏合理						
感情充沛						
曲能衬情						
画能显境						
总　分						

注：共5个评分项目，每一单项10分，满分50分。

活动过程：(略)

点评：本次吟诵会相当成功，对照评价表，可以看到学生的表演性吟诵都符合这几项评价要求，无论是朗诵技巧、感情投入还是画面和音乐相融合所营造的意境、意境与词作内容的匹配等都非常到位，尤以第

三组为最佳,吟诵时,女生已眼含泪、声哽咽。从本次吟诵活动来看,一切尽在"吟诵"中。学生对宋词的热爱、对祖国传统文化的理解都融合进了他们的吟诵声中了。

六、研究成效

(一) 教师专业素养得以提升,教师专业成长得以促进

1. 古诗词素养的丰富。在编选教材过程中,为选取最有代表性的古诗词,教师往往需阅读学习更多的作品。从作者的生平到其诗词的思想内容再到其作品的艺术风格,教师在广泛的研读中,丰富了古诗词素养。

2. 古诗词教学能力的提升。在传统语文教学中,古诗词教学上的教法往往比较单一,诗词中的人文精华和审美情趣却悄然远逝。本研究基于本校本课程的特点,古诗词教学不再以分数为目的,教师的教学智慧潜能得到挖掘,教师个性化的文本解读也得以体现。

3. 文化育人意识的增强。通过本研究,教师在切身体验唐诗宋词是我国古代文化中的瑰宝,语文育人的意识又被重新唤起并得以强化,文化在塑造人格、丰富精神素养等方面的作用又得以展现。

(二) 学生古诗词鉴赏能力得以提高,对祖国传统文化的热爱之情和文化认同感得以增强

1. 古诗词鉴赏能力的提高。在本校本课程的唐诗宋词学习中,学生并无考试压力和束缚,因此学生可以在教师的引导下轻松愉悦地投入到相关的学习中,对美的欣赏意识和能力得到有效激发和提高,并形成可持续地对古诗词学习的兴趣,以点带面式的学习方式,拓展了学生古诗词学习的更广阔的视野。

2. 文化认同感的增强。一个不热爱本民族语言和文化的人不可能是一个真正的爱国者。因此,学生在本课程的学习中,强烈感受到了唐诗宋词的巨大魅力,无论是古诗词本身的艺术魅力还是诗人词人的那些精神气质,都深深感染并震撼着学生的心灵世界。

(项目组成员:黄月娟,张玉娣、耿言梅、王婷婷、

赵丽梅、张智云。执笔:黄月娟)

第七章　广博阅读教育指导策略

第一节　广博阅读教育指导的策略体系

一、把握广博阅读教育策略思想

广博阅读教育策略体系是实现广博阅读教育的基本保证,是我们课题研究的重要成果。广博阅读教育策略体系包括两个方面:广博阅读教育的策略思想、广博阅读教育指导策略。

广博阅读教育的策略系统是从广博阅读教育的教育思想、方法模式、技术手段这三方面因素进行集合形成的方法体系,是对实现广博阅读教育目标而采取的教育活动程序、教育方法、教育形式和教育媒体等因素的总体考虑。

教育策略思想是体现一定教学规律与教育原则的在教学中普遍适用的方法思想。广博阅读教育的策略思想从方法论角度看,是体现广博阅读教育的方法思想,并以此引领实践的较为宏观的方法,广博阅读教育的策略思想是广博阅读教育思想应用于广博阅读教育方法之中,对基于广博阅读教育的方法起着规律性的引领。

只有掌握广博阅读教育的一般规律,才能正确地建构与使用广博阅读教育指导策略。广博阅读教育策略思想在广博阅读教育指导策略的科学认识上起着重要作用。策略思想不同于策略,策略是具体的操作形态,这些策略是策略思想的具体化,具有操作性。而策略思想是直接影响广博阅读教育指导行为的总体思路。策略思想制约指导策略,进而制约具体的方法,方法是为实现策略服务的。把握广博阅读教育

策略思想有助于从整体上把握广博阅读教育指导的策略与方法。

我们通过实践研究,进行了分析概括,提出了"阅读素养为导向,以广博阅读为手段,推进学生核心素养发展的广博阅读教育的实施"的广博阅读教育的策略思想。这个策略思想的内涵是:

(1) 这个策略思想是基于对广博阅读与阅读素养的概念认识及其价值认识,即阅读素养与广博阅读教育具有一致性,这两者的价值指向都是为学生的阅读学习提供良好的环境与条件。

(2) 这个策略思想是建立在对阅读素养与广博阅读教育的要素、结构剖析基础上,把握来自阅读教育与广博教育的要素、结构的变化导致阅读教育的功能性变化,生成广博阅读教育,彼此互相整合发挥相同功能,并叠加增强阅读教育功能,为学生的核心素养的发展提供十分有利的条件。

(3) 广博阅读教育策略有着两个基本维度: 广博的阅读内容与适宜的教育形式,这两者的整合是指导策略的关键。要依据两者的特点与优势,根据教育需要合理运用,适应学生的阅读。因此广博阅读教育指导策略要包含着广博的阅读内容与适宜的教育形式这两个基本方面的操作要求。

二、运用广博阅读教育指导策略

教育策略是为实现一定教育而制定的、付诸教育过程实施的整体举措,它包括合理组织教育过程,选择具体的教育方法和材料,制定教师与学生所遵循的教育行为程序。广博阅读教育在操作时需要一套教育策略系统,特别是具体可操作的指导策略。广博阅读教育的指导策略是指教师实施广博阅读教育而有意识和有目的地采用措施的总体。广博阅读教育的策略是广博阅读教育思想在阅读教育中具体化,也是教育行动的方略。有了合理的广博阅读教育策略可以帮助教师在教学过程中从整体上把握广博阅读教育,在具体过程中能有效地运用广博阅读教育方法。本课题基于强调阅读的主体与阅读的学习性,使用"广博阅读教育指导策略"这个概念,在本质上是支持学生广博阅读的教育行为。我们着重研究广博阅读教育指导策略。

广博阅读教育指导策略不同于阅读策略。广博阅读教育中教师应该提供支持性的教育,促进学生的广博阅读。广博阅读教育策略指导是从教师开端,关注教师的阅读教育举措,属于教育策略。

要区别学生"阅读策略"与教师"指导策略"的不同。

"阅读策略"指的是学生为了达到某些阅读目标,所采取的一系列阅读方法和技巧。

"指导策略"指的是为了促进学生的阅读素养提高,教师所采取的一系列教育方法和方式。

这两者是不同的:一是实施主体不同,前者是学生的阅读,后者是教师的指导。二是实施的内容不同,前者是如何阅读,关注学生的学;后者是如何指导(学生阅读),关注的是教师的教。尽管教师的指导也是为了学生的阅读,但毕竟教与学是有区别的。

我们根据学校长期开展读书活动积累的经验以及阅读素养理论,在"什么是策略"的认识基础上,提出了提升学生阅读素养的广博阅读教育的八个指导策略。

第二节　广博阅读教育指导的策略

一、广博阅读教育指导的八大策略

（一）阅读兴趣激发策略

阅读兴趣激发策略是指在整个阅读过程中通过多种阅读内容、阅读方式不断引发、维持、增强学生的阅读兴趣的策略。阅读兴趣就如引擎,阅读兴趣是学生对阅读活动的一种注意倾向、积极态度和喜爱程度,是维持阅读的动力之源。在阅读素养的培育过程中,我们应该让兴趣贯穿学生阅读的始终。

实施要点:

1. 激发兴趣,学生的阅读兴趣与参与度水平密切相关。只有让学生参与到阅读学习中,才可能有机会在阅读中激发学生兴趣,培养学生对阅读的兴趣。

2. 强化兴趣,让学生体验阅读过程。通过过程性评价与激励,使学生在阅读过程中产生的情感体验得以强化,这是兴趣能够维持的必要

条件。

3. 增强兴趣,展示阅读成果,例如朗读、表演、阐述观点等,让学生体验阅读所带来的满足与愉悦,使阅读兴趣再次激发。

4. 深化兴趣,增强阅读的挑战性。教师要鼓励学生表达阅读后的自己观点,提供富有挑战性问题,要求学生解释文本内容。

5. 提升兴趣,加强阅读的延展性。鼓励学生将作阅读的文本与他们的生活相联系,让学生把阅读信息与自己已有的经验和知识相联系。

(二) 阅读需求满足策略

阅读需求满足策略是指教师在组织学生阅读时,要了解学生的阅读需要,并根据学生阅读的需求运用适宜方式,组织阅读内容,尽可能地满足学生的积极的阅读需要,从而增强学生的阅读满足感。

实施要点:

1. 学生的阅读需求有着年龄的差异。初中学生年龄跨度较大,特别年龄阶段明显。这段时期,他们从童年向少年发展,因此在阅读心理上有着明显差异,表现在阅读内容与阅读方式上。

2. 满足阅读需求还要关注学生的阅读差异性。有的学生喜欢历史等文科方面的阅读,也有的爱好理科方面的阅读等。要注意尊重学生的阅读倾向,也要引导学生适度地拓展,以达到广博阅读。

3. 让学生作出阅读选择。如果不能满足学生个体具体阅读选择的需要,是很难直接对阅读材料产生兴趣的。让学生根据自己的喜好,选择阅读内容、阅读方式等,使它们兴趣盎然地开始阅读。

4. 指导学生养成一种喜爱阅读的学习方式。让阅读与学习、生活紧密联系,成为生活中不可缺少的部分。让学生每天都在生活中阅读,如丰富的校园生活、多彩的假日活动、温馨的家庭生活、媒体舆论、街巷田野……使它们都成为阅读的内容。

(三) 阅读能力提升策略

阅读能力提升策略是指阅读要依靠阅读能力,在阅读过程中要注重培养阅读能力,不断提升多元阅读能力,让学生在阅读过程中学会阅读的策略。阅读能力这是核心问题。在知识大爆炸时代,如果我们指导学生阅读仅仅是为了让他们学习和记住眼前的文本知识,那不是广博阅读的原意。在阅读上,要授之以渔,而不是鱼,只有教会学生会阅读,那么他们就有能力阅读到他们需要的东西,才能增强阅读素养。

实施要点:

1. 要让学生明确阅读的目标。阅读不仅是获取文本的信息,还应该把阅读能力作为阅读目标。学生应该根据阅读的目标来选择阅读的内容,制定阅读的计划。以阅读目标引领,学生在进行阅读时对阅读内容的选择会显得有序与指向明确。

2. 要指导学生提高多元阅读能力。阅读能力包括如何选择阅读内容,如何掌握和运用科学的阅读方法等。特别要注意指导学生在阅读中怎样质疑,怎样思考和感悟。

3. 要指导学生具备阅读内容选择能力。要提高学生远避不适当阅读内容的能力。让学生学会主动识别与选择适合自己阅读的内容,考虑自己的阅读程度、阅读兴趣以及阅读的目的。

4. 要指导学生养成阅读习惯。良好的阅读习惯有助于学生高效率进行广博阅读,要养成记笔记、善提问、勤思考、会讨论的阅读习惯,从而全面提高学生的阅读能力。

5. 要指导学生善于安排阅读时间。学生应该学会安排好阅读时间,以保证阅读的质量。要让学生学会统筹安排阅读时间,有的阅读要有必要的一段阅读时间,有的阅读可以采取时间上分散的阅读,以便争取到更多的阅读时间。也要让学生在阅读中逐步浮现最适合自己的阅读时间,可以利用阅读的生物钟来提高阅读的效果。

(四)阅读交流共享策略

阅读交流共享策略是指对阅读的深层次的反思,需要对阅读内容进行整理、归纳,从而提炼出独具个性的看法,并通过学生间的交流阅读看法与他人共享,增强阅读的效果。这是指导学生将在阅读中的所思所得进行再加工,并转化成语言的信息并有输入输出的过程。交流的目的就在于不断地深化阅读的感受,使学生在不断地交流中反馈自己对于阅读的心得体会,学生也在不断地交流中获得认同感、成就感等的愉悦感,获得精神上的享受。

实施要点:

1. 阅读交流共享的形式应该是多样的。可以与学校活动联系的方

式展开,如"演讲比赛""文学艺术节""科技周活动"等。与班级活动相联系,如可以利用班队会开展阅读活动。

2. 组织读书交流会,引导学生把读过的好书带到教室里,学生间进行交流。在读书会上,可以让学生向同学推荐自己读过的优秀读物,谈谈自己采用的阅读方法,讲讲阅读到的生动的故事,说说阅读中的收获。这样,一方面可让学生再次体验到读书的乐趣,感受到读书的意义,从而强化成就感,另一方面也会使其他的同学受到感染,从而自发地更积极地参与到阅读中来。

3. 提高阅读交流共享的水平。对阅读交流以表扬、鼓励为主。要不断提高学生的阅读能力,还需要我们老师对学生坚持鼓励为主,不断地表扬学生中对于阅读交流的积极性,并适时地给学生添加催化剂,帮助他们增强阅读的激情,燃起他们阅读的火花。

4. 及时将交流共享的成果展示出来。课外阅读的习惯不是一朝一夕就能养成的,如果不及时检查督促,容易自流。为了激发学生持久的兴趣,提高阅读质量,把该项活动引向深入,每学期应进行若干次定期和不定期的阅读检查、评比。

5. 营造"相互学习共同成长"的师生关系。要努力成为学生的朋友,共同平等地探讨阅读。丰富校园生活,培养阅读习惯作为健康的生活方式。

(五)阅读差异对待策略

阅读差异对待策略是指根据学生在阅读条件与阅读心理上的差异,提高学生阅读兴趣、增强学生阅读适应性,达到提升阅读效果的策略。广博阅读是十分个性化的阅读策略。这是基于阅读的主体存在着差异,初中学生,低年级与高年级学生之间的差距也是很明显的,更何况学生个体与个体之间的阅读爱好、阅读习惯、阅读能力的倾向也是不同的。同时阅读的材料,是多元的,更表现出阅读方法上的差异,例如文科的阅读与理科的阅读在方法上是有着明显的不同。因此,我们在指导学生进行广博阅读时要关注差异性阅读,坚持符合学生个体的阅读方法就是最好的阅读方法。

1. 要针对学生个体能力差异开展阅读指导。由于学生长期积累的阅读经验、学生阅读背景、学生在阅读潜能上的差异,因此阅读教育对于学生个体而言应该有差异,在阅读中重视针对学生的能力进行指导。

2. 学科差异性阅读是指教师根据语、数、外、音、体、美等各门学科的独有特性,在广博阅读中采用不同的形式,让每个学生都能从学习中获取知识,提升能力,从而增强阅读素养。语、数、外、音、体、美等各学科为学生提供了科学、自然、艺术等各种不同的丰富表象。

3. 运用不同的阅读方式适应不同的阅读。学生在各学科的学习过程中,凭借教材提供的丰富内容获得不同的知识、体验与经验。教师不应该仅局限于使用一种阅读方式,而应该采取适应不同阅读的阅读方法。

4. 在交流中要允许有不同的观点。阅读同一本书,不同的学生对此都会有不同的感受和观点。这就要求老师在学生交流中要允许有不同的观点出现,正因为有了不同的意见才会有意识的碰撞,有了争论更可能激发学生再从阅读中找答案。

5. 要针对不同的阅读阶段进行差异性阅读。不同的学生积累的阅读基础与经验是不相同的,因此要根据学生阅读水平发展的阶段,给予阅读指导,提供阅读内容与阅读方式上的支持。

（六）阅读伦理关注策略

阅读伦理关注策略是指遵循阅读必须受到道德规范的制约和限制,并在阅读过程中注重培养学生的阅读伦理的策略。传统社会中以服从为主的道德范式在网络社会中已部分失效,只有上升到道德习惯和道德信念的高层次上的自律性道德,才能有效地规范个体的阅读行为,特别是网络阅读行为。电脑技术和网络信息技术的飞速发展,给阅读方式带来极大的变化,给他们带来了更广、更新、更快的知识信息,也扩大了交往空间。但是,网络同时也会带来诸多的负面影响,特别是对那些涉世不深学生的消极影响令人担忧！网上不健康不文明的内容正严重影响学生的身心发展,侵蚀着他们纯洁的心灵,并在一定程度上影响着他们价值观、人生观、世界观的形成。

实施要点:

1. 加强阅读行为规范教育和网络法制知识普及教育,增强学生在阅读上的自我保护意识。阅读材料中总是有着一些不健康内容。阅读手段,即使网络阅读也不是洪水猛兽,网络说到底只是一个新技术的工具。格林奈尔学院教育专家蒙克指出:我们既然给予了孩子们可以接

触到整个世界的工具,那么我们就有责任教育他们把这些工具用于有益的用途。

2. 要引领学生在阅读中提高对假、丑、恶的分辨能力,自觉筑起心灵的"长城",抵制阅读材料中各种不良思潮与有害信息的侵蚀。

3. 教会学生使用现代技术阅读,并教会学生合理地对网上的阅读材料进行选择。利用信息技术课,老师还有责任教会学生,对于那些有用的网上材料,如何进行处理和保存。

4. 善于运用网上阵地。向学生和家长推荐好的优秀的青少年网站。学生上网最初带有盲目性,所以要向学生和家长推荐优秀少年儿童网站,使孩子们没有闲暇时间浏览不健康的网站。

5. 注重家长对学生阅读道德上的影响。"家长不知网络何物,孩子时常流连忘返"是许多家长面对网络的尴尬处境。当孩子被网络深深吸引时,家长作为孩子接触最密切的德育引导者,应该比他们更清楚地了解网络,知道怎样更好地使用网络。要指导家长努力提高自己的网络使用技能和网络道德认识水平,不让自己落在孩子的后面。

(七) 阅读层次提升策略

阅读层次提升策略是指指导学生在阅读中提高阅读内容与方式上的品位,从而提高学生的精神生活层次,丰富精神世界的策略。要指导学生找到最适合自己的阅读材料与阅读方式,在不断的积极的阅读中提升阅读品质。

就拿阅读书籍来说,有的学生没有选择,对于凶杀、色情等方面的读物并不排斥,而有的学生具有一定的审美情趣,会选择适合自身年龄和需求的读物来丰富自己的精神世界,阅读一些名著及成长指导方面的书籍。这反映了学生的阅读层次有高低。

实施要点:

1. 正确对待学生阅读从不成熟走向成熟。学生在精神生活层次方面的不成熟,常会影响他们阅读层次。例如有的学生喜欢看儿童书籍等,这是从儿童向成年人成长过程中会发生的阅读现象。但是如果长期得不到转变,会对学生的成长不利。

2. 要让学生明白阅读有高尚与庸俗之分。学生年龄虽轻,但当今社会信息汹涌,从视觉、听觉到感觉无处不在地充斥着他们的各种感官,学生亦能打游戏机、亦能上网、亦能看各类书籍,而他们的世界观尚未形成,对于这铺天盖地的信息他们该怎样有的放矢地去筛选而为己提高所用,这就需要在阅读时去引导、培养他们,使他们从繁杂的信息社会中汲取到有益的阅读营养,而少受污染。

3. 关注引导学生随机阅读的品质。生活中处处有阅读,时时有感悟,但是也有着阅读品质问题,常存在良莠不分。要引导学生区分阅读材料的品质。指导学生通过观察、记录生活经历、生活事件等进行随机阅读。例如,平时的读书看报,了解天下发生的事情;外出旅游,了解大自然、接近大自然,学会环保;各种文化活动中,获取文化精神的滋养。

4. 引导学生将阅读兴趣转化为自觉的阅读实践。这是更重要的阅读层次的提升。学生的阅读不能只停留在直接兴趣,取决于阅读材料是否有趣,而应该引导学生逐步形成对阅读目的所产生的间接兴趣。

5. 要培养学生的创造性阅读。对阅读的材料的理解要有自己的独立见解,能有自己的观点与解释,不能人云亦云,阅读停留在对材料的表面的理解上。例如语文阅读有三个层次:读通文本(或阅读对象)、理解作者的表达、对作者表达的评价。要关注引导学生对阅读材料的自己的评价、鉴赏,提高阅读层次。

(八) 阅读资源丰富策略

阅读资源丰富策略是指通过开发、挖掘、利用、整合多种阅读资源,拓展学生阅读的策略。营造有书可读,有好书可读的环境和氛围。丰富的阅读资源,有助于开展广博阅读,让学生的阅读有数量与质量的保证,也有助于开阔视野,促进学生思维,提高学生阅读品质。

实施要点:

1. 要充分利用学校各课程开展广博阅读。突破阅读仅是语文学科的阅读,各学科都要利用自己学科,提供给学生阅读材料,指导学生开展学科阅读。给学生推荐课外读物时应加强与课内阅读的联系。

2. 要充分利用各种形式的阅读。不仅要为学生提供丰富纸质阅读,办好学校图书馆,还可以提供电子阅读的场所与材料。同时也可以提供学生美术作品、音乐作品的艺术欣赏。

3. 整合阅读环境资源。可通过设立读书角营造读书气氛,教室后面设个多功能书架,使班级书架上的书琳琅满目。同时,还注重教室环

境的规划,精心设计每个空间,使整个教室既有优美的环境,又充满了浓厚的文化氛围,获得陶冶,营造良好的读书环境。

4. 利用学校、家庭和社区等阅读教育环境,开展综合性阅读学习活动,拓宽学生的学习空间,增强学生的阅读实践机会。要重视引导学生的阅读从教室、书桌走向广阔的社会生活、自然界。

5. 运用现代技术进行广博阅读。借助网上阅读组织网上讨论、辩论,教师可以通过网上互动与学生沟通交流,引领学生进入网络图书馆,扩展阅读教育的时空,增强阅读教育的吸引力和感染力。

二、广博阅读教育指导策略的运用

广博阅读教育的指导策略是指教师实施广博阅读教育而有意识和有目的地采用措施的教育行为。策略的运用表现体现在教师对教育内容、形式与过程(行为)全面把握与自觉调适的能力、各种教学策略理性选择与运用上。指导策略的实施离不开阅读过程。我们通过实践研究归纳、提炼,形成了八项广博阅读教育的指导策略,便于把握广博阅读教育的操作。

这些阅读的指导策略运用时,一要突出指导方式上的操作性,不是概念化的;二要运作方式上多元要素整合性,发挥综合功能;三要作用方式上强化持续性,在指导过程中稳定地表现出来。

我们在实践中归纳了广博阅读教育指导策略的运用的基本要点:

(一)关注阅读素养为中心的策略运用

广博阅读教育指导策略的运用必须以落实广博阅读教育目标为中心,从阅读认知、阅读参与度、阅读学习策略三个方面发展学生的阅读素养。在组织学生阅读中,必须避免为阅读而阅读,以做阅读练习题为中心进行阅读教学,忽视阅读本质是为了学习,为了终身发展。也必须警惕局限于阅读教学,必须从阅读教学走向阅读教育,全面发展学生的阅读素养。

(二)关注阅读能力为重点的策略运用

素养应该以能力为本。素养这个概念,是对知识这个概念的扩展。

知识要能力化,观念也强调观念能力。学科阅读要关注学生阅读能力,要通过阅读、在阅读中提高学生的阅读能力。应该克服阅读教学中的过度分析,分析到文本作者也不理解的"水平",可谓一大阅读教学特点,分析到最后导致学生连分段、把握中心思想、谋篇布局都不会。普遍出现学生甚至教师不会写文章,主要原因是阅读教学被过度分析。

广博阅读教育注重阅读能力,是为了让学生能学会阅读、自主阅读。我们强调阅读能力应该细化为具体的阅读能力表现。一般阅读能力其主要表现为以下五种能力:阅读信息能力、阅读概括能力、阅读分析能力、阅读关联能力、阅读评价能力,并在理解、使用、反思书面文本等方面表现出阅读能力。

(三)关注不同学科阅读中的策略实施

广博阅读教育的指导策略除了有普适性的一面,还有差异性的另一方面。不同的学科有着自己"语言"和文本,例如音乐的"语言"主要是旋律、节奏与强弱,美术的"语言"主要为色彩、线条与造型等,数学与物理等的语言有文字的、符号的与图像的。同时不同的阅读对象的材料形式也不同,有的学科连续文本多,例如语文、历史等教材,也有的学科,例如美术等非连续文本多一些,更有不少场合的阅读材料非连续文本更多,自然游览、各类图表等。因此,我们要依据不同的学科、不同的阅读材料,选择合适的不同指导策略。

三、广博阅读教育指导策略的实践与思考

实践与思考1

初中语文课外阅读的阅读交流共享策略的运用

语文学科阅读交流共享策略是学生阅读素养发展的主渠道之一,教师的阅读教学要突破学业的分数观,明确"学分"不等于"学养",在教学活动中引领学生确立阅读素养观。然而当下的学生课外阅读状况却是差强人意。针对当下学生日益远离优秀文学作品、远离阅读;迷恋网络游戏;闲暇时间机(手机、PAD等)不离手;无能力、无耐心与家人沟

通;阅读无兴趣这一现状,开展并延伸课外阅读"我为名人画肖像"微文阅读交流共享活动。

课外阅读"我为名人画肖像"微文阅读交流共享活动运用阅读交流共享原则,通过多种途径、手段拓展课外阅读交流共享的空间和时间,提升阅读感受生成的层次性,交流共享阅读的探索性,关注独立思考后交流共享成果的渐次生成内容。在运用阅读交流共享策略原则过程中,让学生养成阅读好习惯,并热爱阅读与写作。

一、交流共享的时间预设的阶段性

语文学科的课外阅读过程和成果的交流共享不可能是一蹴而就的。在运用阅读交流共享策略完成案例的过程中,教师需要对阅读交流共享的时间预设的阶段性进行系统分析和规划。因每个阶段具体实施的时间长短不同,每个阶段的阅读任务和实施重点也各不相同,所以教师要在时间预设的基础上,帮助学生制定具体的,有明确时间点的阅读计划,学生依据教师制定的课外阅读交流共享的预设时间完成不同阶段性的课外阅读交流共享内容。

如:广博阅读教学"我为名人画肖像"微文活动在这方面有较为充分的体现。

阅读交流共享的时间预设:

第一阶段:调查筛选交流共享书目阶段

第二阶段:明确交流共享书目阅读阶段

第三阶段:指导微文写作交流共享阶段

第四阶段:交流共享成果合作修改阶段

第五阶段:交流共享成果演讲展示阶段

第六阶段:交流共享成果平台展示阶段

阅读交流共享时间的预设既可以让教师在"我为名人画肖像"阅读交流共享形式的多样性方面做好充足的准备,同时还可以组织学生更好地进行书目选择,引导学生阅读,帮助学生写作、修改,及时将交流共享的成果展示出来。

如在第三阶段"指导微文写作交流共享阶段",教师先后进行阅读和写作指导(PPT 教学)。

1. 人物传记的阅读方法的指导。

阅读是从视觉材料中获得信息的过程,是一种理解、领悟、吸收、鉴赏、评价和探究文章的思维过程。针对初二年级的学生来说，对所选择书目的通读是没有什么障碍的，关键在于怎样掌握阅读人物传记的方法。在阅读人物传记前，教师先进行阅读方法的指导。

① 在阅读《贝多芬传》时，把班级学生分成四组，利用两个星期的时间，全班同学阅读《贝多芬传》。

② 阅读结束后，先让学生课后了解贝多芬的人生轨迹，结合时代背景分析贝多芬在社会发展中的地位与作用，从贝多芬对生活、对社会、对人生的态度得到有益的启示，从现代意义上对贝多芬进行评价。

③ 接着教师利用阅读课时间，以小组为单位交流阅读感受。学生在充分阅读《贝多芬传》之后，抓住贝多芬显著的外貌特征，体现贝多芬的人生经历及精神世界。

④ 四个小组的学生进行交流后，老师及时点评。

⑤ 口头表述完成后，布置学生完成《我为名人画肖像》微文写作及修改。

2. 人物描写，尤其是肖像描写方法的指导。

① 让同学们谈谈什么是肖像描写，从而明确肖像描写的概念：

肖像描写是描写人物形象、刻画人物性格的重要手法。肖像不仅指人的容貌、体型、身材、穿着，还包括人的表情、姿态、风度、气质等。

② 展示一些描写片段材料，师生共同探讨这些材料采用了什么手法。

a. 白描法

粗笔勾勒就是白描摹绘，以简洁、概括、具体为原则。

通过一段描写片段，让学生了解肖像描写要抓住人物的外貌特征。

例如：《孔乙己》里对孔乙己肖像的描写：

孔乙己是站着喝酒而穿长衫的唯一的人。他身材很高大；青白脸色，皱纹间时常夹些伤痕；一部乱蓬蓬的花白的胡子。穿的虽然是长衫，可是又脏又破，似乎十多年没有补，也没有洗。他对人说话，总是满口之乎者也，教人半懂不懂的。

分析："站着喝酒"的都是短衣帮，"穿长衫"的都是踱进屋内坐着喝，孔乙己却是介乎两者之间，不愿与短衣帮为伍，说明他是多么迷恋于自己头脑中虚幻的"高人一等"的身份。"他身材很高大；青白脸色，皱纹间时常夹些伤痕"说明他可以凭借自己的体力劳动生存，可是脸色

青白，又体现了他因贫穷导致的营养不良和不劳动、不事稼穑的虚弱；"伤痕"体现了社会的残酷及孔乙己的悲惨遭遇；"一部乱蓬蓬的花白的胡子。穿的虽然是长衫，可是又脏又破，似乎十多年没有补，也没有洗"说明了他年龄已经很大了，懒惰而又死要面子。

b. 工笔描写

工笔描写是指描写和刻画人物时，精雕细琢，用细腻的笔触详尽地描写人物的肖像。它常用对比、比喻、拟人、夸张等多种修辞手法和象征、衬托、渲染等表现手法，使所写目标栩栩如生，逼真动人。

例如，《故乡》中"我"时隔二十年重回故里，再见闰土时，对闰土外貌的描写：

他身材增加了一倍；先前的紫色的圆脸，已经变作灰黄，而且加上了很深的皱纹；眼睛也像他父亲一样，周围都肿得通红。这我知道，在海边种地的人，终日吹着海风，大抵是这样的。他头上是一顶破毡帽，身上只一件极薄的棉衣，浑身瑟索着；手里提着一个纸包和一支长烟管，那手也不是我所记得的红活圆实的手，却又粗又笨而且裂开，像是松树皮了。

分析：作者在时隔二十年后，对闰土的服饰、姿容进行了静态写生式描绘，从头到脚，精细入微，直至"那手"，使得中年闰土的外貌详尽地呈现在读者眼前，使读者对人物有了更深层次的理解。

③ 学生总结学习收获：

原则：抓特点、显个性

方法：恰当运用比喻、夸张、对比、烘托等

高要求：以形传神，凸显人物灵魂

切忌：公式化、脸谱化、表面化

阅读交流共享时间预设的阶段性可以使课外阅读的习惯在较长的时间段内慢慢养成，对及时的检查督促都能起到积极的作用。在阅读过程中，激发学生持久的阅读、写作、参与的兴趣，无形中能提高"我为名人画肖像"课外阅读的质量，从而自发地更积极地参与到"我为名人画肖像"课外阅读活动中来。

二、交流共享的对象安排的自然性

交流共享的对象安排的自然性是指课外阅读的交流共享的对象安排一定要体现一种原生态的自然性，而不是教师指派或指定哪些学生一起交流，抑或指定哪些学生个体交流。课外阅读对象不止局限在学生身上,还有教师的阅读内容与方式等在课外阅读指导过程中,也起到一定的示范与引导作用。因为只有自然交流共享,才能培养所有的学生让读书成为一种习惯,感受阅读的快乐。

如:广博阅读教学"我为名人画肖像"微文活动在"阅读交流共享的对象安排的自然性"这一点上就有较为充分的体现。

"我为名人画肖像"微文活动在交流共享的对象安排方面体现了自然性。有些学生阅读、理解能力较强,而有些学生阅读、理解能力较薄弱,在活动过程中,教师不刻意安排学生小组的生成,这就促使了学生必须在活动中自己高度重视,并积极与老师或其他同学交流、共享,才能真正提升自己的阅读能力。

在活动中为了获得更大信息量,提升交流质量,教师可设计交流对象的交流方式:有组内交流、生生互评、班内交流、激励性评价、师生交流等。因小组在安排过程中是自然安排,教师并没有刻意分组,所以学生在微文写作完成后,先在组内交流,然后评选出组内紧扣传记人物的人生轨迹,把握作者对传记人物的感情,并能对传记人物通过人物的肖像描写体现传记人物的精神品质的优秀微文写作作品,组内先传阅,然后集体修改。

本次活动由于交流共享的对象安排的自然性,学生不再被老师牵着鼻子走,课堂上"填鸭式"教学模式的消失,让学生发自内心地主动交流,更让优秀文学作品真正走进了学生的生活中。学生通过对名人人物传记的阅读,开阔了视野,丰富了阅读量,更加在阅读过程中,品味到了名人的精神品质。在自己的生活实践中,将名人身上所折射出的人性美真正运用到自己的成长过程中,引导自己的成长。

在小组合作过程中,学生增进了合作意识,通过集体的修改,大家共同品尝到了成功的喜悦。小组合作过程中,组员们集思广益,产生了思想上的碰撞,激发了浓厚的阅读学习兴趣。

为了让学生获得更大的信息量,在组内交流过程中可以通过传阅、互评、共修、推选等交流共享形式增加学生的信息量。这样在对同一本书的阅读的不同角度方面可以有不同内容的交流共享;在不同书籍的阅读方面,可以多有涉猎。

交流共享的对象安排的自然性让学生在同一本书和不同书目的信息量、知识容量等方面都有最大范围的涉猎,扩大了知识视野,从不同

角度诠释并理解了作品的内涵,体验了学习过程,获得了成长的滋养,丰富了自己的精神世界。

三、交流共享的呈现形式的多样性

交流共享的呈现形式的多样性是指交流共享的呈现形式不应该拘泥于一种,教师在课外阅读指导活动中,可以以多种呈现形式来展示活动的成果。

广博阅读教学"我为名人画肖像"微文活动在这方面有较为充分的体现。教师指导学生通过演讲、电子小报、手抄报、微信平台展示等多种形式呈现课外阅读交流共享的成果,为学生的阅读交流共享成果展示提供平台、途径。

基于课外阅读的交流共享过程是从视觉材料中获取信息的过程,所以交流共享的视觉材料主要是通过对文字和图片,也包括符号、公式、图表、图标等的多样性呈现。"我为名人画肖像"课外阅读是一种理解、领悟、吸收、鉴赏、评价和展示长时间段的完整阅读过程的探究思维过程。交流共享的呈现形式的多样性从其地位和作用看,它是"我为名人画肖像"课外阅读活动的基本特征之一,也是"我为名人画肖像"课外阅读活动的重要动力。交流共享的呈现形式的多样性是初中语文课外阅读的阅读交流共享策略的运用的内在要求。学生通过多种形式展示自己的阅读成果,并在这个过程中相互借鉴,尊重差异,共同进步。交流共享的呈现形式的多样性可以让学生在积极主动的情感思维活动中,加深理解和体验,有所感悟和思考,受到情感熏陶,获取思想启迪,进而感悟到名人的深邃思想,并在自己的阅读过程中,有环节性地呈现。

运用交流共享策略开展的"我为名人画肖像"课外阅读微文活动,使得学生通过对名人传记的阅读,开阔了视野,丰富了阅读量,更加在阅读过程中,品味到了名人的精神品质。在自己的生活实践中,将名人身上所折射出的人性美真正运用到自己的成长过程中,并引导自己的成长。

语文学科的阅读交流共享策略在小组合作过程中,增进了学生的合作意识,通过集体的交流、修改,大家共同品尝到了成功的喜悦。小组合作过程中,组员们集思广益,产生了思想上的碰撞,激发了浓厚的阅读学习兴趣,在一定程度上提升了学生的阅读素养,感悟到名人的生命厚度。

　　活动中,老师对八大阅读策略有了深层次的理解,深刻地感受到应该在今后的教学工作中通过多种形式指导学生的阅读活动,在学生学习能力能够承受的范围内,不断提升学生的阅读认知、感悟能力,促进学生对语文课外阅读产生浓厚的兴趣,让学生的心智不断趋于成熟,使学生的阅读认知的展开有逐级而上的台阶,进而有效地提升学生课外阅读的阅读交流共享的能力,真正领悟到课外阅读的广度,改变生命历程的长度。

(赵丽梅)

实践与思考 2

数学阅读能力提升的指导策略

　　数学阅读不是一般意义上的阅读,不仅仅要达到对语言的理解,更要达到对语言的转换,是学生可以从阅读材料中获得解题信息和解题能力的阅读,是以学生发展为最终目的。数学阅读会使学生形成求知、开动脑筋、不断探索的良好习惯,可大大激发学生学习数学的积极性和灵感。通过让学生自己阅读教材、自己阅读例题的解法,加强学生阅读能力的培养,对学生的学习起着巨大的促进作用。因此教师在数学教学中要尽心尽力培养学生的阅读能力,打破影响学生数学成绩和素质提高的瓶颈,提高学生的数学素养,提高学生独立解决问题的能力。

　　数学阅读能力的提升,是阅读能力提升策略中不可或缺的一部分。

一、重视数学教科书的阅读,提升数学阅读能力

　　数学教科书是培养学生数学阅读理解能力的最佳材料。数学教科书是数学课程的具体化,是数学基础知识的载体,不仅是教师教学的主要依据,而且是学生进行学习获得系统知识的主要材料。它体现了数学的科学性和思想性,在加强数学基础知识和基本技能的同时结合现实生产、生活及社会实际,并适当渗透当代先进的科学思想,反映了作为科学数学的特点又考虑到学生的学习心理顺序,是培养学生数学阅读能力的最佳材料。学生不会把阅读数学教科书作为一种娱乐性阅读,数学阅读往往需要付出艰苦的努力。所以,教师指导学生阅读教科书要循序渐进,从扶读到引读最终到放读,要让学生了解基本的阅读方

法,使学生能对所学的知识信息进行转化、解释及推断,培养数学阅读理解能力。

例如:已知 $y=(m-3)x^{|m|-2}+5$ 是一次函数,求 m 的值。

分析:这是一道典型的概念应用题,只有一个条件 $y=(m-3)x^{|m|-2}+5$ 是一次函数。要用这个条件就要明确什么是一次函数?课本上一次函数的定义为:若两个变量 x、y 间的关系可以表示成 $y=kx+b$,(k、b 为常数,且 $k\neq0$)的形式,则称 y 是 x 的一次函数。其中 x 是自变量,y 是因变量。阅读时应把握定义的关键词含义:① 比例系数 $k\neq0$;② 自变量 x 的次数是 1;③ 常数项可以是任意实数。特别注意:$y=kx+b(k\neq0)$ 其中 $k\neq0$ 是定义的一部分,不可分割。根据这个定义我们就有 $|m|-2=1$,$m=\pm3$,又因为比例系数 $m-3\neq0$,$m\neq3$,所以 m 的值为 -3。

要解决此类题目,对课本上概念的准确阅读和理解很重要。文字语言"一次函数",限定了自变量 x 的指数 $|m|-2=1$,而符号语言 $k\neq0$,即比例系数 $m-3\neq0$,严格按照书上的这两个条件进行判断即可。初次接触一次函数,通过这道题加深我们对一次函数的理解和记忆。

二、加强审题训练,提高数学阅读能力

一方面,审题是"快、准、活"解题的基础和前提;另一方面,阅读理解能力是数学能力的重要部分,中考考查的力度逐年加大。

审题三步曲:解题过程中有可能会遇到三次审题:第一次是拿到题目时,耐心仔细地审题,把握条件的关键词,包括括号内一些不起眼的条件,从中获得尽可能多的信息,迅速找出解题方向;第二次是在解题受阻时,应再次审题,有没有漏看什么条件,想想有什么隐含条件,再去考虑解题策略;第三次是在解完题后,再次回顾题目,看看所得解答与题目要求是否吻合,是否合理,"瞻前顾后"。

审题思维链:区分重要和非重要信息→概括信息→推理信息→激活原有知识经验。

(1)审视条件,挖掘隐含信息。(2)审视结论,确定解题方向。(3)审视数值、符号、位置,探求最佳解法。这点可能是很多学生容易忽略的。

例如:已知 $y=\dfrac{\sqrt{x^2-4}+\sqrt{4-x^2}}{x-2}+\left(\dfrac{1}{16}\right)^{\frac{3}{4}}$,求 $2x+y$ 的四次

方根。

本题是学习二次根式后，一个常规题目，题中只提供一个式子，但求两个未知数 x、y 的值。重要信息是两个二次根式。引导学生仔细审视条件，挖掘出隐含信息 $\sqrt{x^2-4}$，$\sqrt{4-x^2}$，两个根式中，被开方数互为相反数。结合二次根式 $\sqrt{a}$ 中，被开方数 a 为非负数，$a \geq 0$，得

$$\begin{cases} x^2 - 4 \geq 0 \\ 4 - x^2 \geq 0 \end{cases}, \text{即} \begin{cases} x^2 \geq 4 \\ x^2 \leq 4 \end{cases}, \text{所以} \ x^2 = 4，x = \pm 2 \ \text{求出} \ x \ \text{的值，学生往往}$$

以为万事大吉，其实不然，这里恰恰是一个陷阱。重新审视数值 $x = \pm 2$ 在题中所处的位置，发现分母是 $x-2$！ 而分母是不能为零的，即 $x - 2 \neq 0$，$x \neq 2$。故 $x = 2$（舍去），所以 $x = -2$。纵观整道题目，二次根式被开方数为非负数，和分母不为零，是学生很容易忽略的。许多学生出错的根本原因在于"读题"，对提供的信息和题目的要求没有全面、仔细、深刻地理解。

三、注意不同课型的阅读指导，提升数学阅读能力

不同的课型各有其特点和教学方法，"教学有法，但无定法"，数学课堂教学中教师要善于用不同教学模式的教学功能培养学生的数学阅读能力。

概念课的阅读。采用"粗读、细读、精读"三环节教学。粗读——了解概念的结构、意义及背景，细读——反复推敲关键字、词、句，精读——准确把握概念关键特征、基本性质，明确其内涵和外延，区分相近的概念，理解其适用范围。

解题课的阅读。采用"细读、精读、拓展"三环节教学。细读——认真审题，弄清已知量和未知量的关系，思考解题过程。精读——尝试解题并与正解比较解法的优劣，掌握用图技巧，使解题过程的表达简捷规范。拓展——适当变换问题的条件或结论，探求问题成立的真假，总结解题规律并努力探求不同的解题途径，自编题目进行知识拓展。

例如：函数知识板块是初中代数的核心。包含变量与函数、正比例函数、一次函数、反比例函数和二次函数。每一种函数的学习都经历概念建立、函数图像、探索性质、特征归纳、综合应用五大环节。内容多，相互关联。正比例、一次函数以及二次函数的图形和性质列表如下：

	正比例函数		一次函数	
解析式	$y=kx(k\neq 0)$		$y=kx+b(k,b$ 为常数,且 $k\neq 0)$	
	$k>0$	$k<0$	$k>0$	$k<0$
图像				
性质	$k>0$ 时,在 Ⅰ,Ⅲ 象限; $k<0$ 时,在 Ⅱ,Ⅳ 象限。 正比例函数是特殊的一次函数		$k>0,b>0$ 时在 Ⅰ,Ⅱ,Ⅲ 象限; $k>0,b<0$ 时在 Ⅰ,Ⅲ,Ⅳ 象限; $k<0,b>0$ 时在 Ⅰ,Ⅱ,Ⅳ 象限; $k<0,b<0$ 时在 Ⅱ,Ⅲ,Ⅳ 象限。 平行于 $y=kx$,可由它平移而得	
	当 $k>0$ 时,y 随 x 的增大而增大;当 $k<0$ 时,y 随 x 的增大而减小;			
应用	(1) 特定系数法;(2) 实际问题的应用			

运用列表的方法,把函数的解析式、图像的性质、增减性等抽象的内容,转化为直观的图形语言和符号语言,便于学生阅读理解。特别是图像,在学习中要注意体会,首先要明确函数的意义,之后一定要深入理解整理一次函数,从而为后续类比学习总结反比例函数、二次函数做好铺垫。

当然,分析函数问题,提升阅读能力、建立表格是远远不够的。研究函数还要明确搞清楚函数的定义域、值域、图像特征(对称性、最大值、最小值、参数的符号与图像的关系、交点的含义等)、增减性、图像的变换等。在应用中还要特别注意数形结合思想和方程思想的应用,这样函数这一章的框架、思路就清楚了。再例如:二次函数中,根与系数的关系列表如下:

$\Delta=b^2-4ac$	$\Delta>0$	$\Delta=0$	$\Delta<0$
$y=ax^2+bx+c$ $(a>0)$ 的图像			

$\Delta=b^2-4ac$	$\Delta>0$	$\Delta=0$	$\Delta<0$
$ax^2+bx+c=0$ $(a>0)$实根	$x_{1+2}=\dfrac{-b\pm\sqrt{b^2-4ac}}{2a}$	$x_1=x_2=-\dfrac{b}{2a}$	方程无实数根
零点	$\dfrac{-b\pm\sqrt{b^2-4ac}}{2a}$	$-\dfrac{b}{2a}$	无零点

　　通过列表,几个知识点之间复杂深奥的关系就一目了然。在以后的学习中不管碰到什么函数,就知道该怎样思考了。初三二次函数的复习,除了列表,也可以用文字语言,列数学知识结构图,如:

　　知识结构框图

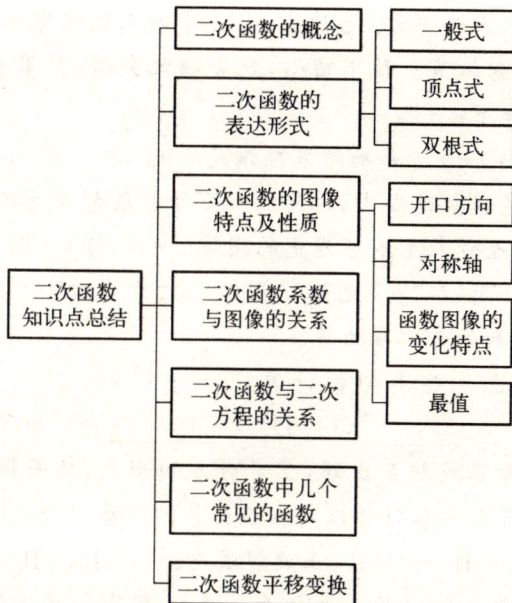

　　类似二次函数复习课的阅读,如何提升数学阅读能力呢? 建立类似的知识结构框图,不仅有利于掌握数学知识,更有利于理清教材的编写思路和数学的一般结构,形成数学思维,知识系统化和连贯化。这样做,对刚开始进行数学阅读的同学来说是有一定难度的。怎么办呢? 跟老师学。老师在每一章结束时都会作总结的。总结,也就是理清思路、强调重点,使知识系统化。再自己尝试着多练习就会掌握的。学生体验构建知识网络过程,形成所学内容的整体结构。最后,通过拓展解

决一些综合性或应用性较强的问题，训练技能，使知识"循环出现、螺旋上升、不断深化"。从而提高数学阅读能力。

四、在错题分析中提升学生的数学阅读能力

学生的错误是最好的资源，我们利用好这宝贵的资源是提高教学效果的保证。错误是正确的先导。产生错误并不可怕，可怕的是不知错在哪里，不知错误原因。学生往往"只要一错，总是常错"，教师必须"只要一错，抓住攻破，不能再错"。

例如：计算：$-3^2+|3-\Pi|-2\times\left(\dfrac{1}{4}-5\right)$

这个计算题看似简单，但往往最容易掉入陷阱。例题中主要涉及的知识点是有理数的有关运算。要完全做对，需对有理数的有关运算法则和相关知识点如平方、绝对值、去括号等在熟练掌握的基础上，还要加倍细心，注意细节。稍不留心，就会顾此失彼，结果错误。学生常犯的典型错误如下：

错误1：$-3^2=9$。正确结果应该是-9。把-3^2与$(-3)^2$混淆。小学计算一直是正数范围内，六年级一下子扩展到负有理数，学生感到新奇之外，负数也带来了不可避免的困扰。-3^2与$(-3)^2$，前者强调2次方只对3起作用，和"$-$"无关。后者，2次方才对"$-$"负责。负数的偶次幂为正，负数的奇次幂为负。

教师可多出一些类似的计算：如$-1^2=$ _____，$(-1)^2=$ _____；$-4^2=$ _____，$(-4)^2=$ _____ 等，加深理解和记忆。也可采用小组竞赛或相互出题，互考对方的形式，从而提高审题能力，在计算题中提升数字和符号以及相互关系的阅读能力。

错误2：$|3-\Pi|=3-\Pi$，正确解法是：$|3-\Pi|=\Pi-3$。去绝对值符号是六年级学生新学的一个概念。专门求某个具体的数字的绝对值，一般学生应该没问题，如5的绝对值，-7的绝对值，通常都能回答对。可如果无法算出绝对值中的具体的数字，如碰到题中类似的把一个式子去掉绝对值，学生往往会犯错。无视绝对值的存在，不管三七二十一，干脆表面上不加绝对值，只留下原来的式子就完事大吉，自认为去掉了绝对值。深究原因，是学生对"$|\ |$"这一特殊的数学符号没有彻底真正理解。"正数的绝对值是本身，负数的绝对值是它的相反数"，口诀法则背得滚瓜烂熟，但真正在具体的解题中却不知所云，无处下手。

把文字表述的去绝对值法则与符号表示的 $\begin{cases} |a|=a,(a>0) \\ |a|=0,(a=0) \\ |a|=-a,(a<0) \end{cases}$ 相对

应,通过文字语言理解符号,再通过符号语言反过来感悟文字的意义。同时,对症下药,多分析讲解一些相关的字母表示的有关绝对值的例题,效果事半功倍。

从上面的例子可以看出,学生们的很多错误都与数学阅读的能力有关。题中知识点较多,绝对值,平方的相反数,去括号等,这就给学生理解带来了较大的困难。搜集课堂作业本中错误最普遍的题目,从知识点的本质出发思考,寻找正确的解题法则。如去绝对值的法则,一个数的平方与这个数平方的相反数的区别,去括号时的注意点等,让学生深刻认识到有效阅读的重要性,养成边阅读边分析的良好习惯。测验后,反馈结果,展示典型错例,让学生细读,寻找错因,进行讨论、评析、纠正。使学生得到更大的数学阅读提升。

另外,应用题图文并茂、情境丰富、贴近生活,而且分散在各个教学内容中,题型更富有变化,还常常一题多问;长句读不清而导致解题出错;一些过渡性信息阻挠着学生正确理解问题。要求学生逐字逐句地阅读完所有信息,比较分析"究竟哪些才是真正的数量信息",用笔圈一圈、划一划、写一写,仔细理解,前后联系,提高分析问题的能力,从而提升数学阅读能力。

身为数学老师,每天课里课外,我们似乎都在竭尽全力做一件事——纠错。组织错题分析,这是了解学生、也让学生了解自己的平台。的确,错题分析能帮助我们更好地了解学生的思维特点和习惯,以便更好地组织教学,有效避免错误,寻找具体有效的阅读方法。且时常举出一些例子,让学生来评议正误,或者进行对比分析,让学生意识到有效阅读的重要,也能更好地了解自己,以便形成师生合力,践行各类阅读策略,并不断创新改善,最终提高数学阅读的能力和解决问题的能力。

五、充分利用多媒体教学,提升数学阅读能力

初中数学有些教学内容比较抽象,学习难度较大。运用多媒体教学后,能通过多种感知方式,更生动,更直观,更鲜明地传递教学信息,使学生脑海中形成比较直观的印象,更好地理解教学内容。现代多媒

体教学不仅有助于提高教学质量,提高教学效率,而且有助于巩固教学成果,对培养学生的数学阅读能力起着重要作用。

例如:《图形的旋转》一课的引入部分:

情景创设:(课件动态展示,激发兴趣)

1. 用课件动态显示圆、三角形的平移运动,温故知新。

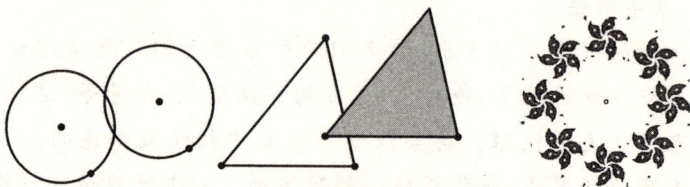

2. 从香港特别行政区的区旗上动态旋转的紫荆花图案(右上图),引出问题。

3. 观察现实生活中部分物体的旋转现象。并介绍顺时针方向和逆时针方向。

① 时钟上的秒针在不停地转动;② 大风车的转动;③ 旋转木马;④ 汽车上的刮水器;⑤ 转动的车轮;⑥ 荡秋千。

通过这些画面的展示,切身感受到我们身边除了平移图形变换之外,广泛存在着旋转现象,从而产生对这种变换进一步探究的强烈欲望。

揭示本节的研究课题——旋转。

情景问题:这些情景中的旋转现象,有什么共同特征?

学生通过观察、思考,试着用文字语言来描述这些旋转图形(图形语言)的共同特征,初步感受旋转的本质是绕着某一点,旋转一定的角度这两要素。同时,让学生再举一些类似的例子,以引导学生寻找、认识生活中的旋转现象,培养学生从数学的角度观察生活,思考问题的能力。

以丰富多彩的生活中的旋转作为情境引入,极大地吸引了学生的注意力,通过观察生活中这些生动直观的图形的旋转,便于学生说出它们的共同点并用自己的语言进行简单的描述,感受把图形语言转化为文字语言。同时,大胆地利用学生原有的平移知识经验,去同化和引入当前要学的旋转新知识。

六、进行变式教学,提升数学阅读能力

以恰当的课堂教学模式,适当进行变式教学,对学生进行例题、习题的变式训练。一题多问式,这样能使学生系统地对本单元基本知识点做归纳,有利于巩固基础知识;一题多解式,对同一问题尽可能地鼓励学生超越常规,提出多种设想和解答,不仅可以加深学生对所学知识的理解,达到熟练运用的目的,更重要的是扩大学生认识的空间,激发灵感,提高思维的创造性;一题多变式,课堂教学要常新、善变,通过原题目延伸出更多具有相关性、相似性、相反性的新问题,深刻挖掘例题、习题的教育功能,培养学生创新能力;多题一解式,学生在学习数学时常陷在无穷的题海中,但实际上许多问题具有共性,对这样的问题不断总结、积累,能加深学生对知识内在本质的理解,提高分析问题、解决问题的能力。

（一）代数教学中通过变式训练提升学生数学阅读能力

例如:在学习平方根的概念时,可以设计这样的变式训练:

81 的平方根是_____。此例题主要是让学生理解、掌握平方根的概念。但本节课还介绍了"正的平方根,负的平方根"这两个概念,学生在刚刚学习这几个概念时,往往区分不开。为了让学生加深对几个概念的理解,我在例题的基础上设置了变式 1。

变式 1：81 的正的平方根是_____。
81 的负的平方根是_____。

通过这个变式 1 和例题的对比学生可以很清晰的理解几个概念的联系和区别,加深对概念的内化理解。但在应用时学生对符号式和文字表达理解不够深刻,往往到初三复习时还会出现理解错误,因此在变式 1 的基础上又出示了变式 2：

变式 2：$\sqrt{81}$ 的平方根是_____。

学生在解决变式 2 时出错率很高,他们把此题错误的理解成"求 81 的正的平方根",得到的答案多数为 9,这正是学生没有理解好符号与文

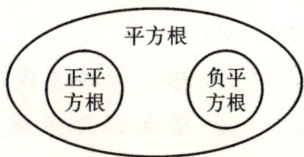

字表达的关系的具体体现。

分析：在学生出错的基础上讲解，此题要经过两次运算：先算 $\sqrt{81}$ 等于 9，再算 9 的正的平方根等于 3。学生听完讲解恍然大悟，理解了自己出错的真正原因，加深了对符号表达和概念的理解。

接下来，为了锻炼学生对概念的灵活掌握和应用，培养学生递向思维的能力，又设置了下面的变式：

变式 3：已知 a 的平方根是 $\pm\sqrt{7}$，则 $a =$ _____ 。

变式 1、变式 2 区分平方根、正负平方根、带根号的数的平方根。数学阅读中，注意不同数学符号表示的不同文字意义，对平方根的概念掌握更加灵活，数学概念之间的区别和联系。变式 3 是数学阅读递向思维。通过递向思维阅读，提升数学阅读能力。对典型题目进行拓展、变式训练。评析后可布置一些相应的练习题作巩固或拓宽，鼓励学生写出学习心得或对试题作变式研究，可大大提高数学阅读能力。

（二）几何教学中通过变式训练提升学生数学阅读能力

初三时间紧，内容多，变式教学在专题复习教学中，作用尤其重要。在"函数问题背景下点的确定"专题复习中，设计编写例题如下：

已知：如图，抛物线 $y = -x^2 + 2x + 3$ 与 x 轴相交于点 A、点 B，点 A 在点 B 左侧，与 y 轴交于点 C，该抛物线的顶点为 D；设该抛物线的对称轴为直线 l，直线 l 与 x 轴相交于点 E。

（1）若点 P 在直线 l 上，如果点 D 是 $\triangle PAB$ 的重心，求点 P 的坐标；

（2）在 y 轴上找一点 P（P 与 C 不重合），使得 $\angle BPD = 90°$，求点 P 坐标；

（3）若点 P 在直线 l 上，且四边形 $AEPC$ 是梯形，求点 P 的坐标；

（4）若点 P 在直线 l 上，且以 A、C、E、P 为顶点的四边形为梯形时，请直接写出满足条件的点 P 的坐标。

（5）若点 P 是该抛物线上的一点，且以 A、C、E、P 为顶点的四边形为平行四边形时，请直接写出满足条件的点 P 的坐标。

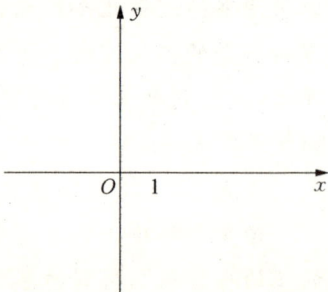

学生在读主题干的过程中,依次求出各个关键点,掌握二次函数图像与坐标轴的交点、二次函数图像的顶点、几个函数图像的交点问题等,同时,为下面四个小题在不同情景确定动点问题做铺垫。

变式1:复习三角形的重心及重心定理。同时,与此关联的有:何为三角形的内心?外心?垂心?

变式2:初中平面图形,三角形是最基本的图形,而直角三角形是三角形解题中的重点。该小题,引导学生可用常规代数方法,即用函数关系设立动点的坐标,利用勾股定理列方程;也可数形结合,巧用锐角三角比或其他几何法。

变式3、4:区别"梯形 $AEPC$ 与以 A、C、E、P 为顶点的四边形为梯形"两种表达方式的不同。利用梯形一边平行、另一边必须不平行的特殊性。回顾复习梯形中添加辅助线的多种方法。

变式5:唤醒平行四边形的有关性质和判定。加一个什么条件,就可以转化为矩形、菱形、正方形这些特殊的平行四边形。

分析:

1. 数学阅读不是一般意义上的阅读,不仅要达到对语言的理解,更要达到对语言的转换,是学生可以从阅读材料中获得解题信息和解题能力的阅读。引导学生在读题的过程中,提炼题中有价值的信息,先求出函数与坐标轴的交点、二次函数的顶点、对称轴、几个函数图像的交点等。把文字语言转化为求出具体的点,并在图中标出大致点的位置,进而转化为直观的图形语言,是几何数学阅读的第一步也是最基础的一步。便于学生理解,为后面问题的解决打下必要的基础。

2. 数学阅读要求学生形成求知、开动脑筋、不断探索的良好习惯。在函数问题背景下,学生根据图形的性质特征,确定某些常见几何图形如三角形、梯形、平行四边形等图形的顶点,并求出点的坐标。教师在几何教学中要尽心尽力培养学生的阅读能力,按图索骥,建立点、线、面,提高学生的数学素养,提高学生独立解决问题的能力。

3. 动点问题和分类讨论是几何中的常见问题,引导学生从不同方面分析问题,数形结合,提升数学阅读能力。

一个例题的变式,覆盖了函数、三角形、梯形、平行四边形等知识点,以及多个知识点的融会贯通。教师在教学中,多一些类似的变式,提高课堂效率,从而提高了数学阅读能力。

七、注重课堂上对学生数学思维的培养,提升数学阅读能力

课堂教学中要注意揭示数学定理、数学思想的本质,充分暴露解决问题的思维过程,及时合理完善解题步骤,以此锻炼学生思维,引导学生发现问题、解决问题。在讲评题目的时候我总要把自己拿到题目时的第一反应是什么,是怎样审题,如何把关键的条件挑出来,怎样把条件进行转化和重组,在这过程中遇到了什么困难,又是如何使问题得到解决的,既让学生体验成功之路,也让他们知道解题中会碰到很多困难,应该用何种策略去解决问题和困难。经过一定时间的训练,学生就能学会分析问题的性质、特点,找到解决问题的策略。在讲授定理时,要讲出定理的来龙去脉,条件对结论的影响,让学生自己思考定理中条件的改变能否引起结论的改变,结论的变化需要什么条件作支撑。讲完之后要给学生一定的消化吸收、记忆反思的时间。

通过在数学阅读互动中提炼数学思想,提升数学阅读能力。数学思想是数学知识发生过程的提炼、抽象、概括和升华,是数学学习的灵魂和精髓。

例如:

已知直角三角形的两条直角边长,求斜边长的一种方法是:把四个相同的直角三角形拼成一个如图所示的大正方形,再通过面积计算来求出斜边长。

(1) 如图,已知直角三角形的两直角边分别为 6 和 8,求斜边长 x。

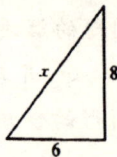

知道直角三角形的两条直角边,如何求斜边? 对于还没有学习勾股定理的七年级学生来说,是一个难点。下面是教师引导分析该题的一个片段:

师:对于题中已知的直角三角形,我们不能直接求出斜边,你能求出什么?

生:只能求出它的面积。

师:很好! 四个这样的直角三角形组合成如图所示的一个大正方

形,能求出这个大正方形的面积吗？

生：可以,四个直角三角形的面积加上一个小正方形的面积。

师：小正方形的面积？

生：小正方形的边长正好是 $8-6=2$,面积等于 4。

生：大正方形的面积应该是 100。噢,边长是 10。

面积法是初中数学中常用的一种方法,引导学生把条件进行转换和重组,把看似不可能求出的斜边通过拼图,借助面积法巧妙地解决。

(2) 仿照第(1)题的方法,一般地如图所示,已知直角三角形的两条直角边分别为 a 和 $b(a \geqslant b)$,求斜边长 x 。

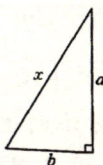

字母表示数是低年级学生的一个难点。教师举一反三,适时地抛出了第二个问题,把具体数字换成了字母。学生在前面的阅读思维中,问题迎刃而解。课堂要有学生思考的空间,切忌一讲到底,要创设一系列的数学思维活动,在学生思维的充分参与中,锻炼提高学生的阅读能力。

八、关注数学语言转换,提高数学阅读能力

例如：俞欣老师《列方程解应用题》一段案例和分析如下：

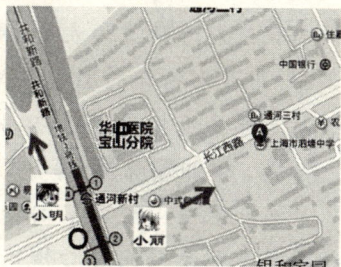

如图,长江西路是一条东西方向的道路,共和新路是一条南北方向的道路,这两条道路相交于点 O 。小明和小丽分别从十字路口点 O 处同时出发,小丽沿着长江西路以 40 米/分钟的速度由西向东前进,小明沿着共和新路以 50 米/分钟的速度由南向北前进。华山医院宝山分院位于图中 P 处,与长江西路、共和新路的距离分别是 30 米和 20 米。问离开路口后经过多少时间,两人与华山医院的距离恰好相等？

这是关于求平面内点与点之间的位置的问题,题目背景复杂。乍一看,几乎无处下手,需要学生足够的自信和耐心。通过建立平面直角坐标系,逐步解决。

从图中可知，两条路互相垂直于点 O，因此考虑以两条路分别所在的直线为坐标轴建立平面直角坐标系。如果把长江西路看作 x 轴，那么共和新路就是 y 轴，若把华山医院宝山分院看作是平面内的一个点，由题中的已知，能确定点 P 的坐标是 $(20, 30)$。

小丽和小明的速度分别为 40 米/分钟、50 米/分钟，t 分钟后，小丽和小明所在位置的坐标分别为点 $A(40t, 0)$ 和点 $B(0, 50t)$。

我们知道求平面内两点之间的距离可以用两点间的距离公式 $\sqrt{(x_1 - x_2)^2 + (y_1 - y_2)^2}$，

小丽与医院的距离 $AP = \sqrt{(40t - 20)^2 + (0 - 30)^2}$。

小明与医院的距离 $BP = \sqrt{(0 - 20)^2 + (50t - 30)^2}$。

此题的等量关系式 $\sqrt{(40t - 20)^2 + (0 - 30)^2} = \sqrt{(0 - 20)^2 + (50t - 30)^2}$

本题对学生的数学知识和方法的运用有一定的综合要求，以教师引导为主，让学生耐心的经历数学模型建立的过程。对实际问题中数量关系的分析，首先要帮助同学阅读问题理解题意。生活中的南北向与东西向的马路，它们的位置关系是互相垂直的，可借助平面直角坐标系解决问题。把握这一问题所涉及的基本的等量关系式（小丽与医院的距离＝小明与医院的距离，即 $AP = BP$）；对问题中的等量关系进行梳理，抓住未知量与已知量之间的实质性建立方程。

借助作图的方法，加强直观性；从普通语言的表述转化为图形语言再转化到符号语言的表达，展现数学化过程。引导学生分析题意，观察图形，用数形结合的思想来探索解题思路。学生形成良好思维习惯，学会从数学角度提出问题、理解问题，进而运用所学知识解决问题。

九、增加趣味性，提升数学阅读能力

当代教育心理学家们指出："当一个学生对某种学习产生兴趣时，他总是积极主动而且心情愉快地学习，不觉得学习是一种沉重负担。"通过增加趣味性，激发起学生极大的阅读热情，可以更好地促进学生在阅读中全神贯注，积极思考，自觉主动地全身心参与到数学阅读活动中，提升数学阅读能力。

"一去二三里，烟村四五家，亭台六七座，八九十枝花。"小时候学习的很多东西忘记了，但老师让品读的这首简单小诗，不仅一下子学会了10以内的数，且第一次深深感受到数字韵律的美，至今难忘。

教师只要用心，很多知识点都可以通过增加趣味性促进学生的理解掌握。如七年级上册，开头部分就是字母表示数的内容。学生习惯了数字，如何一下子过渡到字母呢？

1只青蛙1张嘴，2只眼睛4条腿，扑通1声跳下水。

2只青蛙2张嘴，4只眼睛8条腿，扑通2声跳下水。

3只青蛙3张嘴，6只眼睛12条腿，扑通3声跳下水。

4只青蛙4张嘴，8只眼睛16条腿，扑通4声跳下水。

……

n只青蛙n张嘴，$2n$只眼睛$4n$条腿，扑通n声跳下水。

教师和学生一起在愉悦的诵读儿歌中，自然而然的从数字引入到字母，也说明用字母表示数是我们生活中必需的。

下面是我在六年级讲"圆的周长"时的情景引入：

演示：龟兔驾车赛跑，乌龟沿着边长为10米的正方形路线跑，兔子沿着直径为12米的圆形路线跑。旁边的山羊博士大喊不公平。同学们，你认为公平吗？

1. 要求乌龟所跑的路程，实际上是求这个正方形的什么呢？

2. 要求兔子所跑的路程，实际上是求圆的什么呢？什么是圆的周长，怎样求圆的周长呢？

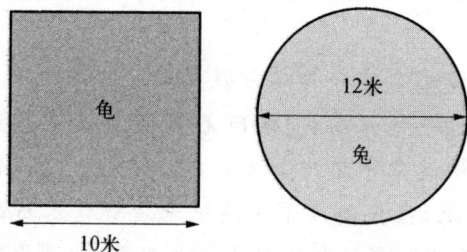

从学生耳熟能详的经典寓言故事《龟兔赛跑》入手，稍作修改，激发学生学习兴趣，引发对知识的渴求及解决问题的共鸣。

除了课本外，教师还可以结合课堂教学内容，引导学生阅读丰富的数学课外材料——学习辅导书、数学科普书籍、数学童话与故事等，提升数学阅读能力。如学习了比例，可以走近金字塔，用数学去解释古埃及人花样百出的测量方法；学习了黄金分割，可以用数学的眼光欣赏名画《蒙娜丽莎》；学习了圆周率，可以翻阅《九章算术》，去感受古代数学

家用各种数学方法与圆周率所作的一次次亲密接触……

总之,数学思维能力的提高离不开数学阅读能力的提升。数学教师应掌握一定的阅读指导策略,指导学生进行有效的阅读。对于不同的阅读内容,提出相应不同的阅读要求和采用有效的阅读策略。数学阅读的过程应是一个积极的思考过程,教师应根据不同的阅读任务和性质,向学生提出阅读要求,让学生带着兴趣和问题边阅读边思考,阅读更有效。当然,数学阅读往往需付出艰苦的努力和顽强的意志,极少有学生会把阅读数学当作一件快乐的事,这更需要教师的引导和帮助,指导学生掌握数学阅读的方法,循序渐进,从愿读转变到会读,最后上升为乐读。

(张中霞)

实践与思考 3

整合阅读文本,提升初中生英语阅读能力

《英语新课程标准》明确规定:初中英语的教学目的是使学生达到乐于阅读的程度,初中英语教学过程中要帮助学生养成良好的阅读兴趣和阅读习惯,要提升学生的阅读素养,更要侧重培养学生的阅读能力。学生的阅读能力是其终身学习与发展的最基础的可持续发展能力。

初中英语阅读文本可分为学习性阅读文本与应用性阅读文本,前者主要指初中生的英语课本,即课内文本,后者主要指初中生能接触到的英文报刊及网络文章等课外生活文本。传统的英语教学停留在单一的课内文本教学上,往往造成学生局限于理解信息与吸收信息的无目的阅读上,而忽略了运用信息的课外文本教学,这是当下阅读教学死气沉沉、缺乏活力、效率低下的重要原因。通过整合两种阅读文本的教学,使阅读有了连贯性和应用指向,学生的阅读兴趣与阅读价值感被大大激发,从而产生强大的内驱力,阅读的主动性与阅读的综合能力将得以提升。

本文的研究切入点具体来说就是在课内文本为学习性阅读的基础上,如何从中学生英文报等课外资源中寻找、挖掘、利用相关应用性阅读文本进行整合阅读教学,从而提升学生的英语阅读关联能力、阅读概

括能力以及阅读评价能力。

一、整合相同主题的文本提升学生英语阅读关联能力

提升学生的阅读关联能力，通俗来说就是借助关键信息的关联性来引导学生加强对于阅读文本的理解与认知，进而让文本阅读过程更为高效。

选用相同主题的课内文本一篇与课外文本若干篇作为教学素材，可以帮助学生通过学习课内文本来认知主题词汇、句型；了解主题背景、观点，然后凭借对上述习得信息的熟悉度以及文本间的主题关联性来阅读其他篇课外文本，这样不仅会大大降低课外拓展文本的阅读难度，也会因主题相同的题材而进一步激发学生阅读探究的兴趣，最为重要的是可以引导学生学会借助关键信息的关联性来加强对于阅读文章的理解与认知，从而提升学生的英语阅读关联能力。

例如，在教学新世纪英语教材九年级上册的第四单元第一课时，本课主题为谈论制服（uniforms），教师以课内文本"School Uniforms（校服）"为学习性阅读文本，另外选取两篇来自近期上海学生英文报（SSP）课外文本"Formal Dress（正装）"和"APEC Tunics（APEC 民族制服）"作为应用性阅读文本，以相同主题类型为整合抓手进行阅读教学。本课主题非常贴近学生实际生活，尤其是后两篇阅读材料来自真实生活情境，更能激发学生的阅读兴趣与探究。三篇文本分别讲述了对学生是否应该穿着校服的讨论、对某校施行"正装日"的看法以及对 APEC 领导人非正式会上各成员领导人穿着主办方特制的民族服装的观点。学生皆可通过表格形式来阅读梳理这三篇文本的大纲脉络，以获取主要信息，从而增长知识，获得乐趣。然后在表格梳理完整的基础上，概述文本内容，并用所学词汇与句型简单表达对于制服（uniforms）为主题内容的个人观点及其理由。

要注意的是，选取相同主题的不同文本，比如本课都是围绕制服（uniform）这个主题的，这样使得环节过渡自然顺畅，且容易激发进一步深入探究的兴趣。但是，课外文本的选择应不仅仅满足于主题相同这一个条件，而是更要注重不同文本间关键信息（如主题词汇、句型、背景等）之间的关联性是否足够密切，以便为后续教学的顺利开展打好基础。

二、整合相同体裁的文本提升学生英语阅读概括能力

阅读概括能力，是指对阅读文本的主题和主要内容进行整体理解

和把握的能力。例如，概括段落大意、总结文章的中心思想等。对获取的离散信息，通过信息加工和处理形成系统的理解。

新世纪初中英语教材中，出现了不同体裁的阅读文本，有对话型、故事型、纪实型、科普型、传记型、日记型、观点型等。在教学一种特定体裁的课内阅读文本时，引导学生通过理解、梳理、提炼离散信息，借助表格或思维导图形式归纳概括出文本脉络或作者意图，培养学生的英语阅读概括能力。然后，整合同体裁的课外阅读文本，指导学生运用上述阅读方法去进行信息加工处理，把学习性知识转换成应用性技能，进一步提升学生阅读概括能力。

例如，上文提到的"School Uniforms（校服）"这一课内文本属于观点型的阅读体裁，可以借助学案引导学生通过表格形式来阅读梳理三个发言人的观点及理由，其好处是画面直观逻辑性强，等最后内容全部呈现以后，再配上重点语句结构，请学生口头表达观点与理由。由于该文本内容是就"学生是否应当穿着校服"为论题，表达个人观点并阐述理由，从中教会学生使用"I'm for/against …"，"I'm in favour of …"或"I think … /In my opinion,"等语句表达观点，然后运用"First … Second … Next/Then … last but not at least …"等结构表达理由来支持自己的观点。而后两篇课外文本"Formal Dress（正装）"和"APEC Tunics（APEC 民族制服）"的阅读任务也就定位在先按要求在学案上完成表格，再运用之前所学语句结构来表达观点与理由。

实践证明，运用表格梳理大纲脉络来获取文本大意，对于突破英语阅读教学重难点有极大助益，而整合相同体裁的文本，也有助于学生运用刚获得的技能与方法去自主解决问题，是提升英语阅读概括能力的一个有效途径。

要注意的是，体裁的选择是为概括能力服务的，所以在挑选阅读文本时，教师先进行信息加工处理后形成简单易操作的概括方法和形式将是必要的前提和成功的保障。

三、整合内容递进型文本提升学生英语阅读评价能力

阅读评价能力，是指对阅读材料的结构或者观点进行评价的能力，包括评价阅读材料的主题、内容、结构和形式的适切性。从关注文本自身，了解作者的观点和意图，转向学生自己对阅读材料的评赏。

阅历、阅读是思的基础，思是阅历、阅读的深化。在阅读中进行各

种思维,去加工在阅读中获得的材料,并使之成为系统的、有用的知识于经验。因此,光靠课内单一文本的阅读教学要让学生通过"阅"直接达到"明理达行"的程度几乎是不可能的,而整合课内外内容递进型的文本来循序渐进地提升学生英语阅读评价能力,显然更合理些。

例如,对于研究者的教学对象以及大部分初中生来说,能轻松理解课内文本教材,但对上海学生英文报(SSP)这种生活信息类文本的自主阅读较为困难。"School Uniforms(校服)"与"Formal Dress(正装)""APEC Tunics(APEC民族制服)"三篇文本的生词量是呈递增梯度的,虽然都配有主要生词注释,但是后两篇课外拓展阅读文本在内容理解上对于学生是较有难度的,如果没有在课内文本的学习性阅读所获得的阅读评价能力基础上,直接进行另外两篇课外文本教学并做语言产出来做阅读评价的话,效果一定极为不理想。事实上,我通过"School Uniforms(校服)"内容教学引导学生们在文本基础上进行个性化思考,然后结合所学的制服类相关词汇与特定句型组织表达个人观点及其理由。接着,逐步给出另外两篇文本,一步一步推动学生整合刚刚习得的词汇、语句、概括方法,概述文本大意并恰当地表达自己对于各类Uniforms(制服)的观点,在全班同学面前交流分享,从而达到提升英语阅读评价能力的目的。此外,从情感价值观角度看,三篇文本分别从评价个人过渡到评价他人再升华到国家民族,梯度合理自然,使得学生不知不觉中受到德育熏陶并逐步升华提高境界。

因此,在挑选文本时,如果在重视其间词汇复现及语言表达的层层递进的基础上,还能关注其间内在的欣赏价值或积极导向功能就更有意义了。

综上所述,通过一定方法整合学习性阅读文本与应用性阅读文本提升初中生英语阅读能力的研究是实际且可行的。在此过程中,学生们会发现其他未知的知识,遇到某些需要解决的新问题,促使他们产生进一步阅读的欲望,从而使阅读所获得的信息得到深化和发展,改进学生们的阅读方法,提升他们的阅读能力。

但是需要注意的是,从阅读过程来看,构成阅读能力的要素应当是认读能力、理解能力、鉴赏能力和评价能力及运用能力。它们之间相互联系互为补充,而认读能力是后续能力的出发点和前提条件,只有认读能力得到锻炼和提高,才能促进其他能力的协调发展。因此教师应在

平时坚持不断帮助学生掌握积累一定量的词汇与表达，及时扫清阅读认知障碍，为后续的阅读能力培养提供有力保障。此外，在阅读教学进行中及进行后，教师应即时收集了解学生的反馈，及时给予答疑或调整节奏方法。

（周黎频）

实践与思考4

初中化学教学中图表题的阅读能力提升策略

初中化学考试中图表题是一大难点，主要分成图形题和表格题两种类型，它们不同于文字题，分别以图形和表格的形式给予学生解题所需的信息。在教学中，想通过题海战术在中考中取胜已经行不通了，因为要想找到老面孔的题目不太可能，所以化学阅读能力的提高是很重要的一个环节。

化学图表信息阅读能力是指顺利完成化学图表阅读任务的复杂心理任务特征的总和：包括查找、组合、理解和联系、处理；是化学符号理解能力、化学原理理解、数据处理和科学探究方法掌握的综合体现。

通过观察及交流总结发现，导致学生此类题目错误的主要原因是学生无法从图表题中获取解题相应的信息；或者无法通过出题者给出的信息处理加工形成解题所需的信息，也就无从下手解题了。这就是教师应该在教学过程中帮助学生提升阅读能力去解决的。

一、学生阅读图表信息的能力的培养

学生阅读图表首先要把握阅读图表信息所需能力。阅读图表题信息的"三要素"：首先是坐标，要关注横坐标、纵坐标的含义，一旦坐标轴有变化，数据所表示的关系就会有很大不同。其次，再分析图表中的特殊点，如起点、终点、转折点、交点等。最后要关注行列，特别是对表格的阅读中，行和列分别呈现的是什么，有何关联；如果有多行、多列，那么行与行之间、列与列之间是否还有一定的关系。

教学片段：

期末复习阶段，在两张区县模拟考试卷评讲后，将两张试卷中得分率低于均低于50％的图形题两题，通过PPT投影的方式展示在黑板

上。要求学生自己在订正本上抄题目,画表格。

例题:

某同学取 2.5 g 石灰石,滴加 30 g 稀盐酸,所产生的气体质量与滴入盐酸质量的关系如下图所示。试根据图中数据计算:

(1) 反应生成二氧化碳的物质的量为多少 mol。

(2) 石灰石中碳酸钙的质量分数(根据化学方程式计算)。

(3) 该反应结束后,所得溶液中滴加石蕊试液,可观察到现象是_____。

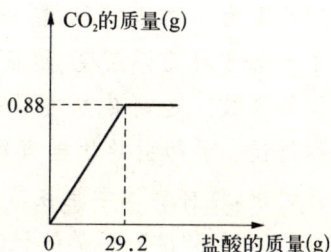

师:很多同学对第三小题中溶液最终呈现的颜色没有解题思路。通过抄题目、画表格,请做错题目的同学说说,你在解题时忽略了哪些信息,这次注意到了。

生:第一次做题的时候,我只注意到 y 轴二氧化碳的质量用于计算,但是没有注意到 29.2 g 的盐酸和原来给出的 30 g 盐酸及中间的关系。

师:答得好。这是我们解题的基础和关键,没有了这个稀盐酸的用量,我们这个题目就没法做了。我们很多同学在阅读图形时候容易忽视表格中的这些信息,下次解题中大家就该把表格中所有的信息都找出来,不能有所缺少。

在师生活动中应该将阅读图表题信息的"三要素":坐标、点、列和行在错题讲解和练习中反复强调和练习,以形成学生在解题时候的习惯,提升阅读图表信息的能力。

二、基于"三要素"的阅读图表信息能力培养

(一)阅读"坐标"类信息的能力培养

首先,在课堂教学中应该对坐标系进行一定的解释。教师作为接受过完整教育的成年人,知识体系完整,对数学中坐标系的体系理解较深,而学生正处于体系构建中,对坐标系的理解还需要加以完善。所以教师在教学中,从基础出发,从坐标轴的意义出发,让学生掌握横纵坐标所代表的意义是什么,在解题中应该关注,因为一旦坐标轴有变化,数据所表示的关系就会有很大不同。所以在教学中,通过不同坐标轴的阅读,让学生感悟"小小"的坐标轴的差异带来的题目解答的不同,提高"坐标"类信息获取的能力。

例题：

A 物质的溶解度曲线如图所示，则 20℃时，A 物质的质量分数最大为_____。

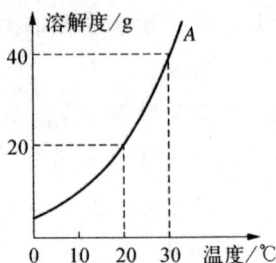

本题是初三化学溶液习题，学生经常寻找"20"作为答案进行答题，这个过程中，就忽略了 y 轴坐标为溶解度，题目要求填写的答案为质量分数。这就是忽略了坐标轴的阅读导致的错误。教师引导学生审题过程中，能将坐标所代表的意义用笔圈画标记出，这样提示学生在信息的选择上要符合解题所需，避免错误。

(二) 阅读"点"类信息的能力培养

"点"作为图标信息中非常直观的一种表达形式，教学中很容易被我们忽略，认为理所应当学生应该掌握。但是在实际题目中，点有起点、终点、转折点、交点等不同的点，在不同的题目中也表示了不同的含义。很多时候学生不能与将点所代表的意义与题目中给出的信息结合起来，用于题目的解答。所以教师在教学过程中，应该注意结合图形，将点所代表的深层意义结合在解题中，与解题所需信息结合在一起，这样才能提高学生"点"类信息的阅读能力。

例题：

下图是 A、B 两种物质的溶解度曲线，试回答下列问题：

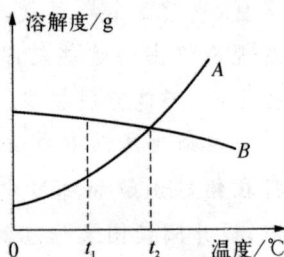

(1) t_1℃时候 A 的溶解度_____B 的溶解度。（填＜＞或＝）

(2) A、B 两种物质饱和溶液溶质质量分数相等温度是_____℃

(3) 当 A、B 两种物质的溶液接近饱和时，采用增加溶质、降低温度的方法可以达到饱和的是_____物质的溶液。

本题第二小题，A、B 两种物质饱和溶液溶质的质量分数相等的温度这个问题，就是需要学生阅读"点"类信息的能力的运用。首先，质量分数要相等，就是在共同的温度下，有相同的溶解度，就应该寻找两根曲线的交点。在教学中强调学生应该对题目中出现的点，有针对性的重点观察，能提高解题的正确率。

(三) 阅读"表格"类信息的能力培养

表格计算题是初中阶段计算题的难点，学生对此类表格信息往往束手无策,不能准确地找到解题所需的信息,计算也就无从谈起了。学差生经常对此类题目是整体放弃,使得题目中连带的很多简单得分点也受到忽视从而失分。教师在教学中,指导学生可以先将表格拆分一行一行的看,看看行是表示什么含义,一列一列的看,看看列又是表示什么含义,这样就能分清楚表格中表达的信息含义。其次,如果有多行、多列,那么行与行之间、列与列之间是否还有一定的关系。最后关注表格中的数字,特别是特殊数字,比如相等的数字,或者呈现等差等数学关系的数字,它们所代表的含义尤其需要我们注意了。

例题:

为了测定某粉末状黄铜(铜、锌合金)样品中铜的质量分数,洋洋同学取一定质量的黄铜样品放在烧杯中,再取 40 g 稀盐酸分四次加入烧杯中,均充分反应,实验数据如下:

	第一次	第二次	第三次	第四次
加入稀盐酸质量	10	10	10	10
剩余固体的质量	9.1	8.45	7.80	7.80

(1) 上述反应的化学方程式:_____

(2) 根据锌的质量列出求解第二次生成氢气质量(x)的比例是:_____

(3) 所用稀盐酸中溶质的质量分数为_____

(4) 用 36.5% 的浓盐酸配置 40 g 上述稀盐酸,需要浓盐酸的质量为_____

(5) 黄铜样品中铜的质量分数_____

本题的解题中,首先请同学们观察第 1、2 行理解,为什么加入盐酸之后剩余固体的质量发生了减少的情况。大多数学生能够想到产生的气体使得固体物质减少,少数学生不能理解的,在结合第一小题的方程式书写,和物质的状态的讲解就能理解表格中数字的含义。

其次请学生们观察数字,发现什么规律? 很多学生能找到相等的数字7.8,继续追问为什么第三次第四次相等,结合上题,能理解到因为气体不再产生了,所以固体不减少。这样就能对表格中的数据进行进一步解读了。

最后为了进行解题,还要对每次反应的固体物质的质量进行解读,此时在第一第二小题的基础上,引导学生对比列与列之间的关系,就能

得出每次消耗的固体物质的质量。

所以阅读"表格"类信息的能力的培养,应该分步骤,引导学生对行、列进行解读,然后再从数据上进行对比。大多数表格题的数据之间存在相等、等差、倍数等数量关系,通过综合运用以上手段,能提升学生的"表格"类信息的能力的培养。

三、学生运用图表信息的能力的培养

(一) 归纳图表错题类型

通过归纳图表错题类型,发现图表题中图表信息的运用是有一定规律的。在课堂教学中,指导学生在获取了图表信息之后,引导学生运用信息就是接下来的另一个教学难点。

教师在这个过程中,应该充当引导而不是讲解的角色,因为大量的图表信息获得之后,运用是一种经验的积累,也是一种感悟。

例题:

某密闭容器内有 X、Y、Z、W 四种物质,在一定条件下充分反应,测得反应前后各物质的质量如下表:

物　质	X	Y	Z	W
反应前质量/g	4	1	10	2
反应后质量/g	待测	5	4	8

下列说法正确的是　　　　　　　　　　　　　　　　(　　)

A. 反应后 X 的质量为 8 g

B. Z 与 W 的相对分子质量比一定是 1:1

C. 该反应的反应物只有 Z

D. 参加反应的 X 与 Z 的质量比是 2:3

首先,提示该种类型的题目原理为:质量守恒,即参加反应的物质在反应前后的质量守恒。之后给学生一定的时间来观察表格内的数字,寻找之间的关系,无论是横行还是竖行,分布提问,反应前后的质量差,横行之间的数字代表的意义,竖行之间的数字所代表的意义。都是用反应前的质量和反应后的质量相减,并纵向比较。

给学生时间找寻之间的数量关系,这就需要学生具有运用信息的能力,这种能力是在一道一道的例题中慢慢培养的,教师不能因为追求

进度而自己讲出答案,这样就没有给学生思考的空间,不利于运用图表信息解决问题所需能力的培养。

在这个过程中,学生的数字敏感、数字处理都能得到一定的提升,提升运用图表信息解决问题所需能力。

(二)运用图表信息解决问题能力的培养

1. 通过"实物化"提升学生化学图表题中阅读能力

化学作为一门基础科学,反应发生在微粒层面,使得学生无法类似物理等直观地观察到反应现象的本质。所以在教学中,教师经常将无法肉眼观测的微粒层面进行"实物化",往往可以帮助理解,取得较好的教学效果。

教师在图表题的讲解中,也可以通过"实物化"将图表题中所蕴含的信息变成直观、可见的实验,形象地帮助学生理解,从而有效的提升图表题的阅读能力。

例题:

在用稀盐酸和氢氧化钠溶液进行中和反应实验时,反应过程中溶液的酸碱度变化如图 1 所示。

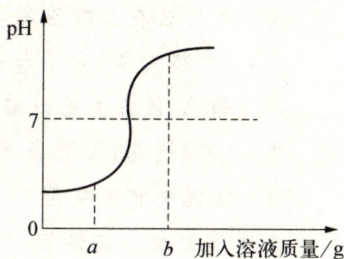

(1)该反应的化学方程式为:_____

(2)该实验操作是将_____滴加到另一种溶液中。

本题是酸碱盐一节内容,里面涉及酸碱性质、pH 值、中和反应等多个教学重点,对学生来说又是一个教学难点。要解题,需要学生掌握图表题的阅读能力。

教师在讲解过程中,先让学生来找寻点、起点在哪里,是什么溶液。在学生反馈是 pH 值是 7 以下,为酸溶液之后,拿出准备好的酸,逐滴滴加碱,并间隔测量 pH 值,能直观地观察到 pH 值不断变大,并且随着 pH 增加,最终超过 7。

这个过程中,原来无法用肉眼判断的图表蕴含信息,被直观的实验呈现了出来,学生在这个过程中享受了成功,增强了学习的兴趣,潜移默化地提升了图表题的阅读能力。

2. 通过"形象化"提升学生化学图表题中阅读能力

化学学习中图表中的信息,往往是枯燥的呈现,但是如果能通过"形象化"的比喻就能帮助学生找寻题目中蕴含的信息。在这个自主

的、积极的过程中,化学图表题中阅读能力就能有效地得到提升。

例题:

四只试管中分别盛有相同质量分数的稀盐酸,将 A、B、C 和锌四种金属分别同时放入其中,小明将观察到的现象形象地画了一幅卡通画(如下图),每个卡通人物表示一种金属,周围的小黑点表示反应中生成的气体。

(1) A、B、C 三种金属的活泼性由强到弱的顺序可能是＿＿＿＿

(2) B 是一种使用最广的金属,请写出该金属和盐酸反应的化学方程式＿＿＿＿

师:看神态哪个卡通小人最淡定?

生:C

师:为什么在盐酸这种具有腐蚀性的溶液中它也这样淡定呢?

生:(恍然大悟)它不与盐酸反应。

师:那 A、B 身上可以看到……

生:(笑)气泡,A 更多气泡!

师:这说明和酸反应更加剧烈。

本题作为金属的性质一章的典型习题,将不同金属在酸中的反应,用形象的卡通小人呈现出来。卡通小人的表情和身上的气泡,让学生忍俊不禁。在这个过程中,学生的化学图表题中阅读能力在形象化习题和讲解中得以提升。

初中化学考试中图表题是教学的难点,图形和表格的形式在学生获取信息的时候要讲求方法,所以本文试图通过一系列案例,试图将查找、组合、理解和联系、处理的能力在过程中给予学生提升,帮助学生提升阅读能力去解决实际问题,使得学生掌握此类题目中信息的获取和处理方法,达到提升学生在化学图表题中阅读能力的目的。

(李　庆)

实践与思考5

把握美术学科阅读关键的指导策略运用

学科课程的阅读是提高学生基本素养的途径,学生的各门课程学习都依赖阅读，阅读能力的强弱直接影响各学科的学习。学科阅读的关键是阅读兴趣、阅读能力及阅读交流。阅读兴趣的激发是阅读驱动的条件。学科阅读中教师创设各种有效情境，激发学生的阅读兴趣，充分调动学生的积极性、主动性，使学生觉得阅读有趣。阅读能力是一种对事物和人物的感知和思考的能力，可以表现在各个领域和各类阅读中。阅读交流共享是一种心灵活动，阅读需要阅读参与者心灵的呼应，学生通过阅读感悟获得的认识经个人化而真正变成个体的世界，在学生的心灵与人生中留下有意义的痕迹，才能实现其精神建构和个性形成。

一、学生阅读能力提升的指导

阅读能力提升策略是指阅读要依靠阅读能力，在阅读过程中要注重培养阅读能力，不断提升多元阅读能力，让学生在阅读过程中学会阅读的策略。美术阅读着重研究"美术阅读中提升学生审美品质"，审美品质集中体现了学生在审美教育活动中对形式美的感受和理想美的追求所形成的各种素养的总和。审美品质是以审美意识与能力为基础，内化为学生个体人格特征，是精神追求、个人风格、审美能力、生活品位的综合。

（一）加强美术语言——美术审美元素的学习，提升阅读认读能力

《远古的音符和密语——彩陶纹饰探究与设计》设计绘制部分，教师示范过程，同时加强美术语言——审美元素的学习。穿插作品欣赏、纹饰位置与造型的谐调、纹饰构图、大小、疏密、主次、透视、正负形、黑白灰等解析。

作品剖析

师：PPT 作品比较与欣赏

指导学生观察：纹饰位置主要分布在哪里？

生：纹饰位置主要分布在瓶口、瓶颈、瓶肩、瓶腹。

师：纹饰与造型如何谐调？

生：如半山类型的彩陶作品，造型简洁，细耳大腹，纹样富于变化，以锯齿纹、方格纹等组成比较规整对称的几何纹样为主。

师生：以图例进行剖析，渗透美术语言的学习：纹饰构图位置、大小、疏密、主次、透视、正负形、黑白灰等。体现学生的自主阅读，让学生及时发现、总结教学知识点。

　　阅读认读能力主要体现在检索阅读内容。学生在审美过程中就是在不断检索、认读文本中的审美元素,如线条、形状、色彩、构图、造型等美术语言。由于缺乏阅读经验,学生往往会忽略作品中的美术元素,所以教师要通过具体剖析训练,拓宽学生对线条的曲直、色彩的明暗冷暖、形体的方圆、轻重及其情感色彩的认识,从而提升阅读认读的能力。

　　在此环节中,教师开门见山,引导学生观察纹饰位置的分布。通过观察,感受纹饰与造型如何谐调。又以图例进行剖析,学生们不但读出了纹饰构图位置,还读出了纹饰的大小、疏密、主次、透视、正负形、黑白灰等,丰富了审美元素的积累,为下一步的理解打好基础。

　　(二) 引导学生欣赏细节,提升学生阅读理解能力

　　如《远古的音符和密语——彩陶纹饰探究与设计》一课较深入地探讨与学习了彩陶纹饰,教师利用视频分解给学生欣赏,让学生知道彩陶纹饰的奥秘与寓意:图腾象征、生活记录、精神寄托、先民智慧等。

　　鱼纹——图腾化、抽象化、艺术化

　　视频欣赏1

　　师:"半坡类型彩陶因在西安半坡村新石器文化遗址的发现而得名。半坡类型文化的彩陶上有较多的动物图像。其中,最有代表性的就是现在的这个纹样,是什么呢?"

　　生:鱼。

　　师:"你觉得这个鱼的造型如何? 观察是写实? 抽象? 单体? 复体?"

　　生:鱼纹形象较写实,大多是单独的鱼纹,有侧面形象。

　　师:"为什么要大量画鱼?"(观赏视频《鱼纹》)

　　师:古代半坡人在许多陶盆上都画有鱼纹和网纹图案,这应与当时的图腾崇拜和经济生活有关。半坡人在河谷营建聚落,过着以农业生产为主的定居生活,兼营采集和渔猎,这种鱼纹装饰是他们生活的写照。稍有变形的鱼纹很可能是代表人格化的独立神灵——鱼神,表达出人们以鱼为图腾崇拜的主题。早期先民就是利用自己熟悉的物象表现对于自然万物精神崇拜的体现。

　　阅读理解能力是一种对事物和人物的感知和思考能力。美术元素种类繁多包括图案、纹饰、大小、疏密、主次等,所提供的信息往往既直观又隐蔽,这就对学生的感知理解能力有了较高的要求。本课中教师采取化整为零、各个击破的方法,引导学生在欣赏中关注"美术阅读"的

细节,让学生对作品中的纹饰做更多的思考及评论,提升学生阅读理解能力:这个纹样是什么?它是写实的还是抽象的?是单体还是复体?层层深入,引导学生根据纹饰细节与已掌握的历史知识联系起来,经过对纹饰进行联想、想象、分析与综合思维加工,对早期先民的生活环境及精神世界作出评价,并提出自己的独特见解。

(三)指导学生分析作品主题,提高学生评价能力

欣赏美术大师达利作品。

1.了解达利标志性的艺术表现元素,也是达利绘画中的潜意识符号:软钟、长脚大象、巨型鸡蛋等。

2.《长脚大象》,了解达利绘画中的潜意识符号之一——长脚大象,重点解析《记忆的永恒》《时间的贵族气息》,了解达利绘画中的潜意识符号之一——软钟,学生表达看到后的联想,思考如何理解这幅作品。

3.欣赏动画视频:发现达利作品中还有哪些经常出现的潜意识符号:如蚂蚁、拐杖、抽屉等。

4.讨论:达利的创作手法是什么?

① 记录梦境、描绘梦境与幻想

② 将普通物象扭曲、变形

③ 用符号表示潜意识

④ 精细的细部描绘

评价能力指对阅读内容与形式进行全面评价和深入品评的一种能力。它是学生阅读能力的一个综合体现,有着更高层次的要求。本课中学生对达利的作品进行评价,教师以达利艺术创作的潜意识符号元素的诠释为重点,同时引导学生讨论达利的创作手法。这正是阅读内容与表现形式的引导,为学生对作品进行评价指引了方向。达利作品本身较难理解,教师可在前一周发放预习表格"我看达利",学生上网查阅并做初步思考,老师查看预习情况后,课前发给学生,学生按小组讨论活动帮助交流。

二、学生阅读交流共享的指导

阅读交流共享是指对阅读的深层次的反思,需要对阅读内容进行整理、归纳,从而提炼出独具个性的看法,并通过学生间的交流阅读看法与他人共享,增强阅读效果。这是指导学生将阅读中的所思所得进行再加工,转化成语言的信息并有输出输入的过程。交流的目的就在于不断地

深化阅读感受,使学生在不断地交流中反馈自己对于阅读的心得体会,学生也在不断地交流中获得认同感、成就感等的愉悦感,获得精神上的享受。

(一) 开设阅读课程,扩宽阅读层次

如,开设欣赏课程"走近艺术大师的世界",以八年级为主,通过美术课堂开设"走近艺术大师的世界"系列欣赏课,与中外艺术大师,如宫崎骏、徐悲鸿、几米、梵高、莫奈、蒙德里安等大师近距离。更从美术专业角度剖析作品的内涵、构图、色彩、笔触、技法等用意。通过艺术认识世界是生动形象、具体可感的,也是富于理想和充满激情的。

阅读是阅读者思想的锤炼、感情的涌动、心灵的映照,也就是生命的交互。"走近艺术大师的世界"系列欣赏课就是为学生提供了一次阅读大师的机会。教师以讲授作品、视频欣赏的形式分别介绍了宫崎骏、几米、梵高、莫奈。了解了艺术大师的艺术地位、经典名作,走近艺术大师的精神世界。

在引导学生欣赏具体的美术作品时,可以选取不同理念风格的作品,使学生认识到在艺术史上这些观念并存的局面,从而拓宽他们的思路和眼界,而不要把学生框死在一个固定的欣赏模式里。比如在出示梵高的作品时,学生情不自禁地发出一片赞叹声,而出示蒙德里安的作品时,学生则显得茫然不解。这是两种不同的画种,画家运用不同的技法和材料,但是不管那幅作品画得像还是不像,都务必使学生明白这是画家对自然美的追求。

当然,阅读交流共享的形式是多样的。除上述形式外,"演讲比赛""文学艺术节""科技周活动"或班队会等形式都是可行的。

(二) 开展阅读交流活动,探究阅读理解与创作的融合

如,开展"我喜爱的艺术大师"推荐活动:利用两周时间对大师们非凡的生活经历、创作风格、人格魅力、经典作品、背后的故事等展开阅读指导、课后探究与课堂互动交流。同时开展"艺术大师作品近距离"小报设计及临摹大师作品活动,具体介绍大师作品的艺术特色、创作风格、表现手法、细节处理、作品解读等。

没有阅读的交流,不是完整的阅读过程。在"我喜爱的艺术大师"推荐活动中,学生选择多种交流方式,如课后通过网站查询,结合美术推荐书目的阅读,个性化的选择喜欢的艺术大师进行深入了解,完成作业《最喜爱的艺术大师推荐》,最后撰写阅读感悟。在推荐同时,还开展了"艺术大师作品近距离"小报设计活动,学生们通过小报形式图文并茂地介绍了

大师作品、艺术特色、创作风格、表现手法、细节处理、作品解读等。整个活动中不断加强学生对美术形式、艺术家及作品的关注与评论。

(三)开展阅读交流活动,展示阅读成果

如,开展"我也是艺术大师"创作活动。利用三周时间课外探究各位大师的绘画风格和表现手法,用或稚拙或大胆的笔触模仿、再现大师作品。如徐悲鸿《马》、宫崎骏的动画插画、几米的绘本、梵高《向日葵》《星空》、蒙德里安《三棵树》、莫奈《睡莲》、马蒂斯《剪纸》等。

广博阅读是动态的,要在双向或者多向交互中实现阅读,更主要的是实现学生间、学生和教师间的阅读交流。"我也是艺术大师"创作活动,相对难度较高,学生展示大师作品是在理解作品的基础上进行的,教师可以根据不同作品和学生进行交流。如学生仿画几米的作品时引导学生关注都市画风与细腻的钢笔笔触;仿画梵高的作品时引导学生关注旋转流动的笔触、丰富鲜明的明黄色调或对比色运用;仿画马蒂斯的作品时引导学生应关注大色块抽象艺术风格。

通过广博阅读教育指导策略的实施,学生的美术阅读素养有了提高。学生对线条、形状、色彩、构图、造型等美术语言的感受力增强了,从之前的不知道阅读哪里到现在的有意识的关注美术元素的阅读,这是一个质的飞越。由于运用了学生阅读兴趣激发的指导,学生在学习中参与度极高,从头至尾保持了浓厚的学习兴趣,每位学生都能按照要求完成当堂的学习任务。美术欣赏课又很好地培养了学生的阅读能力。他们根据教师的指导,课前阅读相关信息、概括基本概念,课堂上根据学到的阅读方法进行阅读分析、阅读评价。总之,在阅读中,每个学生都寻找到了自己的阅读天空,在阅历中体验,在体验中领悟,在领悟中自我完善,健康发展。

(王 尧)

实践与思考6

地理图像信息阅读能力的培养策略

地理图像是地理学科的"第二语言"。地理图像承载着丰富的地理信息,是地理学科重要的信息载体和专业工具,也是地理学科独特的表达方式和教学手段。丰富多样的地理图像,为教师讲解知识、演示地理原理、说明地理成因及地理分布提供了依据;为学生学习地理知识、理

解区域地理事物的特点、成因、分布变化规律,提供了方便。地理图像种类多样,包括各种地理景观图、区域地图、地理示意图、地理原理结构图、概念图、统计图、等值线图、模式图等。

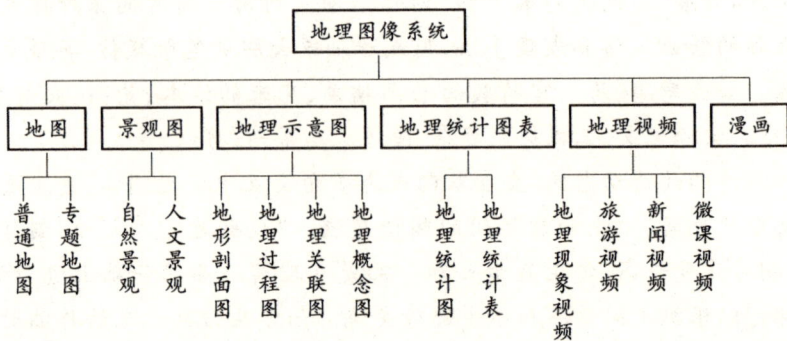

地理图像系统
├── 地图
│   ├── 普通地图
│   └── 专题地图
├── 景观图
│   ├── 自然景观
│   └── 人文景观
├── 地理示意图
│   ├── 地形剖面图
│   ├── 地理过程图
│   ├── 地理关联图
│   └── 地理概念图
├── 地理统计图表
│   ├── 地理统计图
│   └── 地理统计表
├── 地理视频
│   ├── 地理现象视频
│   ├── 旅游视频
│   ├── 新闻视频
│   └── 微课视频
└── 漫画

如图所示:地理图像信息阅读能力的培养是地理教学的首要任务,也是目前地理高考测评、初中地理结业测评的主要考察技能之一。

对于刚刚进入初中的学生们来说,地理学科是一门新学科。面对这门全新的学科,部分学生因为学科中千姿百态的地理景观和神秘有趣的自然现象而对地理学科产生了浓厚的学习兴趣,然而还有很大一部分学生因为欠缺地理图像信息的阅读能力,在图像学习中存在死记硬背、逻辑不清、图文割裂等问题,从而难以掌握相对复杂的地理原理和地理规律,也因此失去了学好地理的信心和兴趣。由此可见,地理图像信息阅读能力的高低,和学生的学习热情、学习信心密切相关。如何培养学生的地理图像信息阅读能力对于能否有效开展地理教学至关重要。本文主要从图像信息的阅读与观察、图像信息的发现与获取、图像信息的描述与阐释三个方面来谈谈地理图像信息阅读能力的培养策略。

一、目标情境化,情境主线激发图像信息阅读与观察的兴趣

地理图像信息量大,内涵丰富,要求学生掌握到何种程度,教师必须给予明确的阅读目标。科学地确立读图目标,是培养读图能力的首要环节和基本保证。情境教学主线能创设符合教学内容的教学情境,引起学生的情感体验,在整节课的学习活动中不断激发、推动、维持、强化和调整学生的阅读和观察兴趣,从而使学生的认知活动得到落实。在初中区域地理教学中,很多老师都能结合初中生的生活经验和心理特征,设计诸如模拟旅行、虚拟科考、角色扮演、歌词探秘、学习考察、寻宝探险、竞猜闯关、书信往来等情境。在这样的情境中,读图目标巧妙地融于教学情境线索中,学生在生活化的情境里,在潜移默化中被丰富多彩的图像所吸引,走进地理图像阅读与观察的大门。

【案例一】 沪教版六年级第一学期世界地理"南极地区"的图像阅读目标为:① 阅读南极地区地图,了解南极地区的地理位置、知道南极地区在地球的方位;② 尝试比对相关地图、图表,知道南极地区寒冷的自然特征气候特点,探究地理要素之间的联系;③ 阅读科考动画视频以及教材中的图文资料,发现南极地区自然资源、了解我国科考概况;树立保护南极生态环境的理念,理解人类应和平利用南极。

因此本课教学设计以南极科考为主线,整合相关图像资源,为学生创设贴近生活源于现实的学习情景——南极科考,让学生在情境中学习,在情境中体验。

引入视频:学生观看访问科考队员的视频,了解南极科考的艰辛,初步了解南极地区的气候和南极的科研价值,为展开教学做铺垫。

科考任务一:考察从上海出发到南极地区的路线,阅读世界地图、观察地球仪,了解南极地区的地理位置。

科考任务二:在南极大陆科考生活,需要哪些装备?学生通过回想观看过的视频,提取相关信息,得出南极大陆具有"严寒"的气候特征;观看南极的气候特征视频,进一步感性认识南极气候的干旱及烈风特征;通过比对七大洲海拔高度比较柱状图再结合世界地图,理性分析南极大陆"严寒"的原因,突破教学难点。

科考任务三:在南极会发现哪些宝贝?学生可以从教材或者动画片中提取信息,在获取知识的同时,感受地理课的趣味性。之后学生通过阅读我国科考站的景观图片和南极地图,了解我国南极科考的成就。继而抛出科考人员在南极地区还发现了一些不可思议的现象,引导学生关注南极的生态环境问题。

科考任务四:如何处理科考队员所产生的垃圾?通过观察科考站垃圾处理的有关图片,结合生活经验和已有的知识储备,师生共同交流如何呵护南极。

中学生对事物的感知往往是凭直觉上的喜好,而不是经过理性的分析。因此我们要从学生的认知特点与激发兴趣的角度出发,选取学生生活中的事例,时事新闻、热点话题等内容,通过景观图片、视频、故

事等方式,以图文结合的方式给学生创设认知性学习情境,让地理"活"起来,使学生的思维"动"起来,激活学生的全员参与热情,以此来激发与强化学生阅读图像的认知性动力。

二、知识问题化,问题驱动开启图像信息发现与获取的思维活动

心理研究表明,问题是思维的引爆器,科学的问题设置可以达到"一石激起千层浪"的效果。可以说问题既是学生课堂学习最大的动力,也是有效的"压力",授人以鱼不如授人以渔。图像信息阅读能力的掌握是一个激活旧知、学习新知、应用新知、融会贯通的过程。在这个过程中,教师要善于运用图表、动画、信息、材料等创设认知性问题情境,或悬念、或启发、或矛盾、或对比、或角色扮演、或探究讨论,并将阅读的目标逐一化解,设计成合适的图像教学的教学问题,通过问题链串联教学,使教学结构清晰、进展有序。学生在问题链的引导下有计划、有步骤地思考问题,使学生由知觉好奇上升到认知好奇,从而认真观察相关图像、引发深层次的学习。在地理教学中创设角度新颖又富有挑战性的问题,能把学生的思维从离散自由状态调动到专心致志、渴求新知的状态;同时也容易把学生的"胃口"吊起来,使学生处于一种想知而未知,欲罢不能的心理状态,从而引起学生强烈的读图愿望,起到激趣启智作用。

(一)针对读图目标,依图设疑,明确阅读信息

阅读图像不仅要看清图像上有什么、在什么地方,更重要的是探究和发现隐藏在图像背后的地理基本原理和基本规律;不仅要静态地看清地理事物的位置、特点,而且要动态地分析地理事物在时间和空间两种维度的变化趋势。如:阅读中国年平均气温分布图,可以推测出我国东部地区自南向北气温随纬度的增高、接受太阳热量的减少而降低,西部地区由于受地形的影响,气温因地势增高而降低的规律。但这些规律和形成这些规律的主要因素图像上无法显示出来,因此在教学时,由景观图像引入激趣,提出问题,或任务驱动、或知识建构、或发散思维、或探究研究,让学生通过读图分析,或以小组合作的形式进行活动探究、作答,之后老师组织引导,或总结、或引入新知、或迁移、或巩固练习。

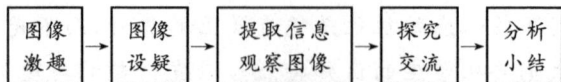

图像激趣 → 图像设疑 → 提取信息观察图像 → 探究交流 → 分析小结

图像教学活动流程示意图

【案例二】 沪教版七年级第一学期中国地理"干湿地区"

导入新课：课件展示两张景观图片（干旱地区和湿润地区）

师：由于我国的降水在时间和空间分布上都是不均衡的，各地的自然景观差异很大。这儿有两幅景观图，请你们从降水的角度进行比较，用一两句话，说一说不同之处。

生：观察景观图，回答

师：第一幅图，降水少，气候干旱；第二幅图，降水多，气候湿润。那有没有介于两者之间的过渡地区？是什么呢？图册第15页上有一幅"中国干湿地区分布"图，请根据图例，说一说我国的干湿地区有哪几种类型？

（二）根据学情差异，投石激浪，鼓励多元阅读

地理学科具有地域性与综合性、开放性和实践性的特点。学生获取图像信息后参与交流的方式有描述、举例、归纳、判断、分析、解释、应用、评论等。因此教师在组织师生活动时，必须关注学生间客观存在的差异，尽量引导不同层面的学生参与互动，让他们展示不同层面的思维水平，从而有利于调动起各个层面学生的积极性。例如在教授《澳大利亚》一课时，课堂引入是观看一部澳大利亚旅游宣传片。本课是世界分篇的最后一课，学生已经积累了一些学习国家地理的基本知识和方法，因此我预设了以澳大利亚旅游宣传片的视频导入新课，展开自主合作学习的情境。在学生观看视频之前，我向学生展示了任务：在宣传片中你看到了什么？由此推断澳大利亚具有什么地理特征？在交流时，有的学生说，我看到了森林和海洋，我猜测澳大利亚是个沿海国，有的地方降水丰富；有的同学说我看到了沙漠，澳大利亚应该非常干旱；还有的同学说，我看到了悉尼歌剧院、悉尼海港大桥，澳大利亚有现代化的城市；有的学生说，澳大利亚的面积应该很大，可能有的地方干旱，有的地方降水较多；还有的学生说我看到了袋鼠，这是澳大利亚特有的动物……

（三）微课教学视频"任务驱动"发展思维能力

在初中阶段的地理教学中，由于学生年龄相对较小，社会生活体验较少，对一些地理概念、地理事象的成因和地理原理等高度抽象或空间想象能力和空间联系能力要求高的内容难以理解。如地球的运动、分层设色地形图的形成和阅读、等温线分布图、等降水量线分布图、气温曲线和降水量柱状图的判读与分析、黄土的来源、水土流失的成因等抽象类知识常常让学生感到生涩难懂。结合教学实践，我认为要突破这

些抽象类教学难点,尤其是跨越时空的抽象类知识难点,可以利用微课视频来突破。微课视频集成实物、图表、模型,将复杂的地理事物、地理现象模拟再现或者直观、准确地表现出来,由浅入深,引导学生由感性认识上升到理性认识。微课主要围绕课堂教学中的某个学科知识点进行。主题选择着眼点要小,教学内容务必清晰简洁,既能理清地理概念、地理原理,又能引领学生根据个人的学习特点,自定学习进度。学生根据学习任务单上的学习任务、微课中的互动问题随时、随需地观看微课教学视频,完成基本的教学测评任务。微课设计应体现"任务驱动,问题导向,反馈互动"的原则,课程设计要能激发学生的学习兴趣,逐步推进,层次分明,适当总结,让学生在最短的时间里学到最关键的知识。

【案例三】 沪教版七年级第一学期世界地理"世界的人种、宗教和语言"

解 说 词	微 课 画 面	微 课 程 制 作 要 点
如何运用地图说出世界三大人种的主要分布地区呢?老师和大家分享一下读图的方法。	我们一起学地理 —— 微学习 —— 读图说出白色人种、黄色人种、黑色人种的主要分布地区	文字部分动画"淡出";语气尽量活泼;语速慢;声音与动画同步;时间控制在 25—30 秒
读图一般分为三步: 第一步,读图名,了解地图的内容。世界三大人种的分布。 第二步,读图例,了解图中符号的含义。假如我需要了解白色人种的主要分布地区,我就需要观察白色人种图例。 第三步,读出相应的内容。在图上根据图例说出白色人种分布地区。 如何描述呢?可用×××位于×××的方位。如:白色人种主要分布在欧洲、非洲北部、亚洲北部和西部、大洋洲和北美洲。		读图方法"读图名—读图例—读内容"用动画一步一步地出现,同时用形状圈出所指部分;讲解声音和动画需要通读;读图方法需要重读,语速要慢。

通过微课程学习,教会学生读图方法:"读图名—读图例—读内容"和描述分布的方法,通过描述其他人种的主要分布地区对微课程学习效果进行巩

固、评价;通过描述语言和宗教的分布地区,对读图能力进行迁移深化。

三、表述规范化,支架示范落实图像描述与阐释的交流活动

地理学科的特性决定了地理表达必须正确使用相关的专业术语,有些词汇显然不能随意改为其他的说法,比如"赤道以北的地区为北半球"而不能说成"赤道的上面";"河流的源头"不能说成"河流的上部"等。有些专业术语内涵不同,如"北面"和"北部"、"人口稠密"和"人口众多"、"大气"和"空气"等,在表述时需要规范和示范。地理事物形成的前因后果、形成早晚以及所处的空间方位都有一定的顺序和内在的逻辑,有其自身的规律。地理图像信息的表述离不开地理基本概念和基本原理,只有在注重学生自身背景知识的前提下,注重问题支架、图片支架的示范性、规范性,让学生在"支架式"学习活动中,落实图像描述与阐释的交流活动。

(一)任务单"话说图像"体验图文转换的思维过程

学生在学习任务单的引导下,"慧眼识图",静心观察图像,与图像对话,调动原有的阅读经验,并从图像中提取地理信息。例如进行辨认轮廓、认识形状、估计大小、辨识方向等地理空间要素的感知;在导学单的引导下,对地理事物和现象进行等级划分、分析地理成因、认识空间关系、解释地理现象,从而"话说图像",锻炼将思维的成果用语言表述的能力,体验图文转换的思维过程。学生在交流互动中展示思维成果,感受对图像的认识和理解。在从能表达→会表达→善于表达的过程中,轻松提升认知图像、理解图像以及图文转换方面的语言表达能力。一般来说,任务单的设置应按照学生思考问题的步骤,由浅入深,由具体到抽象,层层剖析解决问题,可以是文字式的,也可以是图文结合式,为学生交流表达提供模板。

【案例四】 沪教版七年级第一学期"中国的河流"中引导学生进行读图分析。

【学习任务】 内流河与外流河相比,哪种河流的水量大?为什么?

比对"中国水系图"和"中国的季风区和非季风区"分布图,发现内流区域的范围大致和_____区(季风区、非季风区)的范围一致,该地区的气候具有_____的特点,因此内流河河水的水量_____;然而外流河大多位于季风区,该地区降水丰富,所以外流河河水的水量_____。

【案例五】 沪教版七年级第一学期"我国地形地势特点"中引导学生进行描绘地图。很多老师在教授这节内容时,设计了"涂涂画画学地形"的学习任务单,让学生用彩笔,两人一组合作在空白地图上描绘三级阶梯,并

读出三级阶梯的平均海拔以及阶梯之间的分界线。这种学习任务的完成需要学生将"分成设色地图的原理"与"中国的山脉与地形区"相结合,同时还需要比对地形剖面图,有效地提高了学生绘图和分析的表述能力。

(二) 示意图"讲画同步"化解图文互换的抽象繁杂

示意图的信息量非常丰富,它是大量语言文字叙述的浓缩,可以化繁为简、化抽象为具体,使地理知识简明、形象便于记忆。它可以传递很多语言文字无法传递的信息。教师利用示意图边讲边画使各地理要素分层次凸显在黑板或者屏幕上,充分调动学生的视听感官,在提高观察能力的同时,产生联想、回忆、总结,从而加深对地理现象或地理原理的领会理解;使学生转变观察事物的角度,进行多角度思维,还可以帮助学生从纷繁复杂的地理现象中抓住本质,揭示地理规律和因果关系;如:

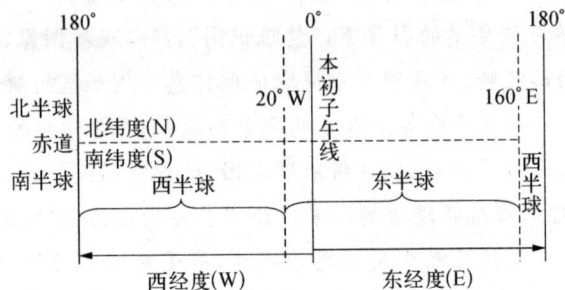

半球判读示意图

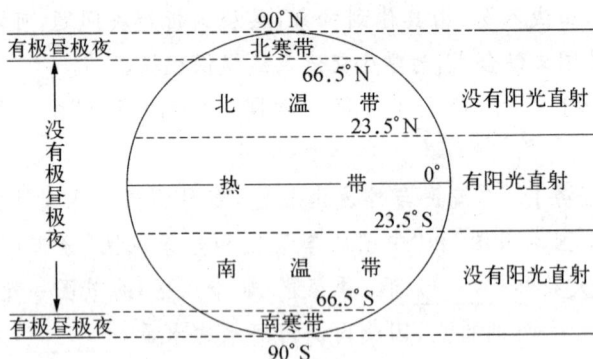

地球上的五带及其所在地区发生的地理现象示意图

(三) 概念图"自主构建"显性思维路径

地图和景观图能形象、准确地表达地理信息,但对于地理问题的剖析、地理思维的培养、地理思想的传递颇有局限性。概念图,是一种可视化的思维工具,是一种可以分层、分级梳理概念的思维导图。利用概念图的逻辑性、思维性,结合地理学科特性自主构建概念图,可以更好地帮助学生使用图像的方法来学习、理解地理科学。引导学生自主构建概念图,能提升学生对地理学科的兴趣,培养学生发现地理问题、探究地理方法、形成地理思维,同时学生在自主构建的过程中,加深了对地理概念、知识的理解,理清了各要素之间的逻辑关系、深化了对地理学科的思想认识。

【案例六】 沪教版七年级第一学期"青藏高原地区"

请运用提供的关键词以及个人的学习收获,回顾本节课内容,绘制个性化思维概念图,用你的创意将本节课的知识网络呈现出来。

【关键词】 江河之源 高寒气候 光照强烈 喜凉作物 耐寒动物 地势高 空气稀薄 冰川广布

概念图 1

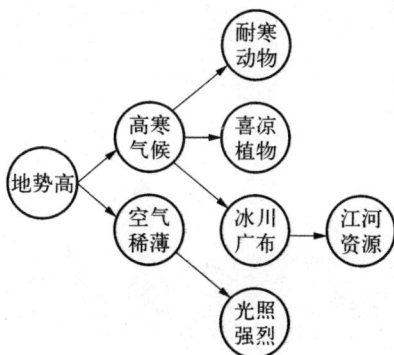

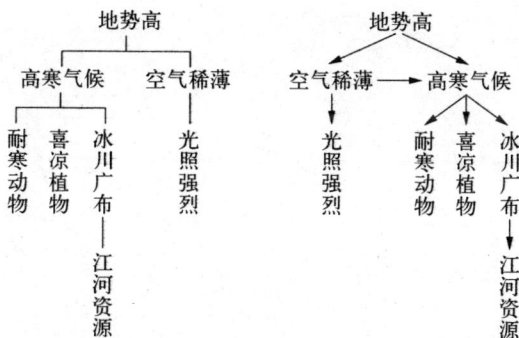

第七章 广博阅读教育指导策略

在相关知识综合理解的基础上,如果知识点过多,逻辑关系比较复杂,学生只要能找到部分逻辑关系,应该及时予以肯定和鼓励;也可以预设相关概念图,以1—2个逻辑关系作为实例,起到示范和引导的作用;还可以通过小组合作讨论后完成总结交流,使学生抓住地理概念的本质,明确地理概念之间的差异,避免混淆。

（周　娟）

第八章 "广博阅读教育"的校本支持

第一节 "广博阅读教育"的学校文化建设协同

一、校园文化建设的协同

我校是一所有着近五十多年历史的老学校,半个世纪的风雨蕴藉了丰厚的文化底蕴。前辈贤者为我们蕴藉的文化底蕴,成为我们学校办学的精神支柱。对我校来说,既要珍惜当前国家对教育高度重视的有利时机,也要抓住学校整体改扩建后的良好机遇,深化教学改革,全面推进素质教育,鼓励全体教职员工群策群力,大胆设想,科学决策,务实发展,继续以"以人为本"的人文精神作为泗中精神的核心,"乐于奉献"的服务精神作为泗中精神的基石,以"读书活动"为依托的书香浸润作为泗中的办学特色,坚持站在"文化立校、文化育人"的高度营造良好的教育发展环境,树立良好的学校形象,始终以面向全体、德育为先为宗旨,积极营造和谐的育人与生活环境,积极稳健地推进学校的发展。

学校确立了新的发展目标:"丰富内涵建设、提升办学品位,推进教学改革,形成生活德育模式,强化校园文化建设特色,创建上海市和谐校园。"为此学校在 2014 年 3 月开展了"国际阅读素养视野下的广博阅读教育的行动研究"。

伴随着广博阅读教育的开展,我校结合"实施文化浸润,提升师生素养"以学生发展为本的现代教育理念,以培养学生健全人格为目标,以师德建设为先导——造就高素质德育队伍,以爱国主义民族精神教

育为核心——着重立根塑魂,以校园读书活动为特色——融合德育功能,以培养学生学会做人为重点——强化道德体验,以"学校—社会—家庭"大教育为突破口——完善德育网络,以德育科研为抓手——注重课题研究,强化核心素养培育,深入探索生活德育实践模式,以培养学生健全人格为目标,以课题"国际阅读素养视野下的广博阅读教育的行动研究"为引领。

在推进广博阅读教育的同时,我们着力建构与之相呼应的学校文化建设,构建和谐向上的精神文化,丰富校园精神文化生活。进一步构建结构较为丰富的校园读书活动新样式,促使校园读书活动在培养学生阅读情感、丰富学生阅读知识、提高学生阅读能力、发展学生健康个性等方面发挥更大的作用;坚持在大教育观念的指导下,将读书活动与探究性学习、选择协商性学习、校园文化建设活动相结合,以学习求发展,培养学生学会做人、学会学习、学会创造。图书馆继续丰富馆藏,在发挥传统图书馆、阅览室功能的基础上,自主开发了"ST数字图书馆"功能,使其更好地为师生服务。继续开展并丰富读书节、体育节、科技节、艺术节等各类师生活动,开展丰富多彩的师生艺体活动,让校园生活更加充实、鲜活。

加强学生文化社团的建设和管理。将学生社团纳入学校正常管理,为其提供活动时间、场地和必要的设施。重点建设文学社、合唱团、京昆表演团、美术创作社、机器人社、影视欣赏社、健身操等社团,力争在五年内有两至三个社团在区甚至市内有一定知名度。

建设优美高雅的环境文化也是学校文化建设的重要部分。我们突出校园整体环境的绿化、净化、美化,新校落成后,新校园整体环境"整体一致、局部雅致、细部精致"。我们坚持学生晨扫、值周班和专业保洁相结合的环境卫生管理制度。加强环保意识,把绿化与环保建设有机结合,把美化与校园文化建设有机结合,把校园的每个角落都变成育人的场所。整体创建富有教育意义及环境美化的墙壁、楼道文化,体现学校办学理念及特色。根据不同场所的特点,营造个性化的文化氛围,让师生步入楼房就能感受高雅的文化气息,并从中受到启迪和感悟。创建整洁舒适、文明向上、快乐温馨的办公室、教室文化。强化室内卫生,清除卫生死角,做到窗明地净,空气清新,保持室内整洁,要求办公、学习用品摆放合理有序,营造整洁舒适的工作、学习氛围和书香高雅的文化环境。

以精神文化为核心、环境文化为表征、制度文化为支柱、行为文化为具象,弘扬学校传统文化,构建积极向上、内涵丰厚、特色鲜明的现代学校文化,提升学校的文化品位,营造优良的人文环境与和谐的发展氛围,促进学校、师生的健康发展。

二、教师文化建设的表率

泗塘中学是一所有着近五十多年历史的公办初中。随着近年来老教师的陆续退休,越来越多的 80 后、90 后的青年教师担当起了教育教学的重任,并在工作实践中逐渐成熟。他们既继承了老一辈教育者严谨的工作作风、负责的工作态度,又不缺少新生代大胆开放的思想、接受新事物的敏锐,正是由他们组成了"同舟学社"。目前学社有成员二十六人,全部在一线从事教育教学工作。"同舟学社"是学校教师文化的一道风景线。

"同舟学社"以创建学习型、创新型、服务型社团为目标,以凝聚、提高青年,加强队伍建设为主线;以教研创新、提高教学质量为突破;以素质拓展,开展实践活动为抓手,找准定位,扎实工作,开拓进取,逐渐成为泗塘中学学校发展过程中一股不可或缺的中坚力量。

学社为凝聚青年教师思想,促进青年教师发展,彰显青年教师特色而努力。"同舟学社"要求每位青年教师制定三年职业规划,聚焦教育教学问题、交流工作生活中的困扰、注重自身德业双发展,并且积极参与各级各类青年志愿者服务活动。多年来,"同舟学社"的青年教师在迅速成长。2012 年他们荣获区"五四青年奖章"和"宝山区教育系统优秀青年团体"的荣誉称号,2012、2014、2016 年又分别获评宝山区"青年文明号",其中部分青年教师已成长为学校的教育教学骨干。

创新"广博阅读教育"推进教师培训。我校以读书活动为依托的文化浸润始终作为学校文化追求,学校传承并不断深化学校读书活动以此促进教师自身素质与专业发展,进一步提高课堂教育教学质量。

学校定期开展读书、品书、感悟、演讲、论坛等系列活动,用书香浸润师生的心灵世界。读书更新了教育理念,什么样的教学理念就会产生什么样的教学行为。顺应新课改的要求不是单纯的模仿他人的教学方式,而是要多读书,从咀嚼中进行反思,从而提升自己的教育理念,真

正的让自己的课堂教学成为符合新课程标准的课堂,从而提高课堂教学的效益。学校以课题"国际阅读素养视野下的广博阅读教育的行动研究"为抓手,培养教师专业的问题意识和探究意识,提高教师职责敏锐度和解决问题的能力。

三、校园读书活动的创新

一所学校办学特色的创建,是形成学校品质、促进学校内涵发展的重要方法;一所学校办学特色的沿承与创新,则是提升学校品质、深化学校内涵发展的生命动力。

我校自20世纪90年代确立校园读书活动这一办学特色以来,距今已有近二十年的生命历程。期间,学校的几任领导都把校园读书活动作为学校文化建设的重要组成部分,把校园读书活动作为实现学校全面可持续发展的重要推动力。因而随着教育形势的不断发展,我校这一办学特色在汲取传统精华的同时,无论是从内容还是到形式都得到了进一步的丰富和发展,其活力在历年学校的各项工作中都得到了彰显和印证。

近年来,在我区教育局提出的"用文化的方式发展有灵魂的教育"这一教育理念的引领下,学校确立了新的办学思路:文化立校、师德立人、崇尚个性、和谐发展。在新的办学思路指引下,我校立足传统,去芜存菁;开拓思路,创新方法;聚焦内涵,深入开挖;放眼四方,吸纳新措,使我校的这一特色创新之路呈现了新气象、迈上了新台阶。

案例

传统与创新同步　内涵与外延并重
——上海市泗塘中学特色创新专项总结(简稿)

一、传统与创新同步
(一)以传统为基点,统整各方,动静咸宜,与师生和谐式发展
1. 图书馆——大后方
(1)运用信息技术科学管理,不断拓展服务功能。
运用信息技术进行科学管理,是图书馆各项工作有条不紊开展的

保证。图书馆现有藏书46 518册,期刊种类89种,报纸16份。在1998年我校就启动了用计算机管理图书馆。从2004年暑假开始,学校探索电子阅览室(名著、名画、名剧等)、期刊管理系统、数字图书馆、德育管理系统等信息平台。目前建立了较为完善稳定的图书外借数据库,实现了由电脑采编、流通、检索、统计、催还等一系列工作。

为师生做好文献信息服务,发挥知识导航作用。我校自行设计开发了"期刊资料管理软件",对期刊全部实行了信息化管理,着重于资料的收集、储存、检索和应用等四个环节,为各学科编制专题目录、索引和提供文章汇编,选择与主题相符的文献资料,提供给一线教师,深受广大教师欢迎。学校还自行开发了电子网络平台,图书馆为这个平台积累了大量资料,有近万件可供学生欣赏的作品:有中外名著、传世名画、古典名曲、中国书法等各种文化艺术种类。除此之外,图书馆还在这个平台中登录了百部爱国主义思想教育影视片,深受学生喜爱。

(2)转变观念提高人员素质,提升服务师生质量。

"管理规范、服务优良"历来是泗塘中学图书馆老师工作的宗旨,图书馆长陈迎春老师是全国中小学图书馆优秀工作者。在历届市暑期读书征文活动中我校均获得了市先进集体(优秀组织奖)的荣誉称号。学校领导十分重视对工作人员的培训和进修,支持青年工作人员参加市图工委组织的各类学习,以此转变观念提高专业水平,从而能更好地为全校师生了解开发现有的文献、网络信息资源提供了保障。

在"服务至上"的管理思想指导下,我校图书馆的服务宗旨是"为书找人,为人找书",图书馆工作人员积极主动深入到各教研组、办公室、教室,把师生所需的信息资料送到他们手中,让藏书"活起来",使图书馆大量的文献资源实现了实用价值。在资料的提供上,为学校各项主题实践活动和征文活动提供了近万件相关资料。

图书馆利用各种宣传形式,定期向学生推荐优秀读物与导读书目,开展新书介绍与书评活动,培养学生良好的读书习惯和读书方法。图书馆还积极参与和配合学校文学社团的各种活动,为社团提供资料信息,组织学生写读书心得,开展评比展览,交流读书的体会。

学校把读书活动引进课堂,主动服务于校本课程开发,在学校阅览室里设立有《唐诗宋词》和《中外名著》等图书专柜,以此满足同学们的阅读需求。学校班班有图书橱,有读书角,图书馆老师热心关心班级书

橱的建设,将同学们喜爱的图书充实到班级书橱中,帮助制定和实施他们的阅读计划。

2. 读书节——大舞台

每年的五月—六月初,我校都会举办"红色五月,师生同台"为大主题的大型读书活动,每届读书节活动都成为全校师生呈现个人风采、展示读书成果、丰厚学校文化氛围的大舞台。

活动目标:不仅丰富学生的知识面,更注重提高学生的能力和发展学生的情感;不仅注重学生的学习能力,还注重学生的礼仪教育、品质教育、美育教育等;不仅关注学生各方面的成长,还注重教师师德师能的提升。

活动内容:每一届读书节活动既有传统读书内容,又会紧扣时代脉搏。如本年度泗塘中学的读书节活动,依托学校的办学特色"书香泗中 文化浸润",确定活动主题"书香泗中 活力少年"。在围绕活动主题的前提下,充分张扬学生的个性特点和才艺特点,真正实践了"发现每一个学生天赋,促进每一个学生健康发展"的办学理念。各项活动丰富多彩:读书之星评选;读书讲座;讲故事、配乐诵读;课本剧排演、小品表演;小报设计、漫画比赛;征文;知识竞赛(时政、文史);主题班会;辩论赛;文学社团活动等。

活动对象:学生与教师是读书节的"双主体",体现了全校师生全员参与的特点。既有符合教师和学生各自特点的活动,又有教师与学生共同表演的活动。其中教师"读书论坛",是为教师之间阅读交流搭建的重要平台。

活动形式:分层分类推进。无论是语文教研组开展的课外阅读指导,还是各社团开展的各项兴趣活动,抑或是全校范围的"爱心书市"、捐赠图书,共建"爱心书市",都落实了学校办学理念"发现每一个学生的天赋,促进每一个学生的健康发展"。

每周的语文阅读课上,语文教研组带领学生开展了以"走近名人,学做好人"为主题的阅读和演讲活动。分年级阅读推进的书籍,每个学生在阅读的基础上撰写题为"名人小故事"的演讲稿,年度读书节上,开展"名人诵"主题演讲比赛活动。社团拓展活动中,美术组组织各年级开展美术与读书相结合的活动,如六年级书签、七年级藏书票、八年级好书插图,版画、动漫类展览等;文学社组织开展读书小报、泗中文苑编辑;政史地组组织读书小报、时政知识竞赛活动;影视社团、京剧社团等组织也结合读书节主题开展相关活动。

（二）以课题为依托,重塑课程,走进课堂,与学生零距离贴近

传统文化唐诗宋词校本课程教学是我校校园读书活动中的一个重要内容。在 2007 年度区级重点课题"基于文化认同教育的唐诗宋词校本课程开发的研究"的引领下,探索开发层次性、多元化的唐诗宋词校本课程。经过三年的探索,于 2010 年 10 月结题,同时完成的还有三本在六—八年级分层推进的校本教材,并辅之以形式多样的主题活动,在此基础上,我们构建了相关课程。（略）

（三）以学社为平台,启迪新手,走近名家,与同伴互助性成长

泗塘中学"同舟学社"由 20 位 80 后的青年教师组成,正式成立于2011 年 3 月。学社以创建学习型、创新型、服务型社团为目标,以凝聚、提高青年,加强队伍建设为主线;以教研创新、提高教学质量为突破;以素质拓展,读书活动为抓手,找准定位,扎实工作,开拓进取,逐渐成为泗塘中学科学发展过程中一股不可或缺的中坚力量。同舟学社丰富多彩、形式多样的读书活动让这个群体获益匪浅。

1. 择优而选的读书。

作为一名教育工作者,尤其要通过阅读不断更新自己的知识库,广泛涉猎各种知识,才能与时俱进地培养出顺应时代要求的建设者。学校每年会有针对性地开出书目,支持阅读。泗塘中学同舟学社针对青年教师站上讲台的时间不长,教育教学理论基础不扎实等特点和现状,为老师们精心选择并推荐了《第五十六号教室的奇迹》等充满鲜活事例的教育教学书籍,推出了教学生涯第二阶段的首推书目,学校还为每位老师订阅了杂志。

2. 形式多样的读书。

同舟学社以点带面、形式多样的阅读,使每一次的读书活动都开展的扎实有效、深入人心。2012 年暑假的好书推荐活动让每一位同舟的老师分享了自己阅读的精华。选择自己假期阅读书籍中的一本,以小报的形式呈献给同行们,让大家学会分享、加强凝聚。

笔记摘抄让积累变成习惯。2011 年暑假在教科研主任黄月娟老师的指导下,老师们阅读学校推荐书目《跟孔子学当老师》《16 位教育家的智慧档案》等,在阅读的基础上摘抄,开学后黄老师根据每位老师的摘

抄笔记给出点评、建议，活动将摘抄落到实处，也让青年教师们养成了积累的好习惯。读书微感让思考得到升华。2013年暑期同舟学社阅读《做最好的老师》，很多老师写下微感，读书微感让老师们在阅读的基础上思考，心得交流让探讨引发启迪。每年的读书论坛成为教师阅读交流的平台，2013年的读书论坛以"阅读·尊重·智慧"为主题。

3. 学有卓效的读书。

读书提升了自身修养。通过读书活动，很多青年教师深刻地认识到：要多读书，不断从中汲取营养，才能逐渐使自己的知识储备变得丰富起来，才能在课堂教学中挥洒自如，言谈举止中折射出个人独特的教学魅力，才能让自己的教育教学活动得以更顺利地开展。

在学校组织的"心目中的好老师"评选活动中，同舟学社青年教师的得票率遥遥领先，有学生喜欢老师的知性优雅，也有学生喜欢老师的知识渊博……这些正是读书带给大家"润物细无声"的作用。

读书更新了教育理念。顺应新课改的要求不是单纯的模仿他人的教学方式，而是要多读书，从咀嚼新课程标准中进行反思，从而提升自己的教育理念，从而提高课堂教学的效益。2013年初的宝山区青年教师辩论赛上，王煜静、张瑞婷、张嘉妮、汤骅四位老师过关斩将，获得二等奖。

读书丰富了专业知识。只有源源不断的补充自己的知识，才能使自己在课堂教学中游刃有余，才能更好地提升课堂教学的效益。青年教师们通过阅读自然科学、社会科学类的书籍，开阔了视野，课堂教学精益求精，课后与学生侃侃而谈各类自然科学、社会热点。

读书提升了教学水平。从书本中学到的有效的理论武器，要用以指导自己的教学行为，使自己的教学能力得到锻炼，形成独特的教育教学风格，使自己成为"专家型""科研型"教师。近年来同舟学社的老师在各级各类的比赛中屡获佳绩，2011～2016年间，共有8位青年教师的课题获得区级立项；在2012年、2016年的区中青年教师大奖赛上，张瑞婷老师、王煜静老师均取得了二等奖的好成绩……

二、内涵与外延并重

(一) 立足内涵是校园读书活动永葆生命力的根本点

1. "染丝"原理。

古人墨子在关于染丝的一文中说道："染于苍则苍，染于黄则黄。

所入者变,其色亦变……故染不可不慎也!"我校读书活动的开展,力图在校园内为学生和教师创设一个优良的文化氛围,能使学生和教师浸润于其中。"腹有诗书气自华","浸润"的过程是学生和教师由外在行为的被约束提升为心灵的自我审视,又转化为外在行为的自我提升,又进一步推进校园优良文化氛围的创设……

2.“染丝”目标。

学生层面:分为三个目标:培养学生学会做人;学会学习;学会创造。

教师层面:传承和发展“泗中”精神。

倡导以人为本的人文精神、坚持不畏艰难的科学精神、发扬乐于奉献的服务精神、培育不断开拓的创新精神。

(二)拓展外延是校园读书活动迸发新活力的推进器

在坚持传统读书活动的基础上,我校根据教育新形势、新要求以及学校发展的新目标,不断拓展读书活动的外延,在坚持精神内涵不变的基础上,读书活动外延的不断拓展给我校读书活动注入了新活力,并与传统读书活动相互促进、相得益彰。

1.在影视教育中阅读。

我校影视教育活动的开展已有二十余年,从兴趣活动到社团,再到基础课程;从简单的观影片写观感,到学配音试表演;从对电影本身的探讨到对电影背后历史文化的探寻。学校还在七年级开设了专门的影视课程,把影视文学读书活动引进课堂,探索课程教材改革,开展观赏、表演、配音、影评、影视动漫制作、影片背后故事的叙说等形式多样的活动,涉及古今中外、各类领域的影视资料,丰富了我们的读书活动的内容。

2.在美术教育中阅读。

我校是宝山区艺术教育(美术)特色学校,学校以美术教育为突破口,陶冶学生情操,不断扩大美术教育的覆盖面,因此学校美术教育也融合进了越来越多的阅读元素。读名著,学插画;学写艺术字,了解汉字历史;画名人,学文化等,美术教育在课堂教学、社团活动等各种途径中都显现出了大阅读的概念。

同时“要让学校的墙壁说话,让每一面墙壁发挥育人的功效”,老师和学生们用自己手中的画笔,打造“校园文化、走廊文化、班级文化”,营

造我们喜闻乐见的人文景观。学生们的美术作品和他们创作的格言还装点了崭新的教学楼、行政楼、教师办公室及教室甚至于学校食堂。

3. 在京剧学唱中阅读。

我们的京剧教育已在本区形成一定的影响,得到了相关部门的认可。学生学唱京剧,不仅对京剧本身有了了解和体验,同时一些经典唱段也帮助学生了解了古代的文化、风俗、历史等。学生们积极与美术课堂整合,开展画脸谱、唱脸谱、展脸谱系列活动,推进京剧艺术宣传和传承。

学校还为学生搭建展示自我才华的舞台。每年通过学生艺术节、师生迎新文艺汇演及参加区级文艺汇演等,鼓励学生用自己的才艺展现传统艺术的魅力并服务社会。

近二十年的校园读书活动促使我校的文化底蕴更加深厚,一花一草、一字一画、一师一生、一动一静,无不彰显着泗中昂扬的精神面貌!继往开来,我们的脚步将更加坚定,我们的智慧将更加灿烂,我们的未来也必将更加辉煌!

第二节 "广博阅读教育"的
制度性安排

"广博阅读教育"作为全校性的一项统领性课题,需要学校作出制度上安排,以学校的制度支撑课题的推进。

一、"广博阅读教育"的顶层确立

我们通过学校的顶层设计,确立学校发展的战略决策,确定学校发展的重大举措。通过学校三年规划来明确"广博阅读教育"的地位,确保"广博阅读教育"实施的全局性、稳定性、整体性,避免随意性,以学校行为实施。

我们通过学校三年发展规划保障"广博阅读教育"的实施,促进学校系统整体变革的实践,对实现学校发展的重要途径和手段的制度性安排。更为重要的是在实际改革中,如何将规划的内在价值在实践中得到完全的发挥,是摆在每个学校变革者面前的难题。合理地利用影响规划价值实现的诸多因素,为学校发展规划的价值实现创造良好的内部、外部条件。正是基于这样的考量,我们把"广博阅读教育"确立为学校特色发展的项目。

在学校的新三年规划中明确提出实施"广博阅读教育",学校倡导"用文化的方式发展有灵魂的教育",确立"文化立校,师德立人,尊崇个性,和谐发展"的教育方向,让"师生沐浴在书香里,浸润在文化中"。学校在三年发展规划中明确,通过学科推进广博阅读教育,在德育中实施"基于广博阅读教育的生活阅读",通过各种校园阅读活动,让学生沐浴多种文化的熏陶,提高师生的阅读素养,从而促进师生的全面成长,积极实现办学特色。

二、"广博阅读教育"的课程设置

"广博阅读教育"的实施必然要依托学校课程实施。学校的课程设置是学校的基本制度,也是学校发展目标实现的基本渠道。

我们的"广博阅读教育"通过丰富学校课程内容,优化课程结构,形成有特色、有质量的广博阅读教育的一系列校本课程。通过三类基本的课程内容丰富的阅读材料,形式多样的阅读载体,为学生的广博阅读提供可能。基础型课程由各学习领域体现共同基础要求的学科课程组成,着眼于促进学生阅读素养的形成和发展,是全体学生必修的课程。拓展型课程着眼于培养、激发和发展学生的阅读兴趣爱好,发展学生的阅读能力,促进学生不同阅读基础要求的、具有开放性的课程。通过探究型课程中的阅读,使学生运用研究性阅读学习方式,发现和提出问题、探究和解决问题,培养学生的自主与创新精神、研究与实践能力,成为广博阅读中层次最高的课程,限定选择修习的课程。

三、"广博阅读教育"资源配置

学校为适应"广博阅读教育",统筹有关的资源。不仅办好传统的学校图书馆、阅览室,而且还大力发展学校信息技术基础上的广博阅读的现代技术,电脑房开放,系统先进的校园网、班班通多媒体设施等一

应俱全,学校图书馆成为上海市中小学示范先进图书馆。图书馆的工作已从书籍世界进入信息世界,文献管理走向信息管理,图书馆的作用更加突出,这也给我们图书馆的工作提出了更新的要求。我们充分利用教育资源,保证拓展型课程的顺利进行。教师积极发挥自己的特长、爱好、知识背景,为学生提供尽量多的信息和指导。如,图书馆丰富的馆藏图书和阅览室的资料,方便学生图书借阅、资料查找;计算机房供学生上网广泛查阅资料。语文教研组和美术、信息老师共同组织学生参与市、区级的读书活动,例如,2016 年的主题是"让精神世界更美好——2016 年暑期中小学生读书系列活动"读书征文奖励活动。

学校是上海市教委在宝山区的第一所"上海市中小学读书俱乐部"挂牌的学校,1995 年以来学校连续十多次获得上海市中小学读书活动先进集体,也是宝山区艺术教育特色校、区五星级中学生行为规范示范校、"以校为本教研制度建设"基地学校、区首批科研基地学校、宝山区首批"教师继续教育自培基地"。

四、"广博阅读教育"的课题推进

将教育理论与教育实践紧密结合,将教学理念转化为教学行为,将教学行为转化为教学品质。把"科研兴校""科研兴师"作为学校和教师可持续发展的基本战略,新三年继续开展"国际阅读素养视野下的广博阅读教育的行动研究",在语、数、英、理、化、美术、地理等学科中开展各具特色的阅读教学改革,提升各学科教师的阅读教学能力,并最终实现学生阅读素养的提升,为学生的终身学习能力的提升和学生一生发展打下扎实的基础。

第三节 "广博阅读教育"的 教师适应性发展

一、教师阅读素养与教师的专业发展

"学习型教师"是教师职业的必然要求,也是教师终身发展的必然

路径。学习型教师首要的学会学习,具有学习素养,而学习素养的重要内容是阅读素养。可是教师阅读素养的缺失是值得关注的问题。

不少教师把学历等同于学习素养,在实际上他们缺的恰恰是学习素养。教师的专业知识不等于专业能力,更不等于学习能力。不少教师不阅读、浅阅读、娱乐性阅读,学习没有成为生活方式。即使看书,大多是备课参考书,即使是专业“学习”,“学而不思则罔”现象普遍,更是缺乏独立思考与批判精神。组织学习力缺乏信息聚合机制,缺乏内容深度互动,缺乏群体思维机制,不能展开真正的讨论。即使有交流的形式,只是形式的交流,流行话语多缺乏思想深度,这样的学习难以转化为运用。

教师要不断学习提高专业能力,学习专业知识、学习育人方法、学习教学技术,从书本中学、从网络中学、从他人身上学、从教学实践中学。教师要热爱学习、学会学习和终身学习,并将所学知识转化为专业能力,充分应用于教育实践。教师要引导学生学会学习,鼓励学生学会思考,学会独立思考,学会怀疑和创新,那么教师首先要以身作则学会学习。“学然后知不足,教然后知困惑”。教学过程既是教师教育学生的过程,也是教师自我教育、自己学会学习的过程。

教师阅读素养不足影响学生现代阅读素养的提升。阿莫纳什维利曾指出,“如果你的大多数学生不要读书,你就是个坏教师;如果你的大多数学生都酷爱读,你就是个好教师;如果你班上的所有孩子都爱读,并且嗜读成癖,那你不仅是个理想的教师,而且还是一个理想的教育者。”(阿莫纳什维利:学校没有分数行吗?,教育科学出版社,1986)教师课堂教学中所表现出来的神采源于其深厚的文化底蕴,要达到这样的境界教师必须广泛、广博阅读,唯有如此才能博引旁征、信手拈来,腹有诗书气自华。在课堂上教师的语言枯燥、内容乏味、气氛凝滞是常见的。教学难以形神交融地行进的根源,正在于教师的素养不足,书读的不够。

教师应是最有文化的群体。作为文化的传播者,理应爱读书、多读书的,但现状却不容乐观。教师阅读素养低下难以培养高品位的学生。教师需要不断学习,这是因为教师的职业是传承文化,文化是活的,教师需要不断学习。这是因为教育的每一天都是新的,教师的每一天都必须学习。这是因为学生学习的榜样是教师的学习楷模。教师的精神

气质来自高尚的学习。

二、教师"三大阅读"的要义与要点

教师的阅读有着自己专业的特征,他们要阅读学生,通过阅读研究学生,理解学生;要阅读文本,不断提高自己的文化涵养,拓展自己的视野;要阅读课堂,真正的教学发生在课堂上,师生的关系集中表现在课堂里。这就是教师的三大阅读,这三种阅读构成了教师完整的阅读。

教师三大阅读的要点:

(一)坚持阅读,提升学习素养

教师要首先提升自己的阅读素养,热爱阅读,喜欢藏书,悦于讨论。阅读学生,从学生中学;阅历教育,从工作中学;经历研究,从问题中学。阅读是学习的基础,阅读是为了学习。这就是我们广博阅读教育的理念,同样对于教师也是同样要通过阅读提升学习素养。

教师的学习比学历重要,智慧比知识重要,观念比能力重要——增强学习素养。教师的学习素养是指教师表现在学习上的认知、能力与品格,以及运用所学知识和技能,对教育过程中有效进行分析、推论、交流,在各种情景中解决和解释问题的能力。教师的学习素养要着重解决四个方面:学习意识、学习能力(包括学习的方式、方法等)、学习品格(包括学习价值观念)、学习品质(包括运用能力、创新能力等)。

(二)深入阅读,学会思考

教育是灵魂的事业,只能用思想来培育教育。"一个民族要想站在科学的最高峰,就一刻也不能没有理论思维。"子曰:"学而不思则罔;思而不学则殆。"广博阅读教育不是培养鹦鹉式的学生,只会学舌头重复别人的话语,没有自我,更没有思想。子曰:"好仁不好学,其蔽也愚;好知不好学,其蔽也荡;好信不好学,其蔽也贼;好直不好学,其蔽也绞;好勇不好学,其蔽也乱;好刚不好学,其蔽也狂。"

我们教育工作者需要什么? ——独立思考。世界历史上著名的教育家,孔子、朱熹、苏格拉底、卢梭、康德、夸美纽斯、杜威同时也是哲学家,有自己的思想,特别是教育思想,引发了多少人的思考,是智慧的闪烁。

"我思故我在。"(I think before I am.)

教师不仅要阅读,更重要的是要不断追求真理。

教师在自己的阅读中要不断深化,关注阅读体验,独立思考、务求真正领会,并积极践行所悟。在教育工作中阅读,阅读中避免低水平重复,避免跟着别人说,避免说套话,不要迷失自己。

(三)对话阅读,坚持真理

通观一些世界名校,他们的校训提倡追求真理。哈佛大学校训:"以柏拉图为友,以亚里士多德为友,更要以真理为友。"(Let Plato be your friend, and Aristotle, but more let your friend be truth.),该校追崇的是"真理与我同行"。很多世界名校的校训是"真理和光明"(Lux et veritas,耶鲁大学)、"真理使人自由"(The truth shall make you free.加利福尼亚理工学院)、"艺术、科学、真理"(Artes, Scientia, Veritas 密歇根大学)。《国际歌》也提出"满腔的热血已经沸腾要为真理而斗争"。

阅读的目的是追求真实,不是仅仅读了多少,要消化汲取营养。教师在各类阅读中,不断地与文本对话、与积极阐述意见,敢于质疑批判,善于共享思想,敢于修正错误,就是为了获得一个"真"。特别是现在各种资讯泛滥成灾,乔装打扮,真假难辨,因此经常会以假乱真。眼见为实有时也不见得看到了真实的情况,听见的也可以是伪造的。因此去伪存真,揭示真相,追求真理是阅读的核心目的。常听见有教师对于课程教学的三维目标割裂为三方面表述有问题,但是因为教研员或者上面这样要求的,或者为教学评优时获奖,仍然违心地把教学目标割裂地表述。这种"唯上"表现出的行为方式远离了追求真理。

三、广博阅读教育的教师适应性发展案例

教师在广博阅读教育中要突出阅读的践行,教师在教育活动中用所阅读到的或学习到的知识与能力,去发现问题,解释问题,然后得以解决问题,这就是体现阅读素养作为核心素养的关键价值所在。教师要崇尚阅读,为学生作出良好的榜样。

广博阅读教育需要教师引导学生,也需要教师去指导学生,但是引

导与指导的前提是教师要具有比学生更强的阅读素养。因此我们在开展广博阅读教育的同时要求教师要适应广博阅读教育,不断提升自身的广博阅读意识与能力。

正如黄倩怡老师在《阅读领航教师成长》一文中深有体会地说,"一个教师的教学成就与其阅读素养有关。一个人的力量是有限的,但阅读的力量是无限的。"读书能改变教师的精神、气质和品性。今年学校的龙头课题中所提到的"广博阅读",让我对阅读有了全新的认识。阅读不再光是与文字的交流,一切可以用心去感受去思考的对象都可以成为我们的阅读对象。因为阅读只是手段,思考而后实践才是我们的真正目的。除此之外,向同行请教,"阅读"他们处理教学上的问题的技巧;向课堂请教,"阅读"一节公开课的闪光点乃至于有哪些短板以后在自己的教学中可以避开;甚至于,向自己请教,录下自己的教学视频反复观看,"阅读"自己的优点缺点来扬长避短……

在教师的职业生涯中,我们会碰到层出不穷的教学上的问题,有一些来自学生,而有一些则来源于自己。这些问题和困惑让人感到痛苦,但我们依然能够坚持,因为我们站在巨人的肩膀上,因为我们也在不断地学习,这种教学勇气让我们的保持心灵的开放,勇于改变和创造。苏霍姆林斯基认为:"如果你的学生感到你的思想在不断地丰富着,如果学生深信你今天所讲的不是重复昨天讲过的话,那么阅读就会成为你的学生的精神需要。"只有热爱读书的教师,才能培养出热爱读书的学生,才能营造出热爱读书的良好氛围。广博阅读让教学不断地产生互动、生成智慧,这是一个真正的教师最终追求的。在阅读和思考中成长,在困惑和解疑中前行,让自己的"半亩方塘"永葆清澈!

黄倩怡老师在《阅读领航教师成长》一文中讲述了自己的一个故事,"直到一本叫作《数学中的美》的书,又勾起了我的回忆。书中这样写道:'把数学,特别是现代数学中美的现象展示出来,纯从美学角度重新认识,这不仅是对人们观念的一种启迪,同时可帮助人们去思维、去探索、去发掘。'这一整本书,用尽浑身解数向读者从各个角度展示数学之美,是作者的呕心之作。我又为何不可挪出一节课的时间,将拓展内容中的新世界带给学生呢?想法产生后我便着手开始查阅资料,制定教案,并把其中的一部分内容交由学生去查阅,并作出 PPT 在课堂进行汇报。课堂中除了介绍了分形的产生背景、学生 PPT 的展示还穿插了互动的小游戏，从学生滚瓜烂熟的等边三角形讲起，以最浅显易懂的方式让学生领略了分形之美，培养了观察力。课堂过程中老师讲一半，学生讲另一半，学生们离开了枯燥的数学题，走入了数学与自然的殿堂，仿佛看到了浩瀚星空的一角。我意识到作为一名数学教师，一定要积极主动地把数学知识的产生背景、数学在自然与社会中的应用时不时地加入课堂中，不光光是为活跃课堂气氛，而在于开阔学生视野，获得学会做习题之外更高一层的体验。数学教学中所体现的数学文化、数学思想和数学素养是学生在长大后逐渐遗忘数学知识后才会突出的重要部分，这些知识会在他们的学习、生活和工作中发挥重要作用。而这要求教师不光有一桶水就够了，还需要不断汲取更多更高的内容来扩充自己。阅读，便是丰富自己的教学素质的有力途径，通过阅读才能给学生以知识的充实和心灵的震撼。"

王尧老师在《广博阅读中我与学生同成长》更是深有感触地说道"要阅读学生"，"创造力是一个非常抽象的概念，没有具体的教学方法，这就需要老师阅读学生自身的水平及理解能力来制定教学方法。此时，能否找到适合学生的教学方法，深厚的阅读积累和阅读素养就起到了至关重要的作用。阅读积累可以拓宽我们的知识面，就好比拥有了一座涉及面非常广的图书馆，我们可以多角度地阅读学生。阅读素养就像一个高效的智能检索工具，可以在短时间内搜索出需要的内容，并根据实际情况加以分析，得出最佳的解决方案。自身的阅读积累和阅读素养越深厚，得出的解决方案就越合理、越高效。非常庆幸自己在阅读中看到波利亚的那句话，正是这句话给了我启示，找到了恰当的教学方法，帮助学生提高了学习效率。"

"在学校广博阅读课题组的引导下，我从狭隘的文本阅读走出来，开始注重阅读学生、阅读课堂、阅读教学方法等。慢慢得我也学会了如何与学生沟通，如何创设自己的课堂。同时我也深刻地体会到，只有注重广博阅读，才能促进我与学生共同成长。"

泗塘中学的教师在广博阅读教育的教师适应性发展中，深感要读懂学生这本"天书"，学生的每一天都是新的，教育的每一天也是新的，让师生在共同的阅读中精神富有。

做有智慧的学习型教师

智慧何来？除了先天的悟性，就贵在于后天的学习了。

2015 年我接手的这个阴盛阳衰的班级，绝对是上帝派来考验我智慧的。班上的女生几乎个个积极好学而男生大多慵懒厌学，怕苦怕累缺乏斗志。小鑫同学是个典型的代表，分到班上的摸底成绩是前两名，本是个聪明有潜力的学生，但是一年下来成绩一落千丈，他拖拉懒散的毛病越来越明显了。每节课总是见他趴在桌上，眼半睁半闭书半看不看；若是提醒他坐好，他便稍稍弓起腰来用手撑着头，上课时那脑袋似乎有千斤重，下课便活跃起来了……每天放学半小时后我到教室查看的时候，教室总是剩下两个人：锁教室门的同学和桌子上堆了一堆的书和本子理不出头绪的小鑫同学。"老师，小鑫放学不理书包，和别人疯疯打打。"锁门的小王同学等得不耐烦向我投诉。小鑫涨红了脸，慌乱地在桌子上理着，越理越乱……我在旁边边催边埋怨他放学时为什么不及时清理……晚上的时候收到小鑫妈妈的短信："老师，孩子练习册没有带回来，作业今天没法做，让他明天补上。"

一到周末，小鑫和班上的几个男生就聚在一起玩，商量着谁家大人不在家去谁家玩电脑游戏，去万达游戏城，搞恶作剧、撕名牌……一帮男生更一整天不回家，把作业早已抛在脑后。家长一管，孩子就冲家长发脾气，家长根本不敢多说，只能忍气吞声或者给我打电话倾诉……

在这种局面下我困惑了，如何才能改变目前小鑫等男孩的懒散贪玩毫无斗志的厌学状况呢？如何才能鼓励他们树立积极向上的人生态度呢？一次偶然的机会我邂逅了浦江一小张蕊校长主张的龙文化教育方式，我开始尝试着用一种新的班级文化和管理思想，试图改变班上小鑫等懒散消极的男孩们。

这年寒假学校组织我们阅读了《滋润在上海——素描第一线校长、教师》。这是一本介绍教育界的领导先驱们的先进理念和创新实践事迹的书，我这个普通教师读得振奋不已，感叹他们的智慧，也敬佩他们的担当。其中浦江一小张蕊校长的龙文化教育教学思想，新颖而有着深厚的文化底蕴，给我的印象特别深刻。张蕊校长"以龙文化贯穿学校的一切工作"。学校龙文化的发展历史归纳成几个阶段：第一阶段：拓展龙文化的九大系列，领会龙文化精神的灵魂：容合、奋进、福生、谐天。第二阶段：开发龙文化的校本课程。开展课题研究，搭建了《中华神龙》《小小神龙》两套书的整体框架，出版了一系列校本教材。第三阶段：提升课程领导力的实践研究。张蕊说，她的基本想法是，取各类课堂教学改革的精华，结合学校实际，努力进行整合，融入学校的龙文化中去。

看了张校长的龙文化教学管理思想，我在想我是否可以学习模仿她的文化思路进行班级文化思想建设呢？我们班的中队名称是"雄鹰中队"，"雄鹰"和"神龙"都蕴含着自强不息、开拓奋进的精神。于是我这个雄鹰中队的辅导员产生了改革中队管理创建中队雄鹰文化的想法，尝试用"雄鹰文化"来引领学生树立积极进取的思想和好学向上的人生价值观。

4月份学校要求各班级要筹备"红五月"艺术节的活动，我想以此为契机弘扬班级的"雄鹰文化"。为此我特意把手机软件"喜马拉雅"里关于雄鹰的视听文件都听了一遍，终于找了一首剑兰夫人的诗歌《雄鹰》，海涛的朗诵听得我感动得热血沸腾、热泪盈眶，我想象着那高远的背景音乐象征着雄鹰的生活的辽阔苍穹，那抑扬顿挫的音调象征着雄鹰矫健的身影和有力的翅膀。没想到我在班级中推荐这首诗歌朗诵时，大家一片哗然，"朗诵，太老土了！""歌颂雄鹰的这种传统题材，根本不能吸引观众的……"有人说跳日本舞蹈、有人说选择搞笑串烧、有人说要唱日韩歌曲……无论是男生还是女生没有一个同意我的观点！

晚上我回到家重新拿起《滋润在上海》这本书，翻到介绍张蕊校长介绍龙文化的这一页，明白原来张校长的第一阶段的拓展龙文化的模式是先让学生在识龙、说龙、侃龙中了解龙、认识龙，从而领会龙文化精神的。我得先让学生认识雄鹰，在了解雄鹰中增进与雄鹰之间的感情，当他们爱上雄鹰、佩服雄鹰之后就不会再去嘲笑雄鹰题材的陈旧，会发自内心里为自己是雄鹰中队的一员而自豪。为此我自己开始学习认识雄鹰。我在电脑上搜集了大量鹰的图片，挑选了一张翱翔在高远蓝天

上的雄鹰作为中队牌的背景画,准备制作中队牌。同时我还查找了鹰的习性,对其本性进行扬弃筛选,其中"鹰即使它在千米以上的高空翔翔,也能把地面上的猎物看得一清二楚,是鼎鼎有名的千里眼"一句,我进行了重点摘抄分析,鹰的独具慧眼、目标专一的精神值得我带着孩子们去学习。接着我阅读了大量关于鹰的小说、散文和诗歌,真正走进雄鹰的生活,被它锲而不舍的韧劲、万难不屈的毅力、脱胎换骨的决心深深地震撼了!《鹰的重生》中讲鹰可以活到70岁,当鹰活到40岁的时候将面临一次生死抉择! 这主要是因为当它的生命到了第40个年头的时候,鹰只有两种选择:要么等死,要么经过一个十分痛苦的重生过程。如果想重生,鹰得独自飞到山顶的高处准备重生。这是一个漫长而可怕的过程,重生的鹰忍受着莫大的痛苦和剧烈的身体创伤……

　　每天自习课我会先讲一段自己当天阅读到的雄鹰的故事讲给大家听,将自己摘抄的语句在 PPT 上与大家分享;在阅读课上我还与学生一起分享了小说《一只雕的遭遇》、散文《鹰的重生》、诗歌《鹰之歌》,大家一起了解鹰的生活和习性,感动于它们顽强的个性和奋斗精神,从而高喊出中队文化的口号:志向远大、团结合作、顽强拼搏、开拓创新! 我将口号书写在中队牌上,挂在班级门口。在这种氛围下班级中那些慵懒的男孩似乎来了些精神,上课像小鑫一样趴着的少了,粗犷的口号经常在教室里回荡鼓舞着大家的士气。班会课上我和学生一起朗诵了一遍充满奋斗精神的《鹰之歌》,表示要像雄鹰一样有明确的目标,为梦想而拼搏。大家各抒己见谈谈自己的理想。轮到小鑫同学,他惴惴不安地站起来,犹豫了好久告诉我们,他想当一名歌手,想考上海音乐学院。我和班上的同学对他清晰的思路和明确的定位报以热烈的掌声……自那以后不见他上课之后趴在那里了,放学之后我去教室也很少能看到他,我想他终于找到了自己的目标获得了自信和力量。

　　最后我再次向大家推荐了剑兰夫人的诗歌《雄鹰》。当海涛的朗诵再次在班级中响起,那高亢的声音、嘹亮的语调,和 PPT 上呈现出的诗句,深深地打动着每一个人:

　　一步一停地走 / 滴血横流地逃 / 忍辱负重地前进 / 风驰电掣地飞奔

　　梦遥不可及 / 你却义无反顾地攀登 / 摒弃了一切浮云 / 不顾风雨 / 不顾电闪雷鸣

　　你为文字而生 / 对灵动的万物情有独钟 / 以苍鹰的姿态 / 傲视着海

浪和无边的苍穹

你要飞／不论多么煎熬多么伤痛／都要不顾一切／翱翔在属于你的天空

不挥霍光阴／不纠结当下／不惋惜过往／怀一颗纯净的心／做一只矫健的／骄傲的雄鹰

大家认真赏析了这首诗歌，认识到雄鹰的力量，它为了理想搏击长空地拼搏，无论经历多少挫折锲而不舍、永不放弃；不纠结当下目光长远，保持饱满旺盛的干劲。这样的精神和境界都是我和学生们值得学习的地方。最后大家商量要学习模仿这首自由诗，自创一首歌曲在红五月上表演。热爱音乐的小鑫同学选来了李亚明《鹰族》歌曲的音乐，我和大家根据音乐填词，最后创作了一首《雄鹰之歌》。

今年的"红五月艺术节"我们雄鹰中队演唱的歌曲《雄鹰之歌》获得第一的好名次。其中十七名男孩那高昂的音调伴随着空灵的音乐，深深地感染了在场的师生，领唱居然是小鑫同学，站在舞台上的他挺拔而又自信、踌躇满志，仿佛已感染了雄鹰的高远境界，浑身充满了正能量，让我看到的是一个正在追梦的阳光少年。目前任教我们班级的老师都夸班上的男生进步大，那种积极性和奋斗的热情可以和女生相媲美了，这是"雄鹰文化"带给我们的骄傲。在歌颂"雄鹰"中增强集体荣誉感，培养团结进取的精神。

智慧来自学习。学习是教师维持其职业生命连续性的重要手段，是教师实现职业生命价值升华的重要通道。学习别人经验不照抄照搬，重在于结合自身教育教学的实践加以整合、融通，从而行之有效。在践行中反思也是获得智慧的重要途径，在连续的自我追问、自我剖析、自我肯定与否定中，实现自我提升与超越。

（程　霞）

参 考 文 献

1. 国际学生评估项目中国上海项目组：质量与公平 上海2009年国际学生评估项目（PISA）结果概要［M］，上海教育出版社，2010.12，P6

2. 职雪雯：从PIRLS项目看阅读素养的测评与培养［D］，上海师范大学，2012

3. 乔菊英等：当前我国国民阅读状况［J］分析，图书情报工作，2009.7

4. 甘阳：通识教育在中国大学是否可能［N］，文汇报，2006.9.16

5. 苏霍姆林斯基：给教师的建议［M］，教育科学出版社，1984年，P10，69，50，35

6. 赞可夫：教学与发展［M］，人民教育出版社，2008，P91

7. 阿莫纳什维利：学校没有分数行吗［M］，教育科学出版社，1986，P70

8. 木铎：上海新优质学校：办好每一所家门口的学校［J］，基础教育课程，2012.12

9. 潘涌：阅读教育的革命——论PISA阅读素养观的内涵扩展和升华［J］，首都师范大学学报（社会科学版），2012年第6期

10. 张珍、蔡敏：美国国家教育进展评定（NAEP）2009阅读评定及其启示［J］，世界教育信息，2010.01，P45

11. 何光峰：美国NAEP阅读能力评价框架之评价与借鉴［J］，学校管理与发展，2012.4

12. 王晞、许明：国际阅读素养进步研究述评，外国教育研究，2003年12期

13. 陆璟：PISA测试的理论和实践［M］，华东师范大学出版社，2013.5

14. 叶丽新：国际阅读《测评框架／说明》的特征和启示［J］，课程与教

学,2013.2

15. 李余仙、王晶莹：国际阅读素养进展研究项目概述[J],《世界教育信息》,2011.11

16. 莫雷：中小学生语文阅读能力结构的发展特点[J],心理学报,1992.4

17. 徐杰：加强科学阅读 提升科学素养[J],海峡科学,2012年第3期

18. 卢慕稚、褚慧玲：重新认识物理阅读能力[J],学科教育,2003年第8期

19. 高文君等：数学阅读能力的构成及数学阅读教学的原则[J],内蒙古电大学刊2006年第4期

20. 徐国政：提高政治、社会学科阅读能力的途径[J],政治课教学,2012年第6期

21. 戴韵茹：中学美术教育中的欣赏与阅读[D],安徽大学,2006

22. 张爱华：数学阅读理解的特殊性及阅读能力的培养[J],中学数学研究,2014年第3期(下)

23. 毕文娟：学生数学阅读能力的培养[J],发展月刊,2010年第05期

24. 叶小兵：论中学历史学科的阅读联结能力,历史教学1998年第5期

25. 张怀涛：不同学科对"阅读"概念的不同认识[J],山东图书馆学刊2012年第6期

26. 孙美花：哈佛大学核心课程设计研究[J],教学研究,Vol.33 No.1,2010,P41

27. 叶丽新：国际阅读《测评框架/说明》的特征和启示,课程与教学[J],2013.2,P23

28. 方红峰：国际学生评估项目研究(PISA)理论介绍 为生存而学习——国际学生评价计划(PISA)简介[M],2009.2

29. 李余仙、王晶莹编译：国际阅读素养进展研究项目概述[J],《世界教育信息》2011.11

30. 张珍、蔡敏：美国国家教育进展评定(NAEP)2009阅读评定及其启示[J],世界教育信息2010.01

31. 温红博、辛涛：阅读素养：孩子面向未来的基础能力[N],《中国教育报》2011年3月17日

32. 苏军："第一名"含金量有多高 上海2009年国际学生评估项目

(PISA)结果解读[N],文汇报,2010 - 12 - 19

33. 韩敏中：广博教育：哈佛大学核心课程给人们带来启发[EB/OL],
    新华网,2002.1.27

34. 百度百科：通识教育[EB/OL],http://baike.baidu.com/view/
    628666.htm? fr＝aladdin

35. 顾明远：教育大辞典第十二卷[M],上海教育出版社,1992.8

36. 百度百科：博雅教育[EB/OL],http://baike.baidu.com/view/
    128602.htm? fr＝aladdin

37. 国际学生评估项目中国上海项目组：上海 2009 年国际学生评估项
    目(PISA)结果情况介绍统发稿[C],2010 年 12 月 8 日

38. 章仁彪：科技教育和人文教育的协调发展何以可能,国家教育行政
    学院学报,2005.11

后　记

　　本校的专著《素养导航的广博阅读教育》终于出版了，本专著是"国际阅读素养视野下的广博阅读教育的行动研究"课题的研究成果。本课题已获得宝山区第十三届教育科研成果评比一等奖，这是多年来学校课程教学工作发展的真实记录，生动地反映了我校教师成长发展的历程，也是我们科研兴校的具体行动展示。在三年的研究中，我们课题组坚持从实践出发，注重理论指导下的自觉实践，不断反思以之指导再实践；坚持以科学的态度开展研究，注重提炼与总结教育与教学经验，在再实践中验证；坚持教育创新，深化实践、提升认识，提炼自己的成果，形成适合自己学校的教育特色。当今教育发展越来越显示阅读素养的重要性，也愈显我们课题的教育价值以及对学生终身发展的意义。

　　研究的过程是艰辛的，收获是催人奋进的。我们在教育科研引领下推进学校课程教学改革与发展，本专著凝聚了我们泗塘中学学校领导、教师和专家的智慧和辛勤劳动，也见证了我们创建特色学校过程中的艰辛探索与不懈努力。学校领导、教师、专家一起学习、一起实践、一起研究，这段研究的经历令人难以忘怀。

　　"国际阅读素养视野下的广博阅读教育的行动研究"这一课题以行动研究和理论研究并举，形成了原创性的"广博阅读教育"模式以及操作体系，建构了由六个要素构成的基本框架：教育理念、价值取向、内容指向、形式要点、心理过程、指导策略。学校倡导以"阅读文本、阅读生活、阅历人生"为导向，有社会与处世、道德与做人、科技与创新、艺术与审美四方面内容，在教学与德育两个板块开展广博阅读教育，系统地形成了广博阅读教育操作体系。本书力求理论与实践融为一体，体现实用性、可读性。

　　三年来学校教师在广博阅读教育的天地里辛勤耕耘，在本书中充

后记

溢着教师们强烈的教育改革意识、活跃的教育创新思维、生动的教育实践探索、富有活力的教育生命成长。当我们喜悦地迎接这成果之时,我们要感谢在这三年中给予我们支持和帮助的领导和专家。

　　"国际阅读素养视野下的广博阅读教育的行动研究"课题由校长吴惠萍担任组长,教科室主任黄月娟为副组长,上海三知教育信息咨询中心主任王钰城担任研究指导,学校共有三十二位一线教师参与了本课题研究。本书实践部分由学校教师(见署名)撰写,理论部分由王鋐、王钰城撰写。由于本书涉及课程、教学、德育的诸多方面的理论与实践问题,限于作者的认识水平和实践经验,所阐述的观点如有不妥之处,敬请读者不吝指教,在此表示感谢。

主　编

2017 年 6 月

图书在版编目(CIP)数据

素养导航的广博阅读教育/吴惠萍主编.—上海：
文汇出版社,2017.6
ISBN 978 - 7 - 5496 - 2190 - 3

Ⅰ.①素… Ⅱ.①吴… Ⅲ.①阅读教学－教学研究－
中学 Ⅳ.①G633.332

中国版本图书馆 CIP 数据核字(2017)第 145150 号

素养导航的广博阅读教育

主　　编 / 吴惠萍

责任编辑 / 熊　　勇
封面装帧 / 张　　晋

出版发行 / 文汇出版社
　　　　　　上海市威海路 755 号
　　　　　　(邮政编码 200041)
经　　销 / 全国新华书店
排　　版 / 南京展望文化发展有限公司
印刷装订 / 上海新文印刷厂
版　　次 / 2017 年 9 月第 1 版
印　　次 / 2017 年 9 月第 1 次印刷
开　　本 / 787×1092　1/16
字　　数 / 360 千
印　　张 / 23.75

ISBN 978 - 7 - 5496 - 2190 - 3
定　　价 / 42.00 元